말씀에 빠지다

10년의 축적이 가져다준 보화

이 책이 단행본으로 탄생되기까지 만 10년이 걸렸다. 의도한 바는 아니지만 이 책은 10년의 세월 동안 매달 조금씩 조금씩 압박하며 다가오는 '마감시간'이라는 비약(秘藥)의 에너지가 축적된 결과물이다.

한 방울, 한 방울 흘러내리는 물방울이 석회질 토양을 기암괴석의 석회암동굴이라는 걸작으로 빚어내듯이 〈날마다 솟는 샘물〉이라는 10년의 중단 없는 투구가 『말씀에 빠지다』라는 걸작을 만들어냈다.

그동안 장인이 여럿 바뀌었다. 그러나 10년간의 장기 프로젝트를 주도하신 '책임 예술가'는 성령 하나님이시다. 이 책은 매일의 삶에서 하나님의 세밀하고도 완전한 인도하심을 추구하며, 주님의 음성에 민감하게 반응하도록 하신 성령 하나님께서 빚어내신 걸작이다.

이 책이 빛을 보기까지는 불가피하게 함께해야만 하는 많은 한계와 가능성이 있다. 이 책의 신구약 개론 부분은 〈날마다 솟는 샘물〉의 본문에 맞춰 말씀의 장과 절이 구분돼 있다. 매달 다루게 된 말씀의 범위 내에서 성경 개론을 정리하다 보니, 기존의 성경개론서들이 보편적으로 취하는 본문 구분을 간혹 그대로 따르지 못하는 한계가 있다.

그럼에도 불구하고 이 책은 보편적인 성경개론서들이 갖지 못한 묵상의 요소와 깊이가 더해져 있다. 신학적인 내용을 정리하기보다는 매일의 삶에 주어지는 하나님의 인도하심과 음성에 민감하게 반응하려 한 큐티지의 특징이 고스란히 배인 장점이다.

또한 성경을 읽어가는 동안 꼭 알았으면 하고 생각하는 세 가지 영역을 모두 포함하고 있다. 신구약 66권의 권별 성경개론, 40여 명에 이르는 주요 성경인물 소개, 성경의 주요 지명에 대한 지리적인 개요가 포함돼 있다. 이 세 가지 영역은 성경을 읽어갈 때 마치 색깔 채소가 음식의 맛을 돋우는 것처럼, 말씀을 대할 때 풍성함을 누리도록 해 줄 것이다.

적용이 강하다는 특징도 말씀과 삶을 매일 연결시켜야 하는 〈날마다 솟는 샘물〉의 특성이 그대로 배어나는 부분이다. D. L. 무디의 말처럼, 말씀은 정보(information)를 위해 주어진 것이 아니라 변화(transformation)를 위해 우리 손에 주어졌다. 바라기는 이 책이 다른 많은 도구처럼 말씀은 붙잡게 하지만, 말씀에 붙들리지 못한 인생으로 내버려 두지 않는 책이 되기를 소망한다.

마지막으로, 이 책이 나오기까지 성령님과 아름답게 동역한 김철우, 박희원, 박삼열, 주영관 목사님, 그리고 한국성지미디어의 이원희 목사님, 〈날마다 솟는 샘물〉에서 함께 수고한 우은진 편집장과 모든 직원들에게도 감사와 격려의 박수를 보낸다.

박주성 목사 (국제제자훈련원 대표)

〈날마다 솟는 샘물〉이라는 제호(題號)는 2005년 사랑의교회에서 귀납적 말씀 묵상을 돕는 큐티지로 창간하면서 목자의 심정을 갖고 담임목사로서 정한 것이다. 인생의 광야 길을 걸으며 날마다 육신의 한계를 뛰어넘어 위로부터 부으시는 성령의 은혜와 능력으로 무장돼야 할 의존자(依存者)들에게 지난 10년간 〈날마다 솟는 샘물〉은 없어서는 안 될 생수였다. 이제 그 생수의 핵심 중 일부분을 『말씀에 빠지다』라는 저수지(貯水池)에 모아 독자들에게 전하게 되니, 이 또한 영적인 해갈을 가져다 줄 수원지(水源地) 중에 하나가 되리라 확신한다.

오정현 목사 (사랑의교회)

제자훈련을 하면서 훈련생들에게 소개할 수 있는 성서지리를 포함한 단권 주석이 하나쯤 있었으면 싶었다. 매일 큐티 하는 성도들 그리고 말씀을 통독하면서 성경을 조금 더 이해하며 읽으려는 성도들에게 이런 책이 있었으면 했다. 이 책이 바로 그 책이다.

조정희 목사 (신부산교회)

'홍수에 마실 물 없다'는 속담이 있듯이 수많은 책이 쏟아져 나오고 있지만 막상 성경을 깊이 묵상하고, 삶에 적용하는 데 도움이 되는 책을 찾기란 그리 쉬운 일이 아니다. 오롯이 귀납적 묵상으로 성경에 천착(穿鑿)하도록 도와줬던 〈날마다 솟는 샘물〉이 지난 10년 동안 쏟아낸 진액을 모아 만든 『말씀에 빠지다』는 예수 그리스도의 신실한 제자로 살기를 원하는 목회자와 성도들에게 사막의 오아시스처럼 그 갈증을 해소해 주리라 확신한다.

오생락 목사 (하늘평안교회)

〈날마다 솟는 샘물〉의 지난 역사와 흔적이 고스란히 한국 교회에 『말씀에 빠지다』로 선물이 돼 탄생했다. 이 책은 신구약 성경 전체를 한눈에 보기 쉽게 조망하도록 돕는다. 성경 각 권의 개론과 짧지만, 핵심을 짚어 주는 본문 해설이 성경에 더욱더 가깝게 다가가도록 만든다. 본서가 성경을 사랑해 정독하기를 원하는 성도들에게 바른 길잡이가 되기를 바란다.

송태근 목사 (삼일교회)

청년 시절 주님의 은혜로 회심한 이후 성경을 거의 한 달 만에 일독하는 열심을 가졌지만, 정작 성경 전체를 볼 수 있는 시야가 없어 너무 답답했다. 아마도 많은 성도들이 그때의 내 모습을 갖고 있지 않을까 싶다. 『말씀에 빠지다』가 말씀을 탐구하고, 예수의 제자로 살아가기 원하는 모든 동역자들의 가슴 속에 시원한 통찰과 확신의 장을 활짝 열어 줄 것을 기대하며, 적극 추천하는 바이다.

박정식 목사 (인천 은혜의교회)

목회자로서 '이런 책이 있으면 얼마나 좋을까?' 하던 바로 그 책이다. 정말 필요한 책이다. 성도들에게 강력하게 추천하고 싶다. 왜냐하면 성도들의 영적 성장에 유익한 책이기 때문이다. 특히 이 책은 성경을 읽고 싶고, 알고 싶으나 성경이 어렵게만 느껴지는, '성경의 숲'을 보지 못하고 나무만 보는 평신도들의 눈을 열어 준다. 평신도의 필요와 눈높이를 아는 국제제자훈련원의 역작이라고 생각한다.

이권희 목사 (신일교회)

매달 나와 성도들에게 말씀의 눈을 열어 주는 조력자, 영혼의 밑그림을 그려주는 좋은 안내자와 같던 글들이 책으로 나오니 매우 기쁘다. 큐티를 하기 전, 기대하는 마음으로 읽게 되는 것이 있었다. 말씀이 탁월하게 정리된 신구약 말씀, 성경의 배경을 그림처럼 볼 수 있도록 안내해 주는 성서지리, 성경 속의 인물을 통해 하나님을 닮아가도록 안내하는 성경인물 탐구가 바로 그것이다. 기쁜 마음으로 이 책을 추천한다.

반기성 목사 (청주 꿈이있는교회)

성경을 읽을 때 가장 어렵게 다가오는 것은 오래전 이야기들을 기억하기 힘든 과거의 언어와 지명으로 만난다는 점이다. 그래서 오늘의 독자들이 읽을 때마다 일목요연한 해설이 요구된다. 이 책은 마치 신문기자가 하나님께서 행하신 과거의 사건들을 오늘의 독자에게 일목요연하고도 알기 쉽게 잘 전해주는 것 같다.

신재원 목사 (새춘천교회)

『말씀에 빠지다』는 큐티 마니아들에게는 가장 반가운 소식이라고 할 수 있다. 신구약 전체의 주요 인물과 지리는 물론, 성경 각 권을 잘 설명해주고 있다. 이 책은 묵상용 참고도서가 거의 전무한 상태에서 큐티 할 때마다 옆에 놓고 참고할 수 있는 종합 자료 백과이자, 큐티 가이드로 조금도 부족함이 없다.

임종구 목사 (대구 푸른초장교회)

지속적인 큐티를 통한 깊은 묵상은 개인과 교회를 건강하게 세워 준다. 그런 점에서 누구나 쉽게 큐티할 수 있게 꾸며진 〈날마다 솟는 샘물〉은 탁월한 큐티지로 한국 교회에 큰 유익을 줬다. 창간 10주년을 맞아 지금까지 게재된 내용을 『말씀에 빠지다』라는 이름으로 새롭게 편집해 한국 교회와 성도들에게 성경 전체를 한 눈으로 파악하게 하고, 묵상할 수 있도록 출간해 수준 높은 참고서가 되리라 확신하며 기쁜 마음으로 추천한다.

배창돈 목사 (평택 대광교회)

『말씀에 빠지다』는 말씀이 없어 기갈난 이 시대에 시원한 생명수와 같은 역할을 할 것이라고 믿는다. 2009년 경산중앙교회에 부임하면서 〈날마다 솟는 샘물〉로 교회 전체가 묵상의 시간을 갖기 시작했다. 그렇게 섬긴 교회의 목회자로서 성도들이 말씀 앞으로 더 가까이 갈 수 있도록 돕는 책이 발간돼 너무나도 감사할 뿐이다.

김종원 목사 (경산중앙교회)

이 시대에는 몸에 대한 영양 공급이 과잉돼 삶의 질이 떨어지고 있지만, 우리의 영혼은 영양분을 공급받지 못해 영양실조에 걸려 있다. 그런데『말씀에 빠지다』는 육체와 영혼의 균형을 도모하는 책으로서, 체계적, 성경적, 신학적으로 균형을 갖추고 있다. 이 책을 가까이함으로 우리의 영혼이 강건함을 덧입게 되고, 말씀의 가치가 재발견됐으면 한다.

오정호 목사 (대전 새로남교회)

성경을 바로 알고 믿으며 실천하는 데 길잡이가 되는 책으로, 교육과 훈련을 받는 성도들이나 초신자들에게 교과서 같은 책으로 강력하게 추천하고 싶다.

최상태 목사 (흩어진화평교회)

큰 산을 멀리서 한 눈에 보고, 그 산의 숲 속으로 들어가 거닐면 보이는 것도 다르고 느낌도 다르다.『말씀에 빠지다』는 그런 느낌으로 다가온다. 성경 전체를 한꺼번에 볼 수 있는 눈을 열어준다. 그리고 책별로, 인물별로, 주요 지명을 따라 들어가다 보면, 자기도 모르는 사이 말씀의 깊은 샘에 풍덩 빠져든다. 말씀의 샘에서 마냥 행복해진다. 이 행복을 나누고 싶어 기쁨으로 이 책을 추천한다.

한태수 목사 (사랑과감사교회)

대흥교회는 국제제자훈련원에서 나오는 모든 큐티지로 전 세대가 같은 본문으로 날마다 말씀으로 새 아침을 열어가는 기쁨을 누리고 있다. 또다시 해산의 수고로 빚어진 잘 정리된 옥고를 옆에 두고 참고하면서 묵상한다면 더 깊이 말씀에 침잠하는 즐거움을 누릴 수 있을 것 같아서 감사할 따름이다.

정명철 목사 (대구 대흥교회)

CONTENTS

2부

성경인물 탐구

3부

성서지리

창 세 기 전 도 서 마 태 복 음
아 모 스 바 울 잠 언
노 아 마 리 아
엘 림 여 호 수 아 길 갈
세 례 요 한 시 편 벳 세 다
학 개 루 스 드 라
빌 립 보 서
에 돔 요 엘 블 레 셋
욥 다 니 엘
솔 로 몬 시 온 산
예 루 살 렘 디 도 서 이 삭
홍 해 에 네 글 라 임 요 나

1부
신구약 말씀

구약

창세기

창세기 1~13장
창조와 타락, 그리고 구원의 약속

창세기는 인류의 기원에 대한 독특하고도 확고한 책이다. 신화도 아니고, 과학적 가설도 아니다. 이것은 대선언이며, 인간과 우주의 기원, 죄의 발생과 그 결과로 초래된 재앙들, 그리고 하나님의 구원 계획의 시작이라는 거대한 담론을 내포하고 있다. 이 책은 인류역사의 대전제이며, 신구약 성경의 출발점이다. 그리고 모든 믿는 자들의 신앙의 근원이 된다. 한편으로는 많은 사람들에게 기독교적 신앙을 가질 수 없도록 만든 걸림돌이 되기도 한다. '태초에'(베레쉬트-in the beginning)란 단어로 시작하는 창세기는 모세에 의해 기록된 모세 오경 중 첫 번째 책이기도 하다. 창세기 묵상을 통해 우리 신앙의 기본을 바로 세우고, 다시 한 번 힘 있게 출발하는 은혜를 경험하면 좋겠다.

사람, 창조 작업의 결정체(1~2장)
1장 1절의 '창조하다'라는 동사는 성경 속에서 오직 하나님만을 주어로 해서 사용된다. 하나님의 창조는 참으로 다양하다. 무에서 유에로의 창조이며, 무질서에서 질서로의 창조이기도 하다. 또한 새롭고 완벽한 창조다. 1~2절과 3절 사이에 얼마만큼의 시간 간극이 존재하는지 알 수 없지만, 첫째 날 빛을 창조하신 후에 엿새 동안 모든 만물을 차례대로 질서 있게 창조하셨다. 첫째 날과 넷째 날이 연결되듯 나머지도 멋지게 연결돼 있음을 알 수 있다. 창조의 절정은 사람을 만드신 일이다. 하나님의 형상대로 창조하신 후 보시기에 심히 좋았더라고 하셨다. 2장에서는 사람의 창조에 대해 좀 더 세밀하게 알려 주고 있다. 흙으로 사람을 지으시고 그 코에 생기를 불어넣으심으로 생령이 되게 하셨다. 그리고 에덴동산을 창설하시고 그곳에서 살도록 하신 후에 아담과 더불어 언약을 체결하셨다. 왜 선악과를 먹지 말라고 하셨을까? 아담은 이 약속을 자신의 의지로 지킴으로 완벽한 인격적 존재가 될 수 있었던 것이다. 하나님께서는 독처하는 아담을 위해 돕는 배필, 하와를 만들어 짝지어 주셨다.

영적 죽음에 빠지다 (3~8장)

평화만 가득하던 동산에 죄가 들어왔다. 뱀의 유혹은 새빨간 거짓말은 아니었다. 그러나 부분적인 진리는 거짓을 위장하는 수단일 뿐이다. 하와도 정확하게 말씀을 기억하지 못했기에 유혹에 넘어갔다. 죄를 지은 아담 부부는 하나님의 낯을 피해 숨었다. 두려움이 생겼기 때문이다. 이것이야말로 영적인 죽음이다. 죄의 대가로 땅도 사람도 저주를 받게 됐지만, 하나님은 '여자의 후손'(3:15)이 뱀의 머리를 상하게 할 것이라는 약속과 함께 가죽옷을 입혀 주셨다.

죄는 전염성이 강하다. 아담의 두 아들, 가인과 아벨 사이에 일어난 살인 사건은 죄악의 심각성을 잘 보여 준다(4:1~15). 하나님께서 단순히 가인의 제사를 받지 않으신 것이 아니다. 가인과 그의 삶이 하나님께 열납되지 못했던 것이다. 시기와 분함으로 동생을 죽인 가인은 에덴의 동편으로 떠나서 유리하는 인생을 살게 된다. 오늘도 수많은 가인의 후예들이 에덴의 언저리를 떠돌며 유리방황하는 인생을 살고 있다. 하나님은 아벨 대신 셋을 통해 계보를 이어가 노아까지 이르도록 하셨다.

노아의 때에 이르러서는 죄악이 관영해 하나님이 사람을 지으셨음을 한탄하셨다(6:5~7). 하나님께서는 당대의 의인이요 하나님과 동행하던 노아에게 방주를 만들게 하신 후에, 물로 세상을 멸하겠다고 말씀하셨다. 사십 주야 동안 계속된 홍수는 땅의 샘들이 터지고, 하늘의 창문이 열려 온 땅을 뒤덮었으며, 지구의 환경을 완전히 뒤바꿔 놓았다(7:17~24). 죄악으로 인한 심판이었다. 추위와 더위가 생겨난 것(8:22)은 궁창의 물이 쏟아져 버렸기 때문일 것이다. 그러나 심판의 와중에도 사람들을 향한 하나님의 자비하심을 엿볼 수 있다.

하나님의 언약 백성 (9~13장)

노아 홍수 후에 하나님께서는 무지개 언약을 통해 다시는 물로 세상을 심판하지 않으시겠다고 약속하셨다. 홍수로 인해 열매 맺는 나무들이 죽어 버렸기에 동물과 채소를 먹을 수 있도록 허락하셨다. 이 와중에 노아의 세 아들 중 둘째 함이 아버지의 수치를 드러낸다. 이 사건은 세 가지 인종의 시작을 알려줄 뿐만 아니라, 이스라엘과 가나안의 관계를 설정해 준다. 또한 구약성경을 관통하는 복과 저주의 시작이기도 하다. 셈의 족보(11:10~26)를 따라가면 데라의 족보(11:27~32)가 나오고, 드디어 아브람을 불러 하나님의 백성 삼으시는 말씀을 만나게 된다(12:1~3). 본토와 아버지의 집을 떠나기도 힘들지만, 미지의 세계를 순종함으로 걸어가기란 쉽지 않다. 기근이 찾아오자 애굽으로 내려가며 아내를 누이라고 거짓말한 아브람에게 오히려 복을 주시는 하나님을 보면서 은혜가 아니면 갈 수 없는 길임을 짐작케 한다.

창세기 14~24장
아브라함, 믿음의 조상이 되다

믿음은 떠남에서 시작된다. 아브라함은 본토, 친척, 아버지의 집을 떠나 기나긴 믿음의 여정을 시작한다. 그의 나이 일흔 다섯, 그동안 일궈 놓은 안정되고 친숙한 것들과 이별하기로 결정하기란 결코 쉽지 않았을 것이다. 그가 믿음의 조상으로, 복의 근원으로 정상에 우뚝 서기까지 끊임없이 오르고 내려야 했던 믿음의 산등성이와 골짜기를 함께 따라 가면서 우리의 믿음도 조금씩 성숙해지는 은혜를 누리면 좋겠다.

아브람과의 언약 (14~18장)

롯이 선택한 소돔 땅은 여러 나라의 각축장이었다. 결국 전쟁의 소용돌이 속에 휘말린 롯은 엘람 왕 그돌라오멜에게 붙잡혀 가게 된다. 이 소식을 접한 아브람은 집에서 훈련시킨 병사들을 이끌고 쫓아가서 롯을 구하고 빼앗긴 재물과 사람들을 되찾아온다. 그는 돌아오는 길목에서 만난 살렘 왕 멜기세덱에게 자신이 얻은 것의 십분의 일을 주는데, 이것이 십일조의 기원이 된다.

이후에 하나님께서 다시 아브람을 찾아오신다. 그리고 그를 이끌고 밖으로 나가 하늘의 무수한 별들을 보여 주시며 "네 자손이 이와 같으리라"고 약속하셨다(15:1~5). 믿음은 캄캄한 하늘에 빛나는 별과 같다. 믿음의 사람은 눈을 들어 어두운 하늘에 빛나는 별을 바라본다. 아브람이 여호와를 믿으니 여호와께서 이를 그의 의로 여기셨다. 그리고 하나님은 아브람이 쪼개어 놓은 제물 사이로 지나시며 다시 한 번 언약을 확증해 주셨다(15:17~21). 자녀를 기다리다가 지친 사래는 자신의 몸종 하갈을 통해 자손을 얻기 원하고, 아브람은 이에 동조한다. 그러나 이것은 믿음의 선택이 아니었다. 임신하게 된 하갈과 사래 사이에 심각한 갈등이 생기고 집안의 평화가 깨어졌다. 이때 태어난 이스마엘은 두고두고 분쟁의 씨앗으로 남게 된다.

아브람의 나이 99세 때, 13년 만에 하나님께서 다시 그에게 나타나셔서 이름을 바꿔 주시며 할례를 행하게 하셨다(17:1~14). 남자의 힘과 생명의 상징물에 칼을 대는 것은 하나님만을 의지하는 믿음의 외적 표현이다. 이로써 과거의 아브람은 죽고, 믿음의 사람 아브라함으로 거듭나게 된다. 하나님은 사래의 이름도 사라로 바꾸신 후, 그에게 아들을 낳도록 하시겠다고 약속하셨다(17:15~19). 부지중에 천사들을 극진히 대접한 아브라함은 내년 이맘 때 아들을 낳으리란 구체적인 약속을 받는다. 도무지 믿기지 않는 이야기에 웃음 짓지만, "여호와께 능하지 못한 일이 있겠느냐"(18:14)라는 되물음에 얼른 마음을 고쳐먹는다. 소돔을 위해 끈질기게 중보기도 하는 장면에서는 믿음의 정상을 향해 나아가는 아브라함을 보게 된다(18:22~33).

죄악의 결과 (19~20장)

매우 암울하고 답답한 이야기가 나온다. 극도로 타락한 소돔에 살면서 점점 무너지는 롯의 가치관을 본다. 천사들의 도움으로 롯과 아내와 딸들이 겨우 피신하지만, 소돔에 여전히 미련을 둔 아내는 뒤돌아보다 소금 기둥이 되고 만다. 심지어 롯과 두 딸의 근친상간으로 모압과 암몬 족속이 탄생된다. 20장에서는 골짜기로 곤두박질치는 아브라함을 만나게 된다. 예전에 애굽 왕 앞에서 그랬듯이, 똑같은 거짓말을 그랄 왕 아비멜렉에게 되풀이한다. 그럼에도 불구하고 아브라함을 선대하시는 하나님의 사랑에 마음이 찡해온다.

믿음의 정상에 오르기까지 (21~24장)

드디어 이삭이 태어났다. 실로 오랜 세월을 기다린 끝에 얻게 된 약속의 후손이다. 그러나 하나님은 마지막으로 아브라함의 믿음을 연단하신다. 사랑하는 독자 이삭을 번제로 드리라는 충격적인 말씀 앞에 아침 일찍 일어나 순종하는 아브라함은 이제 믿음의 정상에 서게 된다. 모리아 산에 오르며 제물이 어디 있느냐고 묻는 이삭을 바라보는 아브라함의 모습에서, 외아들 예수 그리스도와 함께 골고다 언덕을 오르시는 하나님 아버지의 모습이 보이는 듯하다.

창세기 25~32장 12절
임마누엘, 연약한 나를 위한 약속

믿음의 족장이라 불리는 아브라함과 이삭과 야곱의 삶이 수천 년 세월을 뛰어넘어 오늘을 사는 우리에게도 살갑게 다가오는 이유는 무엇일까? 환경은 다르지만 인생살이와 인간의 죄 된 본질은 변하지 않았기 때문이라 생각한다. 그들의 이야기를 미화하지 않고 써 내려간 성경은 참 매력적인 책이 아닐 수 없다. 소극적이고 유약한 면이 있지만 화평을 추구했던 이삭과 야심으로 똘똘 뭉친 야곱을 통해서도 믿음의 역사를 펼쳐 가시는 하나님께 초점을 맞추고 묵상해 보자.

하나님의 예정 vs 인간의 야심 (25~27장)

25장에는 아브라함의 죽음과 이스마엘의 후예들에 대한 기록이 잠깐 소개된 후, 이삭 가정의 이야기가 나온다. 태어날 때부터 형 에서의 발꿈치를 붙잡고 나온 이삭의 아들 야곱은 욕심 많은 사람의 대명사로 불린다. 태중에 있을 때 예정된 것과 야곱의 인간적인 야심 사이에 묘한 긴장감이 흐른다. 팥죽 한 그릇에 장자의 명분을 팔아 버린 에서를 통해, 우리도 하나님께서 주시는 복을 가볍게 여기고 있지는 않은지 돌아보게 된다.

약속의 땅에 흉년이 찾아온다(26장). 하나님께서는 이삭에게 흉년을 피해 애굽으로 내려가지 말라고 명하신다. 하지만 하나님께 분명한 약속을 받았음에도 이삭은 그랄 땅에 머무는 동안 자신의 안위를 염려해 리브가가 자신의 아내라는 사실을 숨긴다. 그러나 하나님은 이런 연약함에도 불구하고 이삭에게 물질의 복을 허락하신다. 하나님의 은혜를 체험한 이삭은 샘을 양보하는 화평의 사람이 된다. 아버지 이삭을 속여 장자의 복을 가로챈 야곱은 에서를 피해 하란으로 도망간다(27장). 하나님께서는 에서와 야곱이 모태에 있을 때부터 큰 자가 어린 자를 섬기게 될 것이라고 예고하셨다. 하나님의 뜻은 하나님의 때에 반드시 이뤄진다. 그런데 야곱은 하나님의 섭리가 이뤄지기를 기다리지 못하고, 불의한 방법으로 아버지로부터 장자의 축복을 받아낸다. 이후에 그는 자신의 목적 달성을 위해 거짓말하고, 남을 속인 대가를 톡톡히 치르게 됐다.

거짓의 혹독한 대가(28~31장)

야곱은 외삼촌 라반이 있는 하란에 이르기까지 힘든 광야 길을 걸어갔다. 해가 저물어 노상에서 돌베개를 베고 자던 야곱을 하나님께서 찾아 주셨다. 하나님이 함께하시겠다는 약속, 후손이 번창하리라는 약속을 받은 야곱은 그곳에 돌단을 쌓고 '벧엘'이라 불렀다(28:10~22). 하나님을 체험한 자리, 우리의 벧엘은 어디인가?

라반의 집에 도착한 야곱은 사랑하는 여인 라헬을 아내로 맞이하기 위해 7년을 일했다. 그러나 야곱이 라헬로 알고 결혼식을 치른 여인은 라헬의 언니 레아였다. 과거에 아버지와 형을 속이고 축복을 가로챈 야곱이 이제는 속임을 당하는 신세가 됐다. 하나님께서는 이런 연단의 과정을 통해 야곱을 정직하고 성실하며 겸손한 하나님의 사람으로 변화시켜 가신다. 라헬과 레아는 남편의 사랑을 얻고자 끊임없이 경쟁한다(30:1). 아름다운 외모로 야곱의 사랑을 독차지하는 라헬보다, 레아에게 먼저 자녀의 복을 주시며 위로하시는 하나님은 참으로 긍휼이 풍성하시고 공평하신 분이다. 레아가 낳은 여러 아들 중에 예수님의 계보를 잇는 유다가 있고, 라헬에겐 아비의 집을 흉년에서 구원할 요셉이 태어난다. 한편, 야곱의 소유가 점점 늘어가자 라반과 갈등이 생겼다(31:1~2). 재물은 사람 사이를 이간질하고 갈등에 휩싸이게 한다. 야곱은 이 갈등을 뒤로하고 하나님의 지시에 따라 도망치듯 하란을 떠났다. 뒤늦게 소식을 듣고 쫓아온 라반과 극적으로 화해하며 그 증거로 돌무더기를 쌓았다.

창세기 32장 13절~41장
하나님을 따라 걷는 인생 길

새로운 시작에는 설렘이 있다. 그러나 또 한편으론 두렵기도 하다. 한 번도 가보지 못한 낯선 길을 걸어야 하기 때문이다. 얍복 나루에서 긴 밤을 지샌 야곱이 형 에서 앞에 섰을 때처럼 말이다. 그러나 우리가 그 모든 두려움을 떨치고 담대히 나아갈 수 있는 것은 하나님께서 예비하시고 동행하시기 때문임을 믿는다. 인생은 미지의 도화지에 그려 가는 한 폭의 수채화 같지만, 하나님께서 그려 놓으신 밑그림을 따라가기만 하면 아름다운 작품을 완성할 수 있을 것이다.

회복해야 할 예배의 삶 (32:13~36장)

모든 소유와 사람들을 세 떼로 나누어 강을 건너게 한 후, 야곱 홀로 얍복 강가에 남았다. 어둠과 함께 밀려오는 두려움으로 몸서리치는 야곱에게 하나님께서 찾아오셨다. 야곱은 밤새 씨름하면서 새로운 이름, '이스라엘'을 얻게 된다 (32:13~32). 다시 날이 밝았을 때, 야곱의 인생도 새로운 전환점을 맞이한다. 에서가 보여 준 뜻밖의 호의를 통해 야곱은 하나님의 은혜와 복을 기억하게 됐다. 그리고 제단을 쌓은 후 그곳의 이름을 '하나님, 이스라엘의 하나님'이라고 부른다 (33:20). 하나님께서 앞서 가시면 두려울 것이 없다.

위기는 평안함 뒤에 찾아오나 보다. 디나가 하몰의 아들에게 강간당하는 사건이 발생하자, 진노한 오빠들이 할례를 빌미로 세겜 사람들을 몰살시켜 버린다 (34장). 이 일은 거류하는 일개 나그네 가정이 토착민들에게 전면전을 선포한 것이나 다름없는 무모한 행동이었다. 야곱 가정에 또다시 심각한 위기가 몰아닥쳤다. 그러나 이 위태로운 순간에 하나님께서 또다시 야곱을 찾아오셨다. "벧엘로 올라가서 제단을 쌓으라"(35:1). 위기를 맞을 때 우리가 할 수 있는 최선의 선택은 예배의 삶을 회복하는 것이다. 라헬이 죽으면서 낳은 아들의 이름을 '슬픔의 아들 베노니'에서 '오른손의 아들 베냐민'으로 바꾼 대목에서 야곱이 열두 지파의 조상으로 빚어져 가는 모습을 느낄 수 있다(35:16~18).

36장에는 에서 자손들의 소개가 전체적으로 이어지는데, 아브라함과 이삭과 야곱의 하나님께서 에서의 후손들에게 관심을 보이시는 이유가 무엇일까? 비록 구약성경은 하나님께서 택한 이스라엘에 초점을 맞출지라도, 하나님은 모든 인류에게 관심이 있으심을 보여 주는 것이라고 생각된다. 가나안을 양보하고 세일 산으로 들어간 에서는 에돔 족속의 조상이 됐다.

형통, 고난 중에도 하나님과 동행하는 삶 (37~41장)

아버지 야곱의 특별한 사랑을 독차지하던 요셉은 꿈 이야기로 형들의 불같은 시기와 미움을 사게 된다(37:5). 형들은 찾아온 기회를 놓치지 않고 요셉을 죽음으로 내몰았다. 그러나 요셉은 유다와 르우벤의 제안으로 죽음을 면하고 애굽에 노예로 팔려 갔다(37:25~28). 그의 꿈이 산산조각 난 듯 보이지만, 이 모든 일은 꿈을 이루시는 하나님의 계획이 차곡차곡 진행되는 과정이기도 하다.

38장에 잠시 등장하는 유다와 다말 사건은 구속 역사의 한 페이지를 장식한다. 유다는 큰 실수와 죄를 범하지만, 대를 잇기 소원했던 다말의 행동에 대해 "그는 나보다 옳도다"라며 자신의 허물을 인정한다(38:26). 유다와 며느리 다말 사이에서 태어난 아들 베레스를 통해 예수 그리스도의 혈통이 이어지는 것은 은혜 중의 은혜이다.

한편 요셉은 보디발의 집에 노예로 팔려 왔지만 하나님께서 함께하셔서 형통한 인생을 산다(39:2). 형통이란 환경이 점점 좋아지는 것이 아니라 어떤 상황 속에서도 하나님과 동행하는 삶을 의미한다. 종에서 죄수로 전락한 상황 속에서도 요셉은 하나님과 함께하는 최선의 삶을 살았고, 성경은 "여호와께서 그를 범사에 형통하게 하셨더라"고 기록한다(39:23). 요셉은 절호의 기회를 얻어 바로의 꿈을 해석하고, 애굽의 총리로 세워진다(40~41장). 애굽으로 팔려 온 지 13년, 그의 나이 삼십에 최정상의 자리에 우뚝 섰다. 그가 어릴 적 꿨던 꿈을 이루기까지 하나님께서 그려 놓으신 밑그림을 따라 초고속 단기 과정을 걸어온 셈이다.

창세기 42~50장
주신 꿈대로 이뤄지는 인생

요셉이 혹독한 시련의 시간을 너끈히 견딜 수 있었던 이유는 그가 어린 시절에 꾼 꿈 때문이었다고 생각한다. 비전이 있는 사람은 결코 절망하지 않는다. 분명한 비전만큼 강력한 삶의 에너지는 없다. 요셉처럼 꿈을 꾸고, 그 꿈이 이뤄지는 은혜를 누리시길 바란다.

하나님의 절대주권을 신뢰한 요셉 (42~45)
요셉이 애굽의 총리가 된 것을 꿈에도 몰랐던 형들은 기근으로 인해 곡식을 구하려고 애굽으로 내려갔다(42:3). 그러나 요셉은 한눈에 형들을 알아보고 자신이 어릴 적 꾼 꿈을 생각한다. 그들을 결박해 사흘을 가둔 후 시므온을 제외하고 풀어 주면서 막내 동생을 데려오라고 말한다. 요셉의 의도는 형들에게 복수하려는 것이 아니었다. 과거에 행했던 일들을 되돌아보고 정리할 수 있는 기회를 준 것이다.

기근이 계속되는 가운데, 애굽에서 가져온 곡식이 다 떨어졌다. 이때 유다가 나서서 아버지를 설득해 베냐민을 데리고 다시 애굽으로 갔다(43:1~15). 요셉은 베냐민을 보는 순간 감정이 복받쳐 운다. 어떤 상황에서도 흔들리지 않을 것 같은 요셉이 눈물을 쏟아냈다. 식탁을 베풀고 나이순대로 자리를 마련해 주는 요셉은 형들의 나이조차 잊지 않고 있었다. 과거를 잊은 것이 아니라 용서했던 것이다. 잔치 후 형들과 함께 떠나는 베냐민의 곡식 자루에서 요셉의 은잔이 발견되는 황당한 사건이 일어난다. 이는 요셉이 형들을 시험하고자 꾸민 일이었다(44:1~5). 이 일을 통해 유다는 지난날 자신들이 또 다른 동생 요셉을 팔아넘기고 아버지에게 거짓말했던 죄악을 낱낱이 토로하게 된다. 그리고 자신이 대신 볼모가 되겠으니 베냐민을 풀어 달라고 간청한다(44:18~34). 유다가 장남 르우벤 대신 메시아의 계보를 잇게 되는 이유를 이 대목에서 알 수 있다. 유다의 간곡한 청을 듣던 요셉이 정을 억제하지 못해 대성통곡하면서 자기가 바로 그 동생 요셉임을 밝힌다. 그러고는 두려워하는 형들에게 하나님께서 생명을 구원하시기 위해 자신을 이곳에 먼저 보내셨다는 놀라운 신앙고백을 한다(45:3~8). 하나님의 절대주권을 믿었던 요셉, 그의 오늘은 이 믿음 때문에 가능했던 것이다. 요셉이 살아 있다는 소식을 접한 야곱은 기력을 회복해 애굽 행을 결단한다.

꿈을 이루다 (46~50장)

이 모든 일이 하나님으로부터 시작됐음을 확인한 후, 야곱의 온 가족은 애굽으로 이주한다(46:1~7). 야곱은 애굽 땅 고센에서 요셉과 극적인 부자 상봉의 감격을 누리며 바로를 축복한다. 죽을 날이 가까워진 야곱은 자신의 시신을 반드시 조상의 묘지에 장사해 줄 것을 요셉에게 당부한다(47:28~31). 48장부터 마지막 장인 50장까지 야곱이 열두 아들을 축복하는 내용이 아름답게 이어진다. 특별히 유다와 요셉을 축복하는 내용이 길고 풍성하다. 두 사람은 하나님의 구원 역사에 존귀하게 쓰임 받은 아들들이다. 야곱이 죽자 요셉은 바로에게 청해 가나안 땅으로 돌아가 아버지의 장례를 치르고 온다. 그리고 자신이 죽고 나서 후손들이 출애굽하게 될 때 자신의 시체를 가지고 조상의 땅으로 갈 것을 맹세하도록 한다(50:24~25). 얼마나 단단히 당부했으면 400년의 세월이 흐른 뒤에도 모세는 이 약속을 기억하고, 요셉의 유골을 메고 출애굽의 대장정에 오른다. 애굽의 총리대신이 인생의 궁극적인 목표가 아니었던 요셉은 참으로 하나님의 꿈을 꾸고 비전을 성취한 믿음의 사람이었다.

천지창조로부터 시작된 창세기의 대서사시를 읽은 후의 소감을 한마디로 정리할 순 없지만, 위대하신 하나님께서 작고 초라한 한 사람을 향해 집중적인 사랑으로 다가오심을 깨닫게 된다. 또한 하나님의 약속을 믿고 비전을 향해 나아갔던 사람들마다 처음보다 끝이 좋은 인생으로 매듭지어 주시는 것을 확인할 수 있다.

출애굽기

출애굽기 1~8장
하나님의 승리 공식

이 세상은 하나님의 영광을 막으려는 죄와 사망 권세의 도발이 끊이지 않는 영적 전쟁터이다. 하나님께서는 이 세상 가운데 자신을 드러내시고 자신을 알리신다. 반면 사망 권세는 하나님을 거부할 뿐만 아니라 아예 하나님을 알지 못하게한다. 하나님과 그분의 진리를 알게 하느냐 거부하게 하느냐, 이것이 영적 전투의 핵심이다. 계속되는 영적 전투로 인해 그리스도인들은 고통과 피로를 느끼곤 한다. 그럼에도 불구하고 우리가 두려워하지 않고 오히려 기뻐할 수 있는 이유는, 결국 하나님께서 승리하실 것임을 이미 알고 있기 때문이다. 이스라엘이 홍해를 건너기 전까지의 이야기는 하나님과 그 대적 사이에 전쟁이 어떻게 진행되는지 상당히 구체적으로 보여 준다. 특히 출애굽기 본문의 이야기 가운데 주어진 질문들은 중요한 메시지와 핵심부를 드러낸다.

어찌하여 살렸느냐?(1:1~2:10)
출애굽기는 이스라엘의 번성(1:7)과 요셉을 알지 못하는 왕(1:8) 사이의 갈등을 배경으로 이야기를 전개한다. 왕은 이스라엘의 번성을 두려워해 힘든 일을 시키며 학대하지만 오히려 이스라엘은 더욱 번성한다(1:12). 바로는 결국 산파들에게 "남자아이가 태어나면 죽이라"는 극악무도한 명령까지 내린다. 그러나 산파들은 하나님을 두려워해 아들이 태어나도 죽이지 않았다. 이에 바로는 "너희가 어찌하여 남자 아기들을 살렸느냐?"(1:18)며 산파들을 질책한다. 그런데 바로의 이 질책은 결국 자신의 딸을 향한 것이 되고 만다. 그의 딸로부터 모세가 나일 강에서 건짐을 받아 바로의 손자가 되고, 이후 출애굽을 주도할 지도자가 될 것이기 때문이다. 미리암이 바로의 딸에게 한 "아기에게 젖을 먹이게 하리이까?"(2:8)라는 질문은 결국 바로의 명령을 거역하겠느냐는 질문이다. 바로가 학대할수록 이스라엘은 더욱 번성했던 것처럼, 그의 반인륜적 명령은 자신의 딸에 의해 거부됐고, 미래에 출애굽을 주도할 지도자를 자신의 손자로 양육하는 결과를 낳았다(2:1~10). 이처럼 하나님께서는 자신의 백성을 핍박하는 자들을 도구로 사용하셔서 오히려 자신의 백성을 번성하게 할 뿐만 아니라 강하게 하시고, 결국 그 모든 것을 이길 수 있는 자로 훈련하신다.

누가 너를 세웠느냐?(2:11~25)

모세는 왕궁에서 자신의 백성 이스라엘을 사랑하는 자로 성장했다. 아마도 이미 이스라엘의 구원자가 되려는 사명감을 소유하고 있었기에 동족을 때린 애굽인을 죽이기까지 했을 것이다(2:11~12). 그러나 정작 그에게 돌아온 동포의 질문은 "누가 너를 우리를 다스리는 자와 재판관으로 삼았느냐?"(2:14)라는 것이었다. 결국 미디안 광야로 도망친 모세는 거기서 르우엘의 딸들을 도운 것을 계기로 그의 사위가 돼 목자로서 오랜 시간을 보내게 된다(2:15~21). 르우엘은 모세를 만나기 전에 딸들에게 "그 사람이 어디에 있느냐?"(2:20)고 묻는다. 이는 모세의 신분이 '애굽의 왕자'에서 '목자'로 바뀌었음을, 정해진 장소(땅)를 소유하지 못하고 타국에서 나그네가 됐음을 보여 준다(2:22). 하나님의 구원은 반드시 하나님의 이름으로 이뤄진다. 모세가 왕족으로서의 지위와 힘을 가지고 백성을 구원하려 했던 것은 어리석은 짓이었다. 자신의 이름을 내걸고 싸우는 자가 아니라 오직 하나님의 이름을 내세우는 자, 하나님께서 세우시고, 그분이 있게 하시는 곳에 서 있는 자가 영적 전쟁에 합당하다.

내가 누구이기에?(3장)

모세는 호렙 산에서 하나님을 만나 이스라엘을 구원하라는 사명을 받았지만, 그에 대해 "내가 누구이기에?"라는 질문을 던지며 반론을 펼친다. 하지만 하나님께서는 모세의 질문에 대답하지 않으시고, 다만 "내가 함께하겠다"는 말로 답변을 대신하셨다(3:11~12). 다시 모세는 "당신의 이름을 무엇이라고 말하리이까?"(3:13)라고 묻는다. 이에 하나님께서는 "스스로 있는 자"(I am who I am)라고 자신을 소개하신다(3:14). 하나님께서는 자신의 이름으로 이스라엘을 구원하실 것을 명확하게 드러내시고, 계속해서 그 이름을 앞세워 그들을 어떻게 구원하실지 모세에게 구체적으로 설명하신다(3:16~22). 영적 전쟁에서 중요한 것은 내가 누구인지가 아니다. 내 이름과 지위, 능력은 중요하지 않다. 중요한 것은 하나님께서 누구시냐는 것이고, 그분이 나와 함께하시느냐의 여부이다. 모세는 호렙 산에서 이 사실을 배우고 있다.

누가 사람의 입을 지었느냐?(4장)

모세는 하나님의 이름을 알았고, 그분의 구원 계획까지 알게 됐지만 이스라엘 사람들이 믿지 않을 것이라는 말로 다시 사명을 거부한다(4:1). 이런 모세에게 하나님은 지팡이가 뱀이 되게 하는 등의 이적을 행할 능력을 주시지만(4:2~9) 모세는 말을 잘하지 못한다며 자신 없어했다(4:10). 이에 하나님께서 모세에게 "누가 사람의 입을 지었느냐?"(4:11)고 질문하신다. 이는 이 싸움이 결코 사람의 능력에 속한 것이 아님을 확증하시는 말씀이다. 그럼에도 모세는 '보낼 만한 자'(4:13)를 보내라는 말로 거부하는데, 하나님은 모세에게 아론을 붙여 주셔서 결국 자신의 사명을 감당하게 하셨다(4:16). 애굽으로 가는 길에 하나님께서 모세를 죽이려 하셔서 아내 십보라가 아들 게르솜에게 할례를 행한 사건(4:24~26)이 발생한다. 이는 모세가 이전 생활과 완전히 결별하고, 하나님 앞에서 정결한 자로 살아가게 됐음을 보여 준다. 이제 모세는 이스라엘의 지도자로서의 길을 걷기 시작한다.

여호와가 누구이기에?(5장)

하나님께서 말씀하신대로, 바로는 모세의 말을 듣지 않았다. 바로는 "여호와가 누구이기에?"(5:2)라는 질문을 던지며, 오히려 이스라엘의 노역을 더욱 무겁게 했다. 이처럼 상황이 더욱 나빠지자 이스라엘 백성은 모세와 아론을 원망했고, 모세도 이스라엘의 기록원들이 바로에게 했던 질문과 비슷한 질문을 하나님께 했다. "주여, 어찌하여 이 백성이 학대를 당하게 하셨나이까? 어찌하여 나를 보내셨나이까?"(5:22) 우리에게 주어진 영적 전투에서 우리도 이런 질문을 한다. "어찌하여 이 세상에서 하나님의 백성이 학대를 당하게 하십니까? 왜 나를 이곳에 세우셨습니까?" 하나님께서는 이에 대한 대답을 이어가신다.

내가 여호와인 줄 알리라(6:1~7:7)

하나님께서 백성에게 고난을 받게 하시는 이유는 세상이 "내가 여호와인줄 알게 하시기 위해서"이다. 하나님께서는 "여호와가 누구냐?"라는 바로의 망언과 모세의 부르짖음을 들으시고, 본격적인 실력 행사에 나서신다. 하나님께서는 "나는 여호와라"로 시작하고 끝나는 웅장한 선언문 가운데(6:2~8) "너희의 하나님 여호와인 줄 너희가 알리라"(6:7)라고 선포하신다. 그리고 다시 모세에게 하나님의 말씀을 전하라고 명령하셨다. 그러나 현실은 '아무도 듣지 않는' 상황이다. 이스라엘도, 바로도 모세의 말을 듣지 않고, 모세 자신마저 입이 둔하다(6:12). 그런데도 하나님께서는 다시 모세와 아론을 바로에게 보내시는데, 이때 모세와 아론의 계보가 소개된다(6:14~27). 성경에서는 중요한 사람이 등장하기 전에 그의 족보가 나오는 경우가 많다(창세기, 마태복음). 이제 모세는 엄청난 지위를 얻게 된 것이다. 하나님께서 모세에게 주신 지위는 놀랍게도 '신'(神), '엘로힘'이었다(7:1). 하나님은 '태양신의 아들'을 자칭하던 바로 앞에 목자의 지팡이를 든 '신'을 세우신다. 그리고 마침내 "애굽 사람이 나를 여호와인 줄 알리라"(7:5)고 선포하신다. 이것이 바로 하나님 백성의 사명이요, 세상에서 고난을 당하는 이유이다.

이는 하나님의 권능이니이다 (7:8~8:32)

표적을 보고도 모세의 말을 듣지 않던 바로 앞에 나일 강이 피로 변하고, 거기서 개구리가 나와 온 나라에 들끓으며, 온 땅의 티끌이 이가 되는 재앙이 펼쳐진다. 애굽의 술객들도 결국 '하나님의 권능'(8:19)임을 인정했지만 바로는 하나님 앞에 굴복하지 않아, 다시 하나님께서 파리로 온 땅을 치시는 권능을 보이셨다. 이를 통해 하나님은 나일 강과 그 땅을 치시며 그들이 섬기는 신들이 헛된 우상임을 철저히 보여 주시고, 이스라엘을 학대했던 애굽인들에게 보복하시며 참 신이 누구인지를 백일하에 드러내셨다. 바로가 하나님 앞에 굴복하지 않는 한, 재앙은 멈추지 않을 것이다.

출애굽기 9~14장
참된 통치자, 여호와 하나님

이스라엘에 유월절이 있다면, 우리나라에는 광복절이 있다. 그러나 나라에 대해서 생각할 때 늘 기쁘고 자랑스럽기만 한 것은 아니다. 사람들은 우리나라의 역사를 돌이켜 보면서 각 시대마다 이 나라를 이끌어갔던 위정자들을 비판한다. 그중에는 비판받아 마땅한 점도 있다. 하지만 역사 가운데 등장하고 사라져간 수많은 지도자들 중에서 아무런 흠도 찾을 수 없는 완벽한 지도자를 찾기는 어렵다. 결국 유일하신 통치자는 우리 하나님 한 분 외에는 없다. 하나님의 통치야말로 참된 통치다. 그렇다면 하나님께서는 어떤 통치자이시며, 그분이 다스리시는 나라는 어떤 나라일까? 출애굽 과정에서 나타난 하나님의 통치에 대해 자세히 묵상해 보고자 한다.

바로의 왕권을 파괴하심 (9~10장)

백성들이 왕에게 굴복하는 이유는 왕이 자신들의 생명과 재산을 보호한다는 명분이 있기 때문이다. 그러나 하나님 앞에 굴복하지 않는 왕은 왕으로서의 기능을 완전히 상실한다. 이스라엘 백성의 가축은 전혀 해를 입지 않았음에도 불구하고, 바로의 백성인 애굽인들의 가축들은 돌림병으로 모두 죽었다(9:6). 그 이후에는 가축뿐 아니라 사람에게도 악성 종기가 생겨 요술사들마저 바로 앞에 서지 못하게 됐다(9:11). 바로는 백성들의 재산뿐 아니라 모세의 말에 대항했던 자신의 최측근인 요술사들마저 지키지 못했다.

그러자 신하들 중에 모세의 말을 따르는 자가 생기기 시작했다. "우박으로 들의 모든 것이 파괴되고 가축이 그에 맞아 죽으리라"는 모세의 예언을 믿고, 자신의 가축을 집 안에 들이는 자들이 생겨난 것이다(9:20). 실로 그 말을 들은 자는 자신의 가축을 살렸지만, 믿지 않은 자는 돌림병과 악성 종기의 재난 끝에 남은 가축들마저 잃고 만다. 그래도 마음을 바꾸지 않는 바로에게 마지막 남은 소망마저 사라지게 하는 메뚜기 재앙이 선포되자, 바로의 신하들은 애굽이 망했음을 깨닫게 된다(10:7). 결국 바로는 이스라엘의 자녀들은 가지 못하게 하고 장정들만 가라는 타협안을 내놓았지만 협상은 결렬된다. 그리고 애굽 내의 모든 푸른 것이 남지 않게 되는 메뚜기 재앙이 밀어닥쳤다(10:15).

만약 바로가 백성의 안녕을 도모하는 참된 통치자였다면, 모세와 어설픈 타협을 하는 게 아니라(10:8~11), 그들의 요구사항을 들어 주고 재앙을 멈추게 했어야 했다. 그러나 그에게는 자신의 왕권 외에는 다른 관심사가 없었다. 결국 바로는 흑암의 재앙을 만나게 되고(10:21~22), 애굽에는 더 이상 아무런 소망이 없게 된다. 태양신의 아들을 자처하던 바로는 그 햇빛마저 지키지 못하는 존재임이 만천하에 드러났고, 세상에 빛을 주는 이는 오직 이스라엘의 하나님이심이 증명됐다(10:23). 그럼에도 바로는 하나님 앞에 굴복하지 않았고, 결국 모세와 바로의 협상은 결렬돼 애굽의 소망은 완전히 사라지고 말았다(10:28~29).

새 지도자를 세우심 (11장)

하나님께서는 마지막 재앙을 준비하시면서 모세에게 이스라엘 백성들로 하여금 애굽 사람으로부터 은금 패물을 구하게 하라고 말씀셨다(11:2). 이것이 가능했던 이유는 모세가 바로의 신하들과 백성들의 눈에 아주 위대하게 보였기 때문이다

(11:3). 이는 왕의 권위가 바로에게서부터 모세에게로 넘어갔음을 보여 준다. 모세는 어느새 애굽 백성들로부터 재물을 걷을 수 있는, 즉 조세를 받을 수 있는 존재가 된다. 이스라엘 백성이 애굽 백성으로부터 조세를 걷는, 이스라엘이 애굽을 다스리는 형국이 된 것이다. 왕이라는 이름만 남은 바로의 왕권과 모세를 통해 드러나는 하나님의 왕권의 차이는 마지막 밤에 완벽하게 드러날 것이다. 이스라엘에는 개 한 마리 짖는 소리 없는 평화가, 애굽에는 모든 사람이 밤중에 잠에서 깨어 울부짖는 고통이 임할 것이다. 이렇게 하나님께서는 백성을 돌보지 않고 하나님께 굴복하지 않는 권력을 무너뜨리시며, 새로운 통치자를 그 자리에 세우셔서 자신의 백성을 다스리게 하신다.

민족의 정체성을 확립하심 (12:1~13:16)

많은 나라가 건국기념일, 독립기념일 등을 통해 그 나라의 정체성을 규정하듯이 이스라엘도 그들의 독립기념일, '여호와의 밤'(12:42)을 기념하게 됐다. 여호와의 밤은 하나님께서 모세를 통해 말씀하신 대로 애굽인에게는 가축들로부터 사람에 이르기까지 모든 처음 난 것이 죽는 재앙의 날이었으며, 이스라엘 백성에게는 430년의 노예 생활을 마감하고, 70여 명이던 야곱의 자손이 60만 대군을 이뤄 독립한 날이었다(12:37~41).

그런데 이스라엘의 독립기념식은 특별한 장소에서 귀인들이 모이는 화려하고 웅장한 의식이 아니라, 모든 백성이 각자의 집에서 치르는 것이었다. 집집마다 양이나 염소를 잡아 그 피를 집 출입구에 바르는, 전국이 피범벅이 되는 이 의식은 화려하지도, 웅장하지도 않았다. 그러나 이 예식은 이스라엘이 어떤 나라이며, 어떤 민족인지를 분명하게 규정한다. 유월절 예식은 이스라엘 역시 죄인으로서 애굽이 당한 심판을 똑같이 당해야 하지만 은혜로 구원받았다는 사실을 분명하게 보여 준다(12:13). 그렇기에 무교절, 즉 매해 첫 달인 아빕월(정월 대보름) 14일 밤부터 21일까지 7일간은 이스라엘이 원래 애굽의 노예로서 종살이를 하다가 애굽과 함께 멸망을 당해야 마땅했으나, 하나님의 은혜로 구원을 받았음을 기억하는 날이 돼야 했다(12:15~20).

유월절은 이스라엘의 교육철학을 보여 주기도 한다. 유월절과 무교절을 대대로 지킴으로써, 이스라엘의 모든 부모는 이스라엘 민족이 어떻게 구원을 받았는지 가르쳐야 했다(12:26~27). 이스라엘의 모든 처음 난 것들은 양으로 대속하거나 죽임을 당해야 했던 것 역시 '여호와의 밤'을 기억하게 할 뿐 아니라, 이스라엘이 어떤 민족인지에 대한 좋은 교육이 됐다(13:14~16). 또한 유월절은 이스라엘의 독립기념일인 동시에 이스라엘의 구성원을 규정하는 날이기도 하다. 유월절 의식에 참여할 수 있는 사람은 이스라엘의 혈통에 속한 사람이 아니라 할례를 받은 사람이었다. 이는 이방인 출신이라도 하나님을 믿으면 유월절에 참여할 수 있으며, 구원을 얻은 백성으로 인정될 수 있다는 뜻이다. 이로써 이스라엘은 혈통에 의한 민족이 아니라, 신앙에 의한 민족임을 분명하게 보여 준다(12:43~49).

자신의 백성을 지키심 (13:17~14:31)

인간 역사에서 대부분의 왕은 자신의 야망을 성취하기 위해 백성들로부터 세금을 걷고, 군대를 만들기 위해 징병을 한다. 그러나 이스라엘의 왕이신 하나님께서는 오로지 자신의 백성을 보호하는 데 우선순위를 두셨다. 하나님께서는 이스라엘이 가나안과의 전쟁을 치를 준비가 돼 있지 않음을 아셨기에 이스라엘을 가나안으로 직접 가게 하지 않으셨고(13:17), 구름 기둥과 불 기둥으로 보호하셨다(13:21~22). 하나님의 보호하심과 능력은 홍해에서 확실하게 증명된다. 하나님께서는 바로의 군대가 이스라엘을 추격할 것을 아시고, 이스라엘을 바닷가로 인도하셨다(14:2~4). 이때까지 하나님의 편에 선 사람은 모세 한 명밖에 없었다. 이스라엘의 60만 장정들은 애굽 군대의 추격에 크게 두려워하며 하나님과 모세를 원망했다. 결국 하나님께서는 믿음을 가진 단 한 명의 병력으로 대역사를 이루셨다(14:10~14).

모세에게 지팡이를 든 손을 바다 위로 내밀게 하신 후 바람으로 홍해를 가르시고(14:16), 이스라엘을 추격하는 애굽 군대가 이스라엘 백성에게 근접하지 못하게 막으셨다(14:19~20, 24~25). 그리고 다시금 모세에게 바다 위로 지팡이를 든 손을 내밀게 하셔서 애굽 군대를 수장시키셨다. 이 모든 것은 하나님께서 직접 하셨지만, 이를 통해 모세의 권위를 세우신 것이다. 이 싸움에서 이스라엘의 왕이신 하나님께서는 모세 외에 단 한 명의 병사도 징집하지 않으셨고, 단 한 명의 전사자도 없도록 보호해 주셨다. 사실 모세마저도 자신의 힘으로 싸운 것은 아니었다. 그저 지팡이를 든 손을 두 번 바다 위로 뻗었을 뿐이다. 그럼에도 하나님께서는 모세에게 승전의 영광을 얻게 하시고, 백성들이 모세를 믿고 따르도록 권위를 부여해 주셨다(14:31).

출애굽기 15~21장
자유의 이름, 자유의 법

패트릭 헨리(Patrick Henry)가 미국의 독립을 주장하는 연설 중에 했다는 "자유가 아니면 죽음을 달라"는 말은 이 세상에서 '자유'가 얼마나 중요한 덕목인지를 잘 드러내 준다. 그러나 실제로 '자유'란 그것을 누릴 만한 자격과 능력이 되는 사람에게만 유익이 되는 덕목이다. 하나님께서는 이스라엘을 애굽의 종살이에서 해방하셨다. 하지만 그들은 하나님께서 부여하신 자유를 누릴 준비가 돼 있지 않았다. 그래서 하나님께서는 이스라엘에게 자유민의 능력을 기르도록 가르치셨는데, 그 가르침마다 '하나님의 이름'이 중요하게 제시된다.

용사이신 하나님 (15:1~21)

"말과 그 탄 자를 바다에 던지셨다"라는 말로 시작하고 끝나는(15:1, 21) 이 찬양은 하나님에 대해서 여러 가지로 표현하고 있는데, 특별히 눈에 띄는 하나님의 이름은 '용사'(15:3)다. 이를 직역하면 '전쟁의 남자'라는 뜻이다. 즉 용사이신 하나님께서 그 백성에게 자유를 부여할 만한 충분한 무력을 보유하셨음을 고백하는 말이다. 하나님께서는 자신이 용사로서 대적에 맞서 싸워 주심을 이스라엘로 하여금 확신하게 하셨다. 하나님을 의뢰하는 사람은 자신을 종으로 삼으려는 세상의 모든 악한 세력들로부터 자유를 누릴 수 있다.

치료자이신 하나님 (15:22~17:7)

마실 물이 없어 일어난 다툼으로 시작하고 끝나는(15:22~27, 17:1~7) 이 단락에서 제시되는 하나님의 이름은 '너희를 치료하는 여호와'(15:26)이다. 자유는 좋은 것이지만, 가끔 쓴맛을 내기도 한다. 사흘 동안 광야를 걸어 겨우 찾아낸 물이 써서 마실 수 없는 상황에 처하자, 자유의 쓴맛(15:23)을 느낀 이스라엘은 모세를 원망한다. 이처럼 이스라엘 백성은 어려움에 처할 때마다 애굽에서 종살이하던 시절로 회귀하려 했다. 출애굽 후 두 달 정도 지나 양식이 떨어지기 시작하자 홍해와 마라와 엘림(15:27)에서의 기억보다, 애굽에서 먹었던 고기와 떡의 기억을 먼저 떠올렸다(16:3). 사실 그 고기와 떡을 먹기 위해 가혹한 노동을 견뎌야만 했음에도, 당장 식량이 떨어진 두려움 앞에서 종살이의 고달픔은 남아 있지 않았다.

하나님께서는 이스라엘이 이전에 갖고 있던 양식에 대한 생각을 완전히 바꾸셨다. 하나님께서 제공하신 만나는 아침마다 밖에 나가서 거두는, 즉 매일 추수라는 최소한의 노동만을 요구하는 양식이었다. 그리고 그 노동도 하루의 양식만큼으로 제한됐다. 오직 안식일 전날에만 하루 더 비축이 가능했으며, 안식일에는 만나를 거두는 최소한의 노동조차 금지됐다. 가혹한 착취를 당하면서도 먹고 살기 위해서, 조금이라도 더 모아 미래에 대한 공포에 대응하기 위해서 노동했던 이스라엘은 이제 매일 양식을 공급하시는 하나님의 능력을 힘입어 최소한의 노동만으로 살게 됐다. 물론 구름 기둥과 불 기둥을 따라 이동하고, 만나와 메추라기를 수확하는 등의 노동을 해야 했지만, 노동하지 않으면 굶어 죽을 것이라는 공포와 재물을 축적해 다른 이들보다 더 우위에 서려는 탐욕으로부터 자유를 얻게 됐다. 그러나 개중에는 이런 자유를 제대로 이해하지 못하는 사람들도 있었다. '탐욕과 공포에 휩쓸리지 않는 삶'을 뿌리내리는 데에도 훈련이 필요했다 (16:20, 27~28). 하나님께서는 이스라엘을 광야로 이끄셔서 깊이 뿌리내린 탐욕과 공포로 인한 고통을 치료하고 계셨다.

깃발이신 하나님 (17:8~18:27)

출애굽 당시만 해도 이스라엘은 그저 종들의 집단이었다. 아말렉 군대는 이런 이스라엘에게 실로 큰 위협이었을 것이다(17:8). 그러나 하나님께서는 모세가 산 위에서 두 손을 들 때 여호수아가 이끄는 군대가 이기게 하셨다. 이에 모세는 '여호와 닛시' 즉 '여호와는 나의 깃발'이라는 이름의 제단을 쌓았다(17:15). 이로써 이스라엘은 '여호와 하나님'이라는 하나의 깃발 아래 모이는 하나님의 군대가 되기 시작했다. 이스라엘이 하나님의 군대로 조직화된 것은 모세의 장인 이드로의 공이 컸다. 이드로는 하나님께서 모세를 통해 이스라엘 가운데 놀라운 구원의 역사를 펼치셨음을 들었고, 여호와께서 모든 신보다 크신 참 하나님이심을 확신했다(18:1~12).

그러나 그 하나님의 권위가 이스라엘 전체에 효과적으로 전달되지 않았다. 모세는 장인 이드로를 만나기 전까지 백성들 사이에서 일어나는 모든 일들을 일일이 판결해야만 했다(18:13~16). 이는 하나님께서 모세에게 부여하신 권위가 다른 이들에게는 나눠지지 않았기 때문에 생긴 일이었다. 이드로는 이 모습을 보고 모세에게 주어진 권위가 백성들 사이로 나뉘어야 함을 지적했다.

모세는 하나님의 규례를 가르치고, 백성 중에 지혜로운 자들로 천부장, 백부장, 오십부장, 십부장을 삼아 그 규례대로 일을 나눠 함께 담당하도록 했다(18:19~23). 모세의 가르침은 법이 됐고, 천부장, 백부장, 오십부장, 십부장들의 다스림은 질서가 됐다. 이를 통해서 이스라엘은 명실상부한 하나의 공동체이자 군대가 됐다. 여호와 하나님의 깃발 아래 온 이스라엘 백성이 하나로 뭉칠 수 있었고, 하나님으로부터 부여받은 주권이 모든 백성에게 미침으로써 법과 질서 아래 자유를 누릴 수 있게 됐다.

하나님과 언약 체결 (19:1~25)

출애굽 후 3개월 동안 이스라엘은 용사요, 치료자요, 깃발이신 하나님을 체험하며 시내 산에 도착해 하나님과의 언약 체결을 준비했다. 이 언약을 통해 이스라엘은 하나님의 소유요, 제사장 나라, 거룩한 백성이라는 지위를 얻게 될 것이다(19:5~6). 이는 이전에 애굽 왕 바로의 종이었던 이스라엘이 온 땅의 주 여호와 하나님의 종이 되는 것을 의미했다. 세계를 소유하신 하나님께서 다시 이스라엘을

'소유'로 삼으시겠다는 말씀은 단순한 동어반복이 아니다. 소유에 해당하는 히 브리어 '세굴라'는 당시 신하들 중 최고의 자리에 있는 자를 가리키는 말로서, '2인자'라는 뜻을 갖고 있다. 이스라엘로 하여금 온 세상 나라 중 최고의 나라가 되게 하시겠다는 뜻이다. 그리고 이스라엘을 제사장 나라, 거룩한 백성으로 삼 으셔서 이들을 통해 온 세상에 하나님의 통치권을 펼쳐 가시리라고 말씀하셨다. 하나님과 이스라엘의 언약 예식은 아주 엄숙한 분위기에서 거행됐다. 이스라엘 은 옷을 빨고 자신을 정결하게 했을 뿐만 아니라, 셋째 날까지 여인을 가까이하 지 않으며, 하나님께서 정하신 경계를 침범하지 않도록 주의했다(19:10~15). 하나 님께서는 강림하셨을 때에도 모세를 통해 이스라엘에게 계속 주의를 주신다. 죄 인인 인간이 하나님을 보려 한다면 죽임을 당할 수밖에 없었기에 언약 체결식은 그만큼 조심스러울 수밖에 없었다(19:20~24).

자유와 생명의 법을 주신 하나님 (20:1~21:36)

20장부터 하나님께서 이스라엘에게 제시하신 법이 어떤 것인지가 서술되기 시 작한다. 모든 율법의 요약이라 할 수 있는 십계명(20:1~17)은 '자유'와 '생명'의 가 치가 이스라엘에서 가장 중요시돼야 함을 선포한다. 애굽에서 종교란 피지배민 들을 종교적 터부나 저주 등으로 위협하고 얽매어 궁극적으로 통치자 바로에게 굴복하게 만드는 도구였다. 그러나 이스라엘이 섬기는 하나님은 그런 이방 종교 의 신과는 전혀 달랐다. 하나님을 예배할 때에는 조각한 우상이나 다듬은 돌 제 단, 계단 등을 사용할 수 없었고, 오직 흙이나 자연석으로 간소하게 쌓은 제단만 을 사용해야 했다(20:4~6, 22~26). 하나님의 이름을 마음대로 들먹이며 자신의 지 위를 높이려 하거나 다른 이들에게 명령하는 것도 금지됐다(20:7). 하나님의 법은 철저하게 소수의 통치자가 아니라, 하나님의 형상으로 지어진 모든 사람을 향한 것이었다.

이는 하나님을 어떻게 예배할 것이냐를 가르친 이후에(20:22~26), 즉시 다뤄진 문제가 '노예제도'라는 사실을 통해서도 알 수 있다(21:1~11). 세상의 법은 대부분 최고통치자에 대한 규정부터 시작하게 마련인데, 하나님의 법은 노예제도 운영

법에 대한 규정으로 시작한다. 하나님께서는 노예제도 자체를 바로 금지하시지는 않으면서도 종의 인권을 지킬 수 있도록 명령하셨다. 이는 당시 종의 현실을 정확하게 이해하셨기 때문이다. 무조건 금지했을 때 오히려 생명을 유지하지 못할 종들이 있음을 잘 알고 계셨기에, 제도 자체는 인정하시면서 그 제도에 의해 하나님의 형상인 인간의 존엄성이 훼손되는 것을 최소화하는 법을 세우신 것이다. 노예에 대한 가르침이 끝난 후, 하나님께서는 인간 생명의 존엄성을 확립하신다(21:12~36). 고의로 살인한 자는 반드시 사형에 처해야 하며, 실수에 의한 살인이라 하더라도 충분한 주의를 기울이지 않았기 때문이라면 역시 생명에 준하는 벌을 받도록 규정하셨다. 이처럼 자유민은 인간의 생명을 최우선의 가치에 둬야 했다.

출애굽기 22~40장
여호와의 영광, 재창조의 역사

우리 주 예수 그리스도를 믿는 자는 하나님의 영광 앞에 설 수 있다는 복음의 선포를 믿는다. 그렇기에 담대히 하나님의 영광을 구할 수 있다. 그런데 문제는 '하나님의 영광'이 과연 어떤 것인지 잘 모르거나 오해하는 경우가 많다는 것이다. 출애굽기의 마지막 부분은 하나님께서 그 영광을 드러내셨을 때 어떤 일이 있었는지를 보여 준다. 우리는 이 말씀을 통해 하나님의 영광이란 어떤 것이며, 그 영광을 구하는 자가 어떤 삶을 살아야 하는지를 배울 수 있다.

자유민으로서의 삶 (22~23장)
이 부분은 하나님께서 이스라엘과 언약을 맺으며 선포하신 십계명의 구체적 실천을 다루는 지침서인 '언약서'(20:22~23:33)의 후반부이다. 이스라엘은 애굽의 종살이에서 벗어나 '자유'를 얻었기에 여러 일상생활 가운데 종이 아니라 자유민으로서의 삶을 살게 됐다. 또한 이스라엘은 거룩한 백성으로서 이방 족속들과는 다른 삶을 살아야 했다(22:18~31).

이스라엘에게는 자유와 거룩 가운데 중요하게 지켜야 할 원칙이 있었다. 바로 '공평'과 '정의'였다. 누구도 자신이 마땅히 가져야 할 이상의 것을 주장하지 못했고, 죄인도 마땅히 받아야 할 벌 이상을 받지 않는 원칙 아래에서 이스라엘은 자유를 누리며 살 수 있었다.

이스라엘이 하나님 앞에서 누릴 수 있는 자유는 안식년과 절기 규정에서 아주 잘 드러난다(23:10~19). 6년 동안은 파종하며 농사를 짓지만, 7년째 되는 해에는 파종을 하지 않았다. 또 안식일에는 일손을 놓고 하나님을 예배하며 기뻐했다. 이를 통해 이스라엘은 하나님께서 천지를 창조하신 이후 누리셨던 안식을 맛볼 수 있었다. 하나님은 언약서의 결론으로 다음과 같이 약속하셨다. 가나안 족속들을 쫓아낼 것이니 그들의 풍속을 따르지 말고, 오직 하나님만을 섬기는 삶을 살라고 말씀하셨다(23:20~33). 이처럼 진정한 자유는 세상의 우상에 휘둘리지 않고, 참 하나님만을 바라보는 데서 얻을 수 있다.

언약, 영광을 보다 (24장)

이제 본격적으로 하나님과 이스라엘이 엄숙한 피의 의식을 통해 언약을 체결한다(1~8절). 이때 언약 당사자인 이스라엘의 대표들은 하나님을 직접 대면하고도 죽지 않고, 그 앞에서 먹고 마시는 놀라운 경험을 한다(9~11절). 그리고 하나님께서는 모세에게 언약의 돌판을 주시기 위해 시내 산에 오르라고 명령하셨다(12절). 모세는 40일 동안 하나님 앞에서 하나님의 임재와 영광을 드러낼 성막에 대한 양식을 배우고 언약의 돌판을 받는다(13~18절).

성막, 영광의 계시 (25:1~31:17)

하나님께서는 모세에게 40일 동안 성막의 모든 양식과 제사장, 제사 규례를 가르치셨다. 금과 은과 놋, 그리고 금실과 청색, 자색, 홍색 실로 짠 아름다운 휘장과 거기에 세워질 제사장의 모습은 그 자체로 하나님의 영광에 대한 시각적 제시라고 할 수 있다.

우상, 거짓 영광 (31:18~32:35)

모세가 40일 동안 성막에 대해 자세한 가르침을 받고 있는 사이, 산 아래에 있던 이스라엘은 모세가 내려오는 시일이 오래 걸리자 아론에게 가서 다른 신을 요구했다. 모세는 하나님께서 그 '손가락으로'(개역개정판은 '친히'라 번역) 새긴 돌판을 가지고 산을 내려오는데(31:18), 아론은 사람의 '조각칼로' 새긴 금송아지를 만들어 이방신을 섬기는 방식으로 백성을 '뛰놀게' 했다(1~6절). 돌판과 우상(금송아지)의 대조는 명확하다. 영광의 하나님께서는 자신이 만드신 돌판에 그 말씀을 직접 새기시며 자기 백성에게 아무것도 요구하시지 않았다. 그러나 우상은 그들의 아내와 자녀의 귀에서 금 고리를 빼내게 했다(2~3절). 하나님의 영광은 '돌'로, 우상은 '금'으로 상징된다. 어리석게도 인간은 모든 것을 은혜로 베푸시는 하나님보다 자신들의 소유물을 빼앗고, 결국 인간을 파멸로 이끄는 우상을 더 신뢰하고 좋아했다.

하나님께서는 이스라엘이 금송아지를 숭배하는 것을 보시고 심히 노하시며, 이스라엘을 다 죽이고 모세로부터 새롭게 시작하겠다고까지 말씀하셨다(10절). 그러자 모세는 자신도 이스라엘과 그 운명을 같이하겠다는 뜻을 밝히며, 하나님의 진노를 막아서는 중보자의 역할을 감당한다. 그리고 산을 내려와 아론과 이스라엘을 질타하며, 하나님께서 주신 돌판을 깨뜨린다. 언약이 깨졌음을 선언한 것이다(19절). 그러나 이스라엘은 회개하지 않았다. 아론은 말도 안 되는 변명을 늘어놓았고(22~24절), 백성은 방자했다(25절). 결국 모세는 자신의 죄를 인정하고 하나님의 말씀에 순종하는 레위 자손들로 하여금 칼을 들고 동족을 치게 했다. 이 일로 3천 명 가량이 죽고서야 이스라엘의 죄는 속해질 수 있었다(28~29절).

회막, 영광의 재임재 (33장)

하나님께서는 이스라엘에게 가나안 땅에 들어갈 수는 있게 해 주겠으나 그들과 함께하지는 않겠다고 말씀하셨다. 이는 하나님의 영광이 임재하지 않는, 평범한 민족들 중 하나가 되게 하시겠다는 의미다(1~3절). 이 말씀 앞에 이스라엘은 모든 단장품을 제거했다(4절). 하나님께서는 모세가 진 밖 멀리 떨어진 장소에 세운 회막에 영광의 구름으로 임하셨다(9절). 하나님의 영광이 다시 임했지만, 이스라엘의 진에서 벗어난 특정한 장소에 임한 것이다.

모세는 그 자리에서 이스라엘을 용서하시고 그들과 함께하실 것을 하나님께 간구하며, 하나님의 영광을 보여 달라는 요청까지 드린다(18절). 처음 언약을 맺을 때와 이스라엘의 대표들 앞에 하나님을 보이셨던 그때로 다시 돌아가길 원한 것이다(24:9~11). 그러나 하나님께서는 등은 볼 것이나 얼굴은 보지 못하리라고 말씀하셨다(23절). 처음 언약을 맺었을 때와 같이, 하나님의 영광을 보는 것은 예수 그리스도께서 오실 때까지 있을 수 없는 일이 됐다.

얼굴, 영광의 이름(34장)

이번에는 모세가 돌판 두 개를 깎아 산으로 올라갔다(4절). 하나님께서는 다시 산에서 모세를 만나시고, 모세 앞으로 지나시며 여호와의 이름을 반포하셨다(6~7절). 모세는 그 앞에서 이스라엘의 죄를 고백하며 용서를 간구했다. 하나님께서는 앞서 가르치셨던 규례와 법도를 다시 말씀하심으로써 깨진 언약을 회복하셨다. 모세는 다시 거기서 먹지도, 마시지도 않고 40일을 보내며 하나님과의 언약을 회복했다(28절). 하나님께서 모세 앞으로 지나시고, 말씀하실 때 쓰인 '앞으로', '앞에서'(6, 11, 24절)라는 원어를 직역하면 '얼굴'이다. 이는 하나님의 이름이 모세의 앞(얼굴)에 반포됨으로써 모세가 산을 내려와 이스라엘 앞에 섰을 때, 그 얼굴에서 광채가 나 하나님의 영광을 드러내게 됐음을 보여 준다(29~30절). 이스라엘은 모세의 얼굴에서 나는 광채를 두려워했다. 그래서 모세는 이스라엘 앞에서 말씀을 전할 때에는 얼굴에 수건을 쓰는데, 이는 성막의 휘장을 연상하게 했다. 이처럼 하나님의 이름을 듣고 고백하는 자는 세상에 하나님의 영광을 매개하는 자가 된다.

성막 제작에 들어가다(35~39장)

성막은 여호와의 영광을 계시하기 위해 만들어지는 것이었다. 이는 누군가의 명령에 의한 것이 아니라 자발적인 헌신에 의한 것이었다. 또 하나님께서 재능을 주시고 세우신 사람들에 의해서 만들어지는 것이었다(35:1~36:7). 36장 8절부터 39장 41절까지는 앞의 25장 1절부터 1장 17절까지와 그 내용이 거의 동일하며, 한 번의 실패를 겪은 이스라엘이 이제 하나님의 말씀에 순종해 그분의 영광을 드러내기 시작했음을 보여 준다. 범죄 후 구속, 즉 재창조가 시작된 것이다.

재창조, 명령하신 대로 되니라(40장)

성막의 각 부분이 완성되자, 모세는 이스라엘을 축복했다(39:42~43). 그리고 그 완성된 성막을 세웠다. 모세는 둘째 해 첫째 달 초하루에 여호와 하나님께서 가르쳐 주신 대로 성막을 세우는데(17절), "여호와께서 모세에게 명령하신 대로 되니라"라는 말이 일곱 번 나온다(19, 21, 23, 25, 27, 29, 32절). 이는 하나님께서 7일 만에 세상을 창조하실 때에 말씀으로 창조하시고, 그 말씀대로 다 이뤄졌던 것을 연상하게 한다. 하나님께서는 그 영광으로 이스라엘의 죄를 덮으시고, 새로운 창조를 이스라엘과 그 가운데 임재하신 성막을 통해 온 땅에 계시하셨다.

어쩌면 우리는 금송아지를 숭배했던 이스라엘처럼 어리석게도 하나님의 영광이 아닌 가짜 영광을 추구하고 있는지도 모른다. 성령께서는 이스라엘의 실패와 모세의 중보, 그리고 그에 의한 회복을 보여 주는 이 말씀을 기록하시고, 또한 지금까지 전수되게 하시며, 우리에게 이 말씀을 묵상하게 하신다. 그래서 우리로 하여금 이스라엘처럼 어리석은 실패에 빠지지 말고, 참 하나님의 영광을 기대할 것을 말씀하시며, 우리와 함께하신다. 이 말씀 앞에 선 우리의 얼굴에서 하나님의 영광의 광채가 빛나며, 우리의 손으로 행하는 모든 일을 통해 하나님의 재창조의 역사가 일어날 수 있기를 기대해 본다.

레위기

레위기 1~27장
너희는 거룩하라

대부분의 성도들에게 레위기는 어렵고 지루하며, 묵상할 가치가 없는 본문으로 여겨진다. 물론 레위기는 현대 그리스도인들의 입장에서 쉬운 본문은 아니다. 그러나 결코 가치 없는 본문도 아니다. 레위기는 하나님의 백성이 마땅히 지켜야 할 가치인 '거룩함'이 어떤 것인지에 대한 시청각 교육서다. 우리는 레위기를 통해 하나님의 백성이 거룩해지기 위해 어떻게 죄를 제거해야 하는지, 그리고 하나님과 교제하기 위해 어떻게 거룩함을 유지해야 하는지를 알 수 있다.

어떻게 죄를 제거할 수 있는가? (1~16장)

1~7장은 이스라엘이 드려야 할 제사인 번제, 소제, 화목제, 속죄제, 속건제에 대해서 설명한다. 현대인들은 이 제사를 드리는 방법이 지나치게 자세히 설명돼 있어 지루하다고 느끼지만, 아무런 시청각 지침서가 없던 시절 실제로 내 눈앞에서 이런 제사가 드려진다고 생각하면 결코 지루한 내용이 아니다. 소제를 제외한 모든 제사에는 동물이 죽임을 당하고 피를 흘려야 하는데, 이를 통해 우리는

죄가 무엇인지를 똑똑히 알 수 있게 된다. 죄란 반드시 피의 대가를 지불하지 않으면 해결될 수 없는 심각한 문제라는 사실, 그리고 궁극적으로 누군가 그 대가를 치르지 않으면 근본적으로 해결될 수 없다는 사실이 반복 제시된다. 8~10장은 아론과 그 아들들이 제사장으로 세워지는 모습이 서술돼 있다. 이를 통해 이스라엘의 죄를 담당할 제사장이 갖는 지위가 얼마나 중요한지가 잘 나타난다. 특히 나답과 아비후가 하나님께서 명하시지 않은 불로 분향하다가 죽은 사건(10:1~2)은 제사장 사역의 엄중함을 잘 보여 준다.

11~15장은 일반 백성들이 지켜야 할 규례들을 제시한다. '하나님 앞에서의 거룩'이란 단지 성막에서 예배할 때에만 적용되는 개념이 아님이 드러난다. 이스라엘 민족에게 있어서 '거룩함'은 먹고, 입고, 치료하고, 성생활을 하는 모든 영역에 적용되는 절대적인 가치였다. 16장에는 죄를 제거하는 방법에 대한 결론으로 1년에 한 번 어떻게 이스라엘 전체를 위한 속죄제를 드려야 하는지가 설명돼 있다. 이를 통해 현대의 그리스도인들은 예수 그리스도께서 모든 인류를 위한 제물이 되셨다는 것이 어떤 의미인지를 짐작할 수 있다.

어떻게 거룩을 유지할 것인가? (17~27장)

17~27장은 거룩한 백성이 마땅히 지켜야 할 규례들이 제시돼 있다. 이 본문은 특별한 구조를 찾기 어려운 본문이지만 그 내용은 비교적 명확히 이해할 수 있는 부분이다. 이 규례들은 십계명과 제사법이 확장된 것이다. 즉 이스라엘 백성이 어떤 죄를 지어서는 안 되고, 어떤 죄는 어떻게 처벌해야 할 것인지를 규정한다. 특히 26장에는 이 명령대로 거룩함을 지켜 나갈 때에 가나안 땅이 주어질 것이라고 강조돼 있다. 27장에는 이런 거룩함을 지켜 나갈 때 현실 상황에서 생기는 예외적 경우는 어떻게 처리해야 하는지가 제시돼 있다.

레위기를 묵상하면 거룩한 하나님의 백성으로 산다는 것이 여러 종교들 중 하나를 믿는 것과는 전혀 다르다는 사실을 깨닫게 된다. 하나님께서 요구하시는 거룩함의 깊음과 엄중함을 내 삶에 비춰 거룩함으로 무장되길 바란다.

민수기

민수기 1~8장
약속의 땅을 향한 첫걸음

민수기는 그 책의 제목에서 알 수 있듯이 두 번의 인구조사(1, 26장)를 통해 이스라엘 백성의 조직을 재정비하고, 약속의 땅으로 들어가기 위한 준비 과정을 기록한 책이다. 그러나 희망으로 시작한 첫 번째 행진은 가데스 바네아에서 불신앙에 찬 가나안 정탐으로, 백성들의 원망 가운데 실패로 끝나 버렸다. 19장과 20장 사이에 존재하는 38년의 세월이 지난 후, 약속의 땅에서 분깃을 얻기 위한 새로운 준비가 시작된다. 민수기를 묵상하며 가나안이라는 약속의 땅에 들어가기 위해 1세대의 불신앙을 벗어던지고, 2세대의 순종의 영성으로 옷 입을 수 있는 은혜를 누리기 바란다.

하늘의 별처럼(1~4장)
이스라엘 백성이 애굽에서 나온 지 2년째 되던 2월 1일 시내 광야에서 첫 번째 인구조사를 시작했다(1:1~3). 각 지파의 대표를 세우고, 그들을 통해 계수한 20세 이상의 남자 장정의 숫자는 60만 3천여 명이었다. 야곱의 일가족 70명으로 시작했던 이스라엘이 하늘의 별처럼 중다한 민족을 이룬 것은 하나님의 신실하신 약속 때문이었음을 깨닫게 된다. 백성들의 계수를 마친 후, 하나님은 가나안으로의 행진을 위한 대진을 편성하고 행군 순서를 정하셨다. 해 돋는 동편의 맨 앞에는 장자도 아니요, 한때 며느리와 간음했던 유다의 후손들이 자리하게 된다(2:3). 이것이 여호와께서 일하시는 독특한 방식이기도 하다. 그 뒤를 이어 남은 지파들의 대진이 정해진다.

한편 3장에서는 아론의 아들들이 다른 불로 여호와께 분향을 드리다가 죽게 되는 사건이 일어난다(3:4). 이 일은 하나님을 섬기는 모든 자에게 경각심을 일깨우기 충분했다. 이어서 이스라엘 자손 가운데 레위 지파를 거룩하게 구별해 그들의 직무를 규정하고, 숫자를 파악했다. 이렇게 한 이유는 하나님의 것으로 특별히 구별된 레위인이 이스라엘 자손 가운데 처음 태어난 자 곧 장자들을 대신해 하나님을 섬김으로써, 이스라엘의 모든 것이 하나님의 것임을 인정하도록 하기 위함이었다. 모든 것이 내 것인 양 착각하며 살아가는 현대인들을 향한 메시지가 여기에 담겨 있다. 이어진 4장에서는 레위 지파 중 회막의 지성물을 관리하는 고핫 자손의 임무가 소개된다. 그리고 성막 외부의 물품들을 담당하는 게르손 자손과 므라리 자손의 직무가 소개된다.

성결 그리고 구별 (5~6장)

5장은 하나님의 구별된 백성들이 어떻게 성결을 유지할 수 있는지에 대한 몇 가지 규정을 알려 준다. 나병과 유출병 환자들의 격리 수용에 대한 규례, 죄 지은 자의 보상 문제와 속죄에 관한 규례, 그리고 공동체를 허물 수 있는 간통을 밝혀내는 절차를 상세하게 설명하고 있다. 이렇게 세세하게 설명하는 이유는 이스라엘의 순결함을 유지시키려는 하나님의 마음 때문이라고 할 수 있다. 우리 역시 세속으로부터 순결함을 유지하려는 몸부림이 필요한 때를 살아가고 있다. 6장에서는 한 걸음 더 나아가 나실인을 통해 특별히 구별되고, 하나님께 드려지는 삶이 있음을 소개하고 있다. 나실인 서원을 통해 자신의 몸을 거룩하게 구별한 사람들은 독주와 포도주를 금하고, 머리에 삭도를 대지 않으며, 시체를 가까이하지 않아야 한다. 이렇듯 성별된 삶을 살기 위해 진지하게 노력하는 이 시대의 모든 나실인을 향해 하나님께서 얼굴을 비추시고, 은혜와 평강의 복을 허락하신다.

하나님의 것 (7~8장)

모세가 장막 세우기를 끝내고 기름을 발라 거룩하게 구별한 날에, 각 지파의 감독 된 자들이 드린 각종 헌물을 하나도 빠짐없이 12지파의 순서대로 일일이 기록한다(7장). 이는 이스라엘 백성이 모두 같은 헌신으로 하나님께 나아가는 공동체임을 강조하는 것이다. 오늘 우리에게도 동등한 헌신을 요구하시는 하나님의 음성이 여기에 담겨 있다. 하나님은 천지만물의 주인이시요, 특히 이스라엘은 그분의 소유 된 백성이다. 이것을 잊지 않도록 하기 위해 하나님은 레위인으로 하여금 이스라엘의 모든 장자를 대신해 하나님의 성소에서 봉사하도록 하셨다(8:5~11). 우리는 출애굽 당시 마지막 재앙이었던 장자의 죽음으로부터 이스라엘 백성을 구원하신 하나님께서 자신의 맏아들 예수 그리스도를 통해 인류의 구원을, 그리고 나의 구원을 이뤄 주셨음을 기억해야 한다.

민수기 9~18장 7절
원망과 순종의 갈림길, 광야

이스라엘은 출애굽의 기적을 경험한 백성들이다. 10가지 재앙을 통해 하나님의 능력을 맛보았을 뿐만 아니라, 홍해의 기적이나 불 기둥과 구름 기둥의 은혜를 경험한 특별한 세대였다. 그러나 그들 앞에 펼쳐진 광야는 다시 한 번 그들의 선택을 요구하며, 원망과 순종의 갈림길이 되고 있다. 아무리 대단한 기적을 경험했더라도, 순종을 통한 신앙의 훈련이 따라오지 않으면 우리는 다시금 원망과 좌절, 실패의 나락으로 곤두박질 칠 수 있다. 광야 같은 인생길에서 말씀 묵상을 통한 순종의 훈련만이 우리를 날마다 하나님의 은혜에 머물게 할 것이다.

순종을 배우다 (9~12장)

출애굽 다음 해 첫째 달에 이스라엘 백성이 가장 먼저 한 것은 유월절을 기억하고 지키는 일이었다(9:1~3). 그들 중에 거류하는 타국인까지 모두가 함께 유월절을 지켜야 하는 이유는 애굽 땅, 종 되었던 곳에서 그들을 구원하신 하나님의 은혜를 잊지 않기 위함이다. 하나님께서는 우리의 삶을 구체적으로 인도하기를 원하신다. 또한 성막 위에 구름의 움직임을 따라 이스라엘 백성을 인도하신 하나님께서 오늘 우리에게도 동일한 순종을 요구하신다. 모세는 하나님의 명령에 따라 모든 백성이 함께 움직이도록 하는 수단으로 은 나팔 둘을 만든다(10:1~2). 그 나팔을 부는 방법에 따라 백성들의 행진과 방향이 결정됐다. 특히 전쟁하러 나설 때 나팔을 크게 불도록 해 대적의 손에서 구원하시는 하나님을 기억하고 담대히 나아가도록 하셨다.

물론 하나님께서 앞서 인도하시지만, 광야는 만만치 않은 곳이다. 그들 가운데 섞여 사는 다른 인종들이 고기를 먹고 싶다는 욕구를 터뜨리자, 이스라엘 백성도 울면서 하나님을 원망하기에 이른다(11:4~6). 이 일은 하나님을 진노하시게 했고, 모세도 지도자로서 마음의 상처를 크게 입었다. 그러나 이 일을 계기로 70인의 장로를 세우고, 조직을 정비해 새로운 진용을 갖추게 된다(11:16~17). 이후에 모세가 구스 여인을 취한 일에 대해 미리암과 아론이 비방하는 일이 생기는데(12:1) 지도자의 권위에 도전하고 반발한 사건이었지만, 모세가 온유한 자세를 취함으로 하나님께서 이 위기를 처리해 주신다.

절망에 사로잡혀 (13~14장)

바란 광야에서 하나님의 명령에 따라 지파의 지휘관들로 구성된 12명의 정탐꾼을 가나안에 보내게 된다. 40일간의 정탐을 마치고 돌아왔을 때, 두 사람을 제외한 열 명의 정탐꾼은 불신앙이 가득한 보고로 백성들의 마음을 녹아내리게 한다. 어리석은 백성들은 옷을 찢으며 외친 여호수아와 갈렙의 말은 무시한 채, 절망에 사로잡혀 애굽으로 돌아가자고 밤새워 울며 하나님과 모세를 원망한다. 그리고 돌을 들어 여호수아와 갈렙을 치려고 할 때, 하나님의 영광이 나타나 백성들을 심판하려 하신다. 그러나 모세가 목숨을 걸고 중보기도를 한 결과, 하나님께서 출애굽 1세대는 40년 광야 생활 중에 죽게 하시고, 순종을 훈련한 2세대는 가나안 땅에 들어갈 수 있도록 약속해 주신다. 오직 순종만이 약속을 이루는 우리의 선택임을 믿어야 한다.

반역하는 백성 vs 회복하시는 하나님 (15~18:7)

하나님께서는 죄 범한 이스라엘 백성에게 제사법을 가르치심으로 회복의 길을 열어 주신다. 신실하신 하나님의 약속은 우리의 연약함에도 불구하고 반드시 이뤄진다. 하나님께서는 약속의 땅에 들어가서 지켜야 할 각종 제사의 종류와 제물과 제사법을 설명한 후, 안식일 규례뿐만 아니라 옷깃에 술을 다는 사소한 일에 이르기까지 하나님의 계명에 철저히 순종할 것을 명령하신다. 이는 하나님의 백성으로 구별된 삶을 요구하시는 것이다. 그런데 백성의 패역함이 또다시 등장한다. 레위 지파에 속한 고라가 주동하고 르우벤 자손의 다단 등이 당을 지어 하나님이 세우신 모세와 아론을 대적한 것이다(16:1~3). 이미 성숙한 신앙의 자리에 있던 모세는 이런 상황 속에서 하나님께 먼저 엎드린 후, 무력을 사용하지 않고 모든 판결을 하나님께 맡기는 신앙의 모습을 보여 준다. 그러나 회개할 기회를 잃어버린 고라 당은 갈라진 땅에 삼킴을 당하는 심판을 받게 된다(16:31~33). 이 일로 인해 염병이 온 회중에 퍼져 걷잡을 수 없게 됐을 때, 아론이 모세의 명령에 따라 향로를 들고 백성들 가운데 서서 중보함으로 염병이 그치게 된다(16:41~50). 이런 과정을 통해 모세뿐만 아니라 아론도 공동체의 지도자로 세워져 간다.

민수기 18장 8절~27장
인생의 축소판, 광야 학교

광야는 우리 믿음의 시험장이다. 순종을 통해 하나님의 은혜를 맛보게 되는 장소일 뿐만 아니라, 불순종으로 인한 심판의 쓰라림을 경험하는 곳이기도 하다. 천성을 향해 나그네 인생길을 걸어가는 백성들이 겪어야 할 수많은 일이 축소판처럼 녹아 있는 곳이 광야라는 현장이다. 민수기 18장 8절부터 27장까지의 말씀은 이스라엘 백성이 경험한 40년 광야 학교의 후반부에 해당한다.

귀한 것을 구별해 드림 (18:8~19장)

하나님께서는 당시 제사장들이 온전히 하나님을 섬기도록 양식에 대해서는 염려하지 않게 하셨다(18:8~24). 하나님께서 곧 그들의 상급이시요, 기업이 되신 것이다. 하나님께서는 이것이 영원한 언약임을 강조하시기 위해 불변의 상징인 '소금 언약'이라 부르셨다. 백성들의 십일조가 레위인들의 기업이 된 것처럼, 레위인들의 십일조는 제사장들의 몫이 된다(18:25~31). 십일조는 처음 것, 귀한 것의 의미를 담고 있다. 하나님께서는 흠 없고 멍에를 메지 않은 붉은 암송아지를 잡아 피 뿌리고 불사른 후에 그 재를 가져다 백성들의 부정함을 씻는 물을 위해 간직하라고 하셨다. 혹시 시체를 만진 자가 있으면 이레 동안 부정하고, 그것을 정결케 하기 위해 잿물로 자신을 씻어야 한다. 이는 이스라엘 공동체가 죄로 오염되는 것을 방지하기 위한 하나님의 뜻이다.

가나안 목전에서 (20~21장)

신 광야에서 미리암이 죽었다. 그리고 아론의 죽음으로 20장이 마무리된다. 백성들은 목마름의 이유로 다투고, 지도자와 하나님을 원망하기에 이른다. 이에 모세는 하나님께서 반석을 열어 물을 주신다는 사실을 잠시 망각하고, "우리가 너희를 위하여 이 반석에서 물을 내랴"고 하면서 자신의 의를 드러낸다. 이 일로 모세는 백성들과 더불어 가나안에 들어갈 수 없게 됐다(20:12).

　하나님께서는 가나안을 목전에 두고 또다시 불평과 원망을 쏟아 놓는 이스라엘 백성에게 불뱀을 보내 심판하시지만, 수많은 사람이 죽어 가는 가운데 놋뱀을 바라보기만 하면 살 수 있도록 길을 열어 놓으셨다(21:4~9). 이것이 은혜요 믿음으로 구원받는 증거다. 그리고 드디어 요단 동편의 땅들을 차지하게 하심으로

(21:21~35), 하나님의 약속이 신실하게 이뤄질 것에 대한 서곡을 보여 주신다. 믿음은 아무것도 보이지 않고 손에 잡히지 않아도, 약속의 말씀을 붙잡고 묵묵히 걸어갈 때 필요한 것이다.

복과 저주를 주관하시는 분(22~27장)

발람 선지자에 관한 이야기가 석 장(22~24장)에 걸쳐서 꽤 길게 소개되고 있다. 이것은 어떤 의미가 있을까? 이스라엘이 아모리와 바산을 점령했다는 소식을 접한 모압 왕 발락은 두려움에 떨며, 점술가 발람에게 사람을 보내 이스라엘을 저주해 줄 것을 요청한다.

그러나 복과 저주의 주관자는 하나님이시다. 처음엔 가지 않겠다고 했던 발람은 거듭된 발락의 요청과 유혹을 뿌리치지 못하고 따라나서지만, 나귀를 통해 하나님의 강력한 뜻을 알게 된 후 이스라엘을 저주하지 못하고, 도리어 세 번에 걸쳐 축복하는 예언을 하게 된다. 하나님의 언약의 수혜자요, 복의 통로인 이스라엘을 향한 하나님의 절대적인 보호하심을 알 수 있다. 그런데 승리에 들떠 교만해진 이스라엘 백성들이 싯딤에서 행음을 일삼게 된다(25:1). 이 일로 전염병이 나돌아 수만 명이 죽어가는 가운데, 지도자 중 한 명인 시므리가 미디안 여인과 동침한다. 이에 비느하스가 창으로 그들을 꿰뚫어 죽이자 염병이 그쳤다. 이는 이스라엘 백성을 향한 하나님의 질투하시는 사랑을 보여 주는 사건이라 할 수 있다.

26~27장에서 두 번째 인구조사를 통해 출애굽 1세대들은 광야에서 죽고, 2세대들에 대한 계수가 진행된다. 놀라운 사실은 40년 동안 건조하고 거친 광야를 지나왔지만, 그 수가 줄지 않았다는 점이다. 이는 하나님의 기적 같은 은혜가 아니고서는 설명할 수 없는 일이다. 인구조사를 기초로 지파의 수효대로 제비를 뽑아 기업을 나누게 된다. 이 과정에서 특이한 일이 기록돼 있는데, 슬로브핫이라 이름하는 여인이 기업을 분배받게 된 일이다(27:1~11). 하나님의 계보는 믿음으로 이어짐을 보여 주는 것 같다.

민수기 28~36장
가나안 입성을 위한 마지막 준비

출애굽의 기억이 희미해질 법도 한 40년의 세월이 흘렀다. 그러나 하나님께서는 약속을 잊지 않으시고, 이스라엘 백성에게 가나안에 들어갈 마지막 준비를 하나씩 시키신다. 하나님께서는 그들에게 제사와 절기들을 재차 점검해 주신 후에, 미디안과의 전쟁을 통해 승리의 경험도 맛보게 하신다. 그리고 요단 동편에서 일부 지파에게 땅을 소유하게 하심으로, 나머지 백성들에게 가나안에 대한 열망을 고조시키기도 하신다. 아직 발로 밟지 않았지만, 하나님께서는 미리 그 땅을 기업으로 분배하심으로 가나안 입성을 위한 준비의 마침표를 찍으신다. 이같이 하나님께서는 약속하신 것을 반드시 이루시는 분이시다.

삶이 곧 예배 (28~30장)

이스라엘 백성이 일상 가운데 가장 소중하게 여긴 것은 아침과 저녁에 하나님께 드리는 예배였다. 안식일은 하나님의 창조 역사를 기억하고, 애굽에서의 구원을 기억하는 날이다. 매월 초하루에 드리는 제사는 새로운 한 달도 하나님의 은혜 없이는 시작될 수 없다는 것을 고백하는 예식이다. 유월절은 출애굽 전날 밤, 애굽의 모든 장자를 멸하실 때 어린양의 피를 보고 이스라엘 백성의 집을 넘어가 구원해 주신 사건을 기념하는 절기다. 칠칠절은 밀 수확을 마무리하고 첫 열매를 하나님께 감사함으로 드리는 절기이며, 속죄일은 그리스도를 예표하는 대제사장이 1년에 한 번 지성소에 들어갈 수 있는 유일한 날로 온 백성이 성회로 모여 금식하며 회개하는 날이다. 장막절이 되면 이스라엘 백성은 들에 초막을 짓고, 그곳에서 지내며 하나님께 제사를 드렸다. 40년 광야생활 동안 그들을 돌보셨던 하나님의 은혜에 감사하기 위함이다.

만약 하나님께 서원을 하고 지키지 않는다면 죄를 짓는 것이다. 그런데 예외 조항이 있었다(30:5, 8, 12). 그것은 미성년인 딸의 서원에 아버지가 동의하지 않을 경우, 아내가 결혼 전에 한 서약에 대해 남편이 동의하지 않을 경우다. 한편 남편이 아내의 서원을 알고 있었으면서 나중에 반대한다면 서원 불이행의 책임은 남편에게 돌아간다. 이것은 가정에서 남편의 영적 권위를 존중하고, 머리 된 남편에게 영적 책임을 부여하기 위함이다.

죄의 근원을 제하게 하심 (31~32장)

하나님께서는 이스라엘 백성을 죄악으로부터 보호하기 위해 미디안 족속을 쳐서 멸망시키라고 하신다. 이처럼 하나님께서는 우리가 거룩함을 유지하기를 원하신다. 하나님 자녀인 나로 죄를 짓게 하는 것은 '여호와의 원수'(31:3)라 부르며 미워하신다. 포로로 잡혀온 이방 여인들을 살려두지 못하게 하신 것도, 죄와 유혹의 싹이 될 만한 것까지 철저하게 없애기를 원하시기 때문이다.

한편 32장에서는 갓 자손과 르우벤 자손이 요단 강을 건너지 않고 요단 강 동편 땅을 얻고자 요청하자, 모세는 약속의 땅 가나안 진입을 거부해 하나님의 진노를 받았던 이스라엘의 과거 역사를 언급하면서 그들을 강하게 책망한다. 이에 그들은 나머지 지파와 함께 요단 강을 건너가 가나안 정복전쟁을 마치고 돌아오겠다고 제안을 수정한다. 모세는 요단 동편 땅을 정복하는 전쟁에 동참한 므낫세 반 지파를 포함해 갓 지파, 르우벤 지파에게 그 땅을 분배해 준다. 이렇게 해서 약속의 땅 문턱에서 이스라엘 12지파 연합 공동체의 분열과 비전 포기의 위기를 극복하게 된다.

차지할 땅을 분배하다 (33~36장)

하나님께서는 이스라엘이 차지할 가나안 땅의 사방 경계를 정하신다. 요단 강 동편에서 이미 땅을 차지한 지파를 제외하고, 남은 백성들에게 제비뽑기를 통해 공정하게 가나안 땅을 분배하도록 명하셨다(33:53~54). 아직 들어가지도 않은 땅의 경계와 분배를 정하시는 모습에서 하나님의 약속의 확실성을 다시 한 번 확인하게 된다. 레위인들은 별도로 땅을 분배받지 못하고, 대신 이스라엘 각 지파들이 떼어 주는 성읍에 거주해야 된다(35:1~8). 하나님께서는 도피성이 있는 6개의 성읍을 포함해 총 48개의 성읍을 나눠 주심으로써 어디서든지 하나님께 제사하는 일을 섬기도록 하셨다. 이는 거룩함을 지키는 하나님의 백성, 이스라엘 공동체의 참모습이다. 도피성 제도는 오늘날 예수 그리스도의 십자가를 예표한 다고 할 수 있다.

골짜기와 광야와 산을 지나는 동안 반복된 떠남과 머무름은 이스라엘 백성만 의 여정이 아니었다. 하나님께서 동행하지 않으셨다면 그들은 한 발자국도 움직 일 수 없었을 것이다. 하나님은 원망과 반역을 일삼는 이스라엘 백성을 돌이키시 고 용서하시며 끊임없이 은혜를 베풀어 주셨다. 신실한 하나님께서 동행하시고 앞서 인도하시기에 우리가 약속의 땅을 밟을 수 있는 것이다. 민수기 묵상은 우 리로 하여금 약속의 땅에 합당한 백성들로 무장시켜 준다.

신명기

신명기 1~7장
뒤를 돌아보고 앞을 내다보라

신명기는 출애굽한 지 40년째 되는 해, 모세가 요단 동편 모압 땅에서 가나안 입성을 앞둔 이스라엘 출애굽 2세대에게 전한 고별 설교다. 광야 생활 40년 동안 하나님께서 얼마나 신실하게 인도하셨는지 돌아본 후에, 그 신실하신 하나님께서 이스라엘 백성에게 주신 십계명을 포함한 율법을 하나하나 새롭게 조명하고, 의미를 부여하는 모세의 설교가 5장부터 26장까지 이어진다. 그리고 바로 그 약속의 말씀에 순종하면 복이, 불순종하면 저주가 임할 수밖에 없는 이스라엘의 앞날을 내다보며 신명기가 마무리된다.

광야에 들어서다 (1~2장)
출애굽한 이스라엘 백성은 3개월에 걸쳐 시내 광야(호렙 산)에 도착한다. 그곳에서 1년 가까운 세월을 머물면서 십계명을 받고, 율법을 배우게 된다. 그 후 하나님께서 아브라함 때부터 약속하신 땅을 향해 나아가라고 그들에게 명하신다. 그러나 가데스 바네아에 도착한 이스라엘 백성은 먼저 정탐할 사람들을 보낸 후,

그들의 보고를 듣고 불신에 가득 차 하나님과 모세를 원망한다. 이로 인해 기나긴 광야 생활이 시작된 것이다. 하나님의 약속을 믿고 담대하게 올라갔으면 얼마나 좋았을까? 우리는 눈앞에 보이는 것이 아닌, 약속의 말씀을 믿고 나아가야 한다. 오랜 훈련의 시간이 지난 후, 돌이켜 가나안을 향해 북으로 나아가라는 하나님의 명령이 떨어진다(2:3). 이제는 한 걸음 한 걸음 하나님의 인도하심에 순종해 에돔 족속이나 모압 족속과는 전쟁하지 말라는 하나님의 지시에 따라 그곳은 지나쳐 간다. 광야의 훈련이 그들로 하여금 순종을 배우게 한 것이다. 홍해를 건넌 것이 노예 생활에 종지부를 찍은 것이라면, 세렛 시내를 건넌 것(14절)은 광야 시대가 끝나고 새 시대가 도래한 것을 의미한다. 이스라엘 백성을 가로막는 대적들로부터 승리케 하시는 하나님을 주목해 보자.

정복전쟁이 시작되다 (3~4장)

이스라엘은 헤스본 왕 시혼에 이어, 크고 강대한 나라인 바산 왕 옥을 쳐서 승리를 맛본다. 요단 강 동편에서 쟁취한 승리는 요단 강을 건너 가나안 땅까지 차지할 용기를 북돋우는 승리의 맛보기였다. 르우벤 지파를 비롯한 두 지파 반은 요단 동편에서 땅을 분배받는 기쁨을 누린다. 먼저 복을 받아 누리는 자에겐 그만큼의 책임도 따르는 법이다. 하나님께서는 그들에게 가나안 전쟁을 위한 선봉대로, 마지막 지파가 기업을 얻을 때까지 앞장서서 싸우라고 하신다. 공평하신 하나님이시다. 모세의 역할은 여기까지였다. 비스가 산 정상에서 손에 잡힐 듯한 가나안, 그러나 자신은 들어갈 수 없는 그 약속의 땅을 바라보는 모세의 심정은 어떠했을까? 4장에서 모세는 출애굽 2세대가 반드시 기억해야 할 핵심을 전해 준다. 오직 하나님께만 붙어 있어서 그 말씀을 온전히 지켜 행하고, 자신을 위해 어떤 우상도 만들지 말며, 눈에 보이는 그 어떤 것도 경배하지 말라고 경고한다. 하나님은 소멸하는 불이시요, 질투하는 분이시기에 그렇다. 자기 백성을 향한 특별한 사랑으로 출애굽부터 여기까지 인도한 신(神)은 상천하지에 하나님뿐임을 기억하라고 한다. 한편, 인간의 연약함을 잘 아시는 하나님은 죄인을 위해 도피성을 구별하게 하신다. 우리의 영원한 도피성은 주님이시다.

반드시 지켜야 할 규례들(5~7장)

모세는 호렙 산에서 불꽃 가운데 하나님을 대면해 받은 십계명을 이스라엘 신세 대에게 가르친다(5:6~21). 하나님께서는 우리를 종 되었던 애굽, 곧 어둠의 땅에서 인도해 내신 분이다. 그분은 우리의 창조자이실 뿐만 아니라 구원자이시다. 그 러므로 오직 하나님만을 경외하며 그분의 계명을 지키는 것은, 우리에게 마땅한 삶의 목적이요 의무요 모든 것이라 할 수 있다. 아브라함과 이삭과 야곱의 하나 님은 이스라엘의 후손에게도 복을 주시고, 그들 모두가 천대 만대에 이르기까지 잘되기를 바라신다. 그러므로 이 율법의 말씀을 자녀들에게 부지런히 가르치라 고 명령하신다(6:6~9). 단순히 율법 자체가 아니라, 하나님께서 어떤 분이신지 그 행하신 일과 놀라운 기적을 통해 기억하라고 하신다. 여기에는 가나안의 풍요로 운 생활로 인해 하나님을 잊지 않게 하시려는 깊은 뜻이 담겨 있다.

7장은 하나님께서 이스라엘 백성에게 약속의 땅에 들어가면 반드시 가나안 족속을 모두 진멸하라고 당부하신 내용이다. 그들과 혼인하지 말 것은 물론이고, 그들을 불쌍히 여기지도 말라고 하신다. 가나안 족속이 이스라엘보다 수적으로 나 군사력에서 월등히 강하지만, 하나님께서 약속하신 승리를 신실하게 이뤄 가 실 것이기에 두려워 말고 나아가라고 하신다. 우리가 진정 두려워해야 할 것은 우리의 대적이 아니라, 크고 위대하신 하나님이다.

신명기 8~17장
심비(心碑)에 새겨야 할 은혜

신명기는 40년의 광야 생활을 돌아보면서 작고 볼품없는 이스라엘을 크고 강한 나라가 되게 하신 하나님의 은혜를 잊지 말아야 함을 권고하는 말씀이다. 이렇 게 하나님께서 이스라엘 백성에게 과거의 은혜를 기억하도록 요구하시는 이유 는 과거에 얽매이거나 집착하도록 하시려는 게 아니다. 거기에는 지난날을 교훈 삼아 오늘을 충실하게 살아가고, 내일을 소망 가운데 맞이하게 하시려는 아버지 하나님의 사랑이 담겨 있다.

여호와를 잊지 말라(8~11장)

하나님의 특별한 돌보심 없이는 하루도 살 수 없었던 광야와 달리, 가나안은 시내가 흐르는 풍요로운 땅이다. 하나님께서는 이스라엘이 이곳에 정착해 농사짓고 추수한 곡식으로 배불리 먹으며, 아름다운 집을 짓고 살 때 하나님을 잊지 말라고 당부하신다(8:11~14). 힘들고 어려웠던 지난날에 베푸신 하나님의 은혜를 잊어버리는 사람만큼 어리석은 자는 없다.

성벽이 하늘에 닿았다고 할 만큼 장대한 가나안 족속들을 여호와께서 이스라엘 손에 붙이신 이유는 그들의 의로움 때문이 아니다. 이스라엘은 목이 곧은 태도, 즉 교만함과 불신앙으로 하나님을 격노케 했다. 하지만 모세의 중보기도, 그리고 아브라함과 이삭과 야곱과의 약속을 생각하신 하나님의 인자하심으로 말미암아 그들이 가나안에 들어갈 수 있었던 것이다. 나의 나 된 것은 오직 주의 은혜임을 고백하면서 살아가자.

깨져 버린 십계명을 다시 돌판에 새겨 주시며, 하나님께서 진정 원하신 것은 이스라엘의 행복이었다(10:12~13). 하나님께서는 그들이 마음을 다해 하나님을 사랑하고 계명을 지키면 그들을 하늘의 별같이 창대하게 하시리라 약속하셨다. 어떤 순간에도 여호와는 내 찬송이시요, 내 하나님이 되신다. 애굽과 홍해와 광야에서 크고 놀라운 일을 행하신 하나님께서는 가나안에서도 동일하게 역사하기를 원하신다. 축복의 그리심 산을 선택하느냐, 저주의 에발 산을 선택하느냐는 백성들의 몫이다(11:26~29). 모든 백성이 오로지 힘써야 할 한 가지는 하나님의 명령을 지키는 것이다. 그렇게만 한다면 그들이 발바닥으로 밟는 모든 땅을 주시고, 거기서 장수하게 하시겠다고 하나님은 약속하신다. 우리는 이 복을 누리고 있는가?

평생 지켜야 할 규례와 법도(12~14장)

이스라엘이 가나안에서 준수해야 할 규례가 구체적으로 나온다. 가장 먼저 해야 할 일은 그 땅의 우상들을 파멸하는 것이다(12:2~3). 그런 후에 하나님께 제사를 드려 모든 백성이 함께 즐거워하라고 하신다. 이 말씀 속에는 예물과 음식 규례와 레위인에 대한 배려가 들어 있다. 처음부터 완벽한 제사를 요구하시지는 않았다. 서툴지만 하나님께 진정으로 감사하는 마음을 기뻐하신 것이다.

하나님께는 꿈꾸는 자나 거짓 선지자를 반드시 죽이라고 명령하셨다(13:1~5). 이방신을 섬기도록 가만히 꾀는 자도 죽이고, 그런 일이 있는 성읍도 불태워 멸하라고 강하게 명령하셨다. 이것은 자기 백성을 위한 하나님의 사랑이다. 하나님은 몸을 상하게 하는 애도법을 금하시고(14:1~2), 부정한 짐승을 구별하셔서 이스라엘 백성이 먹지 못하도록 규정하셨다(14:3~21). 이스라엘은 이방인과 구별된 하나님의 백성이기 때문이다. 또한 우리는 십일조 규례를 통해 드리는 삶과 나누는 삶이 얼마나 아름다운지 배울 수 있다(14:22~29).

여호와를 위하여 (15~17장)

하나님은 안식년 제도의 일환으로 7년마다 빚을 진 사람의 채무를 면제해 주는 규례를 만드셨다(15:1~11). 그리고 동족 중에서 종이 된 사람을 놓아 주라고 하신다(15:12~18). 그때 빈손으로 보내지 말고, 후하게 안겨 주라고 하신 말씀에서 하나님의 풍성한 긍휼과 넓은 사랑을 느낄 수 있다.

16장에는 유대인이 꼭 지켜야 할 세 가지 절기가 나온다. 유월절은 애굽에서의 마지막 밤을 기억하며 하나님께 제사를 드리는 절기다(16:1~8). 칠칠절은 곡식을 베는 날로부터 7주를 세어 자원하는 예물을 하나님께 드림으로 즐거이 지키는 절기이며(16:9~12), 초막절은 포도주 틀에서 소출을 거둬들인 후에 이레 동안 지키는 절기다(16:13~17). 하나님은 자기를 위해 주상을 세워 절함으로 하나님을 노엽게 하는 자들을 반드시 죽이라고 명하신다(17:2~5). 또한 성중에서 발생한 여러 사건에 대해 공평하게 판결할 것을 당부하신다. 혹시 왕을 세우더라도 말과 아내와 은금을 많이 두지 말고, 오직 하나님만을 경외하면 오래도록 형통할 것이라고 강조하신다(17:14~20).

신명기 18~27장
삶 속에 피어나는 순종의 꽃

하나님의 말씀은 순종을 통해 꽃피고 열매 맺는다. 아무리 많은 말씀을 읽어도, 해박한 성경 지식을 자랑해도, 날마다 큐티 책을 빼곡히 채우며 묵상을 해도 그것이 삶과 이어지지 않으면 별다른 의미가 없다. 신명기에는 수많은 규례와 교훈으로 가득 차 있다. 신명기 18장부터 27장까지의 말씀은 모두 우리의 순종을 요구하는 말씀뿐이다. 수천 년 전 이스라엘 백성에게 주어진 말씀이지만, 순종하기만 하면 오늘 내 삶 속에도 아름답게 꽃피고 열매 맺을 것이다.

두려워하지 말라 (18~20장)

여호와를 섬기는 일에 헌신한 레위 지파는 땅을 기업으로 받지 못하는 대신, 하나님께서 친히 그들의 기업이 되셨다(18:1~2). 레위 지파를 통해 이스라엘 백성 전부가 모든 민족 가운데서 구별해 내신 하나님의 백성임을 기억하게 하셨으며, 가나안 이방 족속들의 가증한 행위를 따르지 않고 거룩함을 지키면, 이스라엘 자손을 통해 메시아를 주겠다고 약속하셨다(18:15, 18). 19장에 기록된 도피성은 하나님의 자비하심이 아주 잘 나타난 제도 가운데 하나다(19:1~13). 원수 갚음의 대물림을 끊고, 하나님의 형상으로 지음 받은 생명의 존엄성과 인권을 보호하시려는 하나님의 마음이 담겨 있다. 이웃의 경계표를 옮기지 말라는 명령이나, 재판할 때 반드시 두세 증인을 세우라는 말씀에도 인권을 존중하시는 주님의 마음이 담겨 있다.

진정한 두려움은 내면에 있다. 가나안 정복 전쟁을 치러야 할 이스라엘 백성에게 들려주신 말씀의 핵심은 '모든 전쟁의 주인은 하나님'이라는 사실이다(20:1~4). 두려워하는 사람, 결혼한 사람, 건축을 마치고 낙성식을 할 사람을 다 돌려보내라고 하신 것은 전쟁의 승리가 군사의 많고 적음에 달려 있지 않음을 보여 주신 것이다. 우리가 두려움에 직면할 때, 비로소 하나님만을 의지하는 법을 배우게 된다.

거룩하라 (21~23장)

누가 죽었는지 알 수 없는 시체를 처리하는 과정에서 우리는 죄 없는 어린양 예수 그리스도의 대속을 묵상하게 된다(21:1~9). 전쟁 중 포로로 잡혀온 여인을 아내로 삼는 규정, 장자의 상속권에 관한 규정, 그리고 패역한 아들에게 내리는 가혹한 규정 또한 거룩한 공동체를 세속으로부터 보존하시려는 하나님의 열심이다. 22장에 순결에 관한 말씀이 꽤 길게 언급되는데, 전체적인 주제는 여인의 인권을 보장하고, 이방 사람들의 성문화를 배격하라는 것이다. 그 당시 여인들이 사람 대우를 받지 못했음을 염두에 두고 본문을 읽으면 좀 더 이해하기 쉽다. 하나님의 말씀은 언제나 시대정신을 앞서 달리신다. 23장은 여호와의 거룩한 총회에 들어오지 못하는 자들을 규정한 말씀이다. 하나님의 백성은 거룩해야 한다. 그리고 그들이 발로 밟는 땅도 거룩해야 한다. 그들의 사회적 제도와 경제 원리, 그리고 이웃과의 관계도 이방 사람들과는 달라야 한다. 만약 이와 같은 하나님의 규례를 제대로 지키기만 한다면 그곳은 하나님께서 친히 다스리시는 생명의 공동체가 될 것이다.

긍휼히 여기라 (24~27장)

이혼증서란 이혼을 합법화하는 문건이 아니라, 이혼당한 여인의 인권을 보호해 주는 장치다(24:1~4). 이처럼 24장에는 특히 가난한 이웃과 사회적 약자에 대한 내용이 많다. 곤궁하고 빈한한 자들을 향한 하나님의 따뜻한 시선이 느껴지는 대목이다. 오늘 내가 돌아봐야 할 이웃은 누구인가? 하나님께서는 이스라엘 백성이 죄인의 생명을 경히 여기지 않기를 바라시며, 태형을 집행할 때 사십 대를 넘기지 않도록 규정하셨다.(25:1~3) 그리고 기업을 이어받을 후손 없이 죽은 형제에 대해 남은 형제들이 의무를 다하도록 형사취수(兄死取嫂)의 규정을 두셨다(25:5~10). 즉, 죽은 형의 아내를 동생이 맞아들여 후손을 잇도록 하심으로 믿음의 계보가 끊어지지 않게 배려하신 것이다.

　이스라엘은 하나님께서 기업으로 주신 땅에서 소산물을 거두게 될 때 만물(처음 수확한 것)을 하나님께 드리며 감사해야 한다(26:1~11). 이렇게 함으로, 애굽에서 종살이하던 그들을 이끌어 내시고, 젖과 꿀이 흐르는 약속의 땅으로 인도하신 하나님의 은혜를 기억해야 한다. 이 모든 명령을 힘써 행하면, 하나님은 그들을 보배로운 성민이 되게 하실 것이다.

하나님께서는 이스라엘 백성에게 요단을 건넌 후, 큰 돌들을 세우고 석회를 발라 그 위에 모든 율법을 선명히 기록하도록 명하신다(27:1~3). 언약의 말씀을 결코 잊지 않기를 바라시는 하나님의 간절함이 엿보이는 대목이다. 그리고 모세를 통해 백성들을 둘로 나눠 그리심 산에서는 축복을 선포하고, 에발 산에서는 저주를 선포하게 하신다. 오직 하나님만이 복과 저주를 내릴 수 있는 분이시다.

신명기 28~34장
과거에서 미래까지 관통하는 언약

하나님의 약속은 인간의 순종이나 불순종 때문에 바뀌지 않는다. 하나님은 언제나 동일하신 분이기에 그 입에서 나오는 모든 약속의 말씀은 영원무궁토록 변치 않는다. 그러나 그 말씀에 어떻게 반응하느냐에 따라 오늘 내 삶에서 그 언약의 성취를 경험할 수도 있고, 그렇지 못할 수도 있다. 불순종으로 하나님의 약속이 파기되지는 않지만, 이뤄지기까지 시간이 걸리는 것이다. 신명기를 마무리하면서 내가 서 있는 곳이 어디인지를 점검해 보자. 복의 약속이 이뤄지는 그리심 산인지, 아니면 불순종으로 인해 저주가 임하는 에발 산인지를 말이다.

순종의 복 vs 불순종의 저주(28~30장)

28장에는 변치 않는 하나님의 말씀에 순종할 때 주어지는 복이 길게 소개되고 있다(28:1~14). 나가도 복을 받고 들어와도 복을 받으며, 대적이 한 길로 왔다가 일곱 길로 도망치고, 우리가 손으로 하는 모든 일에 복을 내리시며, 머리가 되고 꼬리가 되지 않게 하시겠다는 것이다. 반면, 불순종할 때 임하는 저주는 이보다 훨씬 더 길게 소개되고 있다(28:15~68). 저주가 복보다 더 많이 나오는 이유는 무엇이겠는가? 하나님께서 자기 백성에게 저주 퍼붓는 것을 좋아하시기 때문일까? 아니다. 이는 불순종에 따른 저주를 강조함으로 자기 백성을 순종의 길로 이끄시고, 언약을 이뤄 가시려는 하나님의 사랑과 열심의 표현이다.

모세는 모압 평지에서 지나온 출애굽과 광야의 여정을 다시 한 번 떠올린다 (29:1~9). 이처럼 이스라엘 백성에게 과거를 상기시키는 것은 하나님의 은혜를 잊지 말라는 뜻이다. 하나님께서 백성들의 수령에서부터 여인들과 유아들, 심지어 나무 패고 물 긷는 사람들까지 다 여호와 앞에 서게 하신 이유가 있다. 아브라함과 더불어 맺은 언약에 참여하게 하셔서 그들 모두를 하나님의 친백성 삼으시려는 것이다(29:10~13).

하나님은 영원히 우리의 하나님이 되길 원하신다. 작은 유혹이나 세파에 여지없이 무너지는 우리의 모습을 예견이라도 하듯 애타게 권고하시는 주님의 마음을 헤아려 보자. 주께서 그토록 누누이 들려주셨던 복과 저주의 말씀이 우리가 형통할 때 생각난다면 얼마나 좋겠는가. 안타까운 것은 심한 고난과 역경이 닥쳐올 때에야 비로소 그 말씀이 떠오른다는 사실이다. 그러나 그때라도 기억나면 소망이 있다. 우리가 죄악의 길에서 돌이키기만 하면 하나님께서 기뻐하시고 다시 복 주시겠다 약속하셨기 때문이다(30:1~10). 하나님의 명령은 어렵지 않다. 멀리 있는 것도 아니다(30:11). 그러나 우리는 약속의 말씀이 가까이, 내 맘속에 있음을 깨닫지 못하기에 실패하게 된다. 순종을 택하라. 그러면 복과 생명을 누릴 것이다.

여호수아의 등장(31~34장)

모세가 후계자 여호수아를 불러 세우고, 그로 하여금 자신을 이어 이스라엘의 지도자가 되게 했다(31:7~8). 그때 여호수아가 얼마나 두렵고 떨렸겠는가? 그러나 40년 동안 모세의 시종으로 묵묵히 순종의 길을 걸어왔기에 지금 그가 이 순간을 맞이할 수 있는 것이다. 모세가 여호수아에게 당부한 것을 한마디로 요약하면 하나님께서 함께하실 것이니 두려워 말라는 것이다. 한편, 이스라엘 백성에게 여호와 경외하기를 가르치고 배우게 하라는 모세의 마지막 당부는 비장하기까지 하다(31:9~13). 죽음을 앞두고서 끝까지 백성들을 염려하는 모세에게 연민이 느껴진다.

32장에 모세의 노래가 이어진다(32:1~43). "어리석은 이스라엘 백성들아, 네 아버지에게 물어서라도 옛적 일을 기억하여라. 너희는 하나님의 분깃이요 그분의 기업이로다. 여호와께서 만백성 중에서 너를 불러 택하시고 눈동자같이 보호하셨으며 높은 곳에 세우셨더니 너희가 여호와를 배반하였도다. 그러므로 하나님이 노하여 너희를 열국 중에 흩어 버리고 재앙으로 심판하셨으나, 너희를 불쌍히 여겨 대적들을 심판하시고 너희 백성들을 속죄하실 것이다." 이 노래를 마치고 모세는 느보 산에 올라 멀리 가나안을 바라본다. 120년 파란만장한 세월 동안 하나님의 손에 붙들려 귀하게 쓰임 받았던 위대한 지도자 모세의 삶과 죽음을 묵상해 보자.

33~34장은 부록처럼 기록된 모세의 축복 기도문이다. 그는 장자 르우벤에 대한 짧막한 축복을 시작으로, 이스라엘 각 지파를 축복한다. 유다에게는 하나님을 위해 싸우는 자로, 레위에게는 우림과 둠밈을 지닌 제사장으로 온전한 번제를 드릴 것을 축복한다. 베냐민에게는 여호와의 사랑을 입은 자로, 요셉에게는 가장 긴 내용으로 축복한다. 스불론과 갓, 그리고 단을 축복한 뒤 납달리와 아셀에 대한 축복으로 마무리하며, 이스라엘을 행복자라고 부른다(33:29). 그렇다. 하나님의 구원을 입은 모든 백성은 행복한 사람이다.

신명기를 묵상하며 역사를 통찰하는 눈이 조금이나마 열린 것을 느낀다. 순종과 불순종의 갈림길을 오가며 방황하는 이스라엘을 한시도 버리지 않으시고 때로는 복으로, 때로는 재앙으로 다루시며 온전한 길로 인도하신 하나님. 그분이 계시기에 하나님의 백성은 행복한 사람들일 수밖에 없다. 비록 우리는 당장 눈앞의 조그만 결과에 연연하는 연약한 인생이지만, 역사의 주관자이신 하나님을 믿고, 힘찬 순종의 걸음을 내딛으면 좋겠다.

여호수아

여호수아 1~8장
하나님의 약속이 성취되는 방법

어제의 태양과 오늘의 태양이 다르진 않지만, 다시 한 번 하나님의 역사하심을 기대하며, 더욱 주님을 잘 섬기는 주의 백성이 되길 다짐해 본다. 여호수아 1~8장은 하나님께서 자신의 약속을 어떻게 성취하시며, 그 약속을 받은 백성들이 어떻게 행해야 할지가 잘 드러난다. 여호수아 1~8장의 내용상 구조는 한마디로, "이스라엘이 모세의 율법을 어떻게 따르며 선포했는가"로 시작하고 끝나는 것이다(A-A'). 그 안에 가나안인 기생이라도 하나님을 믿고 순종하면 구원을 받지만, 이스라엘 자손이라도 순종하지 않으면 저주를 당하리라는 경고(B-B'), 구원자이며 창조주이신 하나님의 영광이 기록돼 있다(C-C'). 그리고 절정부로서 전쟁의 위협 앞에서도 할례를 행하며 하나님 앞에 거룩하기를 선택했을 때, 하나님의 군대 대장이 여호수아를 만나는 장면이 위치한다.

A 율법을 순종하라(1장)

　　B 믿음이 있는 가나안인 라합(2장)

C 기적, 요단 강이 멈춤(3~4장)

  　　X 할례와 여호와의 군대 대장(5장)

  C' 기적, 여리고 성 함락(6장)

  B' 믿음이 없는 이스라엘인 아간(7:1~8:29)

A' 율법을 선포하다(8:30~35)

말씀의 기초 위에서 (1장, 8:30~35)

무엇보다 하나님께서는 자신의 약속을 말씀 위에서 성취해 가신다. 자신의 백성이 말씀의 기초 위에 서기를 바라시고, 그 말씀에 순종하며 담대히 선포해 나갈 때 세상에서 승리할 수 있음을 가르치신다. 지도자가 바뀌면 그 공동체는 상당한 혼란을 겪게 마련이다. 그러나 이스라엘은 오히려 더욱 굳건하게 결속됐다 (1:16~18). 이는 이스라엘이 사람이 아니라 율법, 곧 하나님의 말씀에 의해 이끌어지는 공동체였기에 가능했다. 그렇기에 여호수아가 자신의 지도력을 굳건히 하는 방법은 오직 그 율법책에 기록된 하나님의 말씀을 지켜 행하는 것뿐이었다 (1:8). 이 사실은 이후 이스라엘이 에발 산에 제단을 쌓을 때에도 그대로 드러난다(8:30~35). 우여곡절 끝에 아이 성을 정복한 여호수아는 모세가 명령한 대로 에발 산에 제단을 쌓았다. 모세는 이미 죽었지만 율법은 그대로 남아 있고, 그 율법을 따름으로써 하나님의 백성으로 설 수 있었다. 그렇기에 그곳에서 복과 저주의 모든 율법 말씀이 낭독된 것이다(8:34). 결국 하나님의 약속은 말씀의 기초 위에서 실현된다. 말씀을 알고 그에 순종하는 공동체가 그 약속의 수혜자가 된다. 사람을 따르는 것이 아니라 말씀을 따르고, 그 말씀을 공동체의 기본 원칙으로 삼을 때에 그 가운데 하나님의 은혜와 역사하심이 있게 마련이다.

믿음의 사람을 통해 (2장, 7:1~8:29)

하나님의 약속은 오직 믿음에 의해 실현된다. 어떤 사람이 공을 세웠다고 해서, 또는 그가 이스라엘 혈통에 속했다고 해서 구원과 승리가 주어지지 않았다. 오직 하나님에 대한 믿음을 가진 자만이 구원의 반열에 들 수 있었다. 여호와 하나님의 전쟁을 수행하는 데 있어서, 인간의 계획이나 능력은 아무 효력도 없다. 여리고 성에 들어간 정탐꾼들은 성 안에 들어가자마자 발각당한다(2:2). 아이 성에서는 삼천 명만 보내면 충분하리라는 정탐꾼들의 예상은 빗나가고, 이스라엘은 무참한 패배를 당했다(7:2~5). 여리고에서나 아이에서나 정탐꾼들의 성적은 낙제다. 이처럼 인간의 힘은 전쟁의 승리에 아무 도움도 되지 않았다. 물론 하나님의 전쟁이라고 해서 초자연적인 역사로만 진행되지는 않는다. 이스라엘이 아이 성을 정복할 때는 일반적인 전쟁에서도 많이 사용되는 전술인 매복 작전을 사용했다(8:3~7). 그러나 이 역시 하나님께서 여호수아에게 지시하시고, 이스라엘이 그에 순종했기 때문에 성공할 수 있었다. 그러므로 오직 하나님을 믿고, 그대로 순종하는 자들에게 구원과 승리가 주어진다. 인간의 공로에 의한 것이 아니다.

믿음만이 구원을 위한 유일한 길이라는 사실은 라합과 아간의 대조를 통해 분명하게 드러난다. 이스라엘의 심판의 칼날 아래 죽임을 당해야 마땅했던 여리고의 기생 라합은 하나님을 믿었기에(2:11) 정탐꾼들을 보호하는 공을 세우고 구원의 징표를 얻을 수 있었으며(2:21), 그 후손이 대대로 이스라엘 중에 거할 수 있었다(6:22~25). 그에 비해 유다 지파였던 아간(7:16~18)은 하나님의 준엄한 말씀을 무시하고 자신의 유익을 구하다가 패전의 원흉이 됐고, 그 자손과 모든 소유물이 저주를 받아 이스라엘로부터 끊어졌으며(7:22~25), 그의 시체 위에 쌓인 돌무더기는 저주의 기념비가 됐다(7:26). 이후에 이스라엘에게 정복당해 죽임을 당한 아이 성의 왕도 아간과 같이 그 시체 위에 돌무더기가 쌓였는데, 이는 아간이 아이 성의 왕과 마찬가지로 취급됐음을 의미한다(8:29). 특히 아간의 범죄와 아이 성 전투 이야기는 다른 이야기들에 비해 많은 분량을 할애해 상세히 기록돼 있다. 즉, 구원은 혈통이 아닌 하나님을 믿는 자에게 주어진다는 사실을 강조한다.

기록된 영광의 재현으로 (3~4장, 6장)

하나님께서는 율법책(모세오경)에 기록된 영광을 새현하심으로써 이스라엘에게 주신 약속을 실현하셨다. 가나안 정복에 나선 이스라엘 군대의 주력은 광야에서 태어난 젊은이들이었다. 그들에게는 말씀으로 천지를 창조하시고 홍해를 가르셔서 애굽에서 이스라엘을 이끌어내신 하나님이 아직 '책에 기록돼 있는 하나님'이었다. 하나님께서는 이 젊은이들의 눈앞에서 곡식 거두는 시기에 언덕에 넘치던 요단 강의 물을 끊으시고 마른 땅으로 건너게 하셨다(3:14~17). 하나님께서는 자신이 바로 율법책에 기록된 홍해를 가르신 그 하나님이며, 그 기록이 거짓이 아님을 증명하셨다. 이를 통해 이스라엘의 젊은이들은 하나님께서 바로 살아 계시며, 자신들 가운데 함께하시는 하나님이심을 확신할 수 있었을 것이다.

또 하나님께서는 여리고 성을 무너뜨리신 방식을 통해 창조주의 영광을 드러내셨다. 성경에서 성이나 탑과 같은 건축물들은 하나님의 창조를 모방해 그 영광을 자신의 것으로 만들려는 인간의 헛된 노력에 대한 상징으로 많이 사용됐다(참조 창 4:17, 11:4; 출 1:11). 하나님께서는 이스라엘로 하여금 7일 동안 여리고 성 주위를 돌게 하셨다(6:3~5). 일견 아무 의미도 없어 보이는 이 행위는 7일 만에 천지를 창조하신 하나님의 영광을 계시하는 행위였다. 창조주 하나님의 권능 앞에서 비록 6일 동안은 그 성이 견고히 지속되는 것처럼 보였어도, 7일째 나팔 소리와 함성이 들리는 날이 오고, 그때 인간의 손으로 쌓은 성은 무너질 수밖에 없음이 분명히 드러났다. 이를 통해 하나님께서는 율법책에 기록된 그 창조의 하나님이 바로 이스라엘과 함께하시는 하나님이심을 선포하셨다.

거룩한 자를 통해 (5장)

여호수아 1~8장의 절정은 바로 길갈에서 이스라엘 백성이 할례를 행한 후에 여호수아가 여호와의 군대 대장을 만난 사건이 기록돼 있는 5장이다. 하필 적진을 눈앞에 둔 상태에서 이뤄진 이 할례를 통해 하나님께서는 이스라엘이 어떤 민족이 되길 원하시며, 어떤 사람들이 쓰임을 받을 수 있는지 분명히 드러내신다. 이스라엘은 전쟁을 앞두고 있었다. 요단 강이 가나안과 이스라엘 사이를 가로막고 있는 상태에서는 전쟁의 위협을 실제적으로 느낄 수 없었겠지만, 강을 건넌 후에는 가나안 족속들이 자신들을 향해 겨누고 있는 칼끝이 피부로 느껴지는 상황이었다. 그런데 이스라엘은 그 상황에서 할례를 통해 먼저 자신들을 향해 칼을 겨눴다. 하나님께서는 적에게 칼을 겨누기 전에 먼저 자신에게 칼끝을 겨누고,

광야 동안 할례 없는 자로서 살았던 모든 과거를 청산할 것을 요구하셨다(5:4~7). 그것이 하필 요단 강을 건넌 후였음은 그들이 하나님을 얼마나 의지하느냐에 대한 증명이었다. 길갈에서 모든 이스라엘이 할례를 행한 후에 낫기를 기다리고 있었던 그 기간은 어쩌면 이스라엘에게 있어서 절체절명의 시간이었을 것이다. 하지만 이스라엘은 하나님 앞에서 거룩한 백성이 되는 것을 선택했고, 결국 하나님의 가나안 심판을 위한 칼날이 될 수 있었다. 여호수아가 여호와의 군대 대장을 만나는 장면(5:13~15)은 모세가 호렙 산 떨기나무에서 하나님을 만나는 장면과 흡사하다(참조 출 3:5). 물론 하나님께서는 지금까지 이스라엘을 인도해 오셨지만, 이제부터는 동맹군으로 삼으시고 함께 가나안을 심판해 가실 것이다. 이처럼 하나님께서는 눈앞의 위험에 굴복하지 않고, 오직 하나님 앞에서 거룩하게 되기를 선택하는 자를 만나 주시며, 그와 함께 하나님의 나라를 이뤄 가신다.

여호수아 9~21장
굴복하는 자는 살고 맞서는 자는 죽는다

하나님께서는 어제나 오늘이나 동일하신 분이시다. 그렇기에 하나님께서 세상을 통치하시는 방식은 예나 지금이나 거의 차이가 없다. 하나님께서는 오래 참으시기에 죄인을 즉시 치시지는 않는다. 우선 말씀이 임하고, 받아들여지지 않을 때 몇 번 경고를 하시며, 그중 돌이켜 회개하는 자들을 받아들이시고, 끝까지 저항하는 자들에게 마지막 심판을 하신다. 출애굽기에서 애굽의 바로를 다루실 때도 먼저 모세를 보내 말씀으로 경고하시고, 열 가지 재앙으로 경고성 타격을 가하신 후 홍해에서 마지막 심판을 내리셨다. 또 여호수아서에서 가나안 족속들에게 이스라엘을 사용하셔서 심판을 내리신 예들은 모두 그 원리를 살펴보면 일맥상통한다. 또, 하나님 나라를 설명할 때 자주 나오는 '이미'와 '아직'의 긴장은 예수님의 통치에만 적용되는 것이 아니라, 여호수아가 가나안을 점령할 때부터 나타나는 현상이었다. 하나님께서는 이스라엘에게 '이미'와 '아직'의 긴장 속에 살게 하셔서 '아직 점령하지 못했으나, 이미 우리에게 주어진 땅'을 차지하며 통치하게 하셨다. 우리는 여호수아서의 말씀을 통해 하나님께서 이 세상을 지배하시는 공식을 배울 수 있다.

굴복하는 자는 구원을 얻는다 (9장)

하나님께서는 먼저 말씀으로 죄인들에게 경고하신다. 여리고 성과 아이 성이 이스라엘에 의해 멸망을 당했다는 소식이 가나안 전역에 퍼졌다. 이 소식은 가나안 사람들의 입장에서 보면 하나님께서 주시는 '경고'이면서, 또한 하나님 나라가 가까웠다는 '복음'이기도 하다. 원래 하나님의 복음은 '심판'과 '구원'을 함께 가진 양날의 검이다. 그리고 이스라엘은 가나안을 심판하시는 하나님의 도구였다. 하나님의 심판 앞에 저항하는 것은 곧 자살행위다. 그러나 애굽의 바로가 그랬듯이, 가나안의 왕들은 모여서 이스라엘에 맞서 싸우려고 한다(9:2).

하지만 가나안 사람들 중에서도 다른 판단을 한 사람들이 있었으니, 바로 기브온 주민들이다. 재미있는 것은 가나안의 '왕'들은 하나님 앞에 굴복하려 하지 않지만(9:1~2, 10:3~6), 기브온의 '주민'들은 하나님께 굴복하고, 이스라엘의 종이 돼도 좋다는 판단을 한다는 사실이다(9:3, 8, 10:1). 그리고 하나님의 심판은 궁극적으로 '왕'들을 향한다(10:16~27). 기브온 주민들 역시 하나님께서 진멸하라고 명령하신 히위 족속이었다(9:7, 참조 신 20:17). 이스라엘이 가나안을 침공하기 전까지 그들도 하나님께서 가증하게 여기시는 죄악을 저지르며 살았던 자들이라는 뜻이다. 그리고 이스라엘과 화친을 맺기 위해서 그들이 사용한 방법도 계략과 속임수다(9:4~6). 그것도 이스라엘이 하나님께 이를 묻지 않은 실수 때문에 겨우 조약을 맺을 수 있었다(9:14~15). 이는 그들이 결코 하나님 보시기에 의로운 자들이 아니었음을 강력히 시사한다.

여호수아서는 기브온과 조약을 맺은 이스라엘에 대해 상당히 비판적이다. 이스라엘이 기브온 주민들이 가져온 '양식을 취했다'(9:14)는 표현은 언약을 맺기 위한 식사를 의미하는데, 정작 그 양식은 상해서 먹을 수도 없는 것(9:12)이었다. 이는 이스라엘이 기브온에게 속았고, 당했다는 사실을 드러내는 표현이다. 그런데 기브온에 대해서는 우호적이다. 떳떳하지 못한 방식을 사용했음에도 불구하고, 그들은 하나님 앞에 굴복했기에 살 수 있었다. 심지어 주위 도시국가들의 침공에 대해 이스라엘의 보호까지 받을 수 있었다(10:1~7). 이는 하나님께서 베푸시는 구원이 어떤 이들에게 주어지는지를 잘 보여 준다. 하나님께서는 선하고 깨끗한 자가 아니라, 하나님 앞에 굴복하는 자를 구원하신다.

맞서는 자는 심판을 당한다(10~11장)

이에 반해 하나님 앞에 맞서는 자는 죽임을 당할 수밖에 없다. 기브온이 이스라엘에게 항복했다는 소식에 가나안의 다섯 왕들이 기브온을 공격했다가, 도우러 온 여호와 하나님과 여호수아에 의해 전멸을 당한다. 이 기브온 전투에서 여호수아는 태양과 달에게 하늘에 머무르라는 명령을 내리고, 하나님께서는 여호수아의 말대로 하신다(10:12~13). 이는 하나님께서 이스라엘의 편이 돼 싸우시기에 어느 누구도 이스라엘을 이길 수 없음이 명백하게 드러난 사건이다. 결국 다섯 왕은 죽임을 당하고, 그 시체 위에 돌무더기가 쌓였으며(10:26~27), 이후 여호수아가 이끄는 이스라엘 군대는 그야말로 파죽지세로 가나안 남방 지역을 점령해 갔다(10:28~43).

남방 지역이 모두 이스라엘의 수중에 들어갔다는 소식에 북방 하솔 성의 왕 야빈이 동맹군들을 모아 총력전으로 이스라엘에 맞섰지만, 하나님께서 함께하시는 여호수아의 일격에 흩어지고 만다(11:1~8). 사실 이는 지금까지 이스라엘이 상대해 보지 못한 가장 큰 군대였으나(11:4), 하나님께서는 단 일격으로 그 군대를 깨뜨려 버리셨다. 이 일격은 가나안의 머리를 깨뜨린 것이었고(11:10), 이를 통해 이스라엘은 더 이상 거칠 것이 없이 가나안 전체를 정복해 간다. 마치 애굽의 바로처럼, 기브온 주민들을 제외한 다른 모든 성읍들이 하나님과 이스라엘에게 대항했다가 진멸당했다(11:19~20).

'이미'와 '아직'의 원리(12~21장)

여호수아 12장부터 21장까지에는 이스라엘이 정복한 지역의 왕과 땅의 이름이 열거되는 본문이 많다. 여호수아서는 이 이름들을 통해 '이미 얻은 땅'과 '아직 얻지 못한 땅'에 대해서 생각하게 한다. 이는 하나님의 나라가 임하는 전형적인 모습이며, 하나님 나라의 백성들에게 주어진 긴장이다. 이스라엘은 '이미' 약속하신 땅을 받았으나(21:43), 그럼에도 '아직' 점령해야 할 땅이 남아 있다. 12장에 이미 점령한 도시의 왕들이 제시된 후, 하나님께서는 나이가 많아 늙은 여호수아에게 "얻을 땅이 매우 많이 남아 있다"고 말씀하신다(13:1). 이미 31명의 왕을 죽였기에 그 땅의 주인은 이스라엘이 됐다.

그러나 아직 얻어야 할 땅이 남아 있기에 여호수아는 각 지파들에게 땅을 분배한다. 이미 정복한 땅만 포함된 것이 아니라, 아직 가나안 족속들이 살고 있는 땅도 미리 나눠서 그 땅을 정복하게 하는 것이다. 여호수아서는 '이미' 얻은 땅에 대해 언급하기를 잊지 않았다. 그래서 가장 먼저 열거되는 왕과 땅의 이름은 모세가 죽기 전, 즉 여호수아가 이스라엘의 지도자가 되기 전에 므낫세 반 지파와 르우벤, 갓 지파가 차지한 요단 강 동편이다(13:8~33). 요단 강 서편은 유다(14:6~15:63), 에브라임(16:5~10), 나머지 므낫세 반 지파(17:1~13), 베냐민(18:11~28), 시므온(19:1~9), 스불론(19:10~16), 잇사갈(19:17~23), 아셀(19:24~31), 납달리(19:32~39), 단(19:40~48) 지파에게 주어졌고, 이렇게 땅을 받은 이스라엘은 여호수아(19:49~51)와 레위 지파(21:1~45)에게 거주할 성읍을 떼어 준다.

갈렙의 이야기는 이스라엘이 가져야 할 모범적 태도를 보여 준다(14:6~15:19). 갈렙이 요구한 땅은 아직 정복하지 못한 땅이며, 아낙 자손이 있는 땅이다. 그러나 갈렙은 그 땅을 이미 얻은 것처럼 말한다. 왜냐하면 하나님께서 말씀하셨기 때문이다(14:12). 갈렙은 하나님의 말씀에 의지해 '아직' 얻지 못했으나 '이미' 얻은 것으로 여기는 믿음을 보여 준다. 그에 비해 에브라임과 므낫세 지파는 가져서는 안 될 모습을 보여 준다. 그들은 이미 차지한 땅에서 가나안 족속들을 완전히 몰아내지 않았다(16:10, 17:12~13). 게다가 주어진 분깃이 적다고 불평했다. 그리고 아직 점령하지 못한 땅을 스스로 개척하라는 여호수아의 말에 대해 그것이 넉넉하지도 않고, 그곳에 거하는 가나안 족속들이 철 병거를 가졌으니 차지하기 어렵다고 말했다(17:14~18). 이들은 '아직' 차지하지 못한 지역을 '이미' 주어진 것으로 여기는 믿음이 없었다. 여호수아는 그들에게 하나님의 복을 받아 큰 민족을 이룬 자들이 가나안 족속들을 쫓아내지 못할 이유가 없다고 일갈했다.

여호수아가 나머지 일곱 지파를 재촉하는 모습에도 하나님의 나라가 '이미'와 '아직'의 긴장 속에서 어떻게 임하는지 잘 나타난다. 여호수아는 각 지파에서 세 사람씩 선정해 아직 차지하지 못한 땅을 정탐하고, 제비를 뽑아 땅을 나누라고 말했다(18:1~6). 그렇게 땅을 나눈 후(18:11~19:48), 여호수아가 자기 몫의 땅을 받아 기업을 나누는 일은 끝이 났다(19:49~51). 그 후 도피성이 결정되고(20장), 이스라엘 각 지파가 레위 자손들이 거할 성읍과 목초지를 줌으로써(21:1~42), 이스라엘 국가 건설은 완성된다.

그러나 아직도 각 곳에 가나안 족속들이 남아 있었다. 그럼에도 불구하고 여호수아서는 "여호와께서 이스라엘의 조상들에게 맹세하사 주리라 하신 온 땅을 이와 같이 이스라엘에게 다 주셨다", "여호와께서 이스라엘 족속에게 말씀하신 선한 말씀이 하나도 남음이 없이 다 응하였다"(21:43, 45)고 말하고 있다. 하나님께서 '이미' 모든 것을 허락하셨음을 의심하지 않는 것이다.

하나님께서 여호수아를 사용하셔서 여리고 성과 아이 성을 무너뜨리고 가나안의 31명의 왕을 죽이신 것처럼, 예수 그리스도께서는 사단의 권세를 무너뜨리셨다. 십자가와 부활의 복음은 구원의 소식임과 동시에 심판에 대한 경고다. 복음 앞에서 굴복하는 죄인은 영생을 얻을 것이고, 대항하는 죄인은 영원한 사망에 이를 것이다. 하늘과 땅의 모든 권세를 가지신 주님께서는 우리에게 이미 온 땅을 기업으로 주셨다. 우리는 여호수아의 "여호와께서 너희에게 주신 땅을 점령하러 가기를 어느 때까지 지체하겠느냐?"라는 책망을 듣고 있지는 않은가? 지금도 동일하게 하나님의 나라가 이 땅에 임하고 있음을 묵상하며 기도하자.

사사기

사사기 1~21장
왕이 없어 소견대로 행하는 백성

사사시대를 한마디로 정의하라면 '영적 암흑기'라고 말할 수 있다. 사사기는 여호수아라는 탁월한 리더에 의해서 가나안 땅을 정복하고 정착한 이스라엘이 어쩌다가 영적 암흑기를 겪게 되는지를 다룬다. 우리는 사사기를 통해서 이런 영적 암흑기에 들어가지 않으려면, 또는 그 암흑기에서 탈출하려면 무엇을 어떻게 해야 하는지를 배울 수 있다.

악순환의 시작(1:1~3:6)

사사기는 이스라엘이 가나안 족속들을 정복해 가지만 결국 그 사명을 완수하지 못하는 이야기로 시작한다(1장). 이 문제로 인해 여호와의 사자가 그들을 꾸짖고, 이스라엘은 그 앞에서 소리 높여 울었지만(2:1~5), 그 이후로 아무 변화도 일어나지 않았다. 그저 한 번 우는 것으로 끝난 것이다. 여호수아가 그토록 중시했던 신앙의 전수는 이뤄지지 않았다(2:6~10).

　이스라엘은 바알을 섬기며 하나님을 떠났고, 이에 하나님께서는 그들에게 진노하셔서 노략을 당하게 하셨다. 고통으로 인해 이스라엘이 부르짖자 하나님께서 사사를 보내셔서 구원하시지만, 그 사사가 죽자 이스라엘은 거룩함을 유지하지 못하고 다시 타락했다(2:6~3:6). 그리고 이런 악순환 속에서 이스라엘은 점점 하나님과 멀어졌다.

'부족한' 사사들의 시대 (3:7~8:32)

가장 먼저 등장하는 사사는 옷니엘이다(3:7~11). 옷니엘은 사사의 '전형'이다. "사사란 이런 존재다"라고 제시되는 원형이다. 갈렙의 아우 그나스의 아들이며, 여호와의 영이 임해 나가 싸워 이기는 옷니엘의 모습은 온 이스라엘이 흠모할 만한 지도자의 모습을 보여 준다. 그러나 이후에 나타난 사사들의 모습은 그다지 전형적인 모습을 보이지 못했다.

이어서 등장하는 세 사사는 '부족한' 사사의 모습을 보여 준다. 이들은 모두 그 당시의 기준으로 볼 때 영웅적인 존재로 보기에는 부족한 점이 많았다. 에훗(3:12~30)은 왼손잡이, 직역하면 '오른손에 장애가 있는' 사람이었고, 드보라(4:1~5:31)는 여자였으며, 기드온(6:1~8:32)은 겁이 많고 소심한 사람이었다. 기드온은 처음의 소심한 모습에 비해 극적인 성장을 보여 주지만, 결국 그 아들 대에 이스라엘을 혼란으로 몰아넣는 빌미를 제공하고 만다.

'죄인' 사사들의 시대 (8:33~16:31)

이제는 부족한 수준이 아니라 율법의 기준에 합당하지 않은, '죄인' 사사들이 등장한다. 기드온의 아들 아비멜렉은 사사라고 말할 수가 없는, 반(反) 사사라고 불릴 만한 존재다. 입다(10:6~12:7)는 불량배들의 두목이었으며, 이방 종교에서나 있을 수 있는 인신제사를 서원했다가 자신의 딸을 바치는 결과에 이르렀다. 삼손(13:1~16:31)은 나실인으로서 지켜야 할 것을 전혀 지키지 않았으며, 블레셋의 여자들과 놀아났다. 이들은 도덕적인 기준으로 볼 때도 진히 이스라엘의 지도자로 인정하기 어려운 모습을 보인다. 아비멜렉은 여인이 던진 맷돌에 맞아 죽었다. 입다와 삼손은 비록 하나님의 쓰임을 받아 이스라엘을 구원했지만, 하나님께서 그들의 죄를 응징하셨음이 그대로 기록된다.

왕이 없으므로 (17~21장)

이들 사사들의 시대에 이스라엘의 신앙적, 사회적 행태에 대해 사사기는 적나라하게 묘사한다. 에브라임 사람 미가는 은으로 신상을 만들고, 떠돌이 레위인을 자기 집을 위한 제사장으로 삼았다. 단 지파는 그 신상과 레위인을 빼앗을 뿐 아니라 평온히 살던 라이스 사람들을 죽이고, 그 땅을 빼앗아 자기 영토로 삼는다. 이런 모습(17~18장)은 그 당시의 종교적 혼란이 어느 정도였는지를 잘 보여 준다. 여호와 하나님을 이방 종교에서나 볼 수 있는 우상으로 전락시킨 셈이다.

도덕적 혼란도 극에 달했다. 베냐민 지파의 땅 기브아에서 일어난 범죄나 베냐민 지파와 다른 지파가 전쟁을 벌이는 이야기는 대표적인 사건들이다. 결국 베냐민 지파가 없어지게 될 상황이 되자, 나머지 지파의 장로들이 베냐민 남자들이 여호와의 절일에 여자들을 납치하는 것을 허락하는 어처구니없는 일들에 대한 이야기가 진행된다(19~21장). 가나안 족속과 전쟁을 벌이던 이스라엘은 이제 형제들끼리 전쟁을 벌이게 됐다.

사사기는 이 모든 상황의 원인을 "그때에 이스라엘에 왕이 없었으므로 사람이 각기 자기의 소견에 옳은 대로 행하였더라"(17:6, 21:25)라고 설명한다. 이스라엘은 여호와 하나님을 왕으로 받아들이지 않았고, 그분의 율법에 순종하지 않았다. 사사기는 하나님을 왕으로 삼지 않으면, 또 하나님의 법이 그 백성 가운데 세워지지 않으면 결국 이런 영적 암흑기를 경험하게 됨을 강변하고 있다.

룻기

1~4장
참과 평안은 어디서 오는가?

참 기쁨과 평안이 무엇인지 알지 못하는 사람들은 어디에 가서 무슨 놀이를 해도 기쁨을 찾기 어렵다. 그러나 참 기쁨과 평안을 아는 사람들은 자신이 처한 상황에 상관없이 즐거움과 평안을 누릴 수 있다. 그렇다면 참 기쁨과 평안은 어떤 것일까? 하나님의 말씀은 어떤 기쁨을 우리에게 가르치고 있을까? 구약의 룻기를 통해 참 기쁨이 어디로부터 오는지에 대해서 묵상해 보는 시간을 갖고자 한다.

함께하는 기쁨(1~2장)
룻기는 전반부에서 고통받는 사람들과 함께함으로 얻는 기쁨에 대해 보여 주고 있다. 나오미와 오르바와 룻, 이 세 사람은 모두 남편을 잃는 절망에 빠졌다. 시어머니 나오미는 이미 나이가 많았지만, 며느리인 오르바와 룻은 아직 젊었기에 재혼을 해서 이후의 평안한 삶을 누릴 수 있었다. 나오미는 오르바와 룻에게 돌아가 재혼을 하라고 강하게 권한다. 이에 오르바는 떠나지만 룻은 나오미와 함께

하겠다고 고집한다.

나오미를 떠난 오르바가 나쁜 자부였던 것은 아니다. 다만 룻이 더 큰 은혜를 베푼 것이다. 이렇게 시어머니의 고통을 함께하는 룻의 모습에 베들레헴 사람들은 감동했고, 보아스는 자신의 밭에 이삭을 주우러 온 룻에게 은혜를 베풀었다. "나를 나오미(기쁨)라고 부르지 말고 마라(괴로움)라고 부르라"고까지 했던 나오미와 함께하기로 결단한 룻, 또 그 룻을 인정하고 배려한 보아스의 인애를 통해 그곳에 큰 기쁨이 임했다.

남의 짐을 대신 지는 기쁨(3~4장)

우리는 또한 룻기를 통해 다른 이의 어려움을 대신 해결해 주는 것에 얼마나 큰 기쁨이 임할 수 있는지 알 수 있다. '기업을 무른다'라는 말의 의미는 친척이 땅을 잃게 됐을 때, 자신이 대신 그 땅을 사서 친척에게 주고, 자손을 얻지 못한 친족에게 자녀를 낳게 해 주는 것이다.

보아스가 죽은 나오미의 남편 엘리멜렉의 친족이었기 때문에 나오미와 룻은 그에게 기업을 물러 줄 것을 요청했다. 사실 이는 그 당시 사람들에게도 부담스러운 일이었고, 더욱이 보아스는 룻의 시아버지인 엘리멜렉과 가장 가까운 친족도 아니었기에 피할 수도 있는 일이었다. 그러나 보아스는 그 땅을 기꺼이 무르고, 그 자손을 낳을 수 있도록 룻을 아내로 맞아들이기까지 했다.

이렇게 남의 짐을 대신 지는 은혜를 베푼 보아스를 통해서 룻은 많은 사람의 축복 가운데 아이를 낳았다. 그를 통해 나오미는 손자를 품에 안는 상상할 수도 없던 기쁨을 누리게 됐다. 또한 이 기쁨은 그 가족들에게만 임한 것이 아니라 그 후손 중에 다윗 왕, 즉 이스라엘 전체를 구원하는 왕이 나게 됨으로써 전 민족의 기쁨이 됐다.

사무엘상

사무엘상 1~9장
하나님의 영광은 어디에

우리는 매주 예배 가운데 하나님의 영광이 임하기를 간구한다. 하나님께서 우리의 예배를 받으시고, 하늘에 속한 신령한 복들을 모든 예배자에게 베푸시기를 구한다. 그런데 가끔은 하나님의 영광이 임했다고 말하기가 겸연쩍은 예배가 있는 것도 사실이다. 정확한 시간에 성도들이 모여 예배를 시작했고, 각 순서가 맡은 자들에 의해서 정확하게 진행됐음에도 불구하고, 성도들이 그 가운데에 하나님께서 베푸시는 은혜를 얻지 못할 때도 있다. 성도들이 갈급한 심령으로 왔다가 오히려 더 갈급해져서 돌아간다면 그 예배에는 하나님의 영광이 드러났다고 할 수 없을 것이다. 우리가 하나님의 영광을 구하는 것은 삶의 모든 영역 가운데에서 이뤄진다. 우리가 소망하는 하나님의 영광은 어떻게 드러나는지 사무엘상을 묵상함으로써 깨달아갈 수 있기를 바란다.

영광의 소망(1~3장)
사무엘서는 사사시대 후기, 하나님께서 한나와 그 아들 사무엘을 통해 한 줄기 소망의 빛을 비추시는 이야기로 시작한다. 엘가나는 가족과 함께 매년 실로에 올라가 화목제를 드리는 나름대로 경건한 사람이었지만, 그가 화목제를 드릴 때마다 두 아내 한나와 브닌나 사이에는 심한 갈등이 발생했다. 화목제를 드릴수록 오히려 불화에 휩싸였다. 이것이 바로 하나님의 영광이 떠난 예배의 모습이다. 한편 대제사장 엘리의 두 아들 홉니와 비느하스는 하나님을 두려워하지 않았고, 따라서 백성들은 그들로부터 하나님의 말씀을 들을 수 없었다. 실로의 성소는 의례적인 제사만 드려지고 있었을 뿐, 타락과 범죄의 소굴이나 다름없었다. 이처럼 영적으로 암울한 상황 가운데 하나님께서는 어린 사무엘을 하나님의 말씀을 듣고 전하는 자로서 준비시키시며 영광의 소망을 키워 가셨다.

영광이 떠나다(4장)

이스라엘은 블레셋과의 1차 전투에서 패하자, 언약궤를 전쟁터로 가져오기로 결정했다. 언약궤는 곧 하나님의 영광이며, 그 임재의 상징이었기에 언약궤를 가져오면 승리하리라고 생각한 것이다. 이는 지극히 미신적이고 이방 종교에서나 찾아볼 수 있는 생각이었지만, 그들은 자기들 나름대로의 종교성으로 이 일을 행했다. 언약궤가 그들 가운데 도착하자 사기충천했다. 그러나 이스라엘의 기세에 눌려 전전긍긍했던 블레셋에게 대패해 언약궤까지 빼앗기게 됐다. 제사장 홉니와 비느하스도 죽고, 그 소식에 엘리 제사장도 죽고 만다. 이때 비느하스의 아내가 아이를 낳고 '이가봇' 곧 '영광이 떠났다'라고 말한 것은 곧 이스라엘의 현실을 그대로 보여 주는 것이었다.

영광이 돌아오다(5~6장)

비록 이스라엘은 블레셋에게 패했지만 하나님께서는 블레셋이 섬기던 우상 다곤 신전에서 그 영광을 드러내시고, 블레셋의 각 도시마다 그 권능을 나타내셔서 각종 재앙으로 그들을 치셨다. 하나님의 영광은 하나님을 두려워하고 섬기는 자에게는 은혜이며 복이 되지만, 그렇지 않은 자에게는 공포요 재앙이 된다. 결국 블레셋은 이스라엘의 하나님의 영광을 인정하며 그 앞에 무릎 꿇었고, 언약궤를 이스라엘에게 돌려줄 수밖에 없었다.

부르짖는 자에게 임하는 영광 (7장)
하나님의 영광은 하나님만을 섬기며 쉬지 않고 부르짖는 자에게 임하는 것이었다. 사무엘이 이스라엘의 지도자가 돼 이스라엘 가운데 있는 모든 우상을 제거한 후 미스바에서 회개운동을 벌이자, 하나님께서는 그들과 함께하셔서 블레셋을 대파하게 하셨다. 여호와 하나님께서 이스라엘과 함께하셨기에 사무엘이 다스리는 동안 그 땅에는 평화가 찾아왔다.

영광의 계승자는? (8~9장)
안타깝게도 이스라엘에 임한 하나님의 영광과 그로 인한 평화는 영원하지 못했다. 사무엘의 아들들이 그 아버지만큼의 경건함을 갖추지 못했기에 통치 권력에 문제가 생겼고, 이스라엘 장로들은 다른 이방 나라들처럼 이스라엘에도 왕이 필요하다는 주장을 했다. 사실 이는 오직 하나님만이 왕이 되신다는 이스라엘의 전통과는 맞지 않는 주장이었음에도, 하나님은 그들의 요구를 수용하셔서 베냐민 지파 기스의 아들 사울을 왕으로 준비시키셨다. 이제 새로운 영광의 계승자가 어떻게 자기 직무를 감당할 것인가 하는 질문을 우리에게 던져 주고 있다.

사무엘상 10~16장
누가 이스라엘의 왕인가?

세상은 늘 정치와 권력에 관심을 갖고, 그에 관련된 이슈들을 쏟아낸다. 그리스도인이라고 해서 나라의 권력 문제에 대해서 무관심할 수는 없다. 그러나 근본적으로 우리들은 "택하신 족속이요 왕 같은 제사장들이요 거룩한 나라요 그의 소유가 된 백성"(벧전 2:9)이다. 역사상 흥망성쇠를 거듭했던 수많은 권력자들은 모두 하나님의 손에 의해서 세워지며 버려져 왔다. 그 가운데 오직 하나님의 통치를 이 땅에 바로 세우려는 자만이 하나님의 손에 의해 세워지고 쓰임 받을 수 있었다. 이에 이스라엘 왕정의 시초를 살펴봄으로써 이스라엘의 왕은 오직 여호와 하나님 한 분이심을 온전히 고백하는 자만이 이스라엘을 다스릴 자격을 얻을 수 있었음을 묵상해 보고자 한다.

하나님의 영으로 세워지는 왕 (10~11장)

하나님께서는 사울을 왕으로 세우셨다. 이스라엘의 왕은 오직 하나님의 영이 임해야만 세워진다. 사울은 사무엘로부터 기름 부음을 받은 후, 하나님의 영이 크게 임해 선지자들 사이에서 예언을 했다. 이후 암몬의 나하스가 길르앗을 침공했을 때에도 역시 하나님의 영이 그에게 크게 임해 이스라엘을 이끌고, 전쟁을 성공적으로 수행함으로써 왕의 지위를 확고하게 했다. 이처럼 이스라엘의 왕은 하나님의 주권적인 선택과 부어 주시는 능력을 통해 세워진다.

여호와가 이스라엘의 왕이시다 (12장)

사울이 암몬과의 전쟁을 통해서 왕으로서의 입지를 확고하게 세우자, 하나님께서는 사무엘을 통해 근본적으로 이스라엘에 인간 왕이 아닌 하나님만이 참 왕이심을 인정하는 것이 필요하다는 사실을 가르치신다. 비록 하나님은 왕을 요구하는 백성들의 목소리를 묵살하지 않으시고 사울을 왕으로 삼으셨지만, 이스라엘의 평화는 인간 왕의 지도력이 아니라 왕과 백성이 오직 여호와 하나님을 온전히 섬기는 것을 통해서 얻을 수 있었다. 결국 이스라엘의 왕위는 사람들로부터 '왕'이라는 칭호를 부여받는 자가 아니라, 여호와 하나님만이 참되고도 궁극적인 왕이심을 인정하는 자에게 주어지는 것임을 알 수 있다.

전쟁은 하나님께 속한 것 (13~14장)

안타깝게도 초대 왕 사울은 하나님의 왕권을 철저히 신뢰하기보다는 이방의 왕들이 하는 행위를 모방했다. 이방 나라들처럼 상비군을 조직하고, 군대의 사기를 북돋우기 위한 도구로 하나님께 드리는 제사를 사용하는 모습은 사울이 하나님을 참 왕으로 인정하기보다는 자신의 왕위 유지에 더 큰 관심을 보였음을 알게 한다. 하나님은 이스라엘이 엘리 때처럼 전쟁에서 패배하게 하지는 않으셨는데, 이는 사울의 아들 요나단이 '전쟁은 하나님께 달려 있음'을 철저히 믿고 있었기 때문이다. 사울은 상비군을 조직하고 제사를 통해 백성들의 사기를 진작함으로써 군대를 강화해 승리하려 했지만, 결과적으로 아무 쓸데없는 일이었다. 하나님께서는 철저히 하나님을 믿는 단 두 사람을 사용하셔서 이스라엘에게 승리를 주셨다. 정작 왕이었던 사울이 내린 명령들은 승리에 방해가 될 뿐이었다.

순종이 제사보다 낫다 (15장)

사울은 계속 군대를 강화했고, 이방 민족들과의 전쟁을 승리로 이끌었다. 아마도 많은 전리품으로 국고를 늘려갔을 것이다. 그러나 그는 아말렉을 완전히 진멸하라는 하나님의 명령에 불순종했다. 세상의 부국강병 원칙에 의하면 전쟁에 이겼을 때 좋은 것들을 전리품으로 가져오는 것이 당연하지만 이는 이스라엘의 왕이 할 일이 아니었다. 여기서 사무엘서 전체의 주제인 "순종이 제사보다 낫다"라는 메시지가 선포된다. 여호와가 이스라엘의 왕이심을 인정하는 자는 그 목소리를 듣고 따라야 한다. 결국 하나님의 목소리를 청종하지 않았던 사울에게서 하나님의 영은 떠나갔다.

중심을 보시는 하나님 (16장)

하나님께서는 사울을 버리고 다윗을 왕으로 세우셨다. 그런데 여기에서도 "하나님은 외모가 아니라 중심을 보신다"라는 중요한 주제가 드러난다. 다윗은 중심을 보시는 하나님의 기준에 합당했고, 결국 왕으로 선택됐다. 아직 사울이 이스라엘의 왕좌에 앉아 있었지만, 그에게 임한 악령을 쫓아내는 권세는 다윗에게 주어짐으로써 실질적인 이스라엘의 통치는 다윗에 의해 이뤄지게 됐다.

사무엘상 17~23장
누가 하나님의 사람인가?

인사(人事)가 만사(萬事)라는 말이 있다. 그만큼 사람을 평가하고 선택하며, 지위를 맡기는 일이 중요하다는 말이다. 그러나 이 일은 쉽지 않다. 말로는 하나님과 교회의 영광을 위해서 일한다고 하지만 오히려 교회를 어지럽히고 성도들을 시험에 빠뜨리는 사람도 있고, 전혀 눈에 띄지도 않고 다른 사람들로부터 주목을 받지 않아도, 참으로 교회에 없어서는 안 되는 사람도 있기 때문이다. 그렇다면 우리는 하나님의 사람을 어떻게 구별할 수 있을까? 아니 그보다 먼저 내가 참 하나님의 사람이 되기 위해서는 어떤 삶을 살아야 할까? 사울과 다윗과 요나단의 이야기는 참 하나님의 사람이 되는 길과 참 하나님의 사람을 구별하는 기준을 잘 보여 준다.

무엇을 의지하는가? (17장)
하나님의 사람을 구별하는 첫 번째 기준은 바로 '그가 무엇을 의지하는가?'이다. 사무엘서는 사울과 다윗이 골리앗이라는 강력한 위협 앞에서 무엇을 의지하는지 비교해서 보여 주고 있다. 사울은 공식적으로 이스라엘의 왕이고, 지금까지 많은 전쟁에서 이스라엘에 승리를 가져다 준 용맹한 사람이었다. 그에 비해서 다윗은 전사가 아니라, 형들에게 먹을 것을 갖다 주기 위해 전쟁터까지 온 비교적 어린 목동이었다. 이 두 사람 앞에 골리앗이라는 위협적인 요소가 등장한 것이다. 여기서 사울과 다윗은 현저한 차이점을 보인다. 사울은 골리앗과의 싸움에 나서는 다윗에게 자신의 갑옷과 무기를 제공하려 한다. 사울은 싸움에서 의지할 수 있는 것은 갑옷과 무기라고 생각했기 때문이다. 하지만 다윗은 하나님의 이름을 의지해 오직 물매와 돌을 가지고 싸움에 나섰다. 결국 골리앗은 하나님의 능력을 의지한 다윗 앞에 쓰러지고 말았다. 이처럼 하나님의 사람은 갑옷과 무기로 상징되는 자신의 힘, 재력, 지식, 지위를 의뢰하지 않는다. 하나님의 사람은 오직 하나님만을 신뢰하고 세상을 두려워하지 않으며, 세상이 하나님을 모독할 때 의

분을 느끼고 담대히 싸움에 나서는 사람이다.

무엇을 위해 사는가?(18~20장)

하나님의 사람을 구별하는 두 번째 기준은 '그가 무엇을 위해 사는가?'이다. 사울은 하나님의 뜻을 위해서 살 생각이 전혀 없었다. 그에게 중요한 것은 권력이었다. 그렇기에 사울은 다윗을 사위로 삼는다는 구실을 내세우면서까지 다윗을 전쟁터로 내몰아 죽이려 했고, 이후에는 아예 직접 다윗을 향해 단창을 던져 죽이려 하는 등 다윗에 대한 적개심을 그대로 드러냈다.

이에 비해 요나단은 하나님께서 다윗과 함께하시며, 이후에 다윗이 이스라엘의 왕이 될 것이라고 말하며 하나님의 뜻에 순종했다. 그는 우선 사울과 다윗을 화해시키려 노력하고, 사울이 강경하게 다윗을 적대시함을 확인하자, 다윗을 숨겨 도망할 수 있도록 돕기까지 했다. 어떻게 보면 요나단이야말로 다윗을 정적으로 생각하고 질투심을 느껴야 할 사람이었지만, 그는 다윗과 함께하시는 하나님의 뜻을 알았기에 순종했던 것이다. 다윗 역시 자신이 이미 사무엘로부터 이스라엘의 왕으로 기름 부음을 받았다는 사실도 알고 있었고, 사울이 자신을 죽이려 하기 때문에 이에 맞서 싸운다는 명분도 충분히 갖고 있었지만 그는 하나님의 기름 부음 받은 자를 대적하려 하지 않았다. 다윗과 요나단, 이들은 모두 하나님의 뜻을 따라 하나님의 영광을 위해 사는 사람들이었다.

무엇을 지키기 위해 싸우는가?(21~23장)

하나님의 사람을 구별하는 세 번째 기준은 바로 '그가 무엇을 지키기 위해 싸우는가?'이다. 다윗은 자신을 죽이려는 사울을 피해 도망하는데, 외면적으로 보면 이스라엘의 왕은 여전히 사울이었고, 다윗은 몰락한 도망자였다. 그러나 하나님께서는 이스라엘의 수호자로서 사울이 아닌 다윗을 사용하셨다. 하나님께서는 다윗을 아둘람 굴까지 몰아가셨다. 왕의 사위였던 다윗으로서는 그야말로 인생의 밑바닥까지 떨어진 셈이다. 그러나 하나님은 거기서 다윗이 이스라엘의 왕으로서 자기 백성을 보호하는 자가 되게 하셨다. 사회적으로 소외됐던 사람들이 다윗에게로 모여 이스라엘을 수호하는 군대가 됐다. 그에 비해 사울은 왕궁에 살고 있었으나 더 이상 왕으로서 지킬 것을 지키지 못하고 있었다. 그는 신하들을 믿지 않았고, 자기 아들 요나단조차 다윗을 숨기며 자신을 대적하고 있다는 비방을 서슴지 않았다. 사울이 에돔 사람 도엑 같은 악한 자의 말을 듣고, 놉에 있던 성소의 제사장들을 모두 참살한 것은 그가 이제는 이스라엘의 왕이 아니라 폭력집단의 수괴에 불과함을 보여 준다. 사울이 이처럼 자기 권력을 지키기 위해서 악행을 거듭하는 동안, 다윗은 블레셋과 전투를 벌여 그일라 지역 사람들을 블레셋의 공격으로부터 구했다. 다윗이야말로 이스라엘의 왕으로서 외적으로부터 자신의 백성을 지켰던 것이다.

다윗은 이스라엘의 수호자로서 일하는 동안 자신의 유익을 추구하거나 권력을 구축하려 하지 않았다. 자신이 블레셋으로부터 구해 준 그일라 사람들이 자신을 배반하려 한 것이나, 십 사람들이 사울에게 다윗의 거처를 밀고한 사실에 대해 어떤 보복도 하지 않았다. 오히려 그들을 이해하고 철저히 저들을 보호하는 자의 자리에 있기를 원했다. 하나님의 사람은 이처럼 하나님의 백성, 즉 교회를 지키고 보호하기 위해 노력하고 봉사하는 사람이다. 가끔은 그런 노력이 인정받지 못해 낙심하게 되는 일도 있고, 배신감을 느끼게 되는 상황을 겪는다 하더라도 하나님의 사람은 형제들을 원망하지 않는 사람이다. 하나님의 사람은 늘 교회를 지키기 위해 싸우는 사람이다.

사무엘상 24~31장
하나님이 세우시는 권위자

사무엘상의 마지막 부분은 이스라엘의 왕이 사울에서 다윗으로 교체되는 상황을 이야기해 주고 있다. 이 이야기를 통해 우리는 하나님께서 기뻐하시는 권위자가 어떤 사람인지를 배울 수 있다. 온 땅을 다스리시는 하나님의 뜻은 과연 어떤 사람에게 향하고 있을까? 그리고 나는 그 하나님의 뜻에 대해서 어떻게 반응하고 순종해야 할까?

권위를 인정하는 사람 (24장)

다윗은 사울을 피해서 자신을 따르는 사람들과 함께 엔게디 광야에서 어려운 생활을 유지하고 있었다. 하지만 사울은 거기까지 쫓아와 수색을 벌인다. 그러나 이는 오히려 사울을 위험에 빠뜨린다. 사울이 수색 중에 용변을 보려고 한 굴에 들어갔는데, 마침 그 굴은 다윗과 일행이 숨어있던 곳이었기 때문이다. 사울은 어두운 굴 안을 볼 수 없었지만 다윗과 일행은 사울을 볼 수 있었던 상황이었다. 사무엘서 기자는 여기서 사울이 용변을 보려고 그 굴에 들어갔음을 밝혀 그를 희화화함으로써 사울이 왕으로서의 권위를 인정받을 만한 자가 아님을 암시해 준다. 그러나 다윗은 사울이 여호와의 기름 부음을 받은 자임을 인정했기에 그를 죽이지 않았다. 다윗은 그저 하나님께서 둘 사이에서 누가 옳은지 심판해 주시리라는 신앙을 고백한다. 이처럼 하나님께서 기뻐하시는 권위자는 먼저 다른 사람의 권위를 인정할 줄 아는 사람이다.

어리석은 비난에 흔들리지 않는 사람 (25장)

사무엘서 기자는 다윗이 큰 실수를 범할 뻔한 이야기를 하고 있다. 그 이름도 '미련하다'는 뜻의 나발이라는 자가 다윗의 도움 요청을 거절했을 뿐 아니라, 다윗이 사울로부터 쫓기고 있는 상황을 비웃기까지(25:10) 했던 것이다. 다윗은 나발의 무례한 태도에 분노해 그를 죽이고 그 집을 몰살하려고 부하들을 이끌고 나발의 집으로 향했다. 이 소식을 들은 나발의 지혜로운 아내 아비가일은 즉시 다윗 앞에 가서 사죄하며, 이 일로 다윗이 나발을 죽이면 다윗이 이스라엘의 지도자가 됐을 때에 나발을 죽인 일이 무죄한 피를 흘린 것으로 여겨질 것임을 지적한다. 다윗은 아비가일의 말을 듣고 발길을 돌린다. 아비가일이 아니었다면 다윗은 자신에게 모욕적인 언사를 했다는 이유로 자신이 다스려야 할 사람을 죽인 자가 되고 말았을 것이다. 나발에게 잘못이 있기는 했지만, 그 이유로 다윗이 나발을 죽였다면 이스라엘의 왕으로서 합당하다고 여겨지기 어려웠을 것이다.

자기 권세를 주장하지 않는 사람 (26장)

다윗에게 다시 한 번 사울을 죽일 수 있는 기회가 찾아온다. 이는 24장과 거의 비슷한 내용이 반복되는 것처럼 보이지만, 그 안에 들어 있는 메시지는 조금 다르다. 24장에서는 다윗이 사울의 권위를 인정하지만, 26장에서는 다윗이 사울이 악한 자임을 알면서도 그 심판의 권세가 자신에게 있지 않음을 밝히고 있다. 아비새는 사울과 그 부하들이 모두 잠들어 있는 것을 보고, 이것이 하나님께서 사울을 다윗의 손에 붙이신 것이라고 해석한다. 하지만 다윗은 아비새의 말을 받아들이지 않는다. 비록 사울이 이스라엘의 왕으로서 자격을 잃은 것이 분명하더라도 다윗은 자신이 사울을 처단할 심판자로 세움을 입었다는 생각을 하지 않았다. 다윗은 철저하게 모든 권세는 하나님께 있고, 하나님께서 부여해 주시지 않은 권세는 남용할 수 없음을 분명히 했다.

사명을 잊지 않는 사람 (27~28장)

다윗은 더 이상 사울의 추격을 피하기 어려워 블레셋 왕 아기스에게 자신과 자신을 따르는 자들을 의탁했다. 블레셋의 장수 골리앗을 죽이고, 블레셋과의 전쟁에서 늘 승전보를 이어왔던 다윗이었다. 그런 그가 블레셋에 투항했다는 것은 다른 선택의 여지가 없는 최악의 상황까지 몰렸다는 뜻이다. 그러나 그는 비록 외형상으로는 블레셋의 신하라는 굴욕적인 상황까지 내려갔지만 거기서도 이스라엘 왕으로서의 사명을 감당했다. 그에 비해서 사울은 블레셋의 군대를 보고 두려워하며, 자신의 사명을 송두리째 부정해 버렸다. 이스라엘의 왕으로서 자신이 신접한 자들과 박수들을 제거했음에도 불구하고, 다시 신접한 자를 찾는 한심한 모습을 보인다. 결국 사울은 하나님께서 그를 버리셨음을 확인받는 것 외에는 아무런 소득도 얻지 못했다. 어려운 일을 당했다고 해서 자신의 사명을 잊거나 부정하는 자는 하나님으로부터 인정받는 권위자가 될 수 없다.

하나님의 보호를 받는 사람 (29장)

다윗은 사울에게 쫓기는 것보다 더 큰 위험에 처했다. 바로 블레셋 군대의 일원으로 이스라엘과 맞서 싸워야 하는 상황에 놓인 것이다. 만약 다윗이 블레셋 편에서 사울이 이끄는 이스라엘 군대와 싸운다면 앞으로 다윗이 이스라엘의 왕으로 인정받기는 불가능해진다. 무엇보다 다윗 자신이 그런 싸움을 할 수가 없었을 것이다. 그럼에도 다윗은 아기스 앞에서 자신이 이스라엘과의 전쟁에 앞장설 것처럼 말할 수밖에 없는 상황이었다. 하나님은 이런 진퇴양난의 상황에 빠진 다윗을 구원하셨다. 다른 블레셋 사람들의 반대 때문에 어쩔 수 없이 이스라엘과의 전투에 나서지 못하게 되는 것으로 여겨지게 된 것이다. 이는 단순한 행운이 아니었다. 다윗은 늘 하나님을 의뢰했던 사람이기에 하나님의 지키심이 그에게 작용했다. 사람의 힘으로 어찌할 수 없는 상황에 처했다 하더라도 하나님과 동행하는 사람이라면 다윗처럼 그 상황을 피해갈 수 있게 될 것이다.

하나님을 의뢰하는 사람 (30장)

다윗은 하나님의 도우심으로 위기를 벗어날 수 있었지만, 또 다른 위기에 빠진다. 다윗과 군사들이 시글락을 비운 사이 아말렉이 시글락을 침략해서 모든 재산을 노략하고 가족들을 끌고 간 것이다. 자녀들을 잃은 슬픔 때문에 백성이 이성을 잃고, 심지어 다윗을 돌로 치려 하는 상황이 벌어졌다. 다윗에게 매우 급박한 상황이었고, 지금까지 함께한 사람들에 대한 배신감과 분노를 느낄 수 있을 만한 상황이었다. 그러나 다윗은 흔들리거나 분노하지 않고 하나님을 의뢰했다. 그가 이렇게 할 수 있었던 것은 다윗이 하나님만을 의지했기 때문이다. 하나님께서는 이렇게 사람이 아니라 하나님만을 의지하는 다윗에게 아말렉을 쫓아가서 싸워 이길 수 있게 하셨고, 이 일이 전화위복의 계기가 되게 하셨다.

거짓 권위자의 최후 (31장)

사무엘상은 이스라엘의 왕이었지만 참된 권위를 인정받지 못했던 사울이 그 아들들과 함께 비참하게 죽어간 이야기로 끝이 난다. 사울이 이스라엘의 왕으로서 제대로 된 공을 세웠던 것은 오직 통치 초기에 길르앗을 침공한 암몬을 막은 것 (삼상 11장) 뿐이었다. 그래서 사울이 전쟁에서 죽었다는 소식에 길르앗 사람들만

이 사울의 은혜를 기억하고, 그의 시신을 수습해서 장사지내 주었다. 사울은 이스라엘의 초대 왕으로서 참된 권위자의 모습을 갖추지 못했기에 이처럼 비참한 최후를 맞이하고 말았다.

하나님의 백성은 어떤 사람이 참된 권위자로 인정받을 만한 사람이며, 누가 하나님의 뜻에 합당한 자인지를 생각해 볼 수 있어야겠다. 이 땅을 다스리시는 하나님께서 누구를 세우셔서 그분의 통치권을 실현해 가시는가, 누가 하나님의 마음에 합한 사람인가를 살피고, 그분의 뜻을 찾는 시간을 가질 수 있기를 바란다.

사무엘하

사무엘하 1~10장
하나님 안에서 흥하는 길

그리스도인이라면 누구나 하나님의 인도하심을 따라 번성하고 형통하는 삶을 꿈꾼다. 우리가 말씀을 묵상하고 삶 가운데 적용하려 애쓰는 이유도 여기에 있다. 사무엘하 1장부터 10장은 사무엘하의 앞부분이자 사무엘서(사무엘상하)의 절정이라 할 수 있는, 사울의 죽음 이후 다윗이 어떻게 하나님 안에서 흥왕하게 되었는지를 보여 주는 본문이다. 다윗이 자신의 앞에 놓인 갈림길의 기로에서 어떤 선택을 했으며 그 결과가 어떠했는지, 그리고 그 가운데 하나님께서 어떻게 섭리하셨는지를 살펴보고자 한다.

하나님의 권위를 앞세움(1장)
다윗은 사울을 피해 블레셋 왕 아기스로부터 시글락을 봉토로 받아 거기 머무르고 있는 상황이었다. 그 와중에 블레셋과 이스라엘 사이에 전쟁이 일어나 블레셋의 장군으로서 전쟁에 나서야 하는 위기를 겪기도 했다. 다행히 다윗은 블레셋 신하들의 반대 덕분에 전쟁에 참여하지 않게 됐고, 다윗이 자리를 비운 동안 시글락을 약탈한 아말렉을 추격해 모든 것을 되찾아 시글락에 돌아와 있었다(삼상 29~30장).

이때 사울이 전쟁에서 죽었다는 소식이 들려왔다. 다윗이 블레셋까지 흘러들어오게 된 이유가 사울의 추격 때문이었으므로, 누가 보더라도 다윗은 사울의 죽음을 기뻐할만 했다. 또 다윗은 이스라엘을 사랑하고 있었지만, 외적으로는 블레셋의 신하였기에 적어도 블레셋의 승리를 기뻐하는 척이라도 해야 하는 입장이었다. 그러나 다윗은 사울의 죽음을 크게 슬퍼했을 뿐 아니라, 사울과 요나단의 죽음을 애곡하는 노래를 지어 자기 백성에게 부르게 했다. 이는 적군의 왕과 장수의 죽음을 공개적으로 슬퍼하는 매우 위험한 행동임에도 불구하고, 다윗은 이런 선택을 주저하지 않았다. 게다가 자기 손으로 사울을 죽였다고 말한 아말렉 소년을 죽이라고까지 명령했다. 다윗이 이렇게 한 이유는 요나단을 사랑했기 때문이기도 했지만, 기본적으로 사울은 여호와께서 기름 부으신 왕이었기 때문이다. 다윗은 '하나님의 영광'이 기쁨과 슬픔의 기준이었다. 다윗은 사울과의 개인적 인간관계나 자신의 정치적 상황에 얽매이지 않고, 오직 하나님의 권위가 실추된 부분에 대해서만 애곡했다. 그는 자신의 유익을 기뻐하는 것이 아니라 하나님이 영광과 권위가 세워짐을 기뻐하며, 그렇지 않을 때 애통하는 사람이었다.

하나님의 시간을 기다림 (2:1~11)

사울이 죽고 이스라엘이 블레셋에게 패전의 쓴맛을 본 상황에서 다윗은 즉시 헤브론으로 거처를 옮겼다. 그리고 그곳에서 유다 지파의 왕으로 세워졌다. 죽은 사울의 왕위는 마하나임에서 사울의 아들 이스보셋에게 넘어갔다. 독특한 것은 다윗이 헤브론에서 7년 반을 통치한 데에 비해, 이스보셋은 이스라엘의 왕으로서 불과 2년을 통치했다는 사실이다. 다윗이 유다의 왕이 된 후 5년 반이 지나도록 사울의 후계자 자리는 비어 있었던 것이다. 이스라엘의 왕위까지 차지할 수 있는 군사력과 시간이 있었지만, 5년 반 동안 다윗이 한 일이라고 기록된 것은 사울의 시신을 찾아 장례를 치른 길르앗 야베스 사람들을 치하한 것뿐이었다 (2:4b~7). 다윗은 이스라엘 백성에게 자신을 왕으로 받아들이라고 강요하지 않았다. 다윗은 서둘러 자신의 왕위를 세우려 하지 않고, 형제들이 자기를 인정할 때까지 기다렸다. 그는 하나님의 방법과 하나님의 때를 기다렸던 것이다.

하나님의 백성을 사랑함(2:12~4장)
이스라엘의 나머지 지파들은 사울의 아들 이스보셋을 왕으로 옹립했다. 결국 다윗과 이스보셋 사이의 전쟁은 불가피하게 됐다. 그러나 비록 이들이 전쟁을 했다 해도, 이스보셋의 군대장관 아브넬은 다윗의 군대장관 요압의 동생 아사헬 죽이기를 꺼려했다(2:18~23). 요압과 아브넬이 전쟁을 하면서도 서로에게 형제를 죽이려 한다고 비난하는 모습(2:26~27), 그리고 전사자가 다윗 측에서 20명, 아브넬 측에서 360명으로 여타 전쟁에 비해 그다지 많지 않음(2:30~31)을 볼 때 이들은 근본적으로 형제의식을 지니고 있었음을 짐작할 수 있다. 다윗은 내전을 거듭할수록 더 강해져 갔지만(3:1), 이스보셋을 따르던 자들을 적으로 여기지 않았다.

결국 이스보셋과 아브넬은 내분으로 자멸의 길을 걸었다. 이스보셋과 사이가 틀어진 아브넬이 다윗에게 투항하자, 다윗은 아브넬에게 자신과 사울의 딸 미갈이 다시 합치도록 주선할 것을 요구한다(3:14). 이는 다윗이 사울의 사위, 이스보셋의 매형이 되겠다는 말이다. 이미 아브넬이 투항한 상황에서 적의 왕을 무릎 꿇게 하는 것이 아니라 그와 친척 관계임을 재확인하고 있다. 다윗에게 이스보셋은 적군의 왕이 아니라 처남이었고, 그를 따르던 모든 군사는 형제요, 하나님의 백성이었다. 이런 다윗에게 아브넬이 요압에 의해 암살당했다는 소식이 들려왔는데, 다윗은 이 소식에 심히 통곡하며 그의 상여를 따라갈 뿐 아니라 애도하는 시를 짓고 그를 죽인 자신의 심복 요압을 저주한다(3:28~39).

다윗이 이처럼 쉽게 이해되지 않는 행동을 한 것은 그가 하나님의 백성을 사랑했기 때문이며, 아브넬마저도 형제로 여겼기 때문이라고 생각할 수 있다. 자신의 자존심이나 감정을 따라 행동하지 않고, 백성을 배려하고 그들과 최대한 충돌하지 않으려 노력했기에 다윗은 사울의 사위가 되길 자저하며 직장의 죽음을 애곡할 수 있었던 것이다. 다윗의 백성 사랑은 이스보셋의 죽음을 대하는 모습에서도 알 수 있다. 이스보셋이 암살당해 그 머리가 자기 앞에 오자 다윗은 분노하며, 이스보셋을 죽인 자들을 죽이라고 명령했다. 또한 이스보셋을 의인이라고 칭하기까지 했다(4:11). 다윗은 전쟁을 치르는 대상이라 하더라도 그들이 하나님의 백성이기에 사랑했고, 존중하는 사람이었다.

하나님을 높이는 사람(5~8장)

사무엘하 5장부터 8장에는 다윗이 승승장구하는 모습이 기록돼 있다. 이스라엘의 왕으로 세워진 다윗은 예루살렘과 신하로서 섬겼던 블레셋을 정복하고(5장), 이스라엘 주변 여러 나라들과의 싸움에서 모두 이긴다(8장). 그 과정에 두로 왕은 다윗을 위해 왕궁을 지어주기까지 했다.

솔직히 이런 승리와 풍요 가운데 있으면 하나님을 잊기 쉬운 것이 사실이다. 그러나 다윗의 관심은 오직 여호와 하나님을 모시고 섬기는 일에 집중돼 있었다. 예루살렘을 새 수도로 삼은 후 다윗은 즉시 하나님의 궤를 모시려고 했다(6장). 비록 율법을 제대로 숙고하지 않아 운반 중에 웃사가 죽는 일을 당하기도 했지만, 다윗은 이스라엘의 왕이 하나님이심을 철저히 고백하기 원했다. 오벧에돔의 집에서 여호와의 궤를 모셔올 때에 직접 나가 힘을 다해 춤을 추며 찬양하는 다윗의 모습에서는 왕으로서 위엄을 뽐내고자 하는 태도를 전혀 찾아볼 수 없다.

또한 다윗은 자신은 왕궁에 있는데, 하나님의 궤가 휘장 속에 있다는 사실에 불편해 했다. 이스라엘의 진짜 왕이신 하나님이 어찌 휘장 속에 있을 수 있느냐는 생각에 성전을 건축하고자 했다. 비록 하나님의 뜻에 의해 다윗은 성전을 지을 수 없었지만, 그의 마음은 하나님께 온전히 받아들여졌고, 하나님은 이런 다윗에게 영원한 왕위를 약속하셨다. 이 언약은 우리에게까지 이어져 다윗의 자손으로 오신 예수 그리스도를 우리가 섬길 수 있게 된 것이다.

타인에게 은혜를 베푸는 사람(9~10장)

다윗은 승승장구하면서도 은혜 베풀기를 멈추지 않았다. 요나단의 아들 므비보셋을 찾아낸 다윗은 그에게 파격적인 대우를 한다(9장). 왕의 상에서 함께 먹게 해 왕자와 같은 영광과 권위를 주었고, 사울의 모든 땅과 종을 회복시키는 은혜를 베풀었다. 므비보셋이 그 당시 사람들의 기준으로는 멸시를 당할 수밖에 없는 다리를 저는 사람이었음을 생각해 보면, 다윗이 얼마나 큰 은혜를 베풀었는지를 알 수 있다. 다윗은 이스라엘을 적대하지 않는 다른 나라들에게도 은혜를 베풀었다. 그 예로, 암몬의 나하스에게 은총을 베풀었고, 그가 죽고 그 아들 하눈이 왕이 됐다는 소식에 조문객을 파견하는 등 암몬에게 예우를 갖췄다. 비록 암몬이 다윗의 호의를 오해해 다윗의 신하들을 모욕했지만, 다윗은 그들의 악행에 대해 즉시 분노하기보다는 침착하게 대처하는 모습을 보였다(10장). 적어도 이때까지 다윗은 하나님 안에서 흥하는 길을 걸었고, 거기에 합당한 자의 모습을 드러내고 있다.

사무엘하 11~16장
신앙인은 왜 추락하며, 어떻게 재기하는가?

다윗의 이야기는 우리로 하여금 신앙인이 왜 영적으로 침체에 빠지며, 어떻게 하면 그런 침체에서 벗어날 수 있는지를 보여 주는 중요한 자료다. 분명 다윗은 하나님의 마음에 맞는 사람, 하나님의 은총을 받은 사람이었다. 사무엘하 1~10장은 하나님의 사람이 어떻게 승승장구하며 번성해 갈 수 있는지를 잘 보여 준다. 그러나 사무엘서는 다윗의 밝은 면만을 보여 주지 않는다. 그가 어떻게 그 자리에서 추락해 하나님의 징계를 받게 되는지도 가감 없이 기록해 후대 사람들에게 강력한 경고를 준다. 사무엘하 11장에서 16장까지는 다윗이 어쩌다가 형통함을 잃고 추락했으며, 어떻게 다시 재기의 소망을 품게 됐는지를 함께 묵상해 보고자 한다.

추락1. 영적으로 안일함(11장)
이스라엘이 정치적, 군사적, 경제적으로 안정된 궤도에 오르자 왕이 된 다윗은 안일함에 빠져들었다. 이스라엘이 암몬과 전쟁 중이었지만 암몬의 군사력이 그다지 위협적으로 보이지 않았기 때문인지 전쟁은 요압에게 맡기고, 자신은 왕궁에서 편안히 봄날을 즐기기를 선택했다. 물론 그런 선택이 왕으로서 할 수 없는 것은 아니다. 그러나 이런 안일한 상황은 죄의 유혹에 쉽게 빠져들게 했다. 저녁이 되어서야 침상에서 일어나 왕궁 지붕 위를 거니는 다윗의 눈에 우리아의 아내 밧세바가 목욕하는 모습이 들어왔을 때, 다윗 앞에는 범죄를 막을 그 어떤 것도 존재하지 않았다. 그녀가 자신의 충성스러운 신하의 아내라는 사실(11:3)도, 자신의 최고 전략가인 아히도벨의 손녀라는 사실(23:34)도 아무런 문제가 되지 않았다.

하지만 죄는 왕이라고 해서 쉽게 은폐하고 없었던 일로 돌릴 수 있는 문제가 아니었다. 오히려 은폐하려고 하면 할수록 또 다른 죄를 잉태하게 마련이다. 밧세바를 범한 후 그녀가 임신했다는 사실을 알게 된 다윗은 그것을 또 다른 죄로 덮으려 시도한다. 바로 전쟁터에 나가 있는 우리아를 불러들여 밧세바와 지내게 함으로써 자기 아이를 우리아의 아이인 것처럼 만들려 했던 것이다. 이것이 실패하자, 다윗은 요압을 통해 우리아를 전쟁터에서 죽게 한다. 결국 간음은 사기와 살인이라는 죄까지 잉태하게 한다. 지금까지 하나님의 사람으로서 하나님과 동행하던 다윗이 순식간에 죄의 구렁텅이로 추락한 것이다.

소망1. 회개하고 자기 직무로 돌아감(12장)

다행히 다윗은 끝없는 추락으로 빠지지는 않았다. 나단 선지자의 지적을 받고 즉시 자신의 죄를 인정했고, 하나님 앞에서 눈물로 회개하며 기도했기 때문이다. 이것은 다윗의 악행에도 불구하고, 그가 다시 일어설 수 있는 소망의 씨앗이 된다. 다윗의 회개에서 높이 살 점은 그가 철저히 하나님의 뜻에 순종했다는 점이다. 다윗은 밧세바가 낳은 아이가 병에 걸리자 식음을 전폐하며 기도했다. 그럼에도 불구하고 그 아이가 죽자, 놀랍게도 그는 즉시 자리에서 일어나 자신을 단장하며 왕으로서의 직무로 돌아갔다. 하나님의 뜻이 무엇인지 분명히 깨달은 후에는 그대로 순종한다는 삶의 원칙을 보여 준 것이다. 다윗은 이 모든 문제의 핵심이 자기 자신이 안일하게 왕궁에 남아있었기 때문인 것을 인식했는지, 이후 암몬과의 전쟁에 직접 출정해 그 전쟁을 자기 손으로 끝낸다. 이는 그가 잘못의 근원으로 돌아가 바로잡았음을 보여 준다. 그러나 죄의 악영향은 결코 쉽게 끝나지 않았다.

추락2, 죄에 대해 우유부단함(13~14장)

다윗에게 새로운 위기가 생겼다. 자신의 죄와도 유사한 범죄가 아들 암논에 의해 벌어졌다. 암논은 이복누이인 다말에게 연애감정을 품었는데, 마치 아버지 다윗이 그랬던 것처럼 율법의 가르침(레 18:9, 11)을 따르기보다는 자기 욕망을 따르는 것을 선택해 근친상간의 죄를 짓고 말았다. 문제는 다윗이 이 사실을 알고도 분명한 태도를 보이지 않았다는 데 있다. 다윗은 심히 분노했지만, 그뿐이었다. 암논의 죄에 대해서 분명하게 책망하고 벌을 내리기보다는 그냥 넘어가기를 원했던 것 같다. 이전에 어떻게든 자신의 죄를 은폐하려 했던 것처럼, 자기 아들의 죄에 대해서도 비슷한 태도를 보였다. 하지만 죄는 반드시 또 다른 죄를 유발하게 되는데, 이는 압살롬에 의해 이뤄졌다.

다말의 오빠였던 압살롬은 암논을 잔치 자리로 유인해 암살했다. 그의 주도면밀한 계획은 마치 아버지 다윗이 우리아를 전쟁에서 사지로 몰아넣었던 것을 연상하게 한다. 다윗이 간음과 살인을 저질렀듯이 그 아들 암논에 의해 간음이, 압살롬에 의해 살인이 발생했다. 더 큰 문제는 다윗이 암논의 근친상간 행위에 대해서 분명하게 대처하지 못하고 우유부단했던 것과 같이, 압살롬의 살인행위에 대해서도 분명하게 대처하지 않았다는 데에 있었다. 아들 압살롬이 역시 자신의 아들 암논을 살해했음에도 불구하고, 다윗은 압살롬을 사랑하는 마음을 제어하지 못했다. 비록 암논이 다말에 대해 악한 행위를 했기 때문에 이런 일이 벌어졌음을 고려한다 하더라도, 다윗은 압살롬의 죄에 대해서 분명한 처벌을 해야 했다. 그러나 그는 압살롬에게 분명한 대처를 하지 못하고 시간만 보내고 있었다.

암논은 자기 죄의 결과로 죽임을 당했다고 하더라도, 다윗은 압살롬에게 죗값을 치르게 한 후에 다시 받아들였어야 했다. 그러나 그는 계속 우유부단했다. 요압과 압살롬의 꾀에 의해 압살롬을 다시 왕궁으로 불러들인 이후에도 처벌한 것도 아니고, 완전히 용서한 것도 아닌 어정쩡한 태도로 대하고 있다. 다윗의 우유부단함은 결국 압살롬으로 하여금 반역을 도모하게 하는 불씨가 된다.

소망2, 초심으로 돌아감(15~16장)

영적 안일함과 그로 인한 범죄, 죄에 대한 우유부단한 대처는 다윗을 나락으로 떨어뜨렸다. 그것도 자신이 무척이나 사랑한 아들의 반역에 의해 왕위를 버리고 달아나는 다윗의 모습은 '비참하다'는 말로도 부족할 지경이다. 그런데 하나님께서는 다윗을 이런 상황에까지 떨어뜨리시는 계기를 통해 우리에게 '재기'의 길이 어디에 있는지를 보여 주신다. 바로 '초심 회복'이다. 압살롬이 반역을 꾀한 곳, 헤브론은 원래 다윗이 왕으로 기름 부음을 받았던 곳이다. 다윗은 이곳에서 왕이 된 이후 예루살렘으로 천도하기까지 모든 일에 하나님의 도우심을 통해 승승장구했으나, 예루살렘에 왕궁을 짓고 거기 편안하게 거하기 시작하면서 안일한 삶을 살기 시작했다. 그 왕궁을 짓기 위해 백성들로부터 거둬들인 많은 세금은 백성들의 마음에 보이지 않는 앙금으로 남았다. 이는 아버지의 우유부단한 태도에 앙심을 품은 압살롬이 백성들에게 다가가기 좋은 구실이 됐다.

다윗은 압살롬이 헤브론에서 왕이 됐다는 소식을 듣고 도망하면서 많은 것을 깨닫게 됐다. 이전에 사울을 피해 도망하던 시절을 기억했을 것이고, 헤브론에서 왕으로 세워졌을 때 품었던 마음을 되새겼을 것이다. 사울의 눈을 피해 광야를 헤매고 블레셋의 신하 노릇을 해야 했던 시절에는 오직 하나님 말씀만을 따랐고, 바보스러울 정도로 말씀에 순종하던 다윗이었다. 그러나 왕이 돼 승승장구하게 되니까 초심을 잃고 백성들로부터 세금을 거둬 왕궁을 짓고, 전쟁은 신하들에게 맡기고, 자신은 안일하게 지내며 죄를 범했다. 게다가 자기 아들들의 죄에 대해서 분명하게 처리하지 못하고, 지나가는 세월 속에 덮으려 했던 것이 얼마나 잘못된 것이었는지를 뼈저리게 느끼고 회개하는 시간을 가질 수 있었다. 다윗은 이런 어려움을 통해 초심을 되찾아갔다. 가드 사람 잇대와 육백 명의 군사들이 자기를 따를 때에도 그저 기뻐한 것이 아니라 그들의 안위를 먼저 생각하는 모습을 보여 줬고, 사독과 아비아달이 법궤를 끌고 다윗을 따르려 할 때 법궤를 다시 성소로 돌려보내며 자신은 하나님께 순종할 뿐임을 확인한다.

압살롬 진영에 뛰어난 전략가인 아히도벨이 있다는 사실을 알고, 그것이 얼마나 위협적인지를 깨달은 다윗은 하나님께 도움을 구했고, 그 기도 응답으로 후새를 보내 주시는 하나님의 손길도 체험했다. 므비보셋에게 종으로 주었던 시바에게서 음식을 얻는 다윗의 모습은 사울을 피해 도망해 제사장 아히멜렉으로부터 진설병을 얻어먹던 모습을 떠오르게 한다(삼상 21:1~6). 그리고 시므이의 저주를 묵묵히 들으며, 자신을 책망하시는 하나님의 목소리로 이해한다. 사실 하나님께서 다윗을 이렇게까지 다루신 것은 그만큼 그를 사랑하셨기 때문이다. 하나님은 다윗이 초심을 잃지 않고 이스라엘 왕의 전형으로서 서길 원하셨고, 다윗이 안일함과 범죄에 빠지자 철저히 이 문제를 다루셨다. 그렇게 하셨기에 다윗은 재기할 수 있었다.

사무엘하 17~24장
심판과 구원, 그리고 회복

우리는 하나님이 심판하시는 분이면서 동시에 구원하시는 분임을 알면서도 이 두 가지가 동전의 양면처럼 함께 주어지는 것임을 깨닫지 못하는 경우가 많다. 심판과 구원은 하나님의 회복의 역사 가운데 함께 나타난다. 비유하자면 '회복'이라는 동전의 한 면은 '심판'이고, 또 한 면은 '구원'이라고 할 수 있다. 경우에 따라 하나님의 역사를 통해 구원을 얻는 사람과 심판을 받는 사람이 다르기도 하지만, 본질적으로 볼 때 구원은 심판의 다른 면이기도 하다. 이는 우리가 쉽게 이해하기 어려운 신비이지만, 사무엘서의 마지막 부분은 우리에게 이 신비의 깊이를 이해할 수 있도록 도와준다.

구원받는 자와 심판받는 자(17:1~18:18)
17장은 다윗의 목숨이 경각에 달린 이야기로 시작한다. 압살롬에게 제시된 아히도벨의 전략이 그것이다. 즉 다윗이 전력을 재정비하기 전에 아히도벨이 정예병으로 추격해 다윗만 죽이면 이스라엘은 압살롬의 통치 아래 들어오게 된다는 것이다. 만약 전략이 실제로 시행됐다면 다윗으로서는 피할 방법이 없었다. 이때 후새가 새로운 전략을 내세워 아히도벨의 전략을 막지 못했다면, 다윗은 아들을 피해 도망갔다가 자기 모사의 계략에 의해 객사한 왕으로 기록됐을 것이다.

압살롬은 이스라엘 전역으로부터 병사들을 모아 친히 전쟁에 나서서 이스라엘 전체의 왕임을 과시하고, 다윗을 압도적인 군사력으로 제압해 그를 따르던 모든 이들을 다 멸해 힘을 과시하라는 후새의 말이 더 마음에 들었다. 아히도벨을 따르면 압살롬은 다윗을 죽이기 전에는 이스라엘의 왕이 아니라는 이야기가 되고, 또 다윗을 죽이는 공은 아히도벨이 차지하게 된다. 하지만 후새의 말을 따르면 압살롬은 이미 이스라엘의 왕이며, 자신이 다윗을 제압한 자가 되는 것이었다. 결국 압살롬은 후새의 거짓 조언을 받아들였고, 덕분에 다윗은 여러 사람의 도움을 얻어 병력을 재정비할 기회를 얻을 수 있었다. 바람 앞의 등불과 같던 다윗의 생명이 구원을 얻은 것이다.

반면 다윗이 구원을 얻었다는 것은 곧 압살롬과 아히도벨은 심판 아래 놓이게 됐음을 의미한다. 아히도벨은 후새의 전략이 결국 압살롬을 따르는 자들을 패망으로 이끈다는 것을 꿰뚫어 볼 정도로 뛰어난 지략을 갖고 있었다. 그러나 그의 탁월한 지략은 스스로 목을 매어 죽는 비참한 종말로 자기 자신을 몰아갔다. 한편 압살롬은 자신의 어리석음과 교만 때문에 비참한 최후를 맞았다. 압살롬은 군대를 이끌고 의기양양하게 출전했지만 요압과 아비새, 잇대가 이끄는 다윗 군의 상대가 되지 않았다. 결국 그는 전투에서 패하고 도망하는 길에 그의 허영심과 과시욕을 상징하는 머리카락 때문에 상수리나무에 매달려 있다가 요압에 의해 죽는, 사실상의 처형을 당하고 만다.

심판을 통한 구원(18:19~19:39)

압살롬과 아히도벨이 심판을 받음으로써 다윗은 구원을 얻었다. 그러나 다윗 입장에서 자신의 구원은 곧 하나님의 심판이었다. 다윗의 군대는 압살롬의 죽음을 슬퍼하는 다윗 때문에 전쟁에서 승리하고도 기뻐하지 못하고, 오히려 슬퍼하는 역설적인 상황에 빠진다. 다윗의 입장에서는 하나님께서 자신을 구원하시고 주신 승리가 곧 자신의 죄를 심판하는 칼날이 돼 돌아왔던 것이다. 다윗에게 있어서 압살롬의 죽음은 그가 밧세바를 범한 후 선언된 "칼이 네 집에서 영원토록 떠나지 아니하리라"(12:10)는 심판 예언의 성취였다.

결국 다윗은 이처럼 아픈 심판을 통해 구원을 얻었고, 이스라엘의 왕으로 회복됐다. 다윗은 이를 통해 하나님께서 자신의 죄로 말미암아 생긴 모든 문제를 치유하고 회복하기 원하심을 깨달을 수 있었다. 다윗은 자신에게 등을 돌리고 압살롬을 따랐던 사람들에게 복수 대신 용서를 선택했다. 그래서 다윗은 압살롬을 따랐던 유다 지파 사람들을 품고, '다윗을 따랐느냐 압살롬을 따랐느냐'로 이스라엘이 나뉘는 일이 없도록 최선을 다했다.

특히 도망하는 길에 자신을 저주했던 시므이를 용서했고, 시바의 거짓 정보 때문에 오해했던 므비보셋에게도 시바의 밭을 나누도록 했다. 시바에게 당장 벌을 내리지 않은 것은 더 이상 복수가 복수를 부르는 악순환이 계속되지 않도록 하겠다는 다윗의 의지를 보여 준다. 이런 회복에는 바르실래와 같이 자신의 공을 주장하지 않고, 겸손히 아무 대가를 바라지 않았던 사람들의 기여도 컸다고 할 수 있다.

회복의 반대자(19:40~20:26)

그러나 아무리 다윗이 회복과 화합을 위해 노력해도, 끝까지 문제를 일으키는 자들이 있었다. 회복을 반대하는 자들 중에는 세바와 같은 불량배뿐만 아니라 다윗의 심복 요압도 있었다. 이들은 모두 힘으로 반대파들을 누름으로써 평화를 가져올 수 있을 것이라 믿었던 사람들이다. 다윗이 유다 지파 사람들만을 중용한다는 질투 때문에 세바를 리더로 하는 반란 세력들이 다시 결집하는 일이 일어났다. 그러자 다윗은 세바를 진압하는 첫 임무를 자신의 심복인 요압이 아니라 이전에 압살롬의 군대장관이었던 아마사에게 맡긴다. 이는 이스라엘 군대가 '압살롬파'와 '다윗파'로 나뉘는 것을 막고, 아마사에게는 압살롬을 섬겼던 과거를 만회할 수 있는 기회를 주고자 함이었다. 그러나 아마사는 그 일을 제대로 감당하지 못했다. 상황이 급하다고 판단한 다윗은 요압과 아비새에게 아마사를 도와 세바의 난을 진압할 것을 명령했다.

하지만 요압은 아마사를 질투해 그를 암살하고 만다. 여기에서 세바와 같은 반란의 무리뿐 아니라, 요압과 같은 심복들도 다윗의 뜻을 제대로 받들지 못하는 모습이 여과 없이 드러났다. 다행히 세바의 난은 아벨 성의 한 지혜로운 여인의 중재로 세바만 죽임을 당하는 것으로 끝날 수 있었다. 다윗이 원했던 이스라엘의 회복은 요압과 같은 장군이 아니라 한 여인에 의해서 겨우 얻어질 수 있었다. 오직 지혜가 이스라엘을 평화로 이끌 수 있었다.

이스라엘의 왕은 누구인가? (21~24장)

사무엘서는 다윗이 왕으로 회복된 이야기로 일단락한 후(20장까지), 결론과도 같이 다윗의 통치 가운데 있었던 일들과 다윗의 노래를 제시한다. 그리고 이를 통해 다윗을 심판하시고 구원하시며 다시 왕으로 회복시키신 분은 여호와 하나님이시며, 이스라엘의 궁극적인 왕권은 하나님께 있다는 사실을 선포한다.

다윗이 왕이 된 것은 하나님께서 그를 통해 사울의 학정을 심판하시기 위함이었다. 하나님은 다윗이 왕이 된 후에 이스라엘에 3년간 기근을 내리셔서 다윗으로 하여금 기브온 사람들에게 사울의 집안사람 7명을 내줘 그들의 원한을 갚도록 하셨다. 다윗은 이 과정에서 요나단의 아들 므비보셋을 지켰을 뿐만 아니라, 사울의 아내 리스바의 행적을 보고 그 아들들의 시신을 정중히 장사했다. 다윗이 왕이 되고 사울의 집안을 심판한 것은 개인적 원한에 의한 것도, 정치적 후환을 없애기 위함도 아니었다. 하나님께서 사울에 의해 훼손된 이스라엘의 정의를 회복하기 원하셨기에 다윗이 그 뜻을 따라 그 일을 감당하게 된 것이다.

사실 다윗이 왕이 된 것은 다윗 개인의 능력 때문이 아니었다. 블레셋과의 전투에서 연전연승할 수 있도록 싸운 용사들이 없었더라면 이스라엘의 왕 다윗은 있을 수 없었다. 그런데 그 용사들을 주신 이가 바로 하나님이시다. 다윗은 매우 긴 찬시(22:1~23:7)를 통해 하나님의 은혜로 자신이 왕이 됐음을 인정하며, 하나님만이 영광받기에 합당하심을 선포한다. 그리고 그 찬송시의 앞뒤에 다윗과 함께 했던 용사들을 소개함으로써(21:15~22, 23:8~39), 하나님께서 다윗에게 이 용사들을 붙여 주시고, 그들을 이끌 수 있는 능력을 주셨기에 다윗 왕 자신이 있을 수 있었음을 선포한다.

중요한 것은 다윗에게 이스라엘의 왕이 될 만한 뛰어난 능력도 없었고, 사울에 비해 더 나은 점이 있었던 것도 아니라는 사실이다. 사무엘서 마지막 결론이 다윗에 대한 찬사로 끝나는 것이 아니라, 오히려 그가 교만해 이스라엘의 인구를 조사한 죄에 대한 언급으로 끝나는 이유는 바로 여호와 하나님이 이스라엘의 왕이심을 최종적으로 선포하기 위함이다. 다윗은 왕으로서의 권위를 세우고 군대의 힘을 파악하기 위해 인구 조사를 요압에게 명령했고, 그 때문에 하나님의 진노를 샀다. 사울이 기브온 거민들을 핍박한 죄로 3년의 기근이 왔고 그 때문에 7명의 사울 집안사람들이 죽게 됐지만, 다윗이 인구 조사를 한 죄로 인해서는 단 3일의 온역으로 이스라엘 백성 7만 명이 몰살을 당하는 참변이 일어났다. 여기서 다윗과 사울이 다른 점은 단 하나뿐이다. 다윗은 이스라엘의 왕은 자신이 아니라 하나님이심을 다시 고백했다는 점이다. 다윗은 아라우나의 타작마당을 사서 하나님께 제사를 드림으로써 자신과 하나님 사이의 회복을 이뤄냈다. 하나님과의 회복이야말로 우리가 궁극적으로 추구해야 할 목표다.

다윗에게 있었던 심판과 구원, 그리고 회복의 역사를 통해 하나님의 주권이 선포된 이야기는 예수 그리스도를 통해 우리에게 일어난 영적 사건과 일맥상통한다. 예수님의 십자가는 하나님의 심판과 구원의 사건이었다. 성령님으로 말미암아 우리는 그리스도와 함께 십자가에서 죽음으로써 심판을 경험하고, 또한 그분과 함께 다시 살아남으로써 구원에 동참한다. 그리고 이를 통해 하나님과의 영원한 관계 회복에 들어가게 되며, 그때 내 삶의 주인이 오직 하나님이심을 인정하게 된다. 우리의 회복은 오직 하나님의 주권이 회복될 때 가능하다. 이는 참으로 놀라운 신비이며 진리이다.

열왕기상

열왕기상 1~8장
하나님은 우리의 왕이시다

열왕기는 사울을 제외한 이스라엘과 유다 모든 왕의 통치를 기록한 책이다. 제사장적 관점에서 유다의 왕들을 중심으로 기록한 역대기에 비해, 이스라엘 전체를 좀 더 역사적으로 기록한 책이 열왕기라 할 수 있다. 그렇지만 단순히 역사자체를 기록하는 데 그치지 않고, 역사의 교훈을 담고 있다. 특히 수많은 왕의 성공과 실패에 대해 세상의 기준이 아닌 율법의 기준으로 평가한다는 점을 눈여겨볼 필요가 있다. 우리는 열왕기상을 묵상하면서 역사의 주관자가 하나님이시며, 모든 열방의 진정한 왕은 하나님 한 분뿐이심을 깨닫게 될 것이다.

솔로몬의 왕위 계승(1~4장)
다윗이 늙고 쇠약해지자 아도니야가 스스로 왕이 되고자 일을 꾸민다. 군대장관 요압과 제사장 아비아달이 그 편에 가담해 모반이 성공하는 듯 보였다. 그러나 왕을 세우기도 하시고 폐하기도 하시는 분은 하나님이시다. 하나님은 선지자 나단을 등장시켜 솔로몬에게 왕위가 계승되도록 조처하신다. 아도니야의 모반 사건을 계기로, 오히려 솔로몬의 왕위 계승이 신속하게 이뤄지는 것을 보며 하나님의 간섭하심을 묵상할 수 있다.

2장은 다윗이 죽기 전에 솔로몬에게 남긴 유언으로 시작한다. 파란만장했던 다윗의 생애가 끝이 난다. 그는 죽었지만, 여전히 살아서 거룩한 믿음의 유언으로 우리 모두에게 말하고 있다. 이제 솔로몬이 다윗의 뒤를 이어 왕이 되면서 그 나라가 더욱 견고하게 세워진다. 인간의 나라는 흥망성쇠를 거듭하지만 하나님의 나라는 영원하다. 솔로몬은 아도니야와 요압, 그리고 시므이를 처형하고, 아비아달을 추방함으로 왕권을 확고히 다져간다. 솔로몬은 왕권 확립을 위해 애굽과 동맹관계를 맺지만, 그에게 중요한 일은 하나님의 도우심을 구하는 것이었다. 솔로몬이 기브온의 제단에 일천 번제를 드리자, 하나님이 "무엇을 줄꼬" 하시며 그를 찾아오셨다. 백성들의 재판을 위해 솔로몬이 구한 지혜는 하나님의 마음을 흡족하게 했고, 그가 구하지 않은 부귀와 영광까지 덤으로 약속받았다. 솔로몬의 지혜는 두 여인의 재판에서 여실히 증명됐다. 4장에는 솔로몬과 함께 새로운 정부를 구성한 신하들의 명단이 소개된다. 특히 눈에 띄는 부분은 전국을 열두 지방으로 나누고 관장을 두어 왕실의 양식을 한 달씩 공급하게 했다는 점이다. 이것은 각 지방의 자치권을 최대한 보장하면서 중앙 정부가 통제하는 효과적인 행정체계다. 솔로몬의 지혜로운 통치로 전무후무한 부귀영화의 시대가 도래한다. 하나님께서 아브라함에게 약속하신 번성과 평안이 이뤄진 것이다.

성막시대에서 성전시대로(5~8장)

솔로몬은 성전 건축 계획을 두로 왕 히람에게 알리고 도움을 구한다. 아버지 다윗의 소원과 지시를 하나도 빠짐없이 기억하고 있는 솔로몬의 모습에서 또 한 번 도전을 받게 된다. 그리고 히람을 감동시킬 만큼 진솔하고도 간절한 솔로몬의 요청을 들으며 말의 지혜를 구한다. 솔로몬은 탁월한 외교력만큼 내정에도 뛰어난 능력을 보였다. 싱전 건축을 위해 요긴한 일꾼들을 세우는 모습 속에서 우리가 맡아야 할 성전의 한 모퉁이는 어디인지를 생각하게 된다.

6장은 역사상 가장 화려하고 장엄했던 솔로몬 성전이 건축되는 과정을 상세하게 소개한다. 이스라엘이 출애굽한 지 480년이 되는 해에 드디어 성전 건축이 시작됐다. 이로써 이스라엘은 성막시대에서 성전시대로 넘어온다. 모세의 성막과 솔로몬의 성전은 구조와 형태, 규모는 달라도 그 기능과 역할은 동일하다. 하나님의 임재를 경험하고 하나님을 만나는 거룩한 예배의 장소이며, 은혜의 진원지였다. 7년에 걸쳐 최고의 재료와 최고의 정성으로 성전 건축이 완성되어 갔다.

솔로몬은 성전 건축을 완공한 다음, 자신을 위한 왕궁을 건축했다. 왕궁을 짓는데 13년이나 걸린 것은 이미 성전 건축으로 인적, 물적 자원을 많이 소모한 뒤 또다시 대규모 건축을 해야 했기 때문일 것이다. 왕궁의 건축이 마무리되자 솔로몬은 놋쇠 대장장이 히람을 불러와 성전에 두 개의 놋기둥을 세운다. 그리고 놋바다와 물두멍을 만들고, 다양한 성전 기구를 만든다. 왕궁 건축 과정이 비교적 간략하게 기록된 것에 비하면, 성전 건축에 관한 내용은 자세하고 길게 기록돼 있다. 하나님의 관심이 어디에 있느냐를 볼 수 있을 뿐만 아니라, 솔로몬의 관심도 볼 수 있는 부분이다. 성전이 완공되자 솔로몬은 가장 먼저 여호와의 언약궤를 옮겨 온다. 이는 옛날 오벧에돔의 집에 머물던 법궤를 옮겨 온 다윗을 기억나게 하는 장면이다. 제사장들과 레위 사람들이 성전의 모든 기구를 메고 올라가 셀 수 없이 많은 제물로 제사를 드린 다음, 드디어 언약궤를 지성소에 들여놓는다. 이때 구름으로 상징되는 여호와의 영광이 성전에 가득 찬다.

열왕기상 9~15장
영광의 절정에 기억해야 할 언약

열왕기상 9장부터는 솔로몬의 사후, 왕국의 분열이라는 뼈아픈 역사를 기록하고 있다. 이스라엘의 영광이 절정에 다다랐을 때, 서서히 다가오는 어두운 그림자가 있었다. 그것은 바로 불순종이었다. 찬란한 영광에 가려 대수롭지 않아 보였던 작은 죄악들이 갈수록 커져, 이스라엘은 다시는 돌아오지 못할 만큼 하나님의 율법에서 멀리 떠나 버렸다.

불순종의 어두운 그림자 (9~11장)

성전 건축을 마친 솔로몬에게 하나님께서 다시 나타나셨다. 하나님은 눈에 보이는 성전을 화려하게 짓는 것보다, 하나님의 말씀을 힘써 지켜 내면의 성전을 거룩하게 유지하는 것이 중요함을 강조하셨다. 그러나 솔로몬은 비록 변두리지만 약속의 땅의 일부를 이방 왕 히람에게 주는 경솔함에서 타락의 조짐을 보인다. 병거와 마병을 위해 병거성을 건축하고, 바로의 딸을 위해 성을 쌓는 등 하나님보다 다른 것을 더 사랑하고 의지하는 솔로몬의 모습이 점차 가시화된다.

솔로몬의 명성을 듣고 이스라엘을 방문한 스바 여왕은 그의 모든 지혜와 영광이 여호와로부터 말미암은 것임을 분명히 밝힌다. 그러나 솔로몬은 자신의 부귀영화를 자랑하며 위세를 부리고자, 주변 국가에서 조공으로 받은 금으로 방패를 만들고 보좌를 정금으로 꾸민다. 그리고 병거와 마병을 많이 모은다. 솔로몬은 자신의 부와 지혜와 군사력으로 나라를 지키고자 한 것이다. 그러나 이는 분명 하나님이 금하신 일이었다. 하나님만이 진정한 왕이시요, 이스라엘을 지키시는 분이기 때문이다. 11장에서는 수많은 이방 여인을 사랑함으로 하나님께로부터 마음이 떠난 솔로몬을 만날 수 있다. 이방 신들을 섬기는, 이스라엘 역사상 가장 어처구니없는 범죄를 시작한 장본인이 솔로몬이다. 우리는 작은 방심과 불순종의 틈을 비집고 들어온 죄악의 결과를 보면서 두려움을 느낀다. 그래도 하나님은 솔로몬을 포기할 수 없어서 하닷이나 르손 같은 대적을 일으켜 경고하신다. 그러나 이미 이방 여인들과의 사랑 때문에 하나님을 사랑함에서 떠난 그에겐 '소 귀에 경 읽기'일 뿐이다. 결국 하나님께서는 여로보암을 등장시켜 이스라엘이 둘로 분열될 것을 예언하신다.

왕국 분열 (12~15장)

솔로몬 사후에 그의 아들 르호보암이 왕위에 올라 세겜에서 백성들과 첫 만남을 가진다. 이 자리에서 여로보암과 온 이스라엘 회중은 멍에를 가볍게 해줄 것을 요청하지만, 르호보암은 어리석게도 백성들의 멍에를 더욱 무겁게 한다. 이 일로 왕국은 분열이라는 아픔을 겪는다. 북쪽의 열 지파는 여로보암을 따라 이스라엘 왕국을 세우고, 남쪽 유다 왕국은 유다와 베냐민 지파를 중심으로 명맥을 유지한다. 그러나 큰 세력을 규합한 이스라엘은 여로보암의 결정적인 범죄로 그 시작부터 삐걱거리는데, 바로 금송아지 우상을 만든 것이다. 이때 한 선지자가 벧엘에서 분향하는 여로보암에게 나타나 작은 표적과 함께 경고의 메시지를 전한다. 돌아가는 길에서 그 선지자에게 일어난 일은 여로보암과 이스라엘에게 주는 하나님의 직접적인 경고이다. 그러나 선지자를 통해 경고를 듣고, 표적을 경험하고, 예증을 보았는데도 여로보암은 그 악한 길에서 돌아서지 않았다. 이것이 인간의 완악함이다. 돌이키지 않는 여로보암에게 그 아들의 질병을 통해 하나님께서 찾아오셨다. 또 한 번의 기회를 주신 것이다. 그러나 어디에도 여로보암이 회개했다는 기록을 찾아볼 수 없다. 아들의 병과 죽음이란 극약 처방까지도 듣지 않았던 여로보암의 마음에는 우상이 가득 차 있었던 듯하다. 남 유다의 르호보암도 산당을 세우고, 아세라를 섬김으로 범죄했다. 왕국의 영광은 사라지고 어둠만 가득찼다.

이토록 타락과 범죄의 길을 동일하게 걷지만, 하나님의 약속을 붙잡은 유다에 여호와께서 선한 왕 아사를 세우심으로 백성들의 신앙을 회복시키셨다. 이에 반해 이스라엘은 모반을 통해 갈수록 악한 왕들이 일어났다. 다윗과의 언약을 지켜 가시는 하나님의 신실하심만이 유일한 희망이다.

열왕기상 16~22장
하나님의 역사에 쓰임 받은 사람들

인간 세상의 역사는 도도히 흘러가는 것처럼 보인다. 열왕기상의 후반부는 북왕국 이스라엘이 되풀이했던 실패의 역사를 기록하고 있다. 우상숭배자 여로보암이 갔던 죄악의 길을 그대로 따르며 더 큰 악을 행하는 바아사, 시므리, 오므리가 연이어 모반을 통해 왕권을 잡더니, 결국 가장 악한 왕 아합이 등장한다. 그러나 하나님께서는 이 암울한 시대에 하나님의 사람 엘리야를 예비해 두셨다. 거대한 세속의 물줄기를 온몸으로 막아섰던 하나님의 사람 엘리야와 함께 열왕기상 16장부터 22장까지 묵상해 보자.

죄악의 밤은 깊어가고 (16장)

16장에 등장하는 이스라엘의 두 번째 왕 바아사는 악한 왕 여로보암을 폐하기 위한 하나님의 도구였으나 더 큰 악을 행함으로 버림받는 신세가 된다. 바아사에 이어 왕이 된 엘라는 시므리의 반역으로 처참한 최후를 맞이했다. 그러나 시므리는 '7일 천하'를 끝으로 오므리에게 죽임 당하고, 왕위가 오므리의 아들 아합에게 이어지면서 죄악의 밤은 점점 깊어만 갔다.

하나님의 사람 엘리야 (17~19장)

17장을 펼치자마자 디셉 사람 엘리야가 혜성처럼 등장한다. 선지자 엘리야는 아합 앞에서 수년 동안 비가 오지 않을 것이라고 선포한 후, 그릿 시냇가로 피신한다. 시냇물도 말라 버리자, 이번엔 이방 땅 시돈으로 내려갔다. 이 모든 여정은 엘리야를 훈련시키시는 하나님의 손길이었다. 그는 사르밧 과부의 가정에 머무는 동안 두 가지 기적을 통해 살아 계신 하나님의 능력을 깨닫게 된다. 삶에서 일어나는 크고 작은 일들이 우리를 성장시키려고 훈련하시는 하나님의 손길임을 기억하자. 하나님께서는 엘리야를 아합에게 다시 보내셨다.

가뭄이 심해 물의 근원을 찾아 나선 아합에게 엘리야는 대단한 도전을 제의한다. 갈멜 산 정상에서 바알과 아세라 선지자 850명과 대결을 펼치겠다는 것이다. 850대 1. 그러나 거대한 골리앗 앞에 선 다윗처럼, 엘리야도 여호와의 이름을 부르며 자신만만하게 나아갔다. 바로 그때 하늘에서 불이 임해 모든 것을 태워 버리는 기적이 일어난다. 갈멜 산에 내렸던 여호와의 불이 오늘 우리 안에 있는 불신과 세속적 삶의 방식과 악한 정욕도 모두 태워 버리면 좋겠다.

19장에서는 앞 장과 전혀 다른 엘리야의 모습을 보며 당혹감을 느끼게 된다. 왕비 이세벨의 저주 어린 협박을 전해 듣고 두려워하며 자기 목숨을 보존하고자 도망치는 엘리야, 로뎀 나무 아래 앉아 죽기를 구하는 엘리야는 갈멜 산의 엘리야가 아닌 듯하다. 영적으로 탈진한 것이다. 큰 승리 이후에 이렇듯 연약한 모습을 보이는 것은 그가 우리와 동일한 심정을 가졌다는 증거다. 주님은 불신에 사로잡힌 연약한 엘리야를 꾸짖는 대신, 음식을 먹이시고 그를 어루만지신다. 그 뒤 호렙 산으로 인도하시고 세미한 음성으로 그에게 다시 새로운 사명을 맡기셨다. 갈멜 산에서도, 호렙 산에서도 함께하시는 하나님을 찬양한다.

이스라엘을 향한 짝사랑 (20~22장)

하나님께서는 아합과 이스라엘을 위해 무언가를 시작하셨다. 아람 왕 벤하닷을 등장시켜 이스라엘을 전쟁 상황으로 몰고 가시는 것이다. 하늘에서 불과 비를 내려도 꿈쩍하지 않던 아합이 드디어 위기를 느낀다. 그러나 여전히 하나님께 도움을 구하지 않았다. 이런 아합을 그냥 심판하셔도 될 텐데, 하나님은 그에게 선지자를 보내 구원을 약속해 주셨다. 그리고 이렇게 말씀하셨다. "너는 내가 여호와인 줄을 알리라"(13절). 그러나 아합은 승리에 도취돼 하나님의 명령을 어기고 벤하닷을 놓아준다. 이스라엘을 향한 하나님의 짝사랑이 답답하기만 하다.

21장에는 아합이 나봇의 포도원을 강탈하는 사건이 길게 기록돼 있다. 그는 하나님의 경고를 듣고 겸비하여 마음을 찢기는커녕, 눈앞의 작은 포도원을 얻고자 의인의 피를 흘리는 죄를 범하고 만다. 이 사건의 전면에 이세벨이 등장해 간교하고 완악한 실체를 드러낸다. 이 일 후에 하나님은 아합의 집에 재앙을 내리시겠다는 뜻을 엘리야를 통해 전하셨다. 그러나 아합이 회개하자 마음 약해지신 하나님은 심판을 연기하셨다. 우리 하나님은 참으로 자비와 긍휼이 풍성하시다. 22장은 아합의 처참한 최후를 기록하고 있다. 그는 끝까지 하나님의 말씀을 듣지 않고 길르앗 라못을 탈취하러 전쟁터로 들어갔다가, 거기서 한 병사가 무심코 쏜 화살에 맞고 역사의 뒤안길로 사라진다.

하나님은 역사의 주관자이시다. 거대한 역사의 물줄기는 권좌에 있는 왕이나 다수의 백성이 움직이는 것이 아니다. 순종의 습관을 가진 백성을 통해 하나님께서 역사를 집필하시는 것이다.

열왕기하

열왕기하 1~8장
두 왕국 사이를 흐르는 하나님의 역사

열왕기하는 아합의 죽음 이후에 펼쳐지는 유다와 이스라엘의 역사를 기록하고 있다. 우리가 눈여겨볼 것은 열왕들의 생애와 업적을 평가하는 기준이 무엇인가 하는 점이다. 얼마나 많은 전쟁에서 승리했는지, 그의 치적이 무엇이었는지가 아니라 하나님께서 보시기에 어떠했는지가 그 기준이다. 그리고 또 한 가지는 시대마다 하나님의 역사에 쓰임 받았던 하나님의 사람들이 있었다는 사실이다. 하나님의 역사는 하나님의 사람들에 의해 집필된다.

엘리야에서 엘리사에게로 (1~3장)
아합의 죽음은 역사의 분수령이 된다. 모압의 배반과 아하시야의 발병은 이스라엘의 국가적 위기를 초래한다. 이 위기 앞에 아하시야는 하나님이 아닌 바알세붑에게 묻는다. 이 일에 대한 하나님의 진노가 얼마나 강했던지 하늘에서 불이 내려와 왕의 신하들을 두 번씩이나 불살라 버렸다. 세 번째 찾아온 왕의 신하와 함께 아하시야에게 간 엘리야는 왕이 침상에서 다시는 내려오지 못하고 반드시 죽을 것을 재차 예언한다. 하나님만을 의뢰하지 않는 인생의 결말을 선명하게 보여 주는 사건이다.

불의 선지자 엘리야는 아합이라는 희대의 악한 왕과 대결을 펼쳤던 사람이다. 이제 그의 사명이 다했기에 하나님께서 그를 데려가시는데, 엘리야는 죽지 않고 하늘로 부름 받는 영광을 누리게 된다. 그동안 엘리야는 이런 날을 예견하며 후계자를 착실하게 준비시켜 왔다. 하나님께서는 스승의 영감을 갑절이나 구하는 엘리사를 엘리야의 후계자로 세우시고 사용하셨다. 모압 왕의 배반으로 이스라엘 왕 여호람과 유다 왕 여호사밧이 동맹을 맺고 모압을 치러 올라가는 길에 물이 없는 상황이 발생한다. 절망하는 여호람과는 대조적으로 하나님을 신뢰하던 여호사밧은 선지자를 통해 하나님의 뜻을 구한다. 힘든 상황을 접할 때 그 반응이 믿음의 현주소다. 결국 엘리사의 예언대로 골짜기에 가득해진 물을 가축들이 마셨고, 에돔 사람들은 그것을 피로 오해해 처참한 패배를 당하고 말았다.

엘리사를 통해 보이신 하나님의 능력(4~5장)

엘리야가 하나님의 선지자로 훈련받는 과정에 겪었던 일련의 일들과 매우 유사한 사건을 통해 엘리사 또한 철저하게 하나님을 의지하는 법을 배우게 된다. 하나님의 사람은 하늘의 불을 내려 하나님의 위대한 역사를 펼치는 사람이기 이전에, 미약한 한 여인의 아픔을 이해하고 도울 수 있는 사람이어야 했다. 특히 수넴 여인 아들의 탄생과 죽음, 그리고 되살아남을 경험하면서 엘리사는 하나님의 손에 빚어져 갔다. 아람 군대의 장관 나아만은 나병 환자였다. 그를 수종하던 이스라엘 출신의 어린 소녀는 사마리아에 있는 하나님의 선지자가 나병을 고칠 수 있다고 알려 준다. 나아만은 이 사실을 왕에게 고하고, 아람 왕은 서신 및 예물과 함께 나아만을 이스라엘로 보낸다. 이것을 전쟁을 위한 시비로 생각하고 옷을 찢은 이스라엘 왕에게 엘리사는 나아만을 자기에게로 보내라고 한다. 요단 강에 몸을 일곱 번 씻으라는 엘리사의 처방은 겸손과 인내가 요구되는 것이었지만, 나아만이 순종해 일곱 번 몸을 잠그자 어린아이의 살같이 깨끗하게 회복된다. 그러나 예물에 눈먼 사환 게하시는 탐욕과 죄악으로 나병이 들고 만다.

은혜는 쉽게 잊혀지고 (6~8장)

이스라엘은 여러 차례에 걸친 아람의 공격을 엘리사의 도움으로 막았지만, 벤하 닷이 친히 대군을 이끌고 다시 사마리아를 공격해 성을 포위하자, 극도의 굶주 림으로 아들을 삶아 먹는 일까지 발생한다. 이스라엘 왕은 과거의 은혜를 쉽게 잊고 하나님을 원망하며, 하나님의 사람 엘리사에게 비난의 화살을 돌렸다. 그러 나 엘리사의 예언대로 아람은 도망가고, 먹을 것은 다시 풍성해졌다. 하루 앞을 알지 못하는 인생길이기에 우리는 더더욱 주님만을 의지해야 한다. 아람 왕 벤하 닷을 대신해 하사엘이 왕이 되는 과정을 예언한 엘리사는 하사엘이 유다에게 입 힐 크나큰 악행을 알면서도, 하나님의 뜻을 전할 수밖에 없었다. 이것이 선지자 의 소명이 아닐까 생각한다.

열왕기하 9장~17장 18절
왕들을 평가하시는 하나님의 기준

한 사람의 인생을 평가한다는 것은 쉬운 일이 아니다. 어떤 기준으로 보느냐에 따라 그 평가는 상당히 달라질 수밖에 없기 때문이다. 열왕기하 9장에서 17장까 지에는 적어도 20여 명의 왕이 소개된다. 그중에 짧게는 한 달을, 길게는 50년 이 상을 다스린 왕도 있다. 그러나 그들의 재임 기간의 길고 짧음이나 정치적, 경제 적, 군사적 업적과는 상관없이 하나님께서 평가하시는 기준은 '여호와 보시기에 정직히 행했는가, 아니면 악을 행했는가?'다. 열왕기하 말씀을 통해 하나님께서 우리의 인생을 평가하시는 기준은 무엇일까를 묵상해 보자.

아합과 이세벨 가문의 종말 (9~11장)

하나님은 완악한 아합 왕조를 끝낼 사람으로 그의 신복 중 한 명인 예후를 지명 하시고, 그에게 기름을 부으셨다. 여호와 하나님을 대적하고 선지자들을 죽인 아 합과 이세벨 가문이 비참한 종말을 향해 나아갔다. 아합의 아들 요람이 살해되고, 그의 어머니이자 악한 요부 이세벨도 내시들 손에 성벽 아래로 던져져 무참히 죽었다. 선지자의 예언처럼 그의 시체는 두골과 손발 외에는 모두 개들이 먹어 치워 남은 것이 없게 됐다. 예후는 계속해서 사마리아에 있던 아합의 아들 70명을 한날한시에 그들을 교육하던 귀인들의 손에 붙여 죽였다. 뿐만 아니라 아합에게 속한 귀족들과 제사장들을 한 명의 생존자도 남기지 않고 진멸했다. 예후의 열심과 레갑의 후손 여호나답의 지혜가 만나 바알을 섬기는 모든 제사장을 한자리에 모으고 한꺼번에 섬멸해 버렸다. 바알의 신당과 목상도 헐어 버려 하나님의 마음을 시원하게 해드렸다. 그러나 여로보암이 세운 금송아지는 여전히 섬겨 이스라엘의 종교적 한계를 벗어나지 못하는 안타까운 모습을 보여 준다.

이세벨의 딸 아달랴는 그의 아들인 유다 왕 아하시야가 죽었다는 소식을 듣고, 자신이 스스로 왕이 되고자 왕자들을 모두 멸절시키려 했다. 그러나 다윗과 맺은 하나님의 약속은 여호세바라는 여인이 왕자 한 명을 숨김으로 이어져 갔다. 6년을 성전에서 숨어 지내던 요아스는 제사장 여호야다의 도움으로 아달랴의 손에 빼앗긴 다윗 왕국을 되찾아 왔다. 그리고 여호와 하나님과의 언약을 기반으로 백성들을 개혁하기 시작했다.

불완전한 개혁과 성공 (12~15장)

유다의 왕 요아스는 즉위한 뒤 제사장 여호야다의 도움을 받아 수많은 개혁을 시도했다. 그는 지혜롭고 투명한 방법으로 재정을 조달해 성전을 수리했다. 그러나 여호야다의 사후에는 분별력이 흐려져 안타까운 최후를 맞이하게 됐다. 영적 멘토의 역할과 중요성을 다시 생각하게 된다. 예후의 뒤를 이어 이스라엘의 왕이 된 여호아하스와 요아스는 여호와 보시기에 악을 행하는 왕들이었다. 게다가 신실한 하나님의 사람 엘리사마저 세상을 떠났으니, 이스라엘에는 아무 소망이 없는 듯했다. 하지만 놀랍게도 여로보암 2세가 통치하던 41년 동안 이스라엘은 정치적, 군사적으로 제2의 전성기를 맞이했다. 여기서 우리가 기억해야 할 것은 하나님 없는 성공은 더 큰 실패를 향한 수순일 뿐이라는 사실이다. 그들은 잠시의 성공에 눈이 멀어 회개할 기회를 잃어버리고 말았다.

깊은 어두움 (15~16장)

남 유다가 요아스, 아마샤, 아사랴로 이어지면서 안정된 정권을 유지하는 데 반해, 북 이스라엘은 여로보암 2세의 아들 스가랴가 왕위에 오른 지 6개월 만에 반역이 일어났고, 살룸이 한 달을, 그리고 므나헴이 모반을 일으켜 2대를 이어 가더니 또다시 베가에 의해 반역이 일어났다. 하나님이 다윗과 맺은 언약에 따라 왕위의 정통이 이어진 남 유다와 달리, 북 이스라엘의 왕조는 모반과 반역이 밥 먹듯 일어났다. 식언치 않으시는 하나님의 약속을 굳게 붙잡는 것만이 험한 세상에서 믿음의 정통성을 유지할 수 있는 유일한 길이다.

그러나 유다 왕 아하스는 이스라엘의 왕들과 같은 길로 행해 자기 아들을 불 가운데로 지나가게 하며, 모든 푸른 나무 아래에 산당을 만들어 이방 신을 섬겼다. 뿐만 아니라 다메섹에서 본 양식을 따라 제단의 구조와 제사의 절차를 바꾸는 악행을 자행했다. 이 일에 제사장 우리야도 적극적으로 참여했다. 그러나 하나님은 앞으로 유다에 개혁을 일으킬 아하스의 아들 히스기야를 왕으로 세우시며 회복의 소망을 주신다.

열왕기하 17장 19절~25장
쇠퇴해 가는 예루살렘의 영광

열왕기하는 북왕국 이스라엘과 남왕국 유다 사이에 흐르는 역사를 하나님의 관점으로 바라보고 있다. 그러나 열왕기하의 마지막 부분을 묵상하며, 쇠퇴해 가는 예루살렘의 영광에 마음이 무거워진다.

기도의 왕 히스기야 (18~19장)

남 유다의 히스기야는 하나님을 경외하는 왕이었다. 다윗의 모든 행위를 따라 여호와 보시기에 정직히 행한 왕이었다. 그러므로 가는 곳마다 형통한 은혜를 누릴 수 있었다. 그러나 북 이스라엘은 호세아 왕을 끝으로 앗수르에 멸망당한다.

앗수르는 이 여세를 몰아 남 유다까지 엿보게 되고, 앗수르 왕의 신하 랍사게는 대군을 보내 예루살렘을 에워싸고 갖은 위협을 한다. 세상을 살다 보면 사면초가의 꽉 막힌 위기를 겪게 된다. 이럴 때 우리가 할 수 있는 일은 무엇이겠는가? 히스기야는 옷을 찢고 굵은 베를 두르고 성전으로 올라갔다. 사방이 막혀도 하늘을 향한 길은 열려 있는 것이다. 히스기야는 앗수르 왕의 협박 편지를 하나님 앞에 펼쳐 놓고 천하만국의 유일한 신이시요 창조주이신 여호와 하나님께 기도하기 시작했다. 이것이 믿음의 힘이다. 이사야 선지자는 히스기야의 기도를 하나님께서 들으셨다고 전언하며, 구원의 징조도 함께 알려 준다. 바로 그 밤에 여호와의 사자가 나와 앗수르의 군사 18만 5천 명을 섬멸했다.

기도 응답의 명암(20~21장)

승리의 영광을 뒤로하고 히스기야는 죽을병에 걸리게 된다. 이것이 인생이라고 생각한다. 히스기야는 얼굴을 벽으로 향하고, 눈물과 기도로 하나님께 나아갔다. 눈물의 기도를 외면하지 않으시는 하나님께서 히스기야의 생명을 15년 연장시켜 주셨다. 그러나 건강이 회복된 후 교만해진 그는 바벨론의 사신들에게 자신의 보물고와 군기고를 보여 주는 실수를 하게 된다. 안타깝게도 이 일이 유다가 바벨론에 멸망당하는 빌미가 되지 않았나 싶다. 학자들에 따라 의견 차이가 있지만, 므낫세는 히스기야가 15년 연장받은 기간에 낳은 아들이라고 볼 수 있다. 그런데 이 므낫세는 유다의 왕들 가운데 전무후무한 악한 왕이다. 여러모로 히스기야의 마지막 15년은 씁쓸한 마음이 들게 한다. 므낫세의 아들 아몬도 그 아버지의 죄악을 답습했다.

요시야의 개혁과 그 이후(22~25장)

소망 없어 보이던 유다에 요시야라는 정직한 왕이 등장해 성전을 수리하던 중 대제사장 힐기야가 율법책을 발견한다. 요시야는 율법책의 말씀을 듣고 하나님 앞에서 진정으로 회개하며 개혁의 불길을 일으켜 온 백성에게 율법책을 읽어 들려준 후, 유다 전역에 독버섯처럼 퍼져 있던 이방의 우상들을 찍어 없애고 불태운다. 뿐만 아니라 오랫동안 제대로 지키지 못한 유월절을 회복하는 등 개혁을 진행한다. 그러나 유다의 영광은 여기까지였다. 뒤이은 왕들은 다윗의 정직한 길을 버리고, 또다시 여호와 보시기에 악을 일삼았다.

여호야김 때부터 바벨론의 침공이 시작돼 영광스럽던 다윗의 왕국은 서서히 빛을 잃어갔다. 심지어 유다의 마지막 왕인 시드기야는 바벨론에 저항하다 포로로 잡혀가면서 두 눈이 뽑히는 처참한 일을 경험했다. 여호와 하나님의 임재의 상징이요 이스라엘의 영광인 예루살렘 성전이 무너지고, 백성들은 바벨론의 어느 변방으로 끌려가 포로 신세가 됐다. 그러나 열왕기 기자는 이 처참한 유다 왕국의 마지막을 기술하면서, 바벨론에 잡혔던 유다 왕 여호야긴의 머리를 들게 하고 죄수복을 벗기며, 포로로 잡혀온 다른 왕들의 지위보다 그의 지위를 높였다는 이야기를 삽입함으로 희망의 불씨를 남겨 둔다.

영광으로 가득했던 예루살렘 성전이 무너지고, 하나님의 신실한 약속으로 이어져 내려온 다윗 왕조의 쇠락을 묵상하는 것은 우리 모두의 마음을 무겁게 한다. 그러나 눈에 보이는 지상의 왕국은 쇠퇴에 쇠퇴를 반복하며 사라지는 것처럼 보이지만, 이새의 줄기에서 메시아를 보내시려는 하나님의 계획은 실패하지 않는다. 그러므로 우리의 시선은 언제나 눈에 보이지 않는 나라, 하나님의 나라에 머물러 있어야 할 것이다.

역대상

역대상 1~29장
하나님의 백성에게 주어진 규칙과 사명

역대기(역대상하)는 바벨론 포로에서 돌아온 이스라엘 백성을 대상으로 사무엘서와 열왕기를 인용해 기록한 책이다. 수백 년 전에 있었다는 다윗과 솔로몬의 영광이 지금 옛 땅으로 돌아온 유대인들에게 무슨 의미를 가질 것인가? 왜 우리는 그 무너져 버린 성전과 성벽을 이처럼 힘들게 재건하고 있는가? 이런 의문에 대한 대답으로 주어진 책이 역대기다. 우리가 역대기를 읽을 때에는 폐허로 변해 버린 예루살렘을 다시 중건하려 힘쓰고 있는 유대인들의 눈으로 읽어야만 한다. 그중에서도 역대상은 다윗의 통치시대까지 다루고 있다.

아담으로부터 이어지는 계보 (1:1~9:34)
역대기는 처음부터 장대한 계보가 이어지기에 읽는 사람으로 하여금 쉽게 지루함을 느끼게 하는 책이다. 이 계보가 중요한 이유는 바로 예루살렘으로 돌아온 유대인들이 결코 세상에 던져진 소수 민족이 아님을 선언하는 것이다. 이 계보는 아브라함이 아니라 아담으로부터 시작한다. 이는 모든 인류를 향한 하나님의 계획 가운데 이스라엘이 세움을 입었다는 사실에 대한 선포다. 이스라엘은 한갓 바벨론에서 떨어져 나온 소수 민족이 아니다. 그리고 이스라엘은 이스라엘만을 위해 존재하는 것이 아니라, 온 땅을 다스리는 하나님의 선택된 백성을 말한다.

말씀을 지키지 않은 자의 종말(9:35~10장)

역대기 기자는 다윗에 대해 소개하기 전에 사울의 족보를 간략히 소개하고 (9:35~44), 바로 그의 죽음에 대해서 이야기한다(10:1~14). 사울에 대해서는 그다지 많은 분량이 기록돼 있지 않다. 사울이 행한 여러 일들은 모두 생략되고, 오직 그가 여호와께 죄를 범했기 때문에 버림 받았음이 강조된다. 사울의 이야기가 모두 생략되지 않은 이유는 단순하다. 여호와의 말씀에 순복하지 않는 자는 왕으로 세워졌다 하더라도, 결국 사울처럼 버림을 당하리라는 선포다(10:13~14). 역대기 기자는 사울의 죽음을 비참하게 묘사하는데, 이는 귀환한 백성들에게 하나님의 말씀을 붙잡지 않으면 어떤 결말이 임하게 되는지를 선명하게 보여 준다.

하나님께서 세우신 왕과 그의 백성(11~12장)

사울이 죽은 후에 세워진 다윗은 '만군의 여호와께서 함께 계시는'(11:9) 왕이었다. 이는 그가 자신의 힘으로 왕이 된 것이 아니라, 하나님의 주권에 의해 세워졌음을 강조하는 표현이다. 역대기 기자는 다윗이 세워졌음을 선포한다. 그를 도왔던 용사들의 명단(11:10~12:22)과 그를 따랐던 군대의 수효(12:23~37)를 설명하며 하나님께서 다윗과 함께할 백성들을 붙여 주셨음을 묘사한다. 하나님께서는 다윗을 선택하셨지만 그 한 사람뿐만 아니라, 그를 따르는 용사들과 군대를 선택하시고 세우셨다. 이는 바벨론 포로기를 끝내고 귀환한 유대인 공동체의 정체성이 무엇인지를 보여준다. 하나님의 백성은 하나님께서 세우신 왕을 따르는 군대다.

하나님을 경외하고 예배하라(13~20장)

다윗이 하나님의 궤를 옮기려다 웃사의 일로 실패한 사건(13:1~14)과 다윗의 명성이 온 세상에 퍼지게 된 이야기(14장)가 연결돼 나온다. 이는 다윗이 비록 한 번 실패했지만 그가 하나님으로부터 버림을 받은 것이 아님을 보여 준다. 도리어 다윗이 한 번의 실패로 인해 하나님을 더욱 두려워하는 자가 되자(13:12), 온 세상 이방 민족이 다윗을 두려워하게 됐다(14:17). 이후 하나님의 궤를 옮기는 두 번째 시도는 성공적으로 끝났으며(15장), 온전히 하나님을 기뻐하고 찬양한 다윗은 하나님으로부터 영원한 왕위를 약속받는다(17:1~15). 다윗의 감사 찬송과 기도문(16:1~36, 17:16~27)은 곧 성전에서 드려져야 할 것이 무엇인지를 보여 준다. 이처럼 하나님을 경외하고 예배한 자에게는 지경을 넓히는 복이 따른다(18:1~20:8). 하나님을 경외하는 데 우선순위를 뒀던 다윗은 결국 왕으로서도 큰 업적을 남기며, 이스라엘을 강국으로 세울 수 있었다. 이것이 새롭게 예루살렘을 재건하려는 자들에게 주어진 꿈이다. 하나님께서 언젠가 다윗의 위를 재건하실 것이며, 그로 인해 온 땅이 하나님의 백성 앞에 굴복할 것이다.

성전을 건축하라 (21~29장)

다시 한 번 다윗의 실수를 계기로 하나님께 더욱 헌신하는 이야기가 이어진다. 다윗의 인구조사는 인간적인 힘으로 자기 왕권을 강화하려는 시도였다(21:1~17). 다윗은 자신의 실수로 인해 일어난 재앙을 보며 하나님께 단을 쌓기 위해 오르난의 타작마당을 사고(21:18~22:1), 그곳에 하나님을 예배할 성전을 건축할 준비를 갖춘다. 다윗이 솔로몬에게 성전을 건축하게 하고 그 준비를 감당하게 하는 데(22:6~19), 이에는 그 성전을 운영할 레위인들의 조직과 직책이 모두 포함된다(24~26장). 다윗은 솔로몬에게 성전 건축에 필요한 모든 것을 다 준비해 주고, 성전을 지으라는 지시를 내렸다.

역대기 기자는 성전 건축이 솔로몬의 작품이 아니라 다윗의 것이라고 강조한다. 그리고 하나님께서 세우신 왕이 자신의 죄를 회개하며 그 성전을 짓기를 갈망했음을 강조한다. 하나님의 말씀에 불순종하고 우상을 숭배함으로 인해 무너진 성전은 다시 하나님의 말씀에 순종하는 사람들에 의해 재건되기를 기다리고 있다.

역대하

역대하 1~15장
성전 중심의 이스라엘 역사

역대기는 남유다가 바벨론 포로에서 귀환한 이후, 스룹바벨 성전이 건축되던 시기에 기록된 것으로 보인다. 포로에서 돌아온 이스라엘 백성들은 피폐한 예루살렘의 상황을 보며 낙망하기도 하고, 무너진 성전으로 인해 신앙적으로 방황하기도 했다. 그러한 때 다윗언약을 상기시키면서 성전 중심의 신앙을 회복하기 위해 학사 겸 제사장이었던 에스라가 기록한 것으로 보고 있다. 남유다의 역사를 중심으로 제사장적 관점에서 썼기에 하나님께서 이스라엘 역사 가운데 어떻게 함께하셨고, 어떻게 역사를 주관하셨는지가 주된 관점이다.

솔로몬의 성전 건축과 여호와의 영광(1~9장)
성전은 하나님께서 언약을 이루시는 중심으로서, 하나님께서 자기 백성들과 함께하신다는 상징이다. 역대기는 유대인들에게 하나님의 언약, 즉 다윗언약이 유효하다는 것을 역설하고 있다. 그러므로 성전이 없는 북왕국은 역사에서 배제시키고 있다.

이런 관점에서 역대하는 솔로몬의 성전 건축으로 첫 장을 연다. 솔로몬이 일천 번제를 드렸을 때, 하나님께서 나타나 "네게 무엇을 주랴"고 물으셨다. 이때 솔로몬은 백성을 다스릴 지혜를 구하게 되고, 이것이 하나님의 마음을 흡족하게 했다. 이후 부강해진 솔로몬은 성전 건축을 결심하게 되고, 두로 왕 후람에게 건축의 목적을 설명하고, 필요한 재료들을 요청하게 된다. 다윗을 사랑했던 후람은 그의 아들 솔로몬의 계획에 적극적으로 동역했다. 솔로몬 성전은 두로에서 보내온 최고의 재료들을 사용해 화려하고 아름답게 건축됐다. 지성소는 금으로 입혔고, 중요한 성물들도 금으로 만들었을 만큼 최고의 정성으로 성전을 건축한 것이다.

성전 건축의 대미는 언약궤를 옮겨오는 일로 장식됐다. 다윗 성, 곧 시온에서부터 언약궤를 메고 오는 일이었다. 셀 수 없는 제사가 드려졌고, 모든 지파의 족장들과 장로들이 모이고, 수많은 제사장과 레위사람들이 모여 언약궤를 메고 예루살렘 성전으로 들어올 때 여호와의 영광이 가득했다. 솔로몬이 여호와의 제단 앞에서 온 회중을 향해 손을 펴고 하나님의 약속과 그 신실함에 대해, 그리고 백성들의 순종으로 말미암을 복을 바라는 기도를 올린 후, 불이 하늘에서 내려와 제물을 사르게 된다. 그리고 모든 백성과 더불어 성전 낙성식을 거행한다. 20년에 걸쳐 성전과 왕궁의 대역사를 마친 솔로몬은 영토를 확장하며 나라를 부강하게 세워갔다. 스바의 여왕이 솔로몬을 찾아온 것을 시작으로 많은 왕들이 예물을 가지고 찾아와 그를 만나기를 원할 정도로 그의 부귀와 영화는 대단했다.

왕국의 분열과 유다의 여러 왕들(10~15장)

솔로몬 사후에 르호보암이 왕위에 올랐다. 그러나 여로보암을 중심으로 한 북이스라엘 지파들의 마음을 얻는 데 실패해 왕국이 남과 북으로 분열되는 결과를 낳고야 만다. 남 유다는 베냐민과 유다 지파가 주축이 돼 예루살렘을 중심으로 구성됐다. 여로보암과 함께한 북 이스라엘은 산당과 우상을 섬김으로 여호와를 떠나게 됐고, 이스라엘 모든 지파 중 경건한 사람들은 레위 사람들을 따라 예루살렘으로 남하했다. 르호보암이 다윗의 길로 행하던 3년 동안 하나님께서 그를 강성하게 하셨으나, 나라가 견고해지고 세력이 강해지자 그는 여호와의 율법을 버리고 이스라엘을 본받게 된다. 그때, 하나님은 애굽의 시삭을 들어 유다를 공격하게 하셨다. 르호보암의 뒤를 이어 유다의 왕이 된 아비야는 여로보암과 전쟁을 치른다. 40만대 80만이라는 절대적 열세에도 불구하고, 매일 여호와 앞에 번제를 드렸던 유다가 금송아지와 함께 전쟁에 나온 이스라엘을 물리쳤다. 이 일로 여로보암은 다시 강성하지 못하고, 여호와의 치심을 입어 죽게 됐다(13:20).

아비야를 대신해 왕이 된 아사는 여호와 앞에 선과 정의를 행해 이방 제단과 산당을 없애고, 주상과 아세라상을 찍어버리며 여호와의 율법을 행하게 했다. 구스 사람 세라가 백만 대군을 이끌고 유다를 공격할 때, 아사는 여호와께 믿음의 고백을 드렸다. "여호와여 힘이 강한 자와 약한 자 사이에는 주밖에 도와줄 이가 없사오니 우리 하나님 여호와여 우리를 도우소서"(14:11). 하나님은 구스의 군대에서 살아남은 자가 없을 만큼 큰 승리를 주셨다.

역대하 16~28장
다양한 삶, 유일한 모범

역대하 16~28장에는 우리에게 그리 익숙하지만은 않은 이름의 여러 왕들, 즉 아사, 여호사밧, 여호람, 아하시야, 요아스, 아마샤, 웃시야, 요담, 아하스의 이야기가 펼쳐진다. 그 왕들이 처했던 상황은 각각 달랐다. 그런데 이들이 평가를 받는 기준은 단 하나뿐이다. 그것은 그들이 마땅히 따라야 할 모범, 즉 '다윗의 길, 하나님의 길로 행했는가?'였다. 그러고 보면 하나님 나라 백성으로 살아가는 우리 그리스도인들의 삶이 평가되는 잣대는 단 하나다. '예수 그리스도의 길을 따랐는가?'

중흥기, 아사와 여호사밧(16~20장)
선한 왕 아사도 말년에는 신앙이 희미해졌다. 그러나 그의 아들 여호사밧은 아버지의 말년의 모습을 본받기보다는 그 조상 다윗의 모범을 따라 유다를 통치했고, 아버지 아사도 미처 하지 못한 신앙의 부흥을 이뤄냈다. 그는 보다 적극적이고 내면적인 영적 부흥을 위해 하나님의 말씀을 전국적으로 가르치게 한 것이다. 하나님을 경외하는 여호사밧이 다스리는 동안 유다는 주변 나라들이 두려워하는 강성하고 풍요로운 나라가 됐다. 그러나 여호사밧도 심각한 잘못을 저질렀는데, 곧 북 이스라엘의 아합 왕가와 사돈이 돼 국가 간 동맹관계를 맺은 것이었다. 비록 여호사밧이 아합과는 달리 하나님의 말씀을 바르게 분별하고, 선지자의 지적에 자신을 낮추는 겸손함도 갖고 있었기에 하나님의 보호를 받을 수 있었지만, 그가 뿌린 불행의 씨앗은 결국 싹이 터 자라고 말았다.

암흑기, 여호람과 아하시야, 아달랴(21~23장)

여호람은 아버지 여호사밧에 의해 북 이스라엘 왕 아합의 딸 아달랴와 정략결혼을 했다. 이후 그는 장인 아합의 길을 따르게 되는데, 아달랴가 살아 있는 동안 권력을 얻기 위해 형제와 자녀들을 죽이고 우상을 숭배했으며, 결국 백성들이 영적으로 타락하는 암흑기가 펼쳐졌다. 아달랴는 남편 여호람이 죽고 뒤를 이어 왕위에 오른 아들 아하시야가 북 이스라엘 왕 요람을 방문했다가 죽은 후, 아하시야의 아들들, 곧 자기 손자들을 다 죽이고 왕권을 찬탈하기까지 했다. 북 이스라엘 왕 아합과 혈맹을 맺은 하나의 실수로 인해 이런 천인공노할 일이 유다 왕궁에서 벌어지게 된 것이다.

미완의 개혁자들, 요아스와 아마샤, 웃시야(24~26장)

제사장 여호야다가 아달랴를 죽이고 요아스를 왕으로 세워 다윗 왕조를 복구함으로써 암흑기는 끝나고, 희망의 불빛이 보이기 시작한다. 그러나 암흑기가 끝났다고 해서 유다가 단번에 완전한 회복을 이룬 것은 아니었다. 제사장 여호야다와 왕 요아스는 그동안 무너졌던 성전을 보수하는 등 유다의 종교 개혁을 진행해 나갔지만, 제사장 여호야다가 죽자 요아스가 악한 신하들의 꾐에 빠져 우상을 숭배하고 말았다. 그는 사악한 자의 조언을 따르고, 우상숭배를 부활시켰다.

이를 통해 그의 박약하고 지속성 없는 성품을 알 수 있다. 요아스의 아들 아마샤도 처음에는 율법을 지키고 여호람 시대에 빼앗긴 에돔을 다시 복속시키는 등 유다를 회복시켜 갔으나, 결국 교만함 때문에 에돔의 이방신을 숭배하게 된다. 아마샤를 이어 즉위한 웃시야 역시 출발은 좋아서 솔로몬 시대 이후 가장 번성한 유다 왕국을 이뤘다. 그러나 역시 교만에 빠져 성공에 심취한 나머지 제사장의 권위까지 넘보았고, 이로 인해 나병에 걸리고 만다.

다시 침체하는 유다, 요담과 아하스(27~28장)

웃시야의 아들 요담은 아버지가 성전에서 나병에 걸렸던 탓인지 아예 성전 출입을 하지 않고, 그저 나라를 부강하게 하는 데에만 관심을 가졌던 왕이었다. 요담은 비록 악한 일을 행하지는 않았으나, 성전에 들어가지도 않고 백성들의 부패를 그냥 방관했다. 그래서 결국 그의 아들 아하스는 하나님의 길을 떠났고, 다시 북 이스라엘과 이방인들의 길을 따라 우상을 숭배하게 된다. 하나님께서 북 이스라엘을 사용하셔서 계속 아하스를 치셨음에도 불구하고, 아하스는 끝내 회개하기를 거부하고 더욱 죄악을 행하며 하나님께로 돌아오지 않았다. 결국 유다의 신앙 부흥은 그 아들 히스기야의 개혁 때까지 미뤄지게 된다.

역대하 29~36장
어둠 속에 소망을 심기

하나님의 백성은 절망적인 세상에서 살면서도 하나님으로부터 오는 소망을 의심 없이 바라보며 살아간다. 히스기야, 요시야, 그리고 바벨론을 떠나 예루살렘으로 돌아온 유대인들 모두가 이런 소망의 씨앗으로서의 삶을 보여 주고 있다.

히스기야의 기도(29~32장)

처음으로 만날 소망의 씨앗은 히스기야 왕이다. 그는 25세에 즉위하자마자 악정을 행했던 자기 아버지 아하스와는 완전히 다른 통치를 시작한다. 바로 성전을 수리하고, 유월절을 재건하며, 모든 우상을 타파했다. 그는 하나님의 백성이 암울한 겨울과도 같은 상황에 처한 이유가 불운 때문도 아니고, 군사력이나 경제 상황과 같은 현실적 문제 때문도 아님을 알았다. 유다가 바로 서기 위해서는 하나님께서 주시는 소망을 바라봐야 함을 그는 알고 있었다. 히스기야는 개혁의 시작을 성전 개혁과 유월절 회복으로부터 시작했다. 유다와 이스라엘 온 백성이 첫 번째로 관심을 가져야 할 것은 오직 하나님의 거룩한 백성이라는 정체성을 깨닫는 것이었다. 하나님의 백성은 외적의 침공을 군사력이나 외교력이 아니라, 하나님의 능력으로 물리친다는 것을 히스기야의 통치를 통해서 배울 수 있다. 당시 최고의 군사력을 자랑했던 앗수르 왕 산헤립의 군대를 파괴한 것은 군대가 아니라 히스기야의 간절한 기도였다. 이처럼 히스기야는 암울한 현실의 고통을 타파하는 방법이 그 현실 안에 있지 않고, 하나님께 있음을 알았다. 다만 그가 말년에 교만의 덫에 걸려들었다는 점은 안타까울 따름이다.

요시야의 개혁 (33~36장)

므낫세와 아몬 왕의 악정 이야기(33장)와 요시야 사후 급속도로 쇠락하는 유다 이야기(36장) 사이에 서술된 요시야 왕의 이야기는 어둠 속의 등대와 같다. 요시야는 할아버지 므낫세와 아버지 아몬의 악정과 철저한 신앙 말살에도 불구하고, 유다를 다시 하나님께로 돌이킨 왕이다. 요시야는 즉위 후 8년, 16세가 되는 해에 유다의 신앙 개혁을 주도한다. 유다 곳곳에 있던 우상들을 파괴하고, 북 이스라엘 땅까지 종교 개혁을 이끌었다. 또한 성전을 온전히 수리하고, 발견된 율법을 반포하며, 유월절을 그 누구보다도 완벽하게 지켰다. 요시야의 개혁이 절정에 달하는 계기는 바로 성전에서 율법책을 발견한 사건이었다. 율법책이 '발견'됐다는 것은 요시야와 유다 백성이 율법에 대해서 전혀 모르고 있었음을 짐작하게 한다. 이처럼 요시야는 유다의 마지막 소망의 불씨였다. 결국 유다는 바벨론에 의해 패망하고, 귀인들은 바벨론으로 끌려갔다. 하지만 그 가운데 소망의 씨앗이 모두 사라지지는 않았다. 하나님께서 친히 그 백성의 소망이 되셨기 때문이다.

에스라

에스라 1~10장
성도의 부활, 교회의 부흥

하나님은 바사 왕 고레스를 사용하셔서 완전히 폐허가 된 유다와 예루살렘에 소망의 씨앗이 싹을 틔우게 하셨다. 고레스 왕이 유대인들에게 고향에 돌아가 다시 나라를 건설하라는 칙령을 반포한 것이다. 바벨론에서 태어난 유다 자손들은 그곳에서 태어나 자랐으면서도 예루살렘과 그 성전이 회복될 것을 꿈꾸는 자들이었다. 바벨론의 포로로 사는 암울한 시기 속에서도 가슴에 품고 있던 소망의 씨앗은 결국 싹이 트고 자라게 됐다.

귀환자들(1~3장)

성전은 무너졌지만 제사장과 레위인들이 그 명맥을 유지하고 있었고, 고레스의 칙령이 떨어지자 유다 자손들은 즉시 돌아가 성전을 재건하는 데 헌신했다. 성전이 이미 폐허가 됐나는 사실을 알고 있었던 그들이었지만, 하나님께서 이를 다시 세우시리라는 소망을 끝까지 버리지 않았고, 그 소망을 자손들에게 꾸준히 전했다.

교회의 부흥(4~10장)

4장 이후에는 침체에 빠진 공동체가 어떻게 다시 소생하게 되는가를 묵상하게 된다. 예루살렘으로 귀환한 유다 백성들은 귀환 즉시 성전을 재건하려 하지만 예상치 못한 기존 주민들의 방해 공작에 막혀 공사가 중단된다. 공사가 중단되자 백성들은 이방인들과 다름이 없는 일상적인 고민에 휩싸이면서 죽음과도 같은 신앙의 침체에 빠지게 된다(4장).

백성들을 다시 일어서게 한 힘은 선지자들이 대언한 하나님의 말씀에서 나왔다. 학개와 스가랴가 백성에게 다시 성전을 지을 것을 촉구했다. 그 말씀에 의해 다시 일어난 유다 백성들은 정치적 위험이 있음에도 불구하고, 다시 성전 공사를 시작했다. 대적들의 방해를 두려워하기보다 말씀에 순종하기를 선택하자, 하나님께서도 대적들의 방해 공작을 막으셨다. 게다가 고레스의 칙령이 발견됨으로써 도리어 성전 재건에 도움을 받게 되고, 성전은 결국 완공됐다(5~6장).

그러나 성전 건물이 다시 세워진 것만으로는 신앙 공동체의 모습을 확립할 수 없었다. 하나님의 말씀이 그들 가운데 분명하게 세워지지 않는다면 하나님의 백성으로서 바로 설 수 없었던 것이다. 이에 하나님께서는 제2차 귀환을 이끈 에스라를 통해 성전을 완공한 유다 백성에게 말씀을 가르치게 하셨다. 그런데 백성들이 말씀의 빛 앞에 나가게 되자 새로운 문제가 생겼다. 유다 백성들이 그동안 이방 민족과 통혼했던 것이 하나님 앞에서 심각한 범죄로 드러난 것이다.

백성들이 이런 범죄를 저지르고 있었음을 알고 충격에 휩싸인 에스라는 하나님 앞에서 금식하고 통회하며 자복함과 동시에 이방인 아내와 자녀들을 내보내는 특단의 조치를 취한다. 이는 누가 보아도 실천하기에 쉽지 않은 결정이었지만 자신들이 거룩한 백성으로서 합당하지 못한 삶을 살았음을 인정하고, 다시 새롭게 되기 위해 뼈를 깎는 고통을 감내하겠다는 결정이었다. 이것은 곧 그들이 하나님의 거룩한 백성으로 다시 거듭나는 신앙 부흥의 밑거름이자 불씨가 됐다. 이처럼 성전 재건도, 신앙 부흥도 모두 선포된 하나님의 말씀과 그 말씀에 대한 백성들의 적극적인 순종을 통해 가능했다. 우리의 교회와 성도의 신앙생활에도 이런 부흥의 역사가 일어나야 하겠다.

느헤미야 1~13장
성벽 재건과 영적 부흥의 역사

고국과 민족을 향한 거룩한 가슴앓이를 자청한 사람, 70년이란 긴 세월 동안 황무하게 버려졌던 예루살렘 성벽을 단 52일 만에 재건한 사람, 느헤미야는 이 위대한 일을 기도와 탁월한 리더십으로 일구어 낸 사람이다. 절망과 실의에 빠져 있던 사람들을 독려하고, 비난과 멸시를 넘어서는 비전과 추진력으로 암담한 이스라엘 역사에 새로운 부흥의 물꼬를 터뜨렸던 사람이 바로 느헤미야다. B.C. 538~537년 스룹바벨의 주도로 이뤄진 1차 귀환, B.C. 458년 에스라를 통한 두 번째 귀환 이후, B.C. 444년에 느헤미야가 마지막 귀환을 주도한다. 느헤미야는 바사 제국 최고위직인 술관원장이었지만, 고국의 아픔을 부여안고 기도함으로 거룩한 역사에 쓰임 받은 탁월한 리더였다.

예루살렘 성벽 재건의 역사 (1~7장)
느헤미야는 예루살렘 성의 훼파와 동포들의 고통에 대한 비보(悲報)를 듣고 바사 제국의 고위 관리로서 보장된 편안함을 뒤로한 채, 눈물로 금식하며 기도했다. 이때 백성들의 죄악을 중보하며 신실하신 하나님의 약속을 부여잡는다. 그리고 하나님의 도우심으로 아닥사스다 왕에게 성벽 재건의 조서를 받아 예루살렘으로 귀환한다. 도착해서 사흘 동안은 아무런 행동도 취하지 않은 채, 하나님께서 자신의 마음에 주시는 것들을 깊이 묵상한 후 성 주변을 철저히 답사하고 치밀한 계획을 세운다.

느헤미야는 깊은 침체에 빠져 있던 백성들에게 성벽 재건을 위한 하나님의 섭리를 알리고 동기를 부여함으로써 그 역사에 동참하게 했다. 그러나 이 선한 역사가 순조롭게만 진행되지는 않았다. 이스라엘의 부흥을 시기하는 이방 사람 산발랏과 도비야, 게셈의 업신여김과 방해가 있었기 때문이다.

대제사장 엘리아십과 그의 형제들이 양문의 문짝을 다는 것을 시작으로 성벽의 부분 부분을 각 족속과 가족대로 분담해 중수했다. 대적들의 조롱이 계속되자, 백성들은 실제적인 공격에 대비해 한 손으로는 일을 하며 한 손에는 병기를 잡았다. 언제나 선한 일에는 원수들의 공격이 있기 마련이다. 그들의 비웃음과 위협 앞에 굴하지 않도록 우리의 양손에 믿음의 방패와 말씀의 날선 검이 들려 있어야 하겠다.

어려움은 외부에만 있는 것이 아니었다. 가난한 백성들이 양식이 없어 불평을 쏟아내기 시작했다. 당시 지도자들이 백성에게 높은 이자를 받으며 재물을 탈취했기 때문이다. 느헤미야는 지도자들을 꾸짖고 악행에서 떠나도록 했으며, 백성들을 생각해 자신이 총독의 녹조차 받지 않았음을 밝혔다. 그는 이렇게 백성들의 마음을 다독여 성벽 재건의 역사에 다시 동참하게 만드는 탁월한 리더십을 발휘했다. 이 와중에 산발랏과 도비야가 느헤미야를 죽이려는 음모를 꾸몄다. 그러나 느헤미야는 선한 분별력으로 이를 물리치고, 마침내 52일 만에 성벽 재건의 대역사를 마무리했다. 그 후 예루살렘 성을 다스릴 지도자들을 세우고, 거민들의 정확한 숫자를 계수했다.

백성들의 영적 부흥(8~13장)

외부적인 성벽 재건의 역사가 끝난 후, 모든 백성은 수문 앞 광장에 모여 학사

에스라에게 여호와의 율법책을 낭독해 달라고 청했다. 하나님의 말씀을 들은 백성들에게서 놀라운 부흥의 역사가 일어났다. 모든 백성이 일어서서 말씀마다 아멘으로 화답하며, 몸을 굽혀 얼굴을 땅에 대고 하나님을 경배했다. 말씀을 깨닫고 감격해서 울었다. 이것이 말씀을 들을 때 일어나는 부흥이다. 초막절 성회가 끝난 후, 백성들이 다시 모여 이번에는 금식하며 자신들의 죄와 허물을 자복하기 시작했다. 그리고 조상들에게 베푸셨던 하나님의 놀라운 구원 역사를 되새기며, 하나님과의 언약을 재확인했다.

느헤미야는 제비뽑기를 통해 백성들이 거주할 성읍을 정했다. 예루살렘 성은 여전히 대적들에게 공격당할 위험이 있었다. 그럼에도 그곳에 거주하기를 자원하는 사람을 위해 백성들은 복을 빌었다. 예루살렘 거주민 명단에 레위인과 제사장의 이름이 특히 눈에 많이 띈다.

느헤미야는 성벽 봉헌식을 위해 레위 사람과 찬양대를 모은다. 정결 의식을 끝낸 후, 감사 찬송하는 사람들을 둘로 나눠 성벽 위를 걷게 했다. 이 독특한 봉헌식은 성벽 재건의 모든 일이 하나님의 도우심으로 이뤄졌음을 드러낸다. 그리고 제사장 엘리아십이 도비야에게 성전의 방을 내어 준 일, 레위 사람들의 몫을 착복한 일, 안식일에 물건을 사고파는 일, 이방 여인을 아내로 맞이하는 일 등을 책망하고, 개혁을 계속해야 할 과제를 던져 주면서 끝이 난다.

느헤미야를 묵상하는 것은 특별한 의미가 있다. 이 민족을 향한 주님의 소원과 그 소원을 이뤄 드리기 위한 우리의 결단, 믿음의 반응이 무엇인지 묵상하는 은혜를 누리면 좋겠다. 느헤미야의 탁월한 리더십뿐만 아니라, 언제나 하늘 아버지를 향한 기도로 역사의 새벽을 깨우는 능력을 배우고 경험하는 은혜가 넘치기를 소원한다.

에스더 1~10장
교만한 자를 낮추시는 역전의 하나님

에스더서에는 하나님이 등장하시지 않을 뿐 아니라, 그 이름조차도 거론되지 않는다. 그러나 그 이야기를 따라가다 보면 배후에서 섭리하시는, 보이지 않으나 실존하시는 하나님을 만날 수 있다. 특별히 에스더서에 나타난 하나님은 악한 인간이 자신을 높이기 위해 다른 이를 짓밟으려 할 때 그것을 뒤엎으시고 자기 백성을 보호하시는 역전의 하나님이시다.

자랑하려다 부끄러움을 당하는 왕(1~2장)

역사의 배후에서 일하시는 하나님은 자신을 높이는 교만한 자를 오히려 낮추신다. 아하수에로 왕은 연일 잔치를 베풀어 자신의 부와 위엄을 드러내려 했다 (1:4). 자신의 왕후 와스디의 미모도 왕의 자랑에 사용되는 도구였다. 그러나 정작 왕후 와스디는 많은 사람들 앞에 서서 왕의 자랑거리가 되기를 거부했고, 결국 왕은 온 세상을 다스리기는커녕 자기 아내조차 다스리지 못하는 존재임이 드러나고 만다(1:16~17). 한편 하나님은 이 우스꽝스러운 소동을 통해 에스더로 하여금 왕후가 되게 하시고, 모르드개로 하여금 왕을 위한 공을 세우도록 하신다 (2:21~23).

교만한 자와 무릎 꿇는 자 (3~5장)

처음에는 교만한 자가 승승장구하고, 하나님의 백성인 겸손한 자는 그 때문에 애통하며 부르짖는 것처럼 보인다. 하만은 모르드개가 자신에게 경의를 표하지 않는다는 이유로 그와 함께 유다인을 모두 몰살하려 왕의 조서를 얻어낸다 (3:8~11). 이 사실을 안 모르드개는 금식으로 애통해 하며 부르짖고, 에스더는 위험을 무릅쓰고 왕과 하만을 잔치에 초대한다. 하만은 왕후의 초대를 받았다는 사실에 의기양양해 하며 모르드개를 죽여 매달 나무까지 설치한다(5:14).

역전, 교만한 자의 몰락 (6~7장)

하나님께서는 교만한 자로 하여금 자기 꾀에 빠져 몰락하게 하신다. 하만은 왕의 옷과 왕관을 입어보려다가 그것을 모르드개에게 입히고, 자신이 모르드개가 탄 말을 끌며 모르드개를 높이게 된다(6:6~11). 그리고 자기를 인정해서 초대한 줄로만 생각했던 왕후 에스더의 잔치에서 오히려 그간의 모든 악행이 드러난다. 결국 모르드개를 매달려고 했던 나무에 자신이 매달리고 만다(7:9~10). 하만은 자신을 높이려 했던 방법으로 모르드개를 높이고, 모르드개를 죽이려 했던 방법으로 자기가 죽임을 당한다. 이것이 하나님께서 교만한 자를 다루시는 방법이다.

심판, 대적들이 제거되다 (8~10장)

교만의 핵심은 하나님을 부인하는 데에 있다. 하나님을 부인하는 자들은 하나님의 백성들에 대한 적의를 공공연히 드러낸다. 애초에 하만이 유다인들을 모두 죽일 계획을 세울 수 있었던 이유는 이전부터 유다인에 대한 적의를 갖고 있던 자들이 그 사회에 존재했기 때문이다. 그러나 하나님의 백성을 대적하는 자들, 교만한 자들의 말로(末路)는 심판의 칼날 앞에서는 것이며, 세상에서 억울한 일을 당하고 부르짖던 하나님의 백성은 결국 승리의 잔치에 참여하게 된다.

욥기

욥기 1~42장
의인이 고난을 당할 때

욥기는 "의인이 왜 고난을 당하는가?"라는 질문에 대한 하나님의 계시다. 욥기는 독자로 하여금 이 문제에 대한 깊은 고민에 빠지게 한다. 그리고 그 안에서 인생을 향한 참 지혜란 어떤 것인지를 발견하게 한다.

의인이 죽음보다 못한 고난을 당하다 (1~2장)
욥은 하나님께서 사탄 앞에서 자랑할 정도의 의인이었다. 그러나 사탄은 그의 의로움이 그의 가족과 재산, 그리고 건강 때문이라고 주장한다. 그러자 하나님은 사탄이 욥을 치는 것을 허락하신다! 우리의 하나님은 언제나 의인과 함께하시고, 그를 지키시리라고 생각한 일반적 기대가 무너지는 순간이다. 심지어 욥이 당한 고난은 인간이 상상하기도 어려운 최악의 상황이었고, 이 소식을 듣고 그를 위로하기 위해 찾아온 세 친구가 아무런 말도 하지 못할 정도였다. 그럼에도 불구하고 욥은 하나님을 원망하지 않았다. 어떻게 하나님은 욥에게 이러실 수가 있단 말인가?

1회전, 죄를 회개하면 회복될 것이다 (3~14장)

욥은 고통 가운데 자신의 생일을 저주한다. 즉 자신이 태어나지 않았더라면 좋았을 것이라는 말이다. 이에 신비주의자 엘리바스(4:12~21)와 전통주의자 빌닷 (8:8-16), 교조주의자 소발(11:5~6)은 차례로 각자의 논리를 사용해 욥이 하나님 앞에서 죄를 지었기에 징계를 받는 것이라 주장한다. 그러나 욥은 각 친구들의 주장을 부인하며, 고난의 날을 참으며 기다리겠노라는 기도를 올린다.

2회전, 악인들이 너와 같은 일을 당한다 (15~21장)

하나님 앞에서 죄를 범하지 않았노라는 욥의 말을 들은 세 친구는 두 번째 대화에서 욥을 본격적으로 정죄하기 시작한다. 엘리바스는 욥의 고난이 악인이 고통을 당하는 것이라고 주장하고(15:20), 빌닷은 욥이 당한 일을 빗대 "악인은 이러이러한 일을 당한다"고 주장한다(18:5~21). 그리고 소발은 악인이 잠시 이기고 즐거울 수 있으나 영원히 망한다고 주장하며, 과거 욥의 형통까지 부인한다(20:5~8). 결국 욥을 위로하러 찾아온 세 친구는 욥을 해하려는 자들이 되고 말았다(21:27, 34).

3회전, 네가 죄인이 아니냐 (22~31장)

세 번째 욥과의 대화에서 친구들의 논지는 약해진다. 엘리바스는 심지어 욥이 가난한 자를 압제했다며, 있지도 않은 죄를 만들어내고(22:5~9), 빌닷은 여자에게서 난 인간이 어찌 깨끗할 수 있느냐는 일반론을 펼치지만 그 논지는 고난의 이유를 파헤치기에는 허약하기 짝이 없다(25:4~6). 소발은 세 번째 논쟁에서는 나타나지도 않는다. 그에 비해 욥의 주장은 더욱 힘을 얻고 있다. 욥은 자신이 죄로 인해 징계를 받는 것일 수 없음을 이야기한다. 욥은 지금까지 자신의 삶이 죄를 꿈꾸지 않았으며, 다른 이들의 존경을 받았던 삶임을 이야기한다. 그러나 하나님께서 자신을 버리심으로 인해 이런 일을 겪게 됐다고 주장한다(27~31장).

엘리후, 새로울 것이 없는 새 지혜 (32~37장)

욥의 기도가 끝나자 엘리후가 분노한 젊은이의 모습으로 등장한다. 그는 욥이 하나님보다 의롭다고 주장하고 있으며, 세 친구가 욥의 말에 대답하지 못하면서도 그저 정죄만 할 뿐이라고 느끼며 분노 가운데 자신의 말을 이어간다. 그러나 엘리후가 하는 이야기는 지금까지 욥의 세 친구가 한 이야기와 다를 바가 없다. 그는 욥의 주장을 재검토하고, 친구들의 주장을 반복하고 있을 뿐이다. 엘리후의 말을 통해 우리는 새로운 지혜가 옛 지혜에 비해서 나을 것이 없음을 알게 된다.

모두를 침묵시키는 하나님의 목소리(38~42장)

엘리후의 말이 끝나자 하나님께서 폭풍우 가운데서 말씀하신다. 그런데 이는 욥이 왜 이런 곤궁에 빠지게 됐는가에 대한 설명이 아니다. 하나님은 욥에게 답을 주시는 것이 아니라 도리어 수많은 질문을 하셨고, 욥은 그 질문에 하나도 대답하지 못한다. "왜 내게 이런 고통을 허락하시는가?"라는 질문은 하나님께서 욥에게 던지시는 수많은 질문에 비하면 너무나 작은 것에 불과하다. 인간은 자신의 고통에 대해서 그 원인을 찾고, 그 원인을 피해가기만 하면 자신에게 고통이 임하지 않으리라 생각한다. 그래서 욥의 세 친구는 욥이 당하는 고통의 원인을 찾아 그 원인을 수정하면 결과도 수정되리라 기대했다. 그러나 이는 인간의 어리석은 생각일 뿐이다. 욥은 이런 하나님 앞에서 친구들 앞에서는 한 번도 인정하지 않았던 것을 인정한다. "티끌과 재 가운데에서 회개하나이다"(42:6). 이 회개는 그의 고통이 죄 때문이라고 인정하는 것이 아니라, 자신의 불평이 하나님을 알지 못했기 때문이었음을 인정하는 것이다.

하나님께서는 욥의 모든 것을 회복하시고, 친구들의 말이 틀렸음을 지적하심으로써(42장) 욥이 죄로 인해 고통을 겪은 것이 아님을 확증하신다. 이는 또한 하나님께서 의인의 편에 서신다는 일반론이 틀리지 않았음을 보여 주는 것이다. 다만 욥기는 그럼에도 불구하고, 닥쳐오는 어려움들을 어떤 시각으로 바라볼 것인지를 가르쳐 주고 있다.

시편

시편 1~150편
신앙 영성의 보물창고, 시편

시편은 모세를 비롯한 다양한 사람들이 천 년이 넘는 세월을 거쳐 하나님을 찬
양한 노래시를 모아 놓은 책이다. 전체 150편 가운데 100편은 저자가 알려져 있
고(다윗 73편, 아삽 12편, 고라 자손 10편, 솔로몬 2편, 모세 1편, 헤만 1편 등), 나머지 50편
의 경우도 다윗의 저작이 많으리라 추정된다. 그중에는 개인의 기쁨이나 슬픔을
감사와 찬양과 탄식에 담아 노래한 시편도 있고, 공동체의 신앙을 고양하기 위
해 지은 시편도 있다. 따라서 시편은 가장 광범위한 시대적 배경과 가장 깊은 신
학적 내용, 그리고 가장 넓은 독자층을 가진 성경이라고 할 수 있다.

　이런 시대적, 내용적 특징 때문에 시편을 신학적으로 간추리거나 요약하는 것
은 불완전한 작업이다. "시편에 대해서 간략히 설명해 주십시오"라는 요청 앞에
서 우리는 다만 시편이 '놀라운 영성의 보고(寶庫)'란 사실을 말해 주고, 지금까
지 교회의 역사 가운데 주로 주목을 받아왔던 시들을 중심으로 그 내용을 소
개하면서 시편이라는 넓은 바다에 뛰어들어 볼 것을 권고하는 수준에서 멈출
수밖에 없다.

150곡 시편의 편집

시편은 150곡의 모음집이지만, 특별한 기준 없이 무작위로 모아놓은 것은 아니다. 시편은 모두 다섯 권으로 나뉘어 있고(1~41편, 42~72편, 73~89편, 90~106편, 107~150편), 각 권의 마지막은 송영으로 사용될 만한 내용으로 이뤄져 있다(41:13, 72:18~19, 89:52, 106:48, 150편 전체). 또한 각 권은 그 나름대로의 특징이 있다. 1권(1~41편)과 2권(42~72편)은 대부분 하나님의 함께하심과 승리를 노래하는 시들이다. 그런데 1권에는 하나님의 이름으로 주로 '여호와'가 사용됐고('여호와' 282회, '하나님' 69회), 2권에는 주로 '하나님'이 사용됐다('여호와' 36회, '하나님' 219회).

'여호와'라는 이름이 주로 그 백성과의 언약, 관계성을 배경으로 사용되는 이름인 데 비해 '하나님'(엘로힘)은 온 땅의 창조주 되심을 드러내는 데 많이 사용되는 이름임을 생각해 보면 시인의 의도를 엿볼 수 있다. 실제로 2권에는 이스라엘이 이방 민족들 가운데서 어려움을 당하나 이를 통해 하나님께서 모든 민족의 찬양을 받으시리라는 비전이 자주 나타난다. 그에 비해 1권에는 개인적인 고통을 토로하며 도움을 구하는 내용이 많다.

3권(73~89편)은 17편의 시들로 이뤄져 있는데, 그중 '아삽의 시'가 11편이다(73~83편). 아삽은 레위인으로 다윗 시대 예배음악 전문가였고(대상 15:17), 그 후손들도 주로 그 일에 종사했다(스 3:10). 그 내용을 볼 때 아삽이 지은 시라기보다는 후손들에 의한 시로 봐야 자연스럽다. 내용도 예배를 위한 노래라기보다는 악인들 사이에서 하나님을 경외하는 의인이 굳건히 설 것을 노래하는 내용이 주를 이룬다. 4권(90~106편)에서는 여호와 하나님의 통치권, 주권이 강하게 드러난다. 여호와 하나님께서 온 땅의 창조주이시며 지금도 통치하고 계신다는 노래가 이어진다. 마지막 5권(107~150편)에서는 주로 성전과 관련돼 예배나 예배를 준비할 때 사용될 법한 노래들이 많다. 성전에 올라가는 노래(120~134편)를 포함해 감사와 찬양을 선포하는 내용의 시들이 많이 포함돼 있다.

또한 시편은 서시(1~2편)와 송영(146~150편)을 갖춘 것으로 이해되기도 했다. 전체 시편의 '서시'로 여겨지는 1편과 2편은 하나님의 법을 즐거워하는 의인으로서 살아가는 것이 인생의 가장 좋은 선택이며, 세상이 아무리 하나님의 권세를 흔들려 해도 여호와 하나님은 온 땅을 통치하시는 왕, 주권자이심을 선언한다. 이는 시편의 기본을 이루는 신학이라고 할 수 있다. 그리고 146편부터 150편까지 이어지는 "할렐루야"로 시작해 "할렐루야"로 마치는 시편들은 시편 전체를 마무리하며 하나님을 높이는 송영의 의미를 지닌다.

문학 장르와 연주 방식, 저자에 따른 시편의 표제

대부분의 시편에는 문학 장르(시, 노래, 마스길, 믹담 등)와 연주 방식을 구분하는 표제가 붙어 있다. 이런 표제어를 살펴보면 그 시의 내용을 이해하는 데 많은 유익을 얻을 수 있다.

첫째, 장르를 구분하는 표제다. 시편의 표제가 장르를 설명하는 경우가 있는데, '시'(psalm; 미즈모르)는 총 57편으로, 시편 전체에서 가장 많은 부분을 차지하고 있다. '노래'(song; 쉬르)는 악기 반주 없이 목소리로만 부르는 일종의 아카펠라로 볼 수 있다. 특히 '성전에 올라가는 노래'라는 표제가 시편에 많이 사용된다. 그리고 '마스길'은 교훈시에 해당하며, '믹담'은 격언이나 금언으로 알려져 있다. 그 외에 시편 7편에 유일하게 등장하는 '식가욘'이라는 표제어의 정확한 뜻은 알려져 있지 않지만 특정한 악기와 관련된 음악 용어가 아닌가 생각된다.

둘째, 음악 지시용 표제다. 시편의 표제가 음악의 지시어로 사용되는 경우는 다음과 같다. '영장'은 음악 감독 혹은 지휘자로 해석되며, 시편에서 55회나 등장한다. 개역개정에는 '인도자'라는 현대어로 번역됐다. '셀라'는 음악 용어로 시편에 무려 70회나 나온다. 이는 찬양대에게 특별히 지시하는 부분으로 쉰다든지, 소리를 높인다든지 하는 영장의 지시어에 해당한다고 볼 수 있다. '힉가욘'은 92편 1~3절에 나오는데, 수금의 정숙한 소리라고 번역돼 있다. 9편 16절의 '힉가욘, 셀라'는 일종의 기악 간주 부분에 해당되는 지시어라고 볼 수 있다.

'알라못'은 46편에 기록된 용어인데, 어원인 '알레마'가 젊은 여자를 뜻하는 것으로 보아, 이 용어는 '여성의 목소리' 즉 높은 음역의 악기에 맞춰서 부르라는 표시로 해석할 수 있다. '스미닛'은 6편과 12편에 등장하는 음악 용어로 특정 악기의 여덟 번째 음, 즉 낮은 음역에 해당하는 악기 소리와 관련이 있다. 개역개정에는 여덟째 줄에 맞춘 노래라고 번역돼 있다. '깃딧'은 81편과 84편에 나오는데, 이는 가드 사람의 악기 소리에 맞춘 노래로 여겨진다. '여두둔'은 39편과 62편, 그리고 77편의 표제어로 등장한다. 이는 특별한 창법이거나 영장, 즉 인도자의 이름으로 보인다. '마할랏'은 53편과 88편에 나오는데, 음악 용어 같으나 정확한 의미는 알 수 없다. 다만 '우울한 가락'이라고 주장하는 학자들이 있다. 그 외에도 '뭇랍벤'(9편)은 '아들의 죽음을 위하여'라는 고조에 맞춘 시이며, '아앨렛 샤할'(22편)은 '이른 아침의 사슴'이란 뜻이다.

60편의 '수산 에돗'은 '언약의 백합화'란 뜻이고, 45편과 69편의 '소산님'은 '백합 다발'을 의미한다. 그리고 56편의 '장요낫 엘렘 르호김'은 '멀리 떨어져 잠잠히 있는 비둘기'라는 의미다. 마지막으로 57~59편과 75편의 표제어인 '알다스헷'은 '멸하지 마소서'라는 뜻에 맞춰 부르라는 뜻이다.

셋째, 저자나 내용을 표현하는 표제다. 여기에는 '다윗의 시', '인도자를 따라 부르는 노래', '여두둔 형식으로 부르는 노래', '다윗의 기념하는 시', '아비멜렉 앞에서 미친 체하다가 쫓겨나서 지은 시', '마스길', '성전 낙성가', '아앨렛샤할에 맞춘 노래' 등이 있다.

서시 (1~2편)

앞에서 언급했듯이, 1~2편은 시편 전체를 아우르는 서시에 해당한다. 하나님은 온 땅을 다스리시는 주권자시며, 이스라엘의 온 땅을 다스리는 하나님의 대리자, 왕을 세우셨다(2:6). 그러므로 여호와를 경외하며 섬기고(2:11), 그 율법을 즐거워하여 주야로 묵상하며 따르는 자가 복 있는 사람이다(1:1-2). 하나님을 따르지 않는 자는 결국 망하며(1:6), 질그릇같이 부숴질 것이다(2:9).

1권, 고난당하는 자의 노래 (3~41편)

1, 2, 33편을 제외한 1권의 모든 시편은 다윗의 시이며, 대부분 고난당하는 자가 하나님께 회개하거나, 탄원해서 그 도우심을 확신하는 내용의 시다. 다윗의 주위에는 너무나 많은 대적이 존재했으며, 심지어 아들 압살롬마저 그의 대적이 됐다

(3장). 1권의 다윗의 시에는 이런 어려움에서 자신을 도와달라는 탄원을 여러 곳에서 찾아볼 수 있으며, 이런 어려움을 촉발한 자신의 죄에 대한 회개의 기도도 포함돼 있다(6, 32, 38편). 시인은 어떤 경우에는 하나님께서 도와주시지 않음을 탄식하기도 하고(10:1, 13:1), 원수들로부터 자신을 지키신 하나님을 찬양하기도 한다(9:2). 그리고 시의 마지막은 하나님께서 자신을 반드시 지키시리라는 확신을 표현하는 것으로 결론을 짓는다. 이런 확신의 근거는 하나님의 위대하심이다.

어린아이들과 젖먹이들의 입으로 원수와 보복자들을 잠잠하게 하시는 하나님은 위대한 창조주시다(8편). 어리석은 자들은 하나님의 심판을 피할 수 없으며(14편), 의인에 대한 하나님의 보호가 확고할 것이다(15, 24편). 의인은 사망의 음침한 골짜기를 다닐지라도(23:4), 군대가 대적해 진을 쳐도 두려워하지 않는다(27:3).

2권, 온 땅을 통치하실 하나님 (42~50편)

레위의 증손이요, 고핫의 손자였던 고라는 모세와 하나님께 대해 반역을 주도한 일로 하나님의 진노를 일으킨 장본인이었다(민 26장). 그러나 약 470년 후, 다윗 시대에 성전을 섬기며 하나님을 찬양하는 자들로 시편을 기록하는 사람들이 고라 자손에게서 나왔다(대상 6:31~39). 즉, 반역을 주도했던 자의 자손이 경건한 백성이 되고, 성경을 기록하는 이들이 됐다. 고라 자손의 시들(42~49편)은 모두 무너져 버린 성전과 열방의 웃음거리가 된 이스라엘의 현실에 통탄한다. 그러나 하나님께서 이스라엘을 언젠가 회복하실 것이며, 온 나라의 찬송을 받으시리라는 비전을 노래한다. 그리고 하나님께서 일어나셔서 이스라엘의 왕을 다시 세우시는 그날에 주변의 모든 나라, 민족, 백성들이 하나님께 예배하며, 어리석은 자들은 심판을 받으리라고 말한다. 아삽의 시라고 표제가 제시된 50편 역시 이스라엘의 회복을 노래하고 있다. 성전 제사가 회복되고 악인의 모든 죄는 낱낱이 드러날 것이며, 감사로 제사를 드리는 자가 구원을 볼 것이라고 선포한다.

회복의 하나님 (51~72편)

다윗의 시로 이뤄져 있는 51~65편은 하나님의 백성이 자기 죄로 인해 어려움에 빠졌더라도 곧 하나님께서 용서하시고 회복해 주시리라는 기대를 노래하는 시편이다. 밧세바를 범한 다윗은 철저히 회개하며 자신의 죄에서 건져달라고 기도한다(51편). 하나님께서는 자기 죄를 회개하는 자의 편이 되신다. 또한 악인의 손에 잡히는 일이 있더라도, 하나님을 의지하는 자는 반드시 구원을 얻게 될 것이다. 66~72편은 지금은 하나님을 거부하고 있는 모든 민족도, 결국 하나님의 나라로 회복돼 주님을 찬송하게 되리라는 비전을 노래한다.

특히 성전의 제사 회복이 단지 이스라엘 민족만을 위한 것이 아니라 온 땅의 만민들로부터 하나님께서 찬송을 받으시고, 모든 나라를 다스리시는 길이 되리라고 노래하고 있다. 하나님은 이스라엘과 이방인을 구분하기 위해서가 아니라 모든 민족을 다스리시기 위해 이스라엘을 선택하시고 성전에 거하시며 예배를 받으신다. 그리고 이런 회복은 이스라엘을 괴롭히는 원수를 힘으로 물리쳐서 얻어지는 것이 아니라, 전적으로 하나님을 섬기고 의뢰함으로써 이뤄진다(69~71편). 한편 솔로몬의 영광을 노래하는 72편이 2권의 마지막에 위치함으로써 성전을 지은 솔로몬의 영광이 이스라엘에 다시 임하리라는 소망이 강하게 표현돼 있다.

3권, 악인들 사이에서 살아가기 (73~89편)

아삽의 시들(73~83편)은 이리 떼 가운데로 보냄을 받은 어린양(눅 10:3)과 같은 의인들의 모습을 노래한다. 시인은 "왜 이 세상에는 악인이 더 번성하고 의인은 오히려 고난을 당하는가?"의 문제로 고민한다. 실제로 대적들은 하나님의 백성을 치고 그 모든 것을 파괴했고, 의인들은 하나님으로부터 버림당한 것만 같다. 시인은 언제까지 이렇게 의인이 고통을 받아야 하느냐고 부르짖는다. 그러나 하나님으로부터 오는 지혜를 통해 세상에서 악인이 형통하는 것처럼 보이지만, 결국 마지막 승리는 의인에게 주어진다는 사실을 깨닫는다. 그리고 이 모든 것을 통해 여호와께서 온 세계의 지존자이심이 선포될 것이다.

84~89편은 고라 자손의 시, 다윗의 기도, 에단의 마스길이라는 표제가 붙어 있는데, 모두 이런 악한 세상 가운데 의인으로서 살아가는 자들의 기도와 노래다. 그들은 세상에서 고통을 당하지만 악인과 함께 살기를 거부하고, 하루라도

하나님의 처소에서 살기를 원하는 자들이다. 그 백성의 죄를 용서해 주시기를 기도하며 자신들의 현 상태를 탄식한다. 그러나 자신들을 비방하는 원수들에게 언젠가 하나님께서 원수를 갚으시리라고 확신하며 끝까지 하나님을 의뢰한다.

4권, 온 땅을 다스리시는 주권자 여호와(90~106편)

4권은 인생의 모든 것을 주관하시는 하나님께 드리는 모세의 기도로 시작한다(90편). 90~100편은 하나님께서 온 땅을 다스리시는 주관자이심을 반복해 노래하는데, 지존자(91~92편), 다스리시는 분(93편), 복수의 하나님(94편), 우리의 하나님(95, 100편), 위대하시고 만국을 다스리시는 분(96~97편), 구원자이며 심판자(98편), 왕과 제사장을 세우시는 분(99편) 등으로 표현되고 있다. 이후에 하나님의 통치를 받는 자들이 가져야 할 태도와, 그 하나님께서 이스라엘을 새롭게 하시며 다시 그 왕이 되시리라는 사실을 찬양하는 시편들이 이어진다(101~106편). 이스라엘은 죄를 지었고, 그로 인해 하나님은 이스라엘을 통해 그 통치권을 세상에 발휘하지 않으시는 것처럼 보이지만 언젠가 하나님의 통치는 회복될 것이다.

5권, 감사와 찬양의 노래(107~118편)

5권은 하나님께 감사와 찬양을 드리라고 권유하는 노래들로 시작한다. 여호와께 죄를 지어 온 땅에 흩어졌던 주의 백성들이 회개하고 그 고통을 감수하며 겸비하자, 하나님은 그들을 회복하셨다. 이스라엘을 압제하던 나라들은 하나님에 의해 심판을 당할 것이다. 하나님의 백성들은 그 고통을 이겨 결국 구원을 얻으며, 감사의 찬송을 드리게 될 것이다. 언젠가 올 구원을 바라보며 부르짖는 자기 백성의 기도를 하나님께서 들으실 것이다.

하나님의 율법을 사모하라(119편)

히브리어 알파벳 순서를 따라 8절씩 22연으로 이뤄진 시편 119편은 성경의 모든 장들 중에서 가장 분량이 많다. 그러나 이 방대한 시가 노래하는 주제는 단 하나, 오직 하나님의 말씀과 규례를 떠나지 말고 그것을 지키라는 것이다. 이는 시편 1편의 주제와 정확히 일치한다. 세상에서 어떤 어려움을 당하더라도, 주의 백성은 하나님의 말씀에서 떠나서는 안 된다.

성전에 올라가는 노래(120~134편)

'올라가는 노래'라는 표제가 붙은 이 시들은 아마도 순례자들을 위한 노래였거나 성전에서 예배를 드리기 위해 준비하는 노래였을 것으로 보인다. 세상의 모든 어려움 가운데 성전에 임재하시는 하나님께서 베푸실 도움을 바라보고, 성전을 사모하며 그리로 나아가는 것을 즐거워한다. 하나님께서 성전을 회복하셨다는 사실에 감사하는 노래들이다.

악인을 치시고, 자기 백성을 구원하실 하나님(135~145편)

시편 전체에서 반복되는 메시지이지만, 5권의 마지막 부분에 다시금 이 주제가 반복, 강화되고 있다. 하나님은 이스라엘을 선택하셔서 그의 백성으로 삼으셨다. 세상에서 우상을 섬기는 민족들은 결국 하나님의 심판대 아래 설 것이다(135, 136편). 특히 성전을 파괴하고 이스라엘을 이방으로 끌어온 바벨론은 하나님의 준엄한 심판을 당할 것이다(137편). 그에 비해 하나님을 전심으로 섬겼던 자들은 하나님의 보호하심 아래 있을 것이다. 하나님께서는 자기 백성을 늘 감찰하고, 악인의 공격으로부터 보호하신다(138~144편). 하나님의 나라는 영원하며, 그분께 부르짖어 기도하는 자들은 반드시 구원을 얻을 것이다(145편).

할렐루야 찬양(146~150편)

시편 전체의 마무리는 하나님께 대한 무조건적 찬양으로 끝난다. 창조주이시며 모든 것을 감찰하시고 회복하시며 구원하시고, 세상 모든 만물을 다스리시는 하나님이 바로 우리 하나님이시다. 그렇기에 성도들은 힘을 다해 하나님만을 찬양할 것이며, 호흡이 있는 모든 자들은 하나님께 영광을 돌려야 한다. 유대인은 자녀들에게 모세의 율법과 시편을 항상 읽고 외우게 했다고 한다. 우리도 신앙의 보물창고인 시편을 자주 묵상함으로 영성의 보물창고를 채우자.

잠언

잠언 1~31장
지혜의 길을 걷고 있는가?

잠언의 메시지는 '지혜'라는 단어 하나에 집중돼 있다. 1~9장은 잠언 전체의 서론으로 볼 수 있다. 즉 누가 이 지혜를 얻을 수 있으며, 지혜를 얻은 자와 얻지 못한 자는 어떤 차이가 있는지, 그리고 우리가 이 지혜에 대해서 어떤 태도를 취해야 하는지를 배울 수 있다.

세 가지 유형의 사람들(1:1~9)

지혜자(솔로몬)는 세상 사람들을 세 가지로 분류했다. 지혜로운 자와 어리석은 자, 그리고 미련한 자다. 지혜자가 잠언을 기록한 목적은 어리석은 자를 지혜롭게 하고(1:2~4), 이미 지혜로운 사람은 그 지혜와 명철을 더욱 깊게 하는 것이다 (1:5~6). 반면, 미련한 자들을 가르치거나 도울 의도는 갖고 있지 않다(1:7). 다만 미련한 자들을 경계하고 멀리해야 한다고 가르칠 뿐이다. 잠언에서 '어리석음'과 '미련함'은 비슷한 면도 있지만 엄연히 다르다. '어리석음'은 '젊음, 미숙함, 단순함' 등과 비슷한 말로 비록 지혜롭지는 않지만 가르침을 듣고 성숙할 가능성이 있는 상태를 말한다. 그러나 '미련한'은 '거만한, 악한'과 비슷한 말로서 지혜와 훈계를 멸시하기에 변화의 가능성이 없는 상태다. 어리석은(미숙한) 자들에게는 말씀을 듣고 변화될 가능성이 있다는 점에서 소망이 있지만, 어리석은 자들이 말씀을 듣고 모두 변화되는 것은 아니다. 그들은 결국 미련한(거만한) 자의 길에 들어선 셈이며, 미련한 자들에게는 소망이 없다. 결국 지혜롭게 될 소망은 여호와 하나님을 경외하고 그의 말씀을 청종하는 것에 있을 뿐이다(1:7).

악인의 길로 가지 말라(1:10~2:22)

잠언에서는 '길'이라는 은유가 상당히 자주 나타난다. 젊은(어리석은) 자들 앞에는 악의 유혹(1:10~19)과 지혜의 부름(1:20~33)이 공존한다. 또 어느 쪽의 말에 귀를 기울이느냐에 따라서 악인의 길(1:15, 19, 2:15)을 걷게 되기도 하고, 지혜의 길(2:8~9)을 걷게 되기도 한다. 지혜자는 먼저 악의 길에 대해 경고하며, 그 길로 들어서지 말라고 가르친다. 악한 자들의 관심은 다른 이들을 해하고, 빼앗아 자신의 유익을 구하는 것이다. 그러나 그 길은 필경 패망의 길이며, 오히려 자신의 생명을 해하는 결과에 처한다. 악의 길에 빠지지 않기 위해서는 지혜의 목소리에 귀 기울이는 것이 중요하다. 지혜는 결코 어딘가 숨어 있지 않다. 어디에서나 쉽게 그 음성을 들을 수 있다(1:20~21). 어리석은 자, 거만한 자가 지혜를 얻지 못하는 이유는 지혜의 가르침을 싫어하기 때문이다(1:24).

명심해야 할 사실은 지혜의 가르침을 무시하고 악의 길로 행하다가 일단 해를 당한 이후에는 더 이상 지혜를 찾기가 힘들어진다는 점이다(1:27~28). 너무 멀리 갔기 때문이다. 문제는 악인의 길을 걷기를 기뻐하는 자들이 많다는 데 있다. 그러나 그 길의 끝은 사망이다. 정직한 자는 하나님께서 허락하신 땅에 머물 수 있지만, 악인은 땅에서 끊어진다(2:21~22).

지혜를 얻고 지키라(3~4장)

지혜자는 자신의 가르침을 듣고 있는 '아들'에게 지혜의 길에서 떠나지 말라고 반복해서 당부한다. 지혜의 길에서 떠나지 않기 위해서는 우선 지혜를 얻어야 하는데, 가장 중요한 점은 스스로 지혜롭게 여기지 않는 데 있다(3:5~7). 지혜는 여호와 하나님께 있으므로, 말씀의 징계나 훈계를 싫어해서는 안 된다(3:11~12, 4:1). 비록 징계나 훈계를 받는 것이 유쾌한 경험은 아니지만, 지혜는 진주, 은, 금, 장수, 부귀의 근원이 될 뿐 아니라 생명나무에 비유할 수 있기에(3:14~18), 징계와 꾸지람을 통해서라도 반드시 얻을 만한 가치가 있다.

잠언 기자는 처음에 했던 악인의 길과 지혜의 길에 대한 설명을 반복하면서 지혜의 길을 대로 계승해 걷고(4:1~9), 악인의 길을 따르지 말라고 강조한다 (4:10~19). 그리고 지혜의 길에 한번 들어섰다고 안심할 것이 아니라, 그 길에서 떠나서는 안 된다고도 강조한다. 사람이 관심을 갖고 지켜야 할 것은 재물이나 건강이 아니라 마음의 지혜이며, 그 지혜는 생명이 되고 건강이 되고 인생의 평탄함이 된다(4:20~27).

음녀를 피하라 (5~7장)

지혜자는 또 지혜를 지키라고 가르친 후에 음녀를 피하고, 간음죄를 짓지 않도록 주의하라고 가르친다. 여기서 음녀(5:3, 7:8)는 실제로 '음탕한 여인'을 가리키는 것이면서도, 또한 '우상 숭배를 포함한 모든 죄악'을 가리키는 은유이기도 하다. 어리석음이나 죄악은 음녀와 같이 유혹하는 속성을 갖고 있다. 그리고 그 유혹에 빠지면 결국 명예, 재물, 건강을 모두 빼앗기게 된다(5:9~11). 그래서 지혜자는 아내를 더욱 사랑하고 가정에 충실할 것을 가르친다. 음녀를 따르지 말라 (5:15~23)고 경계할 뿐 아니라, 담보나 보증에 휘말리지 않도록 주의하고(6:1~5), 매일의 생활에서 부지런하며(6:6~11), 거짓과 다툼을 피하라고 가르친다.

이웃과의 돈 관계나 게으름, 거짓말 등은 모두 음녀와 같이 사람을 끌어들이는 힘을 갖고 있기에 명령과 법, 훈계와 책망을 새겨듣고 그것을 멀리해야 한다 (6:23~24). 지혜자는 한 젊은이의 모습을 매우 실제적으로 표현해 어리석은 이가 음녀(죄)의 유혹에 빠지면 어떻게 파멸하게 되는지를 보여 준다(7:7~23). 간음을 포함한 모든 죄악이 이처럼 '여러 가지 고운 말'(7:21)로 유혹하는데, 그 유혹을 따르게 되면 '화살이 그 간을 뚫는'(7:23) 것과 같은 결말을 맞이하게 마련이다.

무엇보다 소중한 지혜(8장)

지금까지의 내용을 요약해 보면 결국 모든 사람에게 가장 중요한 것은 지혜임이 드러난다. 하지만 지혜자는 여기서 멈추지 않고, 앞에서 이야기했던 내용을 반복해서 당부한다. 우선 지혜를 얻기 위해서 아무도 가지 못한 곳에 가야 하는 것이 아님을 다시금 강조한다(8:2~4, 1:20~21). 그리고 세상에서 다른 어떤 것을 얻으려 하기보다 '지혜를 얻으려고 노력하라'고 반복한다. 또 은이나 정금과 같은 재물보다 나은 것이 지혜라는 사실도 반복한다(8:10, 3:14). 재물을 구할 것이 아니라 지혜를 구하고, 하나님을 경외할 때에 재물도 함께 얻을 수 있다는 가르침 역시 반복하고 있다(8:21, 3:9~10).

이렇게 앞에서 이야기했던 것들을 반복해서 강조한 후에, 지혜자는 지혜가 절대적인 가치를 갖고 있음을 주장한다. 지혜를 의인화해 지혜가 창세전에 하나님으로부터 창조돼 하나님과 함께 있었고, 이 세상을 창조하는 작업을 함께했다고 말한다. 이는 하나님께서 모든 세상을 만드실 때 그분의 지혜를 가지고 만드셨기에 세상 만물에 지혜의 흔적이 남아 있음을 말하는 것이다. 그러므로 세상의 어떤 것보다도 지혜가 우선할 수밖에 없다는 말이다(8:22~31). 그리고 이것은 하나님의 지혜의 절정이신 예수 그리스도가 어떤 분이신지를 엿볼 수 있는 가르침이 되기도 한다.

지혜의 여인 vs 미련한 여인(9장)

마지막으로 잠언은 지혜와 미련함을 여성으로 의인화해 어느 여인을 따라갈 것이냐는 질문으로 그 서론을 마치고 있다. 지혜의 여인은 어리석은 자, 지혜 없는 자를 불러 자기 집으로 들어와 식물을 먹고 포도주를 마시며, 생명을 얻고 명철의 길을 행하라고 말한다(9:4~6). 그러나 거만한 자나 악인을 징계하거나 책망하려고 하지는 않는다. 차라리 지혜 있는 자를 책망하고 교훈을 줘야지, 거만한(미련한) 자에게는 교훈이 의미가 없다는 것이다.

그리고 다시 '여호와를 경외하는 것이 지혜의 근본'이라는 말을 반복한다(9:10, 1:7). 마치 지혜가 어리석은 자를 부르듯이, 미련(우매)함 역시 어리석고 지혜 없는 자를 부르고 있다. 그런데 지혜의 가르침과는 좀 다르다. 미련함은 "도둑질한 물이 달고 몰래 먹은 떡이 맛이 있다"라는 가르침을 어리석은 자에게 주고 있다. 어리석은 자가 미련함의 소리를 듣고 그대로 행하면 죽음에 이르게 된다 (9:17~18). 결국 어리석은 자가 지혜의 부름에 응답할 것이냐, 미련함의 부름에 응답할 것이냐에 따라 그 운명이 좌우된다.

솔로몬의 첫 잠언, 순례자를 위한 가이드 (10~24장)

"솔로몬의 잠언이라"(10:1)로 시작하는 잠언 10~24장 중, 10~22장은 모두 각 절이 독립된 잠언들이기에 이를 요약해서 정리하기는 거의 불가능하다. 그러나 그 묶여 있는 잠언들의 특징을 통해 인생길을 가는 순례자들이 얻을 수 있는 중요한 통찰을 얻을 수 있다. 솔로몬은 첫 부분(10~16장)에서 주로 '의인과 악인', '지혜와 미련함', '하나님의 길과 사람의 길'을 대조해 인생의 순례자들이 어느 길을 선택해야 하는지를 말한다. 그의 잠언은 우리의 인생이 다양해 단순한 일상은 물론 예기치 못한 위기의 순간이 각기 다르지만, 이 수많은 대조 잠언들을 읽고 묵상함으로써 양자택일을 해야 할 때 어느 길을 선택해야 할지 배울 수 있도록 인도한다.

중간 부분(17~21장)에는 앞서의 대조가 거의 나타나지 않고, 세상에서 일어나는 갖가지 현상들에 대한 언급이 기록돼 있다. 복잡한 세상을 살아가는 인생들에게 솔로몬이 "세상은 이런 곳이다"라고 가르치는 느낌의 잠언들이 이어진다. 솔로몬의 첫 잠언은 부자와 가난한 자, 높은 자와 낮은 자, 부모와 자녀, 거만한 자와 지혜로운 자가 함께 섞여 살아가는 세상에서 어떤 지혜를 가져야 할지를 가르치며 마무리된다(22~23장). 그리고 그 결론은 악인의 길을 부러워하지 말고 그 길에서 떠나는 것이다(24장).

솔로몬의 둘째 잠언, 지혜는 이런 것이다 (25~29장)

히스기야 시대에 재편집된 솔로몬의 둘째 잠언(25~29장)은 첫 잠언에 비해 풍부한 비유를 사용하고 있다. 예를 들어 "충성된 사자는…추수하는 날에 얼음냉수

같아서"(25:13)와 같은 표현은 읽는 사람으로 하여금 충성된 사자의 가치를 피부로 느낄 수 있게 해 준다. 이로써 "지혜란 이런 것이다"라고 감각적으로 느낄 수 있게 한다. 그리고 첫 잠언에서도 자주 사용한 익숙한 의인과 악인, 하나님의 길과 사람의 길을 대조함으로써 어느 길을 선택할지를 다시금 깨닫게 한다.

아굴의 잠언 (30장)

아굴의 잠언은 독특하게도 자신이 어리석다는 이야기로 시작한다(30:2~4). 이는 실제로 자신이 어리석다는 말이라기보다 인간의 지혜가 갖는 한계를 강조하는 말이다. 그는 세상에서 가난하지도 부하지도 않은 삶을 구하며(8~9절), 세상의 어리석은 자들이 어떤 모습을 보이는지를 말한다(11~14절). 그리고 세상의 기이한 것과 견디지 못할 것, 위풍 있는 것을 논하며, 스스로 높은 체 말며, 다른 이의 노를 격동하지 말라고 가르친다(15~33절).

르무엘이 들은 잠언 (31장)

잠언의 마지막 장인 르무엘 왕의 어머니가 그를 훈계한 잠언은 왕이 어떤 행실을 보여야 하는가를 설명한다. 왕이 여자와 술에 빠지기 쉬움을 지적하며 그것들을 멀리하고(3~9절), 아내를 얻음에 있어서는 현숙한 여인을 얻어야 함을 가르치며, 그 여인이 어떤 모습을 가진 사람인지를 가르친다(10~31절).

잠언을 묵상하며, 지금까지 어떤 가르침을 듣고, 어떤 길로 행했는지를 돌이켜 보게 된다. 어떻게 보면 정답은 아주 쉽다. 여호와 하나님을 경외하며 그 교훈을 즐거이 듣고, 징계나 책망을 받더라도 그것을 오히려 기뻐하는 것이다. 그것이 지식과 지혜의 근본이 돼 우리를 생명의 길로 인도해 줄 것이다. 그러나 이 쉬운 답을 따르지 않고 만약 하나님을 경외하지도, 말씀에 귀를 기울이지도 않는다면 결국 미련한 자의 길에 접어들어 파멸을 당하게 될 것이다. 자, 이제 어느 길로 걸을 것인지 결정하자.

전도서

전도서 1~12장
허무한 인생, 제대로 살기

다윗의 아들 솔로몬이 기록한 전도서는 세상 그 누구보다 더 지혜롭고 풍요한 삶을 살았지만, 그의 인생은 "헛되고 헛되다"고 결론내렸다. 왜일까? 그것은 하나님 없는 삶이 무의미하기 때문이다. 그러나 그는 전도서의 마지막 결론으로 사람의 참 본분은 하나님을 경외하며, 그의 명령을 지키는 것이라고 말한다. 이것이 인생을 살아가는 참된 지혜다.

허무한 인생 (1~3장)

전도자는 이미 '해 아래' 삶의 끝이 무엇인지를 분명하게 알고 있다(1:2~3). 이미 결과를 알고 있음에도 불구하고 전도자는 자신을 위해(2:4~8) 즐거움을 추구한다. 전도자는 수고함으로 인생의 즐거운 요소들을 모두 갖추고 있었다. 그러나 전도자의 고백은 분명하다. "모든 것이 다 헛되어 바람을 잡는 것이며 해 아래에서 무익한 것이로다"(2:11). 그 이유는 하나님의 창조 목적을 깨닫지 못했기 때문이다.

우리 인생에 일어나는 모든 일에는 때가 있고 기한이 있다(3:1). 그러므로 '현재'라고 하는 시간에 우리에게 주어진 자신의 일을 즐거워하는 것이 최고인 것이다. 모든 강물이 바다로 흘러들어가도 바다를 채울 수 없는 것(1:7)이 인생이기에, 우리는 오늘을 기뻐하며 최선을 다할 수밖에 없다.

무의미한 수고(4~6장)

전도자는 '해 아래'의 삶을 계속해서 면밀히 관찰한 결과, 사는 것보다 오히려 죽는 것이 더 낫고, 그보다는 태어나지 않은 사람들이 더욱 복되다고 말한다(4:2). 또한 인생의 모든 수고와 재주가 무의미하다고 말한다. 이 세상에서 수많은 사람들이 지나친 수고를 하면서도 평온을 얻지 못한다. 그렇게 수고해 얻은 재물이 오히려 사람을 괴롭게 하기 때문이다.

이처럼 이 세상은 고통의 연속이다. 그러나 하나님을 경외하는 사람은 진정한 평안과 행복을 얻을 수 있다. 왜냐하면 하나님께서 그의 인생의 집을 세워 주시고, 파수꾼처럼 지켜 주시기 때문이다. 그러나 하나님을 바라보지 못한다면, 그림자 같은 인생에 그의 바라는 것들로 아무리 많이 채워 넣는 수고를 한다 해도, 결국 그 모든 것은 그저 무의미한 수고에 지나지 않을 것이다.

인생을 사는 지혜(7~9장)

전도자는 지혜로운 사람은 인생의 끝을 생각하면서 살아가는 사람이라고 조언하고 있다. 죽음은 웃음보다는 슬픔을 주고, 즐거움보다는 교훈을 준다. 어리석은 사람들은 언제나 탐욕과 뇌물로 마음이 어두워지고, 인내가 없고 교만이 가득하며, 화가 그의 마음과 생각을 지배하는 사람들이다. 또한 과거에만 집착하는 삶을 살아간다.

죽음은 우리에게 인생의 끝과 하나님의 심판, 영원의 삶을 상기시켜 준다. 모든 인생에는 반드시 끝이 있다. 이 사실이 중요한 이유는, 이 진리를 깨달아 아는 사람은 현재의 삶의 태도가 달라지기 때문이다. 그러므로 그리스도인들에게 삶의 순간순간은 하나님을 경외하는 삶이 돼야 한다. 인간은 한계가 있다. 아무리

실력자라도 반드시 성공하는 것은 아니다. 또한 생명을 살리는 지혜가 있어도 세상의 잘못된 판단에 묻혀서 드러나지 못하기도 한다. 그러므로 '해 아래'에서의 인생은 한계가 있고, 세상에는 의지할 것이 아무것도 없다는 것이다.

하나님을 경외하는 삶(10~12장)

전도자는 인생을 경험하면서 얻은 것들을 통해서 이제 결론에 이르게 된다. 특히 살아갈 날이 많이 남아 있는 청년들을 향해 곤고한 날이 이르기 전에 창조주를 기억하라고 말한다. '해 아래'의 삶의 정보의 양이 이들의 삶을 바른 길로 인도하는 것이 아니라, 하나님의 말씀인 진리가 인생을 더욱 의미 있게 만든다. 그 진실한 교훈은 사람이 '해 아래'의 삶이 아닌 '해 위'의 삶을 동경해야 하며, 하나님을 경외하는 삶을 살아야 한다는 것이다. 이것이야말로 이 허무한 세상을 살아가는 모든 이들이 생명처럼 붙잡아야 할 지혜 중의 지혜인 것이다.

고맙게도 전도자는 자신의 방대한 경험을 통해서 우리에게 귀한 교훈을 전하고 있다. 우리는 전도자의 경험과 그로부터 나온 지혜에 귀를 기울여야 한다. 사람들은 경험을 통해서 진리를 얻으려고 하지만, 그것은 많은 한계를 갖고 있다. 또한 세상의 모든 정보들을 다 섭렵할 수 있는 사람도 존재하지 않는다. '해 아래' 세상에는 진정한 진리가 없고 모두 헛된 진리다. 그러므로 모든 인생은 하나님을 경외해야 한다. 절대적으로 이 진리는 사람의 경험을 통해서 얻을 수 있는 것이 아니다. 오직 하나님의 계시인 하나님의 말씀으로만 얻을 수 있는 것이며, 오직 그분의 은혜로만 깨달을 수 있는 것임을 명심해야 한다.

아가

아가 1~8장
사랑의 노래

아가는 그 해석의 방법론을 두고 의견이 분분하다. 이를 단순한 남녀의 사랑노래로 본다면 과연 성경의 한 부분으로 받아들일 수 있는가, 이는 성경이므로 하나님과 그 백성의 사랑이야기로 풍유적 해석을 해야 하지 않은가 등의 문제는 아직도 해결되지 않고 남아 있다. 그러나 그 의미를 어떻게 해석하는지에 관계없이, 아가의 표면적인 내용은 솔로몬과 술람미 여인 사이의 사랑 이야기가 중심을 이룬다. 이를 신학적으로 해석하는 단계에 들어가기보다는 그 문자적인 의미를 파악하는 것이 먼저 이뤄져야 할 것이다.

연인의 노래 (1:1~3:5)
"예루살렘 딸들아 내가 너희에게 부탁한다"(2:7, 3:5)로 끝나는 두 편의 노래는 솔로몬과 술람미 여인이 연인으로서 사랑을 속삭이는 내용이다. 여인은 포도원에서 일을 해서 자신을 가꾸는 것과는 거리가 멀었으나(1:6), 솔로몬은 그를 "여인 중에 어여쁜 자"(1:8)라 부르며, 상대방을 자연의 아름다움에 비유하며 사랑을 노래한다.

왕의 청혼과 약혼식의 노래 (3:6~5:8)

역시 "예루살렘 딸들아 너희에게 내가 부탁한다"(5:8)로 끝나는 세 번째 노래는 솔로몬이 가마를 타고 용사 육십 명과 함께 나타나(3:6~11) 술람미 여인에게 청혼을 한다. 그래서 이 노래에는 '내 신부'(4:8~5:1)라는 표현이 반복된다. 그러나 이 노래의 마지막은 사랑하는 자의 목소리가 들리지만(5:2) 그를 위해서 문을 열었을 때 그를 찾을 수조차 없었으며, 불러도 응답이 없는 상황을 묘사한다. 이는 사랑하는 사람이 떠나버리는 것에 대한 불안감을 표현한 것이다.

사랑의 확인 (5:9~8:4)

마찬가지로 "예루살렘 딸들아 내가 너희에게 부탁한다"(8:4)로 끝나는 네 번째 노래는 술람미 여인이 솔로몬을 찾아달라는 요청을 하며 그 가운데 그의 외모를 묘사하고(5:9~6:3), 솔로몬은 그에 화답해 여인의 아름다움을 노래한다(6:4~7:9). 술람미 여인은 솔로몬이 자신을 사모한다는 사실을 확인하고(7:10) 두 사람은 함께 사랑을 나눈다.

사랑 찬가 (8:5~14)

아가의 마지막 부분은 사랑이 얼마나 강하고 고귀한 것인지를 노래한다. 사랑은 많은 불도 끄지 못하고, 홍수라도 삼키지 못하며, 온 가산을 다 주고라도 바꿀 수 없는 것이다.

이사야

이사야 1~13장
심판 속에 담긴 약속의 말씀

이사야는 웃시야 왕이 죽던 해에 사역을 시작해 히스기야의 악한 아들 므낫세에 의해 순교를 당함으로 사명을 마친다. 북 이스라엘이 앗수르의 손에 무너지는 중에도, 여전히 우상숭배와 도덕적 타락으로 내닫는 남 유다를 향해 하나님의 심판 메시지를 전해 하나님께로 돌이키도록 하는 것이 이사야의 기록 목적이다. 선지자는 심판 속에 담긴 하나님의 약속, 즉 남은 자들을 향한 하나님의 구원 계획이 메시아를 통해 궁극적으로 이뤄질 것임을 예언한다. 이사야 본문을 깊이 묵상하다 보면, 암울하고 답답한 현실 속에서 점점 다가오는 심판을 넘어 무지개 같은 하나님의 약속을 볼 수 있는 믿음의 시각이 열릴 것이다.

포기할 수 없는 사랑 (1장)
주인을 모르는 나귀처럼 유다 백성들이 하나님을 저버리고, 죄악의 길로 멀리 떠나 황폐해졌다. 만일 하나님께서 시온을 조금 남겨두지 않으셨다면 불과 유황으로 완전히 멸망한 소돔과 고모라 같았을 것이다. 형식적인 종교생활과 손에 가득한 피가 보여 주는 악행들. 그러나 그들이 돌이켜 하나님께로 나아오기만 하면 하나님께서 깨끗하게 하시고 처음처럼, 회복시켜 주실 것이라 약속하셨다. 시온으로 표현된 예루살렘은 포기할 수 없는 하나님의 사랑의 대상이다.

교만한 자와 높은 자를 심판 (2장)

초강대국의 출현으로 위협을 느낀 예루살렘이 주변 국가와 손을 잡는다. 이 과정에서 이방의 악습을 본받게 된다. 그러나 하나님께서는 모든 교만한 자와 높은 자를 심판하실 것이다. 이사야는 이방 민족들을 의지했던 유다 백성을 향해 셈할 가치도 없는, 그 코의 생명이 언제 끊어질지 모르는 연약한 인생을 의지하지 말라고 선포한다.

소망의 싹 (3~4장)

선지자를 통한 경고에도 불구하고 이방을 의지하는 유다와 예루살렘을 향해 다시 한 번 경고와 심판의 메시지가 전해진다. 하나님께서 백성의 지도자들을 제해 버리심으로 온 사회가 극한 혼란에 빠지게 되고, 음란과 수치가 온 나라를 뒤덮게 될 것이다. 그러나 여호와의 '그날에' 소망의 싹이 돋아날 것이다. 이는 시온의 남은 자들을 통해 주어지는 희망의 약속이다.

화 있을진저 (5장)

이사야는 포도원 비유를 통해 예루살렘을 향한 하나님의 속내를 드러낸다. 정의를 바라셨으나 포악의 열매를 맺는 그들을 향해 하나님께서는 계속해서 "화 있을진저"라는 경고의 말씀을 선포하신다. 그러나 백성들은 이 말씀도 멸시함으로 결국 쉬지 않는 하나님의 불같은 진노를 자처하게 된다. 이것이 이사야가 선지자로 부름 받을 당시의 영적 상황이었다.

소명을 주시는 주님 (6장)

이사야가 성전에 가득한 하나님의 영광 가운데서 소명을 받는 장면이다. "화로

다 나여 망하게 되었도다." 자신의 죄악과 허물을 고하는 이사야를 정결케 하시며, 소명을 주시는 주님의 부르심에 "내가 여기 있나이다 나를 보내소서"라고 응답하는 이사야를 통해 우리의 소명을 다시 한 번 묵상하게 된다. 완악한 백성들에게 하나님의 말씀을 전하는 것, 그 자체가 고난이지만, 그 땅의 그루터기로 남아 있을 거룩한 씨가 소망의 이유가 된다.

하나님의 징조 (7~8장)

하나님의 심판 예언이 실제적인 역사 가운데 펼쳐진다. 유다의 아하스 왕 때 아람과 북 이스라엘이 동맹해 예루살렘을 공격한다. 하나님은 두려움에 사로잡힌 아하스를 향해 하나님께 징조를 구하라고 말씀하시지만, 아하스는 불순종한다. 바로 그때 하나님께서 친히 보여 주신 징조가 "보라 처녀가 잉태하여 아들을 낳을 것이요 그의 이름을 임마누엘이라 하리라"이다. 그럼에도 불구하고 하나님을 신뢰하기보다 세상의 왕과 점치는 자, 마술사를 의지하는 예루살렘 백성의 어리석음이 하늘에 사무친다.

하나님의 열심 (9~10장)

변방의 갈릴리에서 '평강의 왕'이 태어나는 영광을 입게 되는 것은 패역한 백성을 끝까지 포기하지 않으시는 하나님의 열심 때문이다. 그러나 예루살렘을 공격한 북 이스라엘은 패망을 자초하며, 앗수르를 통한 멸망이 예고된다. 한때 하나님의 손에 들려 사용됐던 앗수르도 완악하고 교만해 결국에는 심판을 당한다.

남은 자에 대한 소망과 심판 선고 (11~13장)

남은 자에 대한 소망의 메시지가 두 장에 걸쳐 선연하게 기록돼 있다. 이새의 줄기에서 나온 한 싹이 만민에게 구원의 상징으로 높이 들리게 될 때, 다시 감사와 찬송이 울려 퍼질 것이다. "보라 하나님은 나의 구원이시라 내가 신뢰하고 두려움이 없으리니 주 여호와는 나의 힘이시며 나의 노래시며 나의 구원이심이라" (12:2). 이제 이사야는 주변 열방들에 대한 심판 선고를 시작한다. 이를 통해 전

우주와 역사를 주관하는 분이 누구신지를 밝히고 있다.

이사야 14~28장
열방을 통치하시는 하나님

하나님은 위대하시다. 만왕의 왕이시요 온 세상의 통치자이시다. 바벨론, 앗수르, 애굽 그 이름만으로도 역사의 무게감이 더해지는 나라들이지만 이들의 운명이 하나님 손에 있음을 고백하지 않을 수 없다. 그러나 비록 이방 나라일지라도 회개하고 돌아오기만 하면 놀랍도록 자비하신 하나님의 구원이 임한다. 하나님의 심판은 언제나 목이 곧고 교만한 자들을 향하고 있다. 그러므로 자신을 낮추고 엎드려 주님의 자비를 구한다면 회복과 구원의 은혜를 누릴 수 있을 것이다.

바벨론의 멸망(14장)
바벨론은 하나님께서 예루살렘을 심판하기 위해 일으키셨던 신흥 강대국이었다. 그러나 바벨론은 자신의 위치를 망각한 채 교만의 극치를 달리다 하나님보다 더 높은 자리에 올라가 버렸다. 이런 이유로 바벨론이 심판을 받아 음부의 밑바닥으로 떨어지는 것은 너무도 당연한 결과다. 이사야의 예언대로 그토록 강성함을 자랑하던 바벨론은 메대, 바사에 의해 하룻저녁에 패망하고 만다.

교만한 포도나무의 열매(15~16장)
모압은 아브라함의 조카 롯의 후손이지만 언제나 이스라엘을 대적했다. 자기 백성을 사랑하시는 하나님께서 이런 모압을 그냥 두시지 않으셨다. 이것은 이스라엘에 대한 하나님의 사랑의 또 다른 측면이라고 할 수 있다. 그들의 교만의 상징물이던 포도나무의 열매를 더 이상 수확할 수 없게 되자 우상을 찾아가 몸이 상하도록 부르짖는 모압의 모습 속에서, 나를 교만하게 만든 포도나무의 열매가 무엇인지를 묵상하게 된다.

도울 힘이 없는 인생 (17장)

에브라임으로 불리는 이스라엘은 하나님께서 다윗과 맺으신 언약을 누구보다도 잘 알고 있었지만, 하나님을 의지하지 않고 아람의 군사적인 힘을 빌려 안전을 보장받으려고 했다. 아람과 북 이스라엘은 하나님의 심판을 받아 무성한 곡식을 베던 때는 과거의 추억이 되고, 남들이 추수하고 남은 것을 줍는 처지가 된다. 도울 힘이 없는 인생을 의지하는 자의 종국은 언제나 이와 같다.

소리 없이 일하시는 하나님 (18~20장)

온 세계가 전쟁의 나팔 소리로 요동치는 중에도 하나님은 열매를 익게 하는 일광처럼, 이슬을 머금은 구름처럼 소리 없이 일하신다. 당시 구스와 애굽은 정치적으로 병합돼 있었던 것으로 보인다. 애굽도 하나님의 심판 대상인 이방 나라였지만 이스라엘 백성을 출산시킨 자궁과도 같은 역할을 했다는 점에서 하나님의 특별한 계획 속에 포함된다. 이것은 온 인류를 향한 하나님의 구원 계획이 계속 진행됨을, 궁극적으로는 종말론적인 구원의 역사가 이뤄져 감을 암시해준다. 마지막 날에 모든 민족과 열방이 하나님을 찬양하게 될 날이 올 것이다.

바벨론의 심판 예고 (21장)

선지자는 해산이 임박한 여인의 고통처럼 바벨론의 심판이 회오리 바람 같이 불어올 것을 예언한다. 앗수르의 영광을 바벨론이 빼앗았듯이, 바벨론도 엘람(바사)과 메대의 세력 앞에 무릎을 꿇고 영광을 잃게 될 것이다.

한 사람의 영향력 (22~23장)

환상의 골짜기는 예루살렘을 의미한다. 적들이 전진해 올 때 백성들과 지도자들이 보인 반응은 하나님을 의지하기보다는 자신들의 군사력을 의지하는 것이었다. 그들은 성을 수축한다. 이때 국고를 맡은 셉나는 하나님의 심판이 임박한 국가적 위기 속에서도 자신의 이익만을 추구한다. 그는 결국 쫓겨나지만, 지도자 한 사람의 영향력이 얼마나 중요한지를 알 수 있는 대목이다.

우리의 소망의 이유 (24장)

온 세상에 임할 하나님의 심판은 모든 사람뿐 아니라 땅을 뒤엎으시고, 하늘의 해와 별들도 빛을 잃게 하실 것이다. 오직 만군의 여호와가 영광스러운 왕으로 모든 민족 앞에 영광을 나타내실 것이다. 이것이 우리의 소망의 이유이기도 하다.

하나님께 대한 찬양 (25~28장)

온 세상에 대한 심판 예언이 끝나고, 본 장부터 의로우신 하나님께 대한 찬양이 나온다. 그리고 구원받은 백성들의 큰 잔치가 소개된다. 회복된 주의 백성은 하나님께 면류관을 올려 드리며 희망을 노래한다.

인간역사의 흥망성쇠는 오직 여호와 하나님의 손에 달려 있다. 당시 세계 역사를 주름잡던 초강대국들이 나일 강과 유프라테스 강을 사이에 두고 구름처럼 일어났다가 이슬처럼 사라져 갈 때, 우리는 그 배후에 계신 하나님을 주목해야 한다. 놀라운 것은 이 강대국들이 역사의 주인공이 아니라는 사실이다. 구원 역사의 주인공은 택함 받은 이스라엘 백성이고, 조연들의 등장과 퇴장을 연출하며 감독하는 분은 만군의 여호와 하나님이시다.

이사야 29~39장
포기하지 않는 하나님의 사랑

총 66장으로 구성된 이사야는 크게 두 부분으로 나눌 수 있다. 전반부인 1~39장은 심판과 언약을, 후반부인 40장부터는 회복과 성취의 메시지를 담고 있다. 이런 점에서 이사야를 신구약 성경의 축소판이라 부르기도 한다. 그러나 그 내용을 잘 관찰하고 묵상해 보면, 전반부와 후반부의 내용이 결코 상반되는 것이 아님을 알 수 있다. 겉으로는 심판을 선포하는 것 같지만, 한 꺼풀을 벗겨서 그 속내를 들여다보면 자기 백성이 옳은 길로 돌아오기를 간절히 바라시는 하나님의 마음과 사랑이 숨겨져 있다.

목이 곧은 백성 (29장)

아리엘은 예루살렘의 옛 별명으로, 하나님의 징계 대상이었다. 목이 곧고 귀가 둔해 입술로는 하나님을 공경하나 마음이 떠난 백성이었기에 화를 당할 수밖에 없었다. 그러나 그들이 겸손하고 가난한 마음으로 하나님께 엎드리면, 부끄러움을 벗어버리게 하시고 이스라엘의 거룩한 자로 즐거워하게 하실 것이다.

이스라엘의 어리석음 (30~31장)

애굽이란 강대국의 그늘에 피하려는 패역함이 여전히 남아 있는 이스라엘 백성이다. 그러나 하나님께서는 포기하지 않고, 은혜와 긍휼을 베풀기 위해 기다리겠다고 말씀하신다. 애굽이 지는 해라면, 떠오르는 해인 강대국 앗수르를 쳐서 낙담케 하시는 분이 하나님이시다. 유황 개천 같은 여호와의 호흡이 한번 불면 땅의 모든 것이 불타 없어질 것이다. 그럼에도 불구하고 강대국을 찾아 의지하려는 이스라엘의 어리석음을 통해 우리의 완악함을 보게 된다.

세상적인 단잠 (32장)

공평과 정의로 다스릴 왕이 임하시면 모든 일이 바르게 자리 잡을 것이다. 악한 자는 악한 계획을 세우겠지만, 존귀한 자는 존귀한 일에 서게 될 것이다. 문제는 안일하고 염려 없는 여인들의 세상식 계산법이다. 그들은 1년 남짓 지나면 포도의 소출이 끊기고 열매를 따지 못하는 날이 온다고 해도 가슴 치며 회개하기는 커녕 오늘을 즐기고 안일하게 지낸다. 이것이야말로 우둔함으로 가득한 우리의 모습이며, 세상적인 단잠이라 하겠다.

여호와를 두려워하라 (33~34장)

예루살렘의 약탈자인 앗수르와 열방에 임할 화가 선포된다. 참으로 여호와를 두려워하며 그분께 은혜를 구하는 것은 보배로운 일이다. 왜냐하면 주님은 아침마다 우리의 팔이 되시며, 환난 때에 우리의 구원이 되시기 때문이다. 우리로 높은 곳에 거하게 하시며, 견고한 바위와 요새가 되셔서 물과 양식을 공급하실 것이다. 하나님께서 우리 중에 거하시면 바로 그곳이 시온이다. 하나님께서 보복하시는 날, 모든 원수는 포도나무 잎이 마름같이 사라질 것이다.

회복될 시온을 향한 거룩한 길 (35장)

회복될 시온을 향한 거룩한 길이 열릴 것이다. 메마른 땅이 백합화처럼 피어오르겠고, 저는 자는 사슴처럼 뛸 것이다. 광야에서 물이 솟아나며, 사막에는 시내가 흐를 것이다. 주께 구속받은 백성들이 노래하며 시온에 이를 때에 슬픔과 탄식은 사라지고, 영원한 희락과 기쁨이 그 머리 위에 있을 것이다. 이것이 우리 소망의 궁극적인 이유다.

히스기야의 믿음 (36~37장)

하나님을 의지할 때 얼마나 놀라운 일이 일어날 수 있는지에 대한 구체적인 사건이 나온다. 하나님의 말씀은 허공을 울리는 메아리가 아니다. 반드시 성취될 수밖에 없는 참된 능력의 말씀이다. 히스기야 왕 때 앗수르 왕 산헤립이 침략해 유다의 견고한 성읍들을 에워싼다. 풍전등화 같은 위기의 순간에 히스기야는 믿음으로 하나님을 선택한다. 왕복을 찢고 베옷을 입고 여호와의 전으로 나아간 히스기야에게 하나님께서 말씀하신다. 하나님은 앗수르가 예루살렘을 향해 화살 하나 쏘지 못하고 물러갈 것임을 알려 주신다.

기도 응답 받은 이후가 중요 (38~39장)

승리의 순간도 잠시, 히스기야는 병들어 죽게 된다. 이때 그는 하나님을 향한 놀라운 믿음으로 눈물의 기도를 올린다. 하나님께서 그 눈물을 보시고 생명을 15년 더 연장해 주시며, 해 그림자가 10도 뒤로 물러가는 기적으로 그 약속을 확증해 주셨다. 그러나 히스기야는 덤으로 받은 15년의 세월 속에서 씻을 수 없는 오점을 남기고 만다. 기도 응답을 받았다는 자체가 중요한 게 아니라, 기도 응답을 받고 나서 어떻게 사느냐가 더욱 중요함을 깨닫게 된다.

이사야 40~53장
새 일을 행하시는 하나님

"희망은 절망의 반대말이 아니라 절망이 부활한 모습이다"라는 말이 생각난다. 밤이 깊을수록 새벽은 가까이 와 있다. 고통과 환난 중에서도 사람들을 위로할 수 있는 유일한 근거는 하나님의 신실하신 약속의 말씀이다. 이사야 40장을 펼치면 새 일을 행하시는 하나님을 만날 수 있다. 절망과 두려움의 밤은 끝이 나고, 희망의 새날이 펼쳐지게 된다.

모든 이름 위에 뛰어난 분(40장)
하나님은 모든 이름 위에 뛰어난 이름을 가지신 분이다. 이 세상의 어떤 피조물도 하나님과는 비교할 수 없다. 모든 육체는 풀과 같고 그 영광은 풀의 꽃과 같을 뿐이다. 세상의 군왕들을 세우기도 하시고 폐하기도 하시는 하나님은 영원하시며, 피곤치 않으시고, 명철이 한이 없으시다. 그러므로 여호와를 앙망하는 인생만이 독수리가 날개 치며 올라감 같을 것이다. 피곤한 인생에 새 힘을 주시는 하나님을 찬양하자.

능력 있는 오른손(41장)
이방의 강대국들은 끊임없이 이스라엘을 위협했다. 그러나 앗수르나 바벨론 같은 제국들조차 하나님 손에 들린 작대기에 불과하다. 하나님은 동방에서부터 오는 한 사람, 바사 왕 고레스를 불러내어 강대국을 멸하시고 자기 백성을 구원하셨다. 그러므로 택하신 백성들을 향해 두려워 말라고 하신다. 하나님의 능력 있는 오른손으로 그들을 붙들어 주실 것이기 때문이다.

구원의 새 일(42장)

상한 갈대를 꺾지 않으시고, 꺼져 가는 등불을 끄지 않으시는 하나님께서 한 종을 세워 세상에 공의를 펼치시며 흑암에 처한 자를 건져 내실 것이다. 이것이 여호와께서 이루실 구원의 새 일이다. 이것이 구원받은 백성이 새 노래로 하나님을 찬양해야 할 이유다. 그러나 안타까운 것은 이 놀라운 구원의 하나님 대신 손으로 만든 우상에게 향하는 백성들의 마음이다.

너는 내 것이라(43~44장)

이스라엘은 하나님의 영광을 위해 창조되고, 그분을 찬송하기 위해 지음 받은 백성이다. 하나님께서 물과 불 가운데에서도 그들을 지키시고 보배롭고 존귀한 백성으로 삼으신 이유가 바로 이 때문이다. 그럼에도 불구하고 계속해서 우상을 만들고, 그것을 의지하는 이스라엘을 향해 변함없는 사랑으로 다가오시는 하나님이 정말 이해되지 않는다. "너는 내 것이라"고 선포하신 말씀에서 그 이유를 조금 짐작해 볼 수 있을 따름이다. 그러므로 이처럼 무조건적인 하나님의 사랑을 한없이 받는 이스라엘은 그분을 찬송해야 할 마땅한 이유가 있는 것이다.

하나님의 구원 계획(45장)

이스라엘을 향한 하나님의 구원 계획이 구체적으로 나타난다. 하나님은 고레스를 세우시고, 예루살렘 성전을 회복시키겠다고 하신다. 이 예언은 정확하게 성취된다. 인류 역사의 경영은 하나님께서 펴신 손 아래 있다. 그러므로 진흙 같은 우리 인생이 토기장이이신 하나님께 어찌 항변할 수 있겠는가? 우리가 할 일은 날마다 그분의 말씀에 순종할 것밖에 없다.

교만한 자들의 결말(46~47장)

하나님의 손에 들린 막대기에 불과한 바벨론이 교만의 극치를 달리다 순식간에 망하고 만다. "절대로 과부로 지내거나 자녀를 잃는 일은 없을 것이다"라고 큰 소리치던 자들이 하루아침에 모든 것을 잃어버렸다. 초개같이 불타 버릴 인생을 살면서 겸손만이 하나님의 자비를 머물게 할 수 있는 길임을 깨닫는다.

하나님께서 행하신 새 일(48~49장)

우리에게 귀가 있는 것은 듣기 위함이다. 하나님께서 행하신 새 일을 보지 못하고, 듣지 못한다면 하나님께 영광을 돌릴 수 없다. 처음이요 마지막이신 하나님께서 이스라엘의 구원을 위해 행하신 일들을 보고, 그분의 말씀에 귀 기울이자. 어떤 상황 속에서도 다시는 목마르지 않는 샘물의 근원으로 우리를 인도하실 하나님을 즐거이 노래하자. 내 이름을 손바닥에 새기시고 결단코 잊지 않으시는 하나님으로 인해 항상 감사할 수 있으면 좋겠다.

놀랍고 아름다운 복음의 소식(50~53장)

아침마다 나의 귀를 여시고 깨달음을 주시는 하나님께 순종하는 삶에는 고통이 따를 수 있다. 그럼에도 순종하는 사람은 하나님의 도우심으로 결코 수치를 당하지 않을 것이다. 빛이 없는 환경 속에서도 하나님을 의지하면 반드시 승리할 수 있다. 놀랍고 아름다운 복음의 소식이 온 이스라엘에 전파될 것이다. 예수 그리스도가 고난 받는 종으로 오셔서 하나님의 구원 역사를 이루실 것이다.

이사야 54~66장
일어나라 빛을 발하라

예언서 이사야는 성경의 축소판일 뿐만 아니라, 우리 인생의 축소판이라고 해도 과언이 아니다. 택함 받은 이스라엘 백성이 방황과 타락을 반복하다가 많은 세월을 허비한 후, 결국은 하나님의 영광을 나타내는 백성으로 일어서게 된다. 이것은 젊은 날 인간적인 자신감과 패기로 가득 차 시행착오를 거듭했던 우리의 모습과 흡사하다. 이사야 본문의 결론에 해당하는 말씀으로, 장차 임할 하나님 나라의 영광을 묵상하게 된다. 여기서 우리는 하나님의 기대와 상관없이 살아갔던 이스라엘을 결코 포기하지 않으신 하나님의 열심을 발견할 것이다. 바로 이 사랑이 우리를 다시 일어서게 하는 원동력이 된다.

하나님의 신실하심 (54장)

이스라엘은 잉태하지 못하는 여인과 비슷했다. 고대 근동에서 불임의 고통은 이루 말할 수 없을 정도이다. 그러나 하나님께서 이스라엘에게 수치와 고통을 준 죄악의 심판을 끝내시고, 영원한 자비로 그들을 긍휼히 여기시리라 약속하셨다. 노아의 홍수 심판 후에 무지개를 약속의 증거로 주셨듯이 말이다. 산이 흔들려도 하나님의 신실하신 약속은 견고할 것이다. 모든 것을 창조하신, 생명의 원천이신 하나님께서 우리의 신실한 남편 되심에 감사드리자. 흔들리는 세상 속에서 우리가 붙들 수 있는 유일한 소망은 하나님의 신실하심뿐이다.

약속된 영원한 생명 (55~56장)

이 약속의 말씀에 의지해 주께 나와 구하면 영원한 생명을 얻고, 영혼이 기름진 것으로 배부를 것이다. 인간의 생각보다 높고 깊은 하나님의 뜻을 구하는 자들에게 하나님은 결코 헛되지 않을 인생을 보장해 주신다. 그러므로 참된 형통은 하나님께서 이끄시는 길을 걷는 것이다. 이 복은 기도하는 사람에게는 누구든지, 얼마든지 베풀어 주시는 다함없는 하나님의 은혜다. 그럼에도 불구하고 구하지 못하는 우리의 불신앙이 안타깝기만 하다.

통회하는 심령과 겸손한 마음을 찾으심 (57~58장)

우상을 섬기는 자들의 열심이 특심하다. 모든 산과 골짜기마다 제단을 쌓고, 자식을 제물로 바치기 위해 피 흘리기를 마다하지 않는다. 그들은 자신들의 종교적 탐욕을 채우기 위해서라면 어떤 일도 서슴지 않는 자들이다. 먼 길을 오가면서도 피곤한 줄을 모른다. 그러나 하나님께서 기뻐하시는 것은 열광적인 종교 행위가 아니다. 통회하는 심령과 겸손한 마음이다. 하나님은 이런 사람들을 소생시키시고, 평강의 평강으로 덧입혀 주겠다고 약속하셨다. 구체적인 삶으로 이어지지 않는 종교 행위 그 자체만으로는 하나님을 감동시킬 수 없다.

죄악을 떠난 자들이 받을 영광(59~60장)

그럼에도 불구하고 어리석은 백성들은 죄악 된 길에서 돌이키지 않음을 하나님이 안타까워하셨다. 하나님께서 백성의 기도를 듣지 않으시는 이유는 바로 죄악 때문이다. 돌이키지 않는 것은 그분을 속이는 것이고, 배반하는 일이 되고 만다. 그러나 자신의 죄를 고백하고 그 자리를 떠나는 자에게 여호와의 영광이 임할 것이다. 일어나 빛을 발하는 인생이 되자. 그렇게 구해도 아침 안개처럼 사라질 뿐이었던 재물과 명예와 영광이 그에게로 몰려올 것이다. 한 사람이 천 명을 당하고, 약한 자가 강국을 이루는 역사는 이렇게 이뤄진다.

구원의 아름다운 소식(61~62장)

이 놀라운 구원의 소식을 만방에 전하는 자의 발걸음은 아름답다. 여호와의 영이 임하면 오래 황폐했던 성읍들이 중수되며, 모든 열방에 여호와의 영광을 나타낼 의의 나무들이 가득 차게 될 것이다. 그리고 이스라엘은 다시 제사장 나라라 일컬음을 받게 돼 영원한 기쁨을 맛볼 것이다. 닫혔던 성문들이 활짝 열리고, 수많은 백성이 여호와의 영광을 땅 끝까지 선포하며 나아갈 것이다. 이 소망이 절망을 이기는 우리의 힘이다.

하나님의 열심(63~66장)

이방 대적을 향한 맹렬한 심판 속에서도 이스라엘에게는 은총을 베푸시며 계속해서 구원자가 되어 주신다. 그러나 문제는 당사자인 이스라엘은 이 사실을 믿음으로 받아들이지 못했다는 점이다. 결국 하나님이 친히 강림하셔서 산들을 진동케 하시며, 사람들을 주 앞에서 떨게 하실 수밖에 없었다. 예전에는 보지도 듣지도 못했던 기이한 일들이 일어나는 이유는, 깨닫고 돌이키지 않는 우리의 우매함과 무지함 때문이다. 기이한 일들을 눈앞에서 보면서도 여전히 하나님의 이름을 찾지 않는 사람들이 있다. 그럼에도 불구하고 하나님은 종일 손을 펼쳐서 그 패역한 백성들을 부르시며, 포기하지 않는 열심으로 그 백성들을 붙드신다. 그리고 새 하늘과 새 땅이 펼쳐지는 날, 고통과 슬픔과 해함 없는 그곳에서 구원받은 모든 백성이 하나님을 영원히 예배하는 기쁨과 영광을 누리게 하실 것이다.

하나님은 우리의 생각과는 차원이 다른 구원 계획을 세우시고, 궁극적인 결론을 향해 한 걸음씩 나아가신다. 우둔한 우리가 하나님의 섭리를 무시한 채, 자신의 고집대로 살아가면 어떤 결론에 도달할지 불을 보듯 뻔하다. 그러나 하나님의 계획과 열심이 우리의 완고함보다 강하기에 결국 승리하실 것이다. 감당할 수 없는 하나님의 은혜를 받은 자로서 일어나 그분의 빛을 발하자.

예레미야 1~52장
절망 가운데 담긴 소망을 선포하다

예레미야서는 서서히 멸망의 길을 걸어가는 예루살렘과 유다에게 주어진 하나님의 말씀이다. 당시 앗수르는 그 국력이 다했고, 갈그미스 전투에서 승리한 바벨론의 느부갓네살이 근동 지역을 장악한 상황이었다. 한편 유다는 므낫세와 아몬의 통치기간 동안 하나님을 떠나 우상을 숭배해 하나님의 진노를 샀다. 요시야에 의해 개혁이 추진되기는 했지만 국운을 되돌리는 데까지 이르지는 못했다.

결국 요시야는 애굽과 바벨론의 세력 확장을 위한 전쟁의 틈바구니에서 애굽의 느고에게 대항하다 전사하고 만다. 이후 유다의 왕들은 애굽과 바벨론 사이에서 살아남기 위한 외교전을 벌였으나, 여호야김이 바벨론에 반기를 들었다가 멸망당하고 만다(주전 586).

이런 격동의 세월 가운데 예레미야는 유다 사회 내에서 친바벨론파와 친애굽파의 갈등, 급진적 애국주의와 온건파의 갈등을 목도했다. 그리고 그 가운데 하나님의 계시를 통해 유다의 운명을 알게 된다. 예레미야는 하나님이 계신 성전은 무너지지 않으며 예루살렘은 함락되지 않으리라는 유대인들의 희망을 부정한다.

그리고 예루살렘은 바벨론에 의해 반드시 멸망하게 된다는 도무지 믿기 어려운 절망의 메시지를 선포한다. 하나님께서는 말씀대로 행하지 않는 백성들을 성전 때문에 지켜 주시지는 않는다는 것이다.

그러나 예레미야는 절망의 메시지만을 던지고 있는 것이 아니라, 그 절망 가운데 소망을 발견하고 그것을 붙들어야 한다고 가르친다. 즉 참 소망은 성전이나 예루살렘 성벽에서 찾을 수 있는 것이 아니라, 오직 살아 계신 하나님께 있다고 가르친다. 중요한 것은 성전과 같은 종교적 장치가 아니다.

그렇기에 예루살렘과 성전을 지키려 하지 말고, 바벨론에게 항복하고 그곳에 유배를 당해 끌려가 하나님의 징계를 받는 것을 선택하라고 역설한다. 그 징계를 통해 회개하고 다시 하나님께로 돌아오라고 한다. 그리할 때 하나님께서는 자기 백성에게 돌아오시고, 회복을 허락해 주신다는 것이다.

예레미야는 문집 형태로 이뤄져 논리적 순서나 시간적 순서로 배열되지 않았다. 그러나 크게 볼 때 1~25장은 유다에 대한 심판을 선포하며 회개를 촉구하는 예언이고, 26~45장은 예레미야 선지자가 이 말씀을 전하면서 어떤 일을 겪었는지에 많은 무게가 실린 부분이다. 46~51장은 이후 다른 나라들이 어떤 일을 겪을 것인지에 대한 선포이며, 52장은 예루살렘의 멸망에 대한 설명이다.

예루살렘은 파괴되리라 (1~25장)

예레미야서는 그가 하나님께로부터 선지자의 소명을 받는 이야기로 시작한다. 그의 사명은 '뽑고 파괴하며 파멸하며 넘어뜨리며' 즉 멸망을 선포한 후에, '건설하고 심게' 즉 소망을 그 가운데 전하는 것이다(1:10). 이어서 유다의 범죄에 대한 고발이 이어진다. 예루살렘에는 의인이 단 한 명도 없었다(5:1). 그들은 사당을 건축하고 자녀를 우상의 제물로 삼았고(7:31), 하나님과의 언약을 무시했다(11:8).

선지자들과 제사장들마저 사악해(23:11) 거짓을 예언하고 백성들로 하나님의 이름을 잊게 했다(23:26~27). 유다는 이런 죄로 인해 70년 동안 바벨론의 왕을 섬기게 될 것이다. 그러나 이는 하나님께서 바벨론을 인정하시기 때문이 아니다. 하나님께서는 그 기간이 끝난 후 바벨론 역시 심판하실 것이다(25:11~12).

홀로 거짓과 대결하는 선지자 (26~45장)

성전이 무너지고 예루살렘이 황폐하리라고 선포하는 말을 들은 제사장들과 선지자들을 포함한 모든 백성이 예레미야를 죽이려 했으나(26:8~9), 예레미야는 온갖 위협을 당하면서도 거짓을 말하는 선지자들과 대결하기를 두려워하지 않았다. 그러던 중에 예레미야와 대적했던 하나냐는 하나님의 말씀대로 그 해에 죽게 된다(28:10~17).

제사장들과 선지자들과 백성들이 모두 예레미야를 대적했던 이유는 그가 예루살렘과 성전이 멸망당하는 것이 하나님의 뜻이라고 선포했기 때문이다. 그러나 앞에서 언급했듯이 예레미야는 절망만을 이야기하지 않았다. 오히려 바벨론의 포로에서 돌아올 것이며(30:3), 하나님은 그들과 다시 언약을 맺으실 것이라는 소망을 선언한다(31:33). 이를 확증하기 위해 하나님은 예레미야로 하여금 곧 바벨론에 의해 함락될 아나돗의 땅을 사게 하신다(32:8).

그러나 예레미야는 하나님의 말씀을 온전히 전했기에 박해와 수감을 당한다. 예레미야는 바벨론에 의해 예루살렘이 곧 무너질 시점에 백성들에게 붙잡혀 웅덩이와 구덩이에 갇히는 고초를 겪으면서도, 끝까지 시드기야 왕에게 하나님의 말씀을 전하며 바벨론 왕에게 항복하라고 권고한다(37:11~38:13). 그러나 그의 말은 받아들여지지 않는다.

예레미야는 또 하나님의 말씀에 순종하기를 거부하고, 바벨론을 섬기기보다는 애굽으로 내려가겠다는 자들에게 붙잡혀 애굽으로 내려간다(43:7). 하지만 예레미야는 그곳에서도 애굽으로 내려가기를 선택한 유대인들이 받아들이지 않을 심판의 메시지를 선포한다(44장). 전설에 의하면 예레미야는 애굽에서 분개한 자들에 의해 돌에 맞아 죽었다고 한다. 이처럼 예레미야는 오직 하나님의 말씀을 전하기 위해 유대인 전체와 대결하는 삶을 살았다.

열방이 심판받으리라 (46~51장)

유다는 하나님을 온전히 섬기지 않아 멸망당했다. 그러나 이것이 끝이 아니었다. 하나님은 단지 유다만을 심판하시는 분이 아니라, 애굽(46장)과 블레셋(47장)과 모압(48장), 그리고 다른 작은 국가들까지(49장) 모두 그 죄에 따라 심판하시는 분이다. 또한 유다를 정복했던 바벨론 역시 하나님에 의해 심판을 당해 멸망할 것이다(50~51장). 바벨론은 단지 하나님께서 나라들을 심판하시기 위한 도구였기에 (51:20) 하나님은 바벨론을 사용하신 이후, 다시 바벨론도 심판하실 것이다.

예루살렘의 멸망(52장)

예레미야서는 결국 예레미야의 예언이 그대로 실행됐음을 기록하며 끝난다. 유다 왕 시드기야는 바벨론에게 대항했다가, 쳐들어온 바벨론 군대에 의해 붙잡혀 두 눈이 뽑힌 채 끌려간다. 이때 예루살렘 성벽은 파괴되고 성전과 왕궁 역시 불살라졌으며, 유다 백성 4,600여 명이 바벨론으로 끌려갔다. 그러나 스스로 바벨론으로 가서 유배생활을 했던 여호야긴은 바벨론에서 왕의 대우를 받으며 살 수 있었다.

우리가 신앙생활을 한다고 좋은 일만 계속 생기는 것은 아니다. 우리의 죄로 인해 절망적인 상황에 처하게 되고, 다시 회복의 소망이 보이지 않을 때도 많다. 그러나 그 가운데서 희망은 우리가 우리의 죄를 회개하고, 다시 하나님께 인생의 초점을 맞추는 것이다.

예레미야애가 1~5장
진노 가운데 만나는 성실하신 하나님

예레미야애가(이하 애가)는 예루살렘 성과 성전이 파괴된 것을 애통해하는 노래
다. 아직도 유대인들은 예루살렘 성전 파괴를 기념하는 금식일에 애가를 읽는다.
그러나 고통만을 표현하지는 않는다. 예루살렘이 왜 파괴됐는지를 되새기며, 성
실하신 하나님이 곧 자신들을 회복하실 것임을 확신하는 시이기도 하다. 1~4장
은 히브리어 알파벳 22자의 순서를 따라 기록된 알파벳 두운 시(acrostic poetry)다.
1, 2, 4장은 각 절의 시작이 히브리어 알파벳 순서대로 진행돼 22절로 이뤄져 있
고, 3장의 경우는 3절씩 같은 알파벳으로 시작하며, 그 순서는 알파벳 순서를 따
르기에 66절로 이뤄져 있다. 5장만 이 두운법을 따르지 않는다.

하나님의 명령을 거역함으로 황폐해진 예루살렘(1장)
선지자의 "슬프다!"라는 외침과 함께 애가는 예루살렘의 모든 영광을 잃어버리
고 폐허가 됐음을 탄식하는 것으로 시작한다(1~10절). 이어서 예루살렘 성이 의
인화돼 자신의 형편에 대해 탄식하는 노래가 진행된다(11~22절). 주변 국가들 사

이에서 예루살렘은 불결한 자가 됐고, 그 이유는 예루살렘이('내가') 하나님의 명령을 거역했기 때문이다(17~18절).

하나님의 진노 앞에 부르짖어 회개함(2장)

선지자는 여호와께서 이스라엘의 원수와 같이 진노를 쏟으셨다고 표현한다. 여호와께서 이스라엘의 모든 궁궐과 자기 제단까지 무너뜨리셨다(1~10절). 선지자는 예루살렘이 세상의 조롱거리가 됐음을 탄식하며, 주를 향해 쉬지 말고 부르짖어 회개하라고 말한다(11~19절). 이에 의인화된 예루살렘이 하나님께 탄식하며 기도한다(20~22절).

하나님의 옛 은혜를 생각하며 애통함(3장)

3장은 애가의 절정부에 해당한다. 의인화된 예루살렘의 탄식이며, 기도다. 예루살렘은 자신의 비참한 상태에 대해 탄식하지만, 그 고통이 오히려 자신의 소망이 됨을 발견한다(1~21장). 그리고 여호와의 자비를 기억하며, 이 모든 재난이 하나님의 선의임을 신뢰한다(22~39장). 이에 예루살렘 백성들이 힘써 여호와께로 돌아가자 말하며, 자신들의 모습을 탄식하고 눈물을 흘린다(40~54절) 이후 예루살렘은 하나님께서 그 부르짖음을 들으셨음을 확신하며, 원수에 대해 보응해 주실 것을 위해 기도한다(55~66절).

파괴된 예루살렘의 현실과 회복을 간구(4~5장)

다시 선지자는 현실을 바라본다. 마치 소돔처럼 무너져 버린 예루살렘에서 최악의 가난과 질병으로 고통받는 현실을 묘사하며(1~16절), 하나님을 바라보지 않고 자기들을 구원하지 못할 이웃 나라들을 의지했던 과거의 잘못에 대해 탄식한다. 또한, 선지자는 예루살렘의 현실을 묘사하며 예루살렘이 죄를 범하고, 하나님을 의뢰하지 않음으로 인해 이런 상황에 처했음을 인정한다(1~18절). 그리고 우리를 잊지 마시고, 돌이켜 회복해 달라는 기도를 드린다(20~21절).

에스겔

에스겔 1~12장
포로 된 땅에서 부르는 소망의 노래

에스겔서는 유다가 패망한 BC 586년을 전후로 해서 23년여(BC 593~570년)에 걸쳐 기록된 것으로 보인다. 에스겔은 바벨론에 포로로 끌려와 가장 절망스러운 삶 가운데서 선지자로 부름을 받았다. 그러나 하나님께서 보여 주신 놀라운 환상을 보고, 그것을 상징과 비유를 통해 전한다. 그러므로 본서는 예루살렘 멸망 이후 절망에 빠져 있는 이스라엘 백성에게 회복에 대한 소망을 노래하고 있다. 에스겔 말씀을 통해 마른 뼈와 같이 소망 없는 이 시대를 향한 경고와 회복의 메시지를 듣는 기회가 되면 좋겠다. 특히 예루살렘 성전으로부터 흐르게 될 하나님의 영광의 물결이 우리 모두에게 가득 차고 넘치기를 바란다.

에스겔을 선지자로 세우심 (1~2장)
에스겔은 비록 제사장이었지만 사로잡힌 자 중에 있었기에 그 역할을 수행할 수 없었을 것이다. 그러나 하나님은 그에게 영광스러운 모습을 보여 주심으로 선지자의 삶을 시작하게 하셨다. 에스겔이 1장 전반에 걸쳐 묘사한 네 생물의 모습은 그 앞에 엎드릴 수밖에 없는 여호와의 영광의 형상이다. 하나님은 그에게 다시 일어서라고 하신 후에, 얼굴이 뻔뻔하고 마음이 굳어진 패역한 백성인 이스라엘을 향한 메시지를 담은 두루마리 책을 주시고 먹으라고 하신다. 절망의 순간에도 하나님은 선지자를 세우시고 그분의 일을 시작하신다.

말씀을 먹이시고 전하게 하심 (3~4장)

에스겔이 입을 벌리니 하나님께서 두루마리 책을 친히 먹여 주신다. 말씀을 먹는 좋은 본보기이다. 슬픔과 고통, 그리고 재앙의 말이 기록된 책이었으나 에스겔이 순종하여 먹을 때 꿀처럼 달게 느껴졌다. 그러나 문제는 이스라엘 백성이었다. 동일한 언어를 사용하는 선지자가 하나님의 말씀을 전하지만, 그들이 알아듣지 못하는 이유는 그들의 마음이 완고해졌기 때문이다. 하나님은 에스겔을 그 시대의 파수꾼으로 세우시고 심판의 메신저로 사용하셨다. 하나님은 선지자를 말하게도 하시고, 말 못하는 자가 되게도 하신다. 또한 상징적인 행동을 통해 이스라엘의 과거와 미래에 대한 하나님의 뜻을 표현하게도 하신다. 에스겔은 하나님의 명령에 따라 390일은 이스라엘의 죄악으로 인해, 40일은 유다의 죄악으로 인해 왼쪽과 오른쪽으로 각각 누워 최소한의 음식을 쇠똥에 구워 먹으며 지내게 된다. 참된 선지자는 예언만 하는 것이 아니라 삶으로 백성들의 고통에 동참하는 사람이다.

행위대로 갚으시는 하나님의 심판 (5~7장)

이방인들보다 더 악을 일삼던 예루살렘에 하나님의 진노와 심판이 쏟아질 것을, 에스겔의 머리털과 수염을 깎아 칼로 자르고 불태우는 상징을 통해 보여 주신다. 아비가 자식을, 자식이 아비를 잡아먹는 끔찍한 일이 벌어지고, 전염병과 기근으로 인한 죽음과, 칼과 독한 화살과 사나운 짐승으로 인한 살육이 임하게 될 것이다. 이는 우상숭배를 철저히 심판하시겠다는 하나님의 확고한 의지를 보여 주는 것이다. 하나님의 심판은 이스라엘 스스로 청산하지 못한 산당을 비롯해 이스라엘이 사는 온 땅을 황폐하게 할 것이다. 뿐만 아니라 일반 백성들로부터 고관대작에 이르기까지, 행위대로 갚으시는 하나님의 심판 아래 있게 될 것이다. 우리도 하나님이 손대시기 전에 하나님을 근심케 하고 진노케 하는 죄악을 스스로 청산하자.

진노의 잔이 쏟아지다 (8~10장)

하나님의 영광만이 가득해야 할 성전이 우상으로 가득하다. 이스라엘 백성은 각종 우상을 버젓이 성전 뜰 안으로 들여와 가증한 일을 서슴지 않고 행한다. 이 모든 것을 에스겔에게 보이신 하나님은 백성들에게 진노의 잔을 쏟아 부으신다. 이스라엘과 유다의 모든 남자를 멸하겠다는 준엄한 심판의 음성이 들려온다. 우상으로 뒤덮인 성전에 여호와의 영광이 다시 임한다. 이는 제물을 받고 기도를 들으시기 위함이 아니라, 모든 우상을 파하고 예루살렘을 심판하시기 위해 거룩한 하나님의 영광이 그룹들과 함께 임한 것이다.

회개하는 자에게 회복을 약속하심 (11~12장)

에스겔은 예루살렘에 남아 있던 고관들이 모여 백성들의 고통이나 성전의 훼파를 안타까워하는 것이 아니라 자신들의 안위를 위해 악한 꾀를 도모하는 것을 본다. 이것이 더 큰 절망이다. 하나님의 뜻을 구하고 회개해야 할 지도자들의 타락은 어제 오늘의 일이 아니다. 오늘의 암울한 현실을 가슴으로 부여안고 울어야 할 사람이 필요한 때다. 소망은 오직 하나님께 있다. 이 절망의 끝에서 하나님은 다시 이스라엘의 회복을 선포하신다. 새 영과 새 마음을 주셔서 이스라엘은 다시 하나님의 백성이 되고, 여호와는 그들의 하나님이 되겠다고 하신다.

에스겔 13~24장
예루살렘을 향한 하나님의 진노와 사랑

하나님은 우상숭배를 가증히 여기시고 심판을 통해 그 죄악에서 돌이키게 하신다. 죄를 범한 사람을 그냥 두시는 것은 궁극적인 의미에서 하나님의 자비나 긍휼로만 해석할 수 없다. 특별히 하나님의 택한 백성인 이스라엘이 타락하고 가증한 우상을 섬기는데도 징계가 없다면 그것이 더욱 문제일 수 있다. 에스겔 13~24장은 하나님의 진노와 심판 메시지로 이뤄져 있다. 선지서를 다룰 때마다 당혹스러운 부분이다. 그러나 한 가지 분명한 사실은 예루살렘을 향해 쏟아지는 하나님의 진노는 그들을 향한 사랑의 반증이라는 것이다.

거짓 예언자들(13~14장)

에스겔 당시에도 거짓 선지자들과 거짓으로 예언하는 여자들이 있었다. 그들은 자기 마음에 드는 생각을 따라 예언하면서, 심판이 쏟아질 백성에게 평안할 것이라고 말한다. 이는 마치 회칠한 담과 같아서 심판의 폭풍우를 견디지 못한다. 이스라엘에 판치는 거짓 선지자들의 영향으로 많은 여인이 거짓 예언을 일삼았다. 장로들과 백성들은 온갖 우상을 그들 앞에 두고, 선지자에게 가서 자기를 위해 여호와의 뜻을 묻는다. 하나님은 이토록 패역한 이스라엘에 칼과 기근, 사나운 짐승과 전염병을 통해 심판을 예고하신다. 중한 벌로 다스리지 않으면 마음을 돌이키지 않을 만큼 이스라엘의 죄악이 심각했던 것이다.

가증한 예루살렘(15~16장)

열매를 맺을 수 없는 포도나무 가지는 아무짝에도 쓸모가 없다. 하나님은 예루살렘의 가증한 일들을 열거하시면서 특히 갖가지 우상숭배의 죄악을 들춰내신다. 하나님은 이스라엘 백성을 들의 풀같이 많게 하셨는데, 그 명성이 이방인 중에 퍼지자 그들은 그것으로 오히려 행음을 한다. 하나님께서 주신 금은으로 온갖 우상을 만들고, 심지어 자녀들을 죽여 우상에게 넘겨주는 일까지 서슴지 않는다. 그러므로 음녀 예루살렘을 향해 하나님께서 말씀하신다. 더불어 행음하던 사방 모든 자의 손에 예루살렘을 넘겨 가증한 일을 심판하시겠나고 말이나. 하지만 과거에 세운 언약을 기억하시는 하나님은 영원한 언약을 새롭게 세우시고, 그들을 용서하겠다고 말씀하신다.

죄악을 버리면 살리라 (17~19장)

바벨론에 의해 멸망할 예루살렘의 최후를 독수리 비유로 설명하신다. 예루살렘은 하나님이 심판 도구로 사용하시는 바벨론 왕에게 굴종하지 않고 애굽을 의지했다가 더 큰 어려움을 만나고, 결국 바벨론의 손에 파국을 맞는다. 이처럼 하나님께서 허락하신 징계의 환난이라면 순종하는 마음으로 받아들여야 한다. 잘 순종하고 있으면, 아버지의 악을 자녀들에게 보응하시지 않겠다는 하나님의 약속을 들을 수 있다. 죄악의 고리를 끊을 수 있도록 하시는 것이다. 하나님은 악인이 죽는 것을 기뻐하시기보다, 그 악에서 돌이키고 떠나는 것을 기뻐하신다. 그러므로 모든 죄악을 버리고 마음과 영을 새롭게 하면 죽지 않을 것이라고 말씀하신다. 애가에 담긴 하나님의 애절한 사랑을 느낄 수 있다.

심판의 칼이 임함 (20~22장)

장래 일을 알기 위해 에스겔을 찾아온 이스라엘의 장로들에게 하나님은 그들의 과거를 말씀해 주신다. 조상 때부터 가증한 일을 행해 애굽 우상들을 떠나지 않았다고 하신다. 하나님께서 이스라엘을 애굽에서 이끌어 내시고 광야에서 율법을 주셨지만, 이스라엘은 하나님의 규례를 멸시하고 여러 나라 앞에서 여호와의 이름을 더럽혔다. 그럼에도 불구하고 약속에 신실하신 하나님이 출애굽 2세대를 가나안으로 인도하셨으나, 그들은 그곳에서도 여전히 조상들의 죄악의 전철을 밟는 안타까운 모습을 보여 준다. 이에 하나님은 바벨론을 심판자로 세워 패역한 이스라엘을 심판하기로 하신다. 이 예언을 받은 에스겔은 여호와의 심판의 칼이 모든 백성 위에 임했음을 선포한다.

"내가 여호와인 줄 알리라" (23~24장)

오홀라와 오홀리바로 비유되는 사마리아와 예루살렘의 행음을 낱낱이 파헤친다. 두 여인이 한 길로 행해 앗수르와 애굽과 바벨론과 더불어 행음을 일삼았다. 하나님께서 그들을 심판하신다. 숯불 위에 달구어진 텅 빈 녹슨 가마 같은 예루살렘은 모든 것이 소멸돼 남지 못할 것이다. 그들이 그토록 사랑하던 것들은 모두 불타 없어지고, 녹아내릴 것이다. 이것이 하나님의 진노다. 에스겔에게 이와 같은 사실을 전하시면서 그의 사랑하는 아내를 데려가신다. 그렇게 해서라도 예루살렘에 대한 하나님의 애끓는 심정을 공유하도록 하신 것이다. 진노와 심판을 통해 하나님께서 계속해서 말씀하시는 것은 "내가 여호와인 줄 알리라"이다.

에스겔 25~36장
여호와 하나님의 세계 경영

하나님께서는 온 우주의 주인이시다. 세계 역사도 하나님께서 경영하신다. 역사의 무대 위에 등장했던 수많은 나라들도 하나님의 섭리와 계획에 따라 흥망성쇠를 되풀이하게 된다. 에스겔 말씀은 이스라엘을 조롱하고 괴롭혔던 이방 나라들을 하나님께서 어떻게 다루고 계시는지 보여 준다. 온 우주의 중심은 하나님이시고, 우리는 그 하나님의 자녀다. 이것이 곧, 우리의 정체성이다. 이런 자부심과 확신 가운데 묵상하며 하나님과의 깊은 교제의 열매가 풍성하기를 바란다.

두로의 심판에 대한 예언 (25~28장)

두로의 심판에 대해 세 장에 걸쳐 예언이 이어진다. 이스라엘과 두로는 지중해와 맞닿은 해안선을 끼고 있었기에 당시 강대국이었던 애굽이나 바벨론을 연결하는 무역의 통로였고, 경쟁관계에 놓일 수밖에 없었다. 따라서 예루살렘의 쇠망을 기뻐하며 자신들의 기회로 삼으려는 악을 행한다. 하나님은 자기 백성의 죄악을 심판하시고, 이를 위해 이방 나라들을 도구로 사용하시기도 하지만, 그들의 죄악을 묵인하시지는 않았다. 결국 수많은 섬들을 빠른 배로 연결하며 무역으로 해상왕국을 건설하던 두로가 하나님의 심판을 받아 완전히 멸망하게 된다. 27장에는 그들이 발명한 '갤리선'(양편에서 노를 저어 빠르게 나갈 수 있는 배)을 타고 모든 나라들과 무역을 왕성하게 했던 두로를 다시는 기억조차 하지 못하게 된다는 슬픈 노래가 나온다. 28장은 두로가 하나님의 심판으로 인해 영원히 세상의 역사에서 사라지게 될 것을 말씀하시면서, 이스라엘은 회복돼 옛 성에서 평안히 살 것을 예언하신다. 이것이 이방 나라와 하나님 백성의 궁극적인 차이다. 이스라엘을 향한 하나님의 진노는 잠깐이요, 그의 은혜는 영원한 것이다.

애굽의 번영과 멸망 (29~32장)

애굽은 고대 근동 문명을 지배하던 대제국이었고, 출애굽 과정을 통해 하나님의 위대하심을 경험한 나라였다. 그러나 애굽 왕 바로의 교만으로 하나님의 심판을 받아 미약한 나라로 전락하고 만다. 포로로 끌려간 지 11년 3개월이 됐을 때, 하나님은 애굽에 대한 경고의 메시지를 주신다. 애굽의 번영과 명성에 대해서 레바논의 백향목으로 비유되는 앗수르를 예로 들고 있다. 정치력과 군사력, 그리고 부(富)에 있어서 앗수르는 무성한 가지처럼 세상의 모든 큰 민족들이 그 나무 그늘 아래에서 살았을 정도로 막강했지만, 결국 자신의 권세를 잘못 사용함으로써 바벨론에게 멸망당하게 된다. 애굽도 이와 같다고 했다. 한때 사자를 자처하며 자신의 권력을 제멋대로 행사했던 애굽 왕 바로는 결국 흙탕물을 튀기는 악어의 존재가 됐다. 여전히 자신을 대단한 것처럼 생각했지만, 하나님은 애굽 왕 바로를 매우 낮고 비천한 자리까지 이르도록 심판을 내리셨다.

파수꾼으로 삼으심 (33장)

에스겔의 사명은 파수꾼처럼 이스라엘에게 하나님의 말씀을 들려줘 경고하는 것이다. 하나님께서는 만약 경고를 하지 않아 악인이 멸망하게 된다면 그에 대한 책임을 에스겔에게서 찾겠다고 말씀하신다. 하나님은 죄를 지은 악인이 죄 속에서 멸망하는 것을 원치 않으신다. 하나님께서는 이들을 향해 "돌이키고 돌이키라"고 거듭 명령하셨다. 그러나 그들은 입으로만 사랑을 나타낼 뿐, 마음으로는 부당한 이익을 추구했다. 또한 선지자의 말을 한낱 듣기 좋은 음악이나 노랫소리로 즐길 뿐 행동으로는 실천하지 않았다. 이런 거짓된 의식과 그릇된 욕망을 추구하는 자들을 향해 하나님께서 계속 경고하시는 이유는 예언이 성취된 이후, 그들로 하여금 하나님의 존재와 선지자의 존재를 알게 하기 위함이었다.

이스라엘 백성이 지금까지 의지해 온 목자들은 모두 살진 양을 잡아 자신의 배를 불리는 거짓 목자들이었다. 그러나 오직 여호와 하나님만이 참 목자가 되셔서 다윗처럼 이스라엘의 왕이 되실 것이다. 하나님께서 애굽을 비롯한 모든 이방 나라들에 대해 심판을 예언하신 것은 이스라엘이 참 목자이신 하나님께로 돌아와 그가 주시는 새 영과 새 마음을 받고, 여호와가 하나님이신 줄을 알게 하려 함이다. 이렇게 될 때 이스라엘에게 소망이 있는 것이다.

에스겔 37~48장
새롭게 기록될 회복의 역사

하나님은 실수하지 않으신다. 지극히 연약한 민족이었던 이스라엘을 만민 중에서 구별해 당신의 백성으로 삼으신 분이 하나님이시다. 신실하신 하나님은 비록 불순종과 우상숭배로 말미암아 뼛속 깊이 죄악으로 물든 이스라엘이지만 포기하지 않으시고 반드시 회복시키시고야 만다. 에스겔서의 마지막 부분은 마른 뼈와 같은 이스라엘 백성의 회복을 시작으로 성전과 제사가 회복되고, 궁극적으로 이스라엘 나라를 새롭게 하시는 하나님의 약속에 대한 말씀이다. 길고 힘들었던 심판의 역사를 기록하던 에스겔은 이제 회복과 소망의 메시지를 통해 이스라엘을 향한 하나님의 본심을 우리 모두에게 전해 주고 있다. 바벨론의 그발 강가에서 눈물로 시작했던 그 예언의 결론은 소망이요 회복임을 기억하자.

마른 뼈들이 살아나다(37~39장)

여호와의 영이 에스겔에게 임해 그를 이끌고 마른 뼈들이 가득한 골짜기로 데려가신다. 에스겔이 마른 뼈를 향해 하나님의 말씀을 대언하자 소리가 나고 움직이며, 이 뼈, 저 뼈가 들어맞아 연결돼 힘줄이 생기고 살이 오르며 가죽이 덮이는 역사가 일어난다. 그리고 여호와의 생기가 들어가자, 곧 살아 일어서서 큰 군대가 된다. 하나님은 이 뼈들이 이스라엘 백성이라고 하시며, "내 영을 그 속에 두어 살아나게 하리라"고 약속하신다. 이어서 둘로 나눠졌던 이스라엘과 유다를 하나로 회복시키실 것을 약속하신다. 38~39장은 하나님이 개입하셔서 이스라엘을 괴롭히던 이방 나라들로부터 구원하실 것을 보여 주신다. 뿐만 아니라 사로잡혀 갔던 나라들로부터 다시금 고토로 돌아오게 하심으로써 이 일을 이루시는 분이 여호와 하나님이심을 만국에 알리신다.

최후의 보루는 성전(40~43장)

이스라엘 백성에게 있어서 성전은 하나님 임재의 실체요 삶의 중심이었다. 이스라엘이 패망할 때 최후의 보루는 성전이었다. 그러나 이방인들에 의해 성전이 약탈되고 파괴되면서 이스라엘의 영적 자존심이 여지없이 무너지게 됐다. 그런 까닭에 포로지에서 돌아와 나라를 다시 세우는 일에 있어서 가장 중요한 것은 성전 재건이었다. 새 성전은 하나님의 새 언약에 의해 하나님과 이스라엘의 관계를 새롭게 해 줄 것이다. 그러므로 에스겔은 재건될 성전의 상세한 모습을 서술함으로 절망 중에 있는 이스라엘 백성을 향해 구체적인 희망을 품고 회복의 날을 기다릴 수 있게 했다.

사방에서 출입하도록 한 문들과 성전 문의 현관에 대한 설명에 이어 성소와 지성소를 향한 사방의 골방들을 배치함으로써 제사장들이 준비할 수 있는 공간을 확보한 것이다. 공간 활용의 측면에서 다소 불합리해 보여도 거룩한 하나님의 영광스런 임재 앞으로 나아가는 제사의 경건함을 생각할 때 충분히 납득이 된다. 오늘날 교회 공간을 너무나 실용적이고 세속적으로 보는 관점은 반드시 재고돼야 함을 묵상하게 된다. 43장에서는 떠났던 하나님의 영광이 성전 동편으로부터 되돌아와, 성전 안에 가득한 것을 보게 된다. 성전에 가득한 하나님의 영광은 온전한 회복의 시작이자 가장 확실한 증거인 것이다.

하나님을 향한 예배(44~46장)

하나님의 영광으로 충만한 성전에서 제사를 집전할 제사장들의 역할은 두말할 나위 없이 중요하다. 그래서 사독의 자손들이 제사장으로서 구별돼 세움을 받고, 구별된 삶과 의식을 통해 그 역할을 감당하게 된 것이다. 그들의 기업은 여호와 하나님 자신이다. 백성들이 기업을 나눌 때 하나님께 드렸던 바로 그 땅을 제사장의 거룩한 구역으로 구별하고, 제사장들에게 분배해 주었다. 이는 영적 지도자뿐만 아니라 통치자들에게 있어서도 요구되는 통치의 정신이었다. 용량을 속여 부당한 제물을 드렸던 지도자들을 징계한 후, 다양한 절기들과 그때에 드려야 할 제물의 종류와 용량을 설명하고 있다. 이는 하나님을 향한 제사, 즉 예배가 회복돼야 함을 말씀하는 것이다. 매일 드리는 예배가 하나님의 마음에 합한 것인지를 점검해 보면 좋겠다.

생수의 진원지 (47~48장)

회복된 성전에서는 문지방으로부터 물이 흘러나와 큰 강수를 이루게 되고, 천하 만국을 살리는 생수의 진원지가 될 것이다. 사해는 염분이 많아 죽은 바다지만, 성전으로부터 흘러온 물로 인해 소생되는 기적이 일어나게 되는 것이다. 이것이야말로 하나님의 비전이다. 단순히 치유하고 회복하는 정도가 아니라 죽은 것을 다시 살리시는 구원의 역사다. 모든 지파의 수효에 따라 분배된 이스라엘의 각 영역에서 '여호와 삼마', 즉 하나님이 거기 계심으로 거룩한 임재의 현장이 될 것이다.

궁극적으로 에스겔 말씀의 목표는 이스라엘의 회복과 구원이다. 하나님은 굳은 마음을 제하고 새 영과 새 마음을 주심으로 조상 대대로 약속하신 땅에 거주하게 하려는 뜻이 있다. "너희는 내 백성이 되고 나는 너희 하나님이 되리라." 이 말씀이야말로, 에스겔 선지자를 통해 하나님께서 이스라엘에게 말씀하시려는 핵심이다. 우리가 하나님의 중심이 무엇인지를 알고 묵상할 때, 더 큰 은혜를 경험할 수 있으리라고 기대한다.

다니엘

다니엘 1~5장
하나님은 지금도 통치하신다

우리가 사는 세상에서 '하나님께서 통치하시는 증거'를 찾기는 너무나 어렵다. 그래서 이렇게 질문하곤 한다. "하나님! 지금도 살아서 역사하시고, 이 세상을 통치하고 계십니까?" 다니엘이 처한 상황이야말로 '하나님의 부재'라고 부를 수 있을 것만 같다. 그런데 다니엘과 세 친구는 그 상황에서 하나님의 살아 계심과 통치하심을 드러냈다. 정확히 말하면, 하나님께서 그들을 통해 영광을 나타내셨다. 다니엘서에서 우리는 하나님께서 어떤 이들을 통해, 또 어떤 방식으로 이 세상을 다스리시는지, 우리가 어떤 선택을 하며 살아야 할지 배우고 깨달을 수 있다.

거룩함을 지키는 자(1장)
유다의 수도 예루살렘은 바벨론에 의해 포위됐다(주전 605년). 다니엘서는 이를 "주께서 넘기셨다"고 설명한다(1:1~2). 성전의 기물이 넘겨지고, 귀족 중 일부가 끌려가야 했던 모든 것이 하나님의 섭리 가운데 있었다. 바벨론 왕이 아니라 하나님께서 유다 백성 중에서 탁월한 몇 명의 소년들을 '왕궁에 서게' 하셨고, '갈대아 사람의 학문과 언어'(1:4)를 배우게 하셨다. 이 대목에서 하나님의 섭리에 대한 우리의 편견이 깨진다. 하나님께서 이들의 왕을 "여호와께서 높이신다"는 뜻의 여호야김이 아니라 "나부 신이여 경계석(상속자)을 보호하소서"라는 뜻의 이름을 가진 느부갓네살이 되게 하셨고, 하나님을 인정하고 찬양하는 네 소년의 이름을 모두 바벨론의 우상들을 높이는 이름으로 바꾸셨다.

하나님은 껍데기만 남아버린 성전의 예배와 이름만 하나님을 의뢰하는 왕을 결코 두고 보지 않으셨다. 하나님은 자기 백성이 참된 믿음으로 살지 않을 때 차라리 우상을 섬기는 자들의 손을 통해 하나님 나라의 미래를 키우시고, 통치권을 발휘하셨다. 다니엘과 친구들은 하나님을 인정하지 않는 세상 가운데 던져졌지만, 거기서 하나님의 자녀답게 살아가야 했다. 중요한 것은 이름이 아니라 자신을 더럽히지 않고 거룩함을 지키겠다는 결단이었고, 그 결단과 함께하시는 하나님의 섭리였으며, 또한 세상의 위협을 이기는 것이었다(1:7~10). 왕이 내려준 음식을 먹지 않고 채식을 한 것은 아직 어렸던 다니엘과 세 친구의 입장에서 할 수 있는 최대의 항거였고, 영적 전투였다. 하나님께서는 이렇게 믿음으로 싸우는 자들과 함께하신다. 그 지혜와 총명이 나라 전체의 어떤 박수나 술객보다 나았을 뿐 아니라, 자기를 뽑아 세운 그 왕보다 훨씬 더 오랫동안 그 지역을 통치하게 된다(1:20~21). 이처럼 하나님은 우상으로 가득한 곳에서도 거룩함을 지키는 자들을 통해 세상을 통치하신다.

하나님을 의뢰하는 자 (2장)

다니엘이 바벨론으로 끌려온 것이 느부갓네살의 재위 첫 해였고(주전 605년), 재위 2년(2:1)에 이 사건이 일어났다. 다니엘과 그 친구들에게는 또다시 생명의 위협을 받는 일이 벌어진다. 느부갓네살 왕은 자신이 꾼 꿈의 내용을 말해 주지도 않고, 그 내용을 설명하고 해석까지 하라고 지시한다. 신이 아니고서는 들어줄 수 없는 요구를 하며(2:11), 그렇게 하지 못했을 때 모든 시혜사를 무차별적으로 죽이라고 명령했다. 이런 어처구니없는 상황에서 다니엘이 취한 태도는 하나님의 사람이 어떤 모습이어야 하는지를 제대로 보여 준다. 침착하게 근위대장에게 말해 시간을 얻고, 동역자들과 함께 전적으로 하나님을 의뢰하며 기도드렸다(2:15~18). 그리고 그 기도의 응답으로 이 문제를 해결한다. 느부갓네살이 꾼 꿈은, 이 세상 역사는 신상(우상)의 역사이며 금과 은과 놋과 쇠의 역사인 것으로 보이지만, 결국 이 모든 것을 부수고 하나님의 나라가 온 땅에 가득하리라는 예언이다. 하나님은 이를 당시 최고의 권력자인 느부갓네살에게 보이시면서 이것이 하나님의 사람 다니엘에 의해서만 해석될 수 있도록 섭리하셨다. 아무리 세상이 하나님 없는 세상처럼 보인다 하더라도, 하나님은 그 가운데 임재하셔서 모든 세속의 역사 가운데 섭리하신다.

두려워하지 않는 자(3장)

비록 하나님께서 자신의 백성을 느부갓네살에게 넘기셨다고는 하나, 유대인으로서 그의 통치 아래 있는 것은 위험의 연속이었다. 다니엘의 세 친구는 이전과 같이 왕의 음식을 먹지 않는 수준이 아닌 우상숭배 강요와 죽음의 협박 앞에 서야 했다. 느부갓네살은 금으로 높이 60규빗(약 25~30m)의 신상을 만들어 자신이 통치하는 제국의 모든 사람이 하나의 신상 앞에 절하게 했다(3:5). 인간은 자신의 영향력이 커지고 소유가 많아질수록 그것을 잃지 않으려고 노심초사한다. 느부갓네살의 이런 무리한 행태 역시 마찬가지다. 자신이 이룬 넓은 제국에는 다양한 민족과 언어가 존재했고, 그들을 모두 자신과 자기 후손에게 복속시키기 위해서는 하나의 종교가 필요하다고 여겼던 것이다.

오직 하나님만을 섬긴다는 것은 결국 이런 제국주의적 왕권에 대한 저항자가 된다는 의미다. 다니엘의 세 친구가 그러했다. 그들은 풀무불의 위협 앞에서 전혀 주눅 들지 않고 하나님의 구원에 대한 그들의 신앙을 고백했고, 우상숭배를 거부했다(3:17~18). 결국 다니엘의 세 친구는 7배나 뜨겁게 된 풀무불 속으로 던져졌지만, 그 풀무불 속에서 함께하시는 주님을 체험했다(3:24~25). 그리고 우상으로 모든 사람의 정신을 지배하려 했던 왕의 시도는 신앙을 위해 풀무불도 두려워하지 않은 세 사람에 의해 실패로 돌아갔고, 온 세상의 주관자는 오직 하나님이심이 인정됐다(3:28~29).

하나님께서 통치하신다 (4~5장)

하나님께서 예루살렘 성전을 무너뜨리시고, 하나님을 인정하지 않는 세상으로 자신의 백성을 보내신 이유는 바로 하나님께서 온 땅을 통치하고 계심을 드러내기 위함이다. 바벨론이라는 우상을 숭배하는 세상 안으로 '던져진' 것만 같았던 다니엘과 세 친구가 그 안에서 '일사각오'의 믿음으로 살아갈 때 하나님의 통치를 드러낼 수 있었다.

이 이야기(1~3장) 후, 다니엘서는 하나님께서 온 세상을 다스리는 분이심을 적극적으로 선포한다. 느부갓네살에게 다시 꿈으로 계시가 주어지고, 그 계시가 다니엘에 의해 해석된다. 그 해석은 결국 바벨론 제국의 참 통치자는 하나님이심을 인정하라는 경고였다(4:26). 또한 하나님의 계시는 정확히 그에게 임해, 그는 왕궁에서 쫓겨나 먹을 것이 없어 풀을 먹고, 잘 곳이 없어 이슬을 맞으며, 머리털과 손톱을 정리할 수조차 없는 비참한 상태에 떨어지게 됐다(4:33). 느부갓네살은 금 신상을 통해 자신의 통치권을 자신이 정복한 모든 땅에 미치게 하기 원했지만, 결국 하나님께서 온 땅의 통치자임을 인정할 수밖에 없게 된다. 바벨론 역시 하나님의 섭리 가운데 있으며, 하나님께서 왕을 선택하셔서 세우시고, 그 뜻대로 통치하심을 인정하게 됐다.

느부갓네살의 아들 벨사살 왕의 이야기를 통해서도 우리는 같은 메시지를 읽을 수 있다(5장). 벨사살이 교만해 큰 잔치를 열어 천 명의 귀인들을 초대하고 하나님의 성전에서 사용되던 금그릇, 은그릇으로 술을 마시며 우상들을 찬양했다(5:1~3). 분명 그 아버지 느부갓네살이 온 땅을 다스리는 이는 하나님이심을 천명했고(4:34), 벨사살은 그 아버지로부터 왕위를 물려받았으면서도 이 사실을 인정하지 않았던 것이다. 교만한 벨사살과 그 귀인들 앞에 하나님께서 보이신 손가락이 벽에 쓴 글 '메네 메네 데겔 우바르신'(5:25)의 뜻은 '세어 보고 달아 보니 부족함이 보였다'는 뜻이다. 하나님께서 벨사살 왕을 평가해 보니 부족하더라는 것이며, 그가 적설하시 않으면 그 자리를 빼앗아 다른 이에게 주실 수 있는 권세를 가지셨다는 말이다. 결국 벨사살은 그날에 죽임을 당하고, 그 나라는 다리오에게 넘어간다(5:29~31). 당시로서는 그 누구도 범접할 수 없는 대제국의 왕이었지만, 하나님께서 허락하실 때까지만 그 자리와 권세를 보존할 수 있었다.

다니엘 6~12장
영원한 인자(人子)의 나라

성경은 이 세상에서 일어나고 있는 모든 일, 전쟁과 기근과 부조리한 일마저 모두 하나님의 섭리 안에 포함돼 있다고 선언한다. 이처럼 하나님의 주권이 절대적임을 선언하는 가장 대표적인 말씀이 바로 다니엘서의 후반부다. 비록 우리 눈에는 이 세상이 미국, 중국, 유럽연합 등 거대 국가의 통치자들과 다국적 기업의 경영자들에 의해서 주도되는 것처럼 보이지만, 다니엘서에 의하면 이 세상은 분명 우리 주님 예수 그리스도께서 다스리고 계시며, 모두 주님의 섭리 가운데 있음을 알 수 있다.

하나님의 나라에 속한 자(6장)
다니엘은 다리오 왕의 인정을 받아 바사(페르시아) 전체를 다스리는 총리로 발탁돼 탁월한 기량을 드러낸다. 그러나 다니엘은 주위 고위 관료들의 시기를 사게된다. 그들이 다니엘을 시기한 근본 원인은 그가 세상 나라, 즉 바사가 아니라 하나님 나라에 속해 있었기 때문이다. 그들이 어떠한 흠결도 없는 다니엘을 죽이기 위해 그의 신앙을 트집 잡는 모습은 이 세상이 하나님 나라에 속한 자들을 주목하고 있다는 사실과, 이성적으로 설명할 수 없는 영적 적대감을 갖고 있음을 잘 보여 준다. 그런데 다니엘은 30일 동안 어떤 신이나 사람에게도 무엇을 구해서는 안 된다는 왕의 금령이 내려졌음을 알면서도 늘 지켜왔던 기도생활을 멈추지 않았다. 뿐만 아니라 다른 모든 이들이 자신의 기도하는 모습을 볼 수 있도록 예루살렘으로 향한 창문을 열어두기까지 했다(6:10). 참소자들에 의해 다니엘이 고발당했을 때 왕마저도 다니엘을 구할 수 없었다. 그러나 하나님 나라에 속한 자는 하나님께서 구원하신다. 다니엘은 사자 굴에서 살아났고, 다니엘을 참소

했던 자들이 도리어 사자 굴에 던져져 죽임을 당했다. 다니엘은 비록 바벨론과 메대, 바사 시대에 살면서 그 나라에서 술객과 총리로 살았지만 자신이 하나님 나라에 속했음을 잊지 않았다. 또한 하나님의 능력으로 모든 일을 탁월하게 처리했을 뿐 아니라 하나님의 능력으로 구원을 얻었다.

구름을 타고 오는 인자(人子)의 나라(7장)

다니엘과 그 세 친구가 겪은 일에 대한 이야기가 끝난 후(1~6장), 하나님께서 이 세상을 어떻게 통치하시는지에 대한 가르침이 이어진다(7~12장). 이는 모두 다니엘의 꿈과 환상을 통해 하나님께서 직접 보여 주신 인간 역사에 관련된 이야기이다. 벨사살 1년, 주전 553년에 다니엘은 꿈을 통해 큰 네 짐승의 환상을 봤다. 사자 모양에 독수리 날개가 있는 첫째 짐승은 바벨론(7:4), 곰과 같은 형상의 둘째 짐승은 메대와 바사(7:5), 날개 넷이 달린 표범 모양의 셋째 짐승은 헬라(7:6), 이전의 짐승과는 매우 다르게 무섭고 강한 넷째 짐승(7:7)은 로마와 그 이후의 시대를 상징한다. 헬라의 알렉산더가 주전 323년에 죽었으므로, 이 환상은 200년이 넘는 후대에 일어날 일에 대한 것이었다. 무엇보다 다니엘의 이 환상에 넷째 짐승의 시대, 곧 로마 시대에 예수 그리스도께서 오실 것이 예언돼 있다(7:9~14). 하나님의 주권 아래 짐승들의 시대, 즉 대제국의 시대가 마감되고 인자(人子)와 같은 이가 하늘 구름을 타고 와서 온 세상의 권세를 얻으실 것이 500여 년 전에 예언됐다(7:13~14). 그래서 예수님은 자신을 가리키실 때 '(그) 인자'라고 말씀하셨던 것이다.

하나님을 대적하면 반드시 멸망한다(8장)

벨사살 3년(주전 550년경), 다니엘은 두 번째 환상, 곧 숫양과 숫염소의 환상을 봤다. 처음에 본 두 뿔 가진 숫양은 메대-바사(메디아-페르시아) 연합국을 상징한다(8:3~4). 이 강력한 제국을 숫염소로 상징된 알렉산더가 이끄는 헬라가 단숨에 무너뜨린다. 천사 가브리엘에 의해 전해진 이 환상은 이후에 알렉산더가 죽고 헬라가 넷으로 나뉘게 될 것이며(8:8, 21~22), 그 네 왕국 중 한 왕이 유대 지역을 정복해 성전을 더럽힐 것에 대한 것도 예언됐다. 이는 시리아의 왕 안티오쿠스 4세에 의해 실제로 일어난 일이다(8:9~14). 하나님께서는 그 섭리 가운데 대제국들의 시대를 허락하셨고, 그 회오리 가운데 하나님의 백성들이 고통을 당하고 성전이 훼파되는 것을 허락하셨다. 하나님께서 왜 그렇게 섭리하셨는지에 대해서는 알 수 없지만, 분명한 사실은 하나님을 대적한 이 제국들은 모두 하나님에 의해 망한다는 사실이다(8:25).

하나님의 백성은 다시 일어나리라(9장)

세속 역사의 중심에 있어야 할 하나님의 백성이 가져야 할 역사관이 무엇인지에 대해서도 다니엘의 기도와 가브리엘의 응답에 의해 나타난다. 다리오 원년, 즉 바벨론이 멸망하고 메대-바사 제국이 시작되는 시기에 다니엘은 예레미야서에 이미 바벨론이 멸망하리라는 예언이 있음을 기억하고, 또한 하나님께서 이 백성을 회복하시리라는 사실을 깨닫고 회개 기도를 시작한다. 비록 이 백성이 죄를 범함으로 이렇게 포로가 됐지만 하나님의 긍휼로 하나님의 땅을 회복시켜 달라는 간구다(9:1~19). 다니엘의 기도를 들으신 하나님께서는 천사 가브리엘을 보내 다니엘의 기도에 응답하시는데, 단순히 이스라엘의 귀환과 회복만 말씀하신 것이 아니라 그 이후에 오실 그리스도를 세우시고 그를 통해 종말, 즉 완전한 구원에 대한 예언까지 주셨다(9:20~27).

옳은 데로 돌아오게 한 자는 별과 같이 빛난다(10~12장)

바사 왕 고레스 3년, 즉 이스라엘의 1차 귀환이 이뤄진 직후, 오직 조국을 위해 기도하던 다니엘이 다시 환상을 보게 된다. 힛데겔 강에서 다니엘은 환상 가운데 한 사람을 보는데, 그의 영광 앞에 압도당하고 만다(10:4~9). 다니엘에게는 그 큰 영광 가운데 하나님의 구속 역사의 계획이 계시되는데, 다니엘이 살고 있던 당시에 일어날 일이 아니라 먼 훗날의 일이었다(10:14). 그런데 다니엘이 힛데겔에서 받은 계시(11장)는 사실 7장과 8장에서 제시된 환상을 구체적인 언어로 다시 제시한 것이다. 7~8장에는 짐승, 숫양과 숫염소 등의 비유적 언어로 사용됐으나,

11장에서는 실제로 일어날 일들이 제시되고 있다.

예언에 언급된 바사에서 일어날 세 왕은 캄비세스, 스메르디스, 다리오 1세이며, 부요하고 강한 넷째 왕은 크세르크세스 1세로 헬라를 공격했던 왕이다(11:2). 그 후 알렉산더가 바사를 멸망시켰으나 일찍 죽고, 헬라는 톨레미(이집트 지역, 남방), 셀류키드(시리아 지역, 북방) 등 네 왕국으로 분열된다(11:3~4, 8:8). 이후 톨레미가 공주를 보내 셀류키드와 정략결혼을 하는 것도 그대로 제시된다(11:5~6). 그러나 그 정략결혼도 오래 가지 못하고, 다시 전쟁의 소용돌이에 휩싸일 것을 이야기한다. 문제는 그 전쟁의 소용돌이에서 하나님의 백성이 고통을 당하게 된다는 사실이다. 북방 셀류키드 왕조의 안티오쿠스 4세 에피파네스가 성전을 파괴할 것이 그대로 예언돼 있다. 이 가운데 오직 하나님을 아는 백성은 강해서 용맹을 떨치지만, 그렇지 않은 이들은 타락해 악을 행할 것이다(11:28~32).

하나님은 악한 자가 형통할 수 있도록 일시적으로 내버려 두시지만, 그것을 통해 자기 백성이 철저하게 자기 허물을 벗고 회개한 이후에는 즉시 악인들을 멸하실 것이다(11:45). 악인이 흥하는 것처럼 보이더라도 지혜로운 자는 자기를 지키며, 많은 사람을 옳은 데로 돌아오게 한 자는 별과 같이 빛날 것이다(12:3). 비록 사람이 알 수 없는 시기에 이 일이 일어날 것이어서 다니엘도 그 의미를 다 파악할 수 없었지만, 다니엘은 이 모든 계시를 받아 전하는 것으로 자기 사명을 마치고 평안을 얻게 되리라는 말씀을 받았다.

우리 모두는 구름을 타고 오실 인자의 나라, 예수 그리스도께서 다스리시는 하나님 나라의 시민이다. 내가 이 세상에서 겪는 모든 어려움과 고통도 하나님께서 내 연약함과 부정함을 제거하기 위해 주시는 것임을 기억하며, 말씀을 통해 위로와 새 힘 얻기를 바란다. 오직 하나님을 아는 백성은 강하여 용맹을 발한다. 다니엘서를 묵상하며 예수 그리스도의 나라에서 다스리는 주님의 거룩한 백성으로서의 정체성을 확인하길 바란다.

호세아

호세아 1~14장
포기하지 않으시는 하나님의 사랑

호세아는 하나님의 사랑 이야기다. 조건적이거나 제한적인 사랑이 아닌, 무조건적이고 무제한적인 사랑이다. 자격이 없는 이스라엘을 향한 하나님의 짝사랑 이야기다. 어찌하여 그토록 사랑하시는지 우리는 다 알 수 없다. 그저 하나님께서 그렇게 택하시고, 사랑하기로 작정하셨다는 것 외에는 말이다. 주변을 돌아보면 어느 것 하나 하나님의 사랑의 손길이 아닌 것이 없다. 호세아서를 묵상하며 하나님의 사랑을 되새겨 보자.

영적으로 한없이 타락한 시기 (1~2장)
여로보암 2세가 다스리던 이스라엘은 정치적, 경제적으로 전성기를 구가하고 있었다. 그러나 영적으로는 한없이 타락한 시기이기도 했다. 바로 이런 상황에서 하나님께서는 선지자 호세아에게 음란한 여인 고멜과 결혼해 음란한 자식을 낳음으로 하나님의 애타는 심정을 조금이나마 헤아려 보도록 하신다. 하나님은 음란한 이스라엘이 돌이키지 않으면 그들을 벌거벗겨서 광야같이, 마른 땅같이 되게 해 목말라 죽게 할 것이라고 경고하신다. 이런 과정을 통해 바알의 이름을 제해 버리고, 이스라엘 백성의 입에서 "주는 내 하나님이시다"라는 고백을 하도록 하는 것이다.

말씀을 잊은 백성 (3~4장)

이스라엘 백성이 다른 신을 섬길지라도 하나님은 그들을 사랑하시겠다고 하신다. 하지만 그들은 하나님에 대한 지식이 없기에, 번성할수록 더 범죄하고 멸망의 길로 나아간다. 모든 산과 산 위의 푸른 나무 아래에서 우상을 섬긴다. 하나님을 버리고 말씀을 잊은 백성, 죄를 깨닫지 못하고 회개하지 않는 백성은 망하는 일밖에 남은 것이 없다.

여호와를 힘써 알자 (5~6장)

음란한 마음이 그 속에 있으면 여호와를 알지 못한다. 이스라엘 가운데 우상숭배의 죄악이 가득했다. 그러나 더 큰 문제는 남 유다도 북 이스라엘의 영향을 받아 동일한 죄를 범하며 하나님의 심판을 피할 수 없게 된 것이다. 그러나 여호와께로 돌아와 그분을 힘써 알아 가면 회복이 주어진다. 하나님께서 원하시는 것은 제사가 아니라 인애이며, 하나님을 아는 것이다.

이스라엘에 대한 하나님의 또 다른 사랑 (7~8장)

하나님께서 이스라엘을 치료하실 때 그들의 거짓과 악이 드러나게 된다. 죄악을 범하고도 교묘하게 감추면, 뒤집지 않은 전병처럼 다 타고 시커먼 재가 될 때까지 알 수 없다. 이것이야말로 더욱 심각한 심판이 아닐 수 없다. 그러므로 하나님은 에브라임 곧 이스라엘을 이방의 손에 붙여 심판하신다. 궁극적인 관점에서 보면, 이 심판은 이스라엘에 대한 하나님의 또 다른 사랑이라고 할 수 있다.

이방 가운데 떠도는 자 (9~10장)

그럼에도 불구하고 이스라엘은 여전히 음행을 즐긴다. 하나님은 광야에서 포도

열매를 발견한 것처럼 이스라엘과 만나 사랑하셨지만, 이스라엘은 언제부터인지 이방 우상에게 그 사랑을 주고 말았다. 그러므로 하나님도 그들을 버려 이방 가운데 떠도는 자가 되게 하신다. 그들은 더 많은 것을 가지고 제단을 쌓고 주상을 꾸미는 일에 열심을 낸다. 두 마음을 품고도 하나님을 두려워하지 않았다. 이제 징계 외에는 이스라엘을 사랑할 방법이 없어 보인다.

결코 버리지 않으신다(11~12장)

아주 오래전부터 사랑하신 이스라엘에 대한 하나님의 마음은 그 어떤 반역에도 불구하고 변치 않는다. 결코 그들을 버리지 않으신다. 이것이 하나님의 무조건적인 사랑이다. 그러나 주께로 돌아오기만을 기다리시는 하나님의 바람과는 상관없이 이스라엘은 거짓과 불의한 길을 버리려 하지 않는다.

다시 호소하는 호세아(13~14장)

바알을 섬겨 몰락을 경험했음에도 이스라엘은 오히려 더욱 범죄하며 우상 만들기를 그치지 않았다. 참으로 지겹기까지 하다. 하나님께서 포기하실 만도 하다. 그러나 선지자 호세아를 통해 다시 이스라엘에게 호소하신다. 그리고 이렇게 선포하신다. "내가 그들의 반역을 고치고 기쁘게 그들을 사랑하리니 나의 진노가 그에게서 떠났음이니라"(14:4). 할렐루야!

지난 시간을 돌아보면 순종의 날보다 불순종의 날이 많았음을 고백하지 않을 수 없다. 그럼에도 불구하고 여전한 사랑으로 우리를 기다려 주신 하나님께 찬양드린다. 하나님께서는 참으로 오랫동안 때로는 징계와 심판으로, 때로는 용서와 포용으로 기다려 주셨다. 하나님의 이 사랑만이 우리의 유일한 소망임을 고백한다. 이런 하나님의 마음을 안다면, 하루라도 속히 죄악의 길을 떠나 하나님께로 돌아오는 결단이 필요하다.

요엘

요엘 1~3장
참된 회복을 위해

요엘을 통해 회개와 회복에 대해 묵상해 보고자 한다. 요엘 선지자가 유다 백성에게 선포한 말씀을 통해 짧게는 지난 몇 년을, 더 길게는 내 인생 전체를 하나님 말씀 앞에서 진지하게 돌아보고 회개할 것은 회개하고, 결단할 것은 결단해 주님께서 주시는 회복을 누리기 바란다.

회복의 길, 마음을 찢는 회개 (1장~2:17)

요엘서는 당시 유다 사람들이 겪었던 심각한 메뚜기 재앙으로 인한 탄식으로 시작한다(1:2~4). 이 재앙으로 유다의 경제적 기반이 붕괴돼 성전에 드릴 제물이 없을 정도였다. 요엘은 이 사태를 결코 단순한 천재지변으로 여겨서는 안 되며, 이를 계기로 각성하고 회개할 것을 촉구한다(1:13~14). 요엘은 또한 전쟁의 참화가 눈앞에 있음을 경고하면서 유다 백성들에게 참된 회개를 촉구한다(2:1~11).

하나님께서 자기 백성에게 요구하시는 것은 '마음을 다해 하나님께로 돌아오는 것'이며, '옷을 찢지 말고 마음을 찢고 하나님께로 돌아오는 것'이었다

(2:12~13). 오늘날에도 유대인들은 자신의 슬픔을 표현하기 위해 자기 옷깃을 약간 찢곤 한다. 그런데 이것이 하나의 의식이 돼 하나님께 회개를 외치는 선지자가 나타나면 의례적으로 옷을 찢고 회개하노라고 고백하는 모습을 찾아볼 수 있다. 마치 매주 예배시간에 참회 기도를 형식적으로 드리는 것과 같다. 그래서 선지자는 "옷을 찢지 말고 마음을 찢으라"고 요구하는 것이다. 그리고 유다가 하나님의 진노를 피하는 길은 오직 대제사장으로부터 일반 백성에 이르기까지 모든 백성이 이처럼 마음으로 돌이키는 회개로 하나가 되는 것이다(2:15~16). 하나님께서 자기 백성에게 고통을 허락하시며 심판을 선포하시는 목적은 그들이 속히 회개하고 구원을 얻기 위함이다.

회복, 언약관계 새롭게 맺기 (2:18~3장)

요엘은 유다의 모든 이들이 전심으로 하나님 앞에서 자복하며 회개할 때 하나님께서 메뚜기 떼가 먹어버리고, 전쟁의 참화로 폐허가 된 땅의 모든 것을 회복하실 것이라 선포한다(2:19~26). 그러나 참 회복의 핵심은 그저 땅이 기름지고 백성의 경제적 기반이 회복되는 데에 있는 것이 아니라, '하나님과 그의 백성'이라는 언약관계가 새롭게 되는 데에 있다. 하나님께서는 자기 백성이 죄로부터 돌이켰을 때에 하나님의 영을 모든 백성에게 부어 주시고 자기 백성으로 확증하기 원하신다(2:28~29). 이 관계가 회복되면 하나님은 자신의 이름으로 칭해지는 자기 백성에 대한 신실한 구원자요, 보호자가 되신다. 그 어떤 두려운 이적 가운데서도 여호와 하나님의 이름을 부르는 자는 구원을 얻는다(2:32). 또한 하나님께서 유다를 징계하기 위해 사용하셨던 이방 민족들을 도리어 심문하시고, 그들이 이스라엘에게 행한 일에 대해서 갚아 주시되(3:1~15), 자기 백성에 대해서는 분명한 보호자가 되어 주신다(3:16).

결국 문제의 해결책은 바깥에 있는 것이 아니라 우리 안에 있음을 발견하게 된다. 우리가 참된 회개를 통해 하나님과의 관계를 회복하는 것이야말로 모든 문제 해결의 첩경임을 깨닫게 된다.

아모스

아모스 1~9장
하나님의 분노 앞에서

우리가 분노하시는 하나님에 대해서 알려고 하지 않는다면 하나님이 어떤 분이 신지 아는 것은 사실상 불가능하다. 아모스는 하나님의 분노를 묵상하는 데 적절한 책이다. 아모스는 자기 백성 이스라엘의 죄에 대해서 분노하시는 하나님을 선포하며, 자기 백성을 징계하심으로써 바른 길로 돌이키려 하시는 하나님의 섭리를 기록하고 있다.

저들보다 나은 것이 무엇이냐?(1~4장)

아모스는 북 이스라엘 사람들 앞에서 이스라엘과 적대적인 관계였던 나라들의 도시를 거명하며, 그들에 대한 하나님의 심판을 선포하는 것으로 자신의 예언을 시작하고 있다. 아람(다메섹), 블레셋(가사, 아스돗, 아스글론, 에그론), 페니키아(두로)가 저들의 '서너 가지 죄'로 인해 심판을 받으리라는 것이다. 아모스는 곧 이어서 에돔, 암몬, 모압이라는 나라(민족)를 거명하며 그들에 대한 심판을 선포한다. 그리고 남왕국 유다 또한 하나님의 율법을 지키지 않는다는 이유로 심판을 선포한다(1:3~2:5). 지난 역사를 되짚어 보면 아람, 블레셋, 페니키아는 이스라엘과 전혀 다른 혈통의 나라이고, 에돔, 암몬, 모압은 이스라엘과 친척뻘 되는 나라들이며, 유다는 형제와 같은 관계라고 할 수 있다. 그러나 이스라엘로서는 이 나라들과 모두 갈등을 겪고 있었기에 심판을 선포하는 아모스의 메시지가 환영할 만한 것이었다. 그러나 이 일곱 나라에 대한 심판 선포는 그저 서론에 불과했다. 아모스는 곧 본론으로 들어가 북왕국 이스라엘에 대한 하나님의 심판을 선포했으며, 그 책망은 그칠 줄을 모르고 계속된다(2:6~4:13). 앞서 일곱 나라에 대해 선포된 심판보다 더 강한 하나님의 분노가 자기들에게 표현되는 것을 들으며, 이스라엘의 지도층은 경악을 금치 못했을 것이다. 하나님께서는 상대적인 기준을 가지고 세상과 자신의 백성을 바라보시지 않았다. "그래도 우리가 세상보다는 낫지 않는가?"라고 말하며, 우리 안에 있는 죄와 허물에 대해서 눈감는 것은 하나님의 자녀에게 어울리는 태도가 아니라고 한다.

절망 가운데에서 돌이키라 (5~6장)

아모스는 이스라엘의 심판을 선언한 후에 애가를 지어 부른다(5:1~17). 이는 이스라엘의 운명이 절망적이라는 뜻이다. 그러나 아모스가 이처럼 절망을 강조하는 이유는 이스라엘로 하여금 "돌이켜 살 길을 찾으라"(5:4, 6, 14)고 권면하기 위함이다. 애가가 끝난 후, 아모스는 '화 있을진저'라는 선포로 시작하는 두 개의 심판 선언문을 낭독한다. 첫 번째(5:18~27)는 종교에 대한 저주다. 당시 이스라엘은 여호와 하나님을 향한 제사를 꼬박꼬박 드렸고, 절기를 지키며, 모임을 갖는 것을 잊지 않았다. 그러나 그 가운데에 우상숭배가 있었을 뿐 아니라 정의나 공의는 찾아볼 수 없었다. 하나님께서는 그런 제사는 받지 않겠다고 선언하셨다. 두 번째(6:1~14)는 이스라엘 지도층의 교만과 사치에 대한 저주다. 여로보암 2세가 다스리던 당시 북 이스라엘은 상당한 수준의 부를 누렸지만, 대부분은 지도층에게 집중되고 가난한 자들은 더 가난해지는 상황이었다. 아모스는 주변 나라들에 비해 더 크거나 강대하지도 않았던 이스라엘의 지도층이 상아 상에 눕고 사치스러운 식사를 하면서도, 나라의 장래에 대해서는 전혀 생각하지 않는 현실을 질타

했다. 하나님은 아모스를 통해 이스라엘이 어떻게든 현 상태를 유지하려고만 하면 아무 희망이 없음을 보여 주신다. 내가 익숙한 대로 살면서 하나님도 함께 섬길 수 있으리라는 생각은 버려야 한다.

분노의 하나님 vs 긍휼의 하나님 (7~9장)

아모스는 하나님께서 어떻게 이스라엘을 치실 것인지를 선포하는데, 감사한 것은 재앙이 이미 선포됐음에도 선지자의 중보로 인해 재앙이 취소되기도 한다는 점이다. 하나님은 먼저 메뚜기의 재앙과 불의 재앙(7:1~5)을 선포하셨지만, 아모스의 "야곱이 미약하오니 어찌 서리이까"(7:2, 5)라는 중보기도 앞에 이것들을 취소하셨다. 이 두 재앙은 이스라엘의 모든 백성이 진멸당하는 수준의 것이다. 그러나 아모스는 하나님의 재앙을 가로막았고, 하나님은 아모스의 기도를 들으셨다. 그러나 이후에 선포되는 재앙들은 취소되지 않았다. 이스라엘의 왕조와 귀족들, 종교지도자들을 향한 하나님의 심판은 취소될 수 없는 것이었다. 하나님은 다림줄을 보여 주시면서 이스라엘의 산당과 성소가 파괴되고, 여로보암의 집, 즉 왕조가 무너지리라고 선언하셨다(7:7~9). 그리고 여름 과일 한 광주리를 보여 주심으로써 이스라엘의 궁전에 시체가 가득한, 즉 귀족들이 멸절당하는 것을 보여 주셨다. 그리고 제단의 기둥머리를 쳐서 문지방이 움직이고 무너져 거기 모인 모든 이들이 깔려 죽는 것을 보여 주심으로써 그 어느 누구도 심판을 피할 수 없음을 분명히 하셨다. 하지만 아모스서는 절망으로 끝나지 않는다. 하나님은 "야곱의 집은 온전히 멸하지는 아니하리라"(9:8)는 말씀과, 이후에 다윗의 무너진 장막을 다시 일으켜 이스라엘이 다시 회복될 수 있으리라는 소망의 말씀을 전하신다. 이것이 아모스서의 결론이다(9:11~15).

이처럼 하나님은 극도의 분노를 표현하는 중에도 자기 백성을 향한 사랑과 긍휼을 버리시는 분이 아니다. 모든 백성을 진멸하는 심판을 선지자의 중보기도 앞에서 철회하시고, 이스라엘의 왕권을 무너뜨리시더라도 다시 세워질 다윗의 장막을 바라보시는 분이 바로 하나님이시다.

오바댜

오바댜 1장
세상의 비웃음거리가 될지라도

어쩌면 지금 당장은 하나님의 백성이 세상에 패해 굴욕을 당하는 것 같이 보일지도 모른다. 그리고 그 패배의 이유는 바로 우리의 불순종 때문인지도 모른다. 그러나 우리는 세상 앞에 비굴해져서는 안 된다. 교회가 굴욕을 당하는 것은 우리가 하나님 앞에서 죄를 범했기 때문이지, 결코 세상이 우리보다 낫기 때문이 아니다.

하나님은 세상의 악인들을 사용하셔서서 자기 백성을 심판하기도 하시지만, 그렇다고 해서 언약 백성을 욕하고 공격하는 자들을 옳게 여기시지 않았다. 하나님께서는 끝까지 우리 편이 돼 주실 것이며, 언젠가 교회를 다시 세우셔서 교회를 공격했던 자들을 무릎 꿇게 하실 것임을 믿어야 한다. 오바댜는 하나님께서 다시 함께해 주실 것에 대한 확신을 갖고 있었다. 그랬기에 유다가 그 자신의 범죄 때문에 바벨론에게 멸망당했지만, 유다의 패망을 기뻐하고 노략질했던 에돔 또한 하나님으로부터 심판을 받고, 그들이 한 그대로 앙갚음을 당할 것이라고 선포할 수 있었다.

요나

요나 1~4장
복음, 세상의 소망

복음 전파에 대해서 묵상할 때 요나서는 큰 도전을 준다. 니느웨로 가기를 거부하고 다시스로 도망하는 요나는 이방인에게 구원의 은혜를 나누려 하지 않았던 이스라엘을 상징한다. 그러나 요나가 이방인 사공들과 한 배를 타고 있었던 것처럼, 이스라엘 역시 이방 나라들과 한 배를 타고 있었고, 요나의 불순종으로 그 배가 풍랑을 만났듯이, 이스라엘의 불순종으로 온 세상이 위험에 처했다. 세상이 회복되어 하나님께 영광을 돌리는 길은 오직 불순종한 하나님의 백성(요나)이 바다에 던져지는 것이었다(1장). 그제야 요나는 그 바다의 심연 가운데에서도 기도를 들으시는 하나님을 발견하며, 세상 어느 지역, 누구라도 하나님의 임재 앞에 설 수 있음을 깨닫는다(2장). 그러나 요나는 아직도 하나님의 마음을 이해하지는 못했다. 이스라엘이 회개할 때 하나님의 심판이 취소됨은 당연히 여겼을 요나가, 니느웨가 회개함으로써 심판이 연기됨에 대해서는 격렬히 항변한다. 하나님께서는 요나에게 박넝쿨 하나를 통해 하나님께서 니느웨 백성을 향해서도 아버지의 마음을 갖고 계심을 드러내어 주신다.

미가

미가 1~7장
진리의 말씀

지금도 하나님께서는 자기 백성인 교회를 끊임없이 갱신해 가신다. 교회가 하나
님 앞에 바로 서지 못하고 우상숭배에 빠질 때마다 하나님은 교회를 담금질하
시며, 때로는 세상의 비웃음거리가 되게 하신다. 그러나 그 모든 것은 우리를 하
나님 앞에서 거룩하게 하기 위함이다. 미가서를 묵상함으로써 하나님의 참 회복
하심을 깨닫도록 하자.

회복, 진리의 말씀(1~2장)
하나님께서 자기 백성의 회개를 촉구하시며, 회복하기 원하시는 또 하나는 바로
'진리의 말씀'이다. 미가는 이스라엘이 하나님과의 언약을 어기고 우상을 숭배
하고 있음을 질타하면서(1:1~7) 이스라엘 각 곳에 하나님의 진노가 임할 것을 선
포한다(1:11~16). 우상숭배는 하나님의 진리를 외치는 선지자에게 예외 없이 질타
의 대상으로 진리의 말씀과는 양립이 불가능하다. 그러나 미가가 활동했던 당시
는 탐욕스럽고 교만한 지도층이 진리를 말하는 선지자의 입을 막는 시대였으며

(2:6), 선지자라는 자들이 거짓과 방탕을 찬양하는 시기였다(2:1~11). 그러다 보니 하나님의 백성들 사이에 우상숭배가 창궐했던 것이다. 미가는 이런 유다 지도자들을 하나님께서 다 심판하실 것이며 그들로부터 남은 자들, 즉 이런 악에 빠지지 않은 자들을 찾아 모으시리라고 선포한다(2:12~13). 하나님은 거짓과 우상숭배가 난무하는 가운데에서도 진리의 말씀을 사모하는 자들을 찾아내시고, 그들 가운데 미가와 같은 참 선지자를 세우시며, 진리를 회복해 가신다.

회복, 메시아의 통치와 교회 (3~5장)
미가 선지자 당시 정치, 사회, 종교 지도층들은 백성들을 수탈하며 자기 탐욕을 채우기에 바빴다. 또 이를 견제해야 할 선지자들은 오히려 그들의 앞잡이가 돼마치 점쟁이들처럼 돈을 받고 좋은 예언을 해 줄 정도였다(3:1~5, 11). 이런 거짓된 자들은 오히려 하나님께서 자기들과 함께하신다고 외쳤다. 그들이 신뢰한 것은 성전 건물과 예루살렘 성벽이었다(3:10~12). 미가는 그들이 신뢰하는 성전과 예루살렘 성이 파괴되리라는 두려운 말씀을 선포한 이후, 그 성전이 무너진 시온 산에 이방인들이 몰려와 하나님의 말씀을 배우고 행하는 일이 일어나리라고 말한다. 또 하나님의 도와 말씀이 건축물이 아닌 하나님의 전과 예루살렘에서 나오게 되리라고 선포한다(4:1~2).

오직 하나님의 이름을 의지함으로써 참 평화가 선포되는 날이 온다는 것이다(4:3~5). 사실 이는 유대인들의 입장에서 볼 때 엄청난 고통이 뒤따르는 일이다. 그러나 하나님은 죄와 우상숭배에 빠진 자기 백성을 바로 세우시기 위해 이방인들로부터 고초와 수모를 당하게 하신다. 예루살렘 성이나 성전, 그리고 그 모든 종교적 질서와 예식과 문화가 파괴되는 상황에 처하더라도 거기에 남은 자들이 있을 것이다. 그 남은 자들이 하나님의 백성으로서 회복되고 승리하리라는 준엄한 메시지를 선포한다(4:6~13).

특히 여기서 미가는 이스라엘을 회복할 메시아를 바라본다(5:1~4). 성전, 성벽, 종교적 질서, 제사 예식 등 모든 것이 파괴되고 사라진 상황에서도 하나님께서는 이스라엘을 위해 새로운 메시아를 세우실 것이다. 그가 모든 우상을 타파하고 오직 하나님을 바라보는 참 이스라엘을 세우게 될 것이다. 바로 예수 그리스도와 그를 머리로 하는 참 하나님의 백성, 교회에 의해서 이 예언이 성취될 것이다.

회복, 참된 예배 (6~7장)

미가는 마치 하나님께서 이스라엘을 재판정에 고발하시는 비유를 사용해, 하나님께서는 이스라엘과의 언약을 어기신 적이 없다고 말한다. 오히려 더 큰 은혜를 베푸셨음에도 불구하고, 이스라엘이 계속해서 하나님의 언약을 어겼음을 질타한다(6:1~5).

하나님께서 그 많은 은혜를 베푸시면서 이스라엘에게 원하셨던 것이 있다. 그 것은 정의를 행하고, 사람을 사랑하며, 하나님과 동행하는 삶이었다. 이스라엘이 하나님께 드려야 했던 진정한 제사, 참된 예배는 바로 이것이었다. 그러나 이스라엘은 하나님을 마치 이방 종교의 신들처럼 대했다(6:6~8). 성전에서 제사를 드리며 하나님을 찬양한 후에는 가난한 자를 수탈하고 부정직한 매매를 자행했다. 이처럼 예배 의식과 형식만 있을 뿐, 실천과 순종이 없는 종교 행위야말로 하나님께서 가장 가증스럽게 여기시는 바다(6:9~16).

미가는 이후에 이스라엘이 잘 되고 흥왕하리라는 전망을 내놓지 않았다. 왜냐하면 자신의 눈앞에서 펼쳐지고 있는 상황이 너무나 절망적이기 때문이다. 참으로 하나님을 예배하고 섬기는 자가 없는 현실에서 그는 오직 하나님의 영광을 바랄 뿐이다(7:1~13).

그러나 그는 하나님께 올리는 찬양을 잊지 않았다. 마치 아무도 없는 광야에서 홀로 예배하는 예배자처럼, 그는 기도와 찬양을 하나님께 올리고 있다. 하나님은 이처럼 참된 예배자를 찾고 계시며, 언젠가 반드시 이런 참된 예배를 회복하실 것이다. 우리는 참된 회복이 하나님과 그의 말씀에 있음을 기억해야 한다.

나훔

나훔 1~3장
더 이상 참지 않으시는 하나님

그리스도인은 고난과 핍박을 받으며 살아간다. 때로는 자신의 죄로 인할 때도 있지만, 애매히 고난과 핍박을 받을 때도 있다. 이때 우리 하나님께서는 자신의 백성들과 함께하시며, 핍박하는 자를 진리로 심판하신다. 나훔서를 묵상하며 악한 세력을 멸하시는 주님의 공의를 바라보며 위로 받기를 바란다.

하나님의 분노(1장)

나훔서를 통해 우리는 아모스서와는 또 다른 하나님의 분노를 만날 수 있다. 그것은 자신의 백성을 향한 분노가 아니라, 자신의 백성을 괴롭히는 적을 향한 분노다. 나훔은 뛰어난 표현력으로 유다의 원수였던 앗수르의 수도 니느웨의 멸망을 선포한다. 니느웨는 이전에 요나의 사역으로 하나님의 분노를 피했던 도시다. 그러나 그렇게 회개했음에도 결국 니느웨는 선한 길을 걷지 않고 다시 타락과 광포의 길을 걸었고, 결국 하나님께서는 니느웨의 영원한 심판을 나훔을 통해 선포하셨다. 원래 하나님께서는 노하기를 더디 하시는 분이지만(1:3), 더 이상 참을 수 없어 철저한 멸망을 안기시겠다고 선포하신다. 앗수르의 압박 아래 있었던 유다 백성에게는 이 선포야말로 커다란 위로이자 소망이었을 것이다.

침략당하는 침략자 (2장)

니느웨가 수도였던 앗수르는 당시 고대 근동의 잔인한 침략자였다. 나훔은 마치 눈앞에서 벌어지고 있는 듯이, 생동감 있는 언어로 앗수르가 주위 나라들에 했던 잔인한 방법으로 그들 역시 허망하게 멸망당할 것을 선포한다. 하나님은 이런 선포를 통해 유다에게 힘을 주시고, 앗수르를 끝까지 대적하도록 용기를 북돋워 주셨다. 유다는 비록 예루살렘 성을 지켰지만, 그 외의 다른 영토들에서 앗수르의 잔인한 폭행을 감내해야만 했다. 하나님께서는 자신의 백성을 괴롭힌 자들을 결코 묵과하지 않으신다. 하나님께서는 악한 자들이 행했던 것과 동일한 방법으로 심판하실 것이다. 이 모든 것은 하나님의 앙갚음이고, 정의의 선포다.

수모를 당하는 침략자 (3장)

나훔은 니느웨가 얼마나 철저히 파괴되고 수모를 당할 것인지를 선언함으로써 말씀을 마치고 있다. 니느웨는 자신들이 이전에 멸망시켰던 테베(노아몬 : '아몬 신의 보호 아래 있는 도시'라는 뜻)처럼 멸망을 당하게 될 것이다. 테베는 니느웨처럼 강 사이에 위치한 도시로서 물줄기를 천연 요새로 삼아 오랫동안 번영했던 성읍이었지만, 앗수르 군대에 의해 정복당했다. 앗수르 군대는 그 주민들을 노예로 삼았을 뿐만 아니라, 아이들을 벽에 던져 죽이는 잔인한 악행을 저질렀다. 그러한 니느웨의 패망은 다른 나라들에는 오히려 기쁨이 될 것이다. 그만큼 포악한 악행을 저질렀던 도시가 한순간에 멸망을 당하고, 자신들이 행했던 잔인한 방법대로 앙갚음을 당하는 것을 볼 때 주위 나라들이 기뻐하게 된다는 말이다.

나훔은 언제 어디서든지 하나님의 백성을 핍박하는 악한 세력은 망한다는 진리를 선포함으로써 고통당하는 주의 백성을 위로하고 있다.

암흑을 가르는 소망의 빛

지루한 장마도, 푹푹 찌는 폭염도 견딜 만하다. 그러나 의인이 까닭 없이 고난을 당하고, 악한 자들이 득세하는 것은 정말 참기 힘들다. 하나님께서 살아 계시다면 왜 이런 혼돈이 계속되는가? 암울한 시대를 살아가던 선지자들에게도 동일한 질문이 있었을 것이다. 왜? 왜? 왜…? 그러나 하나님은 역사의 주관자이시다. 하나님의 때에 하나님의 방법으로 일하신다. 그러므로 우리는 그날에 하나님께서 이루실 놀라운 일들을 소망으로 바라봐야 한다. "오직 의인은 믿음으로 살리라"라고 고백하며, '여호와의 전'인 우리 자신을 중수하는 하루하루가 되면 좋겠다.

하박국 1~3장
물음표에서 느낌표로

저작 연대에 대한 의견은 분분한 편이나 바벨론이 강대국으로 급부상하던 시대를 배경으로 하고 있음이 분명하다. 바벨론의 침략을 눈앞에 둔 여호야김의 암울한 치세에 하박국 선지자는 하나님의 소망을 전한다. 백성들의 패역과 겁탈, 강포가 눈앞에 있고, 표범 같은 갈대아 사람들이 독수리처럼 날아오는 위급한 상황들이 펼쳐진다.

선지자는 하나님께 묻는다. "어찌하여 듣지 아니하시나이까?" 오늘날 우리도 살아가면서 동일한 질문을 하게 될 때가 있다. 그때 하나님은 뭐라고 대답하실까? 성루에 서서 대답을 기다리는 하박국에게 하나님께서 말씀하신다. "그 종말이 속히 이르겠고 결코 거짓되지 아니하리라 비록 더딜지라도 기다리라 지체되지 않고 반드시 응하리라"(2:3). 그러므로 의인은 그의 믿음으로 말미암아 산다. 여호와의 영광을 인정하는 것이 물이 바다 덮음같이 온 세상에 가득함을 볼 것이다.

"비록 무화과나무가 무성하지 못하며 포도나무에 열매가 없으며 감람나무에 소출이 없으며 밭에 먹을 것이 없으며 우리에 양이 없으며 외양간에 소가 없을지라도 나는 여호와로 말미암아 즐거워하며 나의 구원의 하나님을 말미암아 기뻐하리로다"(3:17~18). 아멘! 우리 모두가 이 믿음의 고백을 할 수 있었으면 좋겠다.

스바냐 1~3장
여호와의 날에 남은 자들

스바냐라는 이름의 뜻은 '여호와께서 숨으신다'이다. 요시야 왕 초기에 활동했던 스바냐는 므낫세와 아몬 시대에 극심해진 우상숭배에 대해 하나님의 심판이 임박했음을 전한다. 그날이 곧 '여호와의 날'이다. 하나님은 요시야의 개혁에도 불구하고, 여전히 남아 있는 바알과 우상숭배자들을 멸하실 것이다(1:4). 여호와를 찾지도 구하지도 않는 자들에게 여호와의 큰 날은 가깝고 빠르게 다가올 것이다. 이 사실을 증명하기 위해 하나님은 이웃 나라들을 심판하신다. 경고의 표시다.

강 건너 불구경만 하는 유다의 모습에서 우리 자신을 보아야 한다. 그러나 희망은 있다. 심판의 날에도 거룩한 그루터기 같은 남은 자들이 있다. 하나님의 이름을 의탁해 보호받는 자들이다(3:12). 그들은 이렇게 노래한다. "너의 하나님 여호와가 너희 가운데에 계시니 그는 구원을 베푸실 전능자이시라 그가 너로 말미암아 기쁨을 이기지 못하시며 너를 잠잠히 사랑하시며 너로 말미암아 즐거이 부르며 기뻐하시리라"(3:17). 여호와 하나님께 숨는 자들이 그날에 부를 노래다. 암울한 날에도 주님을 노래하는 백성들이 되도록 하자.

학개 1~2장
화려한 집에 거하는 황폐한 영혼들

선지자 학개는 포로시대 후기의 남 유다에 하나님 말씀을 전한 최초의 선지자였다. 그는 무너진 성전을 재건하기 위해 선지자 스가랴와 함께 백성들을 격려하는 사명을 감당했다. 여호와의 성전은 무너진 채로 황폐했는데, 포로에서 돌아온 백성들은 자기 집 짓기에 급급했다. 하나님이 최우선이 아니라 뒷전으로 밀려난 것이다.

백성들은 선지자 학개의 입에서 나오는 말을 하나님의 말씀으로 받아들이고, 돌이켜 총독 스룹바벨과 제사장 여호수아를 중심으로 성전을 재건하기 시작한다. 그러나 곧 실망하고 만다. 솔로몬이 건축한 이전 성전에 비하면 지금 성전이 너무나 초라했기 때문이다. 믿음은 보이지 않는 것을 보는 능력이다. "이 성전의 나중 영광이 이전 영광보다 크리라"(2:9). 더 큰 영광을 바라보며 지금 내가 중수해야 할 성전이 무엇인지 생각해 보자.

스가랴

스가랴 1~14장
성전 재건과 메시아 왕국의 환상

믿음은 모든 상황을 뛰어넘어 계시는 하나님을 볼 수 있는 눈이다. 믿음의 사람은 절망 중에서도 희망을 이야기한다. 스가랴는 '여호와께서 기억하신 자'라는 뜻이다. 그는 바사 왕 다리오 2년, BC 520년경에 예언하기 시작해, 무너졌던 성전이 재건될 때까지 예언을 계속했다. 이스라엘이 성전의 기초를 놓은 후, 사마리아인들의 방해로 오래도록 성전을 완공하지 못하고 있을 때 학개와 함께 일어난 젊은 선지자가 바로 스가랴다. 암울한 세상의 유일한 소망은 여호와 하나님이시다. 무너진 성전을 수축하고 참 성전이신 예수 그리스도를 대망할 수만 있다면, 먹구름 뒤에 있는 찬란한 금빛 광채를 경험할 수 있을 것이다.

회복을 위한 8가지 환상(1~8장)
회복을 위해 회개하고 돌아오라는 하나님의 말씀으로 본서는 시작된다. 그리고 여덟 가지 환상이 펼쳐진다.

첫 번째는 '화석류나무 사이에 붉은 말을 타고 선 자'의 환상이다. 이것은 유다를 징계하는 데 사용된 이방 나라들의 심판을 보여 준다. 또한 성전 재건이 이뤄진 것이라 예고된다.

두 번째는 '네 뿔과 네 명의 대장장이'의 환상이다. 네 뿔은 유다와 예루살렘과 이스라엘을 흩뜨린 나라를 상징한다. 하나님은 대장장이들이 와서 이 뿔을 떨어뜨릴 것이라고 말씀하신다.

세 번째는 '측량줄을 가진 사람'의 환상이다. 이는 예루살렘 성읍의 회복과 새로운 번영을 통해 만국민이 모여들어 하나님을 영화롭게 할 것이라는 예언이다. 그날에 모든 육체가 여호와 앞에서 잠잠할 것은 여호와께서 그 거룩한 처소에서 일어나시기 때문이다.

네 번째는 '대제사장 여호수아의 복직'에 관한 것이다. 대제사장 여호수아가 여호와께 죄 사함 받고 아름다운 옷을 입게 된다. 이스라엘의 타락 배후에는 종교 지도자들의 죄악이 있었으며, 하나님은 우선적으로 이들의 회복을 이루신다.

다섯 번째는 '순금 등잔대와 두 감람나무'의 환상이다. 여기서는 정치 지도자 스룹바벨을 격려하고, 그의 권위를 세워 주는 은총이 임한다. 하나님께서 종교 지도자인 여호수아를 세우신 후에, 당시 귀환의 책임자이자 성전 재건의 주역인 총독 스룹바벨을 세우신 것을 주목할 필요가 있다. 이 둘은 함께 기름 부음 받은 사람들이며, 온 세상의 주 앞에 함께 서 있는 사람들이다.

여섯 번째는 '날아다니는 두루마리'의 환상이다. 이것은 하나님의 심판이 죄인에게 미칠 것임을 보여 준다. 그 두루마리에 도적질하는 자와 거짓 맹세하는 자에게 임할 저주가 기록돼 있는데, 이 두 가지 죄는 사람에 대한 죄와 하나님께 대한 죄를 의미한다.

일곱 번째는 '에바 가운데 앉은 여인'의 환상이다. 이는 유다의 죄악이 시날 땅 즉 바벨론으로 옮겨질 것을 의미한다.

여덟 번째는 '네 병거'의 환상이다. 하나님의 심판을 수행하기 위해 네 가지 다른 색깔의 말들이 이끄는 네 병거가 땅의 사방으로 달려간다. 이 환상들은 마침내 예수님의 재림을 고함으로 마무리된다.

7~8장에서는 금식보다 청종을 원하시는 하나님께서 70년 포로생활의 이유를

밝히시며, 성전 재건으로 집약된 회복을 약속해 주신다. 하나님은 이스라엘을 향해 형식적인 종교 생활에서 벗어나, 성령께서 거하시는 성전으로서의 삶을 회복하라고 간곡히 당부하신다.

메시아 왕국의 비전(9~14장)

하나님 나라 백성의 진정한 승리는 메시아를 통해 이뤄진다. 그동안 이스라엘을 괴롭혔던 여러 나라들로부터 구원하실 왕은 겸손하여 나귀 새끼를 타고 오실 것이다. 하나님의 구원은 마치 양 떼를 지켜 내는 목자와 같고, 봄 가뭄에 목마른 토지 위에 내리는 소낙비 같으며, 용사가 적장들을 진흙 위에서 밟음 같으며, 기쁨에 겨워 휘파람을 불어 백성들을 모음과 같다. 그러나 분위기는 순식간에 반전된다. 다시 곡하는 소리가 들리는 이유는 초림의 메시아가 배척받기 때문이다. 계속해서 반복되는 듯한 징계와 구원은 '그날'에 완성될 것이다.

그날엔 죄와 더러움을 씻는 샘이 다윗의 족속과 예루살렘 주민을 위해 활짝 열릴 것이다. 여호와의 날이 이르면 그분이 친히 천하의 왕이 되실 것이다. 홀로 한 분이신 하나님의 이름만이 영광 받으실 것이며, 다시는 저주가 있지 않고 예루살렘이 궁극적인 평안으로 서게 될 것이다. 모든 땅이 여호와의 성전이 되고, 모든 물건이 성물이 되는 날은 메시아의 재림으로 완성된다.

하나님의 관심은 언제나 자기 백성들에게 머물러 있다. 그 따뜻한 시선은 몸된 교회를 향하신다. 어둠의 권세는 하나님 나라를 공격하고 무너뜨리려 하지만, 주님은 교회를 순금 등잔대처럼 귀하게 여기신다. 비록 죄 범한 유다를 징계하기 위해 이방 나라들을 사용하셨지만, 반드시 유다를 회복시키실 것이다. 회복의 시작은 성전의 재건이다. 경제가 무너지고, 정치가 가망이 없고, 교육, 문화, 언론이 와해돼도 교회만이 이 시대의 유일한 소망이다. 위기를 회개의 기회로 삼을 수만 있다면 우리에게는 소망이 있다. 메시아 왕국의 첫 단추는 성전 재건에서부터 시작된다. 지금 우리 모두가 힘써야 할 일은 무너진 성전을 재건하는 일이다. 눈에 보이는 성전뿐만 아니라 눈에 보이지 않는 성전을 수축하자.

말라기

말라기 1~4장
마지막 선지자의 언약 갱신

말라기를 마지막으로 신약이 시작되기 전까지 약 400년이란 공백기가 있었다. 이 기간을 침묵시대 또는 암흑기라고 부르는 이유는, 하나님의 말씀이 들리지 않기 때문이다. 오늘 우리가 겪고 있는 암울한 시대의 특징은 하나님의 말씀이 희귀해졌다는 것이다. 우리는 말씀의 홍수시대를 살아가지만 중심에서 우러나온 순종이 없기에 영혼의 갈급함이 극에 달한 시대를 살고 있다.

   말라기는 포로시대 후기를 살던 백성들의 노골적인 불순종, 편의주의, 종교적 거짓 등의 문제를 다시 한 번 모세의 율법으로 갱신하려는 메시지이다. 선지자는 이스라엘을 향한 변함없는 하나님의 사랑을 언급한 후, 제사장들과 백성들의 죄악을 열거한다. 그들의 종교적 행위는 잘 포장돼 그럴듯해 보이지만, 마음은 하나님을 멸시하는 자리에 있었다. 하나님은 중심을 보신다. "성전 문을 닫을 자가 있으면 좋겠도다"(1:10). 형식적인 제물에 싱심한 하나님의 탄식이다. 선지자는 온전한 십일조를 예로 들며, 진정한 마음으로 그분을 경외하라고 촉구한다. 하나님은 오늘도 우리의 마음이 주님께로 돌아오기를 기대하신다.

말씀에 빠지다

마태복음

마태복음 1~8장
복음의 꽃망울을 터뜨리다

마태복음은 유대인 독자들을 염두에 두고 쓴 복음서다. 전직 세리였던 마태는 자신의 동족에게 빚진 마음이 있었을 것이다. 그래서인지 아브라함과 다윗의 자손으로 오신 왕이요 메시아인 예수님의 계보로 그의 복음서를 시작한다. "여자의 후손이 뱀의 머리를 상하게 하리라"(창 3:15)로 시작된 하나님의 구속 사역은 수천 년을 기다린 끝에 드디어 이뤄진다. 복음서를 묵상하면서 놓치지 말아야 할 것은 때가 차기까지 기다리며 준비한 세월의 두께다.

예언의 성취 (1~3장)
마태는 왕의 계보 속에 여인들을 등장시킴으로 복음의 진정성과 하나님의 구원역사의 오묘함을 고양시키고 있다. 모든 계보는 남자들에게서 '낳고… 낳고…'의 반복으로 이어지지만, 예수님에 이르면 '마리아에게서' 그리스도가 나셨다고 기록된다. 창조주이신 성자 예수님이 마리아의 캄캄한 자궁 속에 잉태되신 것이 성육신의 시작이었다. 임신 사실을 알고 마리아와의 관계를 가만히 끊고자 했던 요셉의 의로움이 도리어 복음의 시작을 방해하려는 사탄의 도구가 될 수도 있었음을 묵상해 본다. 동방에서 온 박사들이 유대인의 왕이 탄생한 사실을 알려 주는데, 그토록 메시아를 대망해 왔던 유대인들이 이 사실을 까맣게 모르고 있었다는 것이 아이러니하다. 예수님이 뜻밖의 장소에서 뜻밖의 사람들에게 자신의 탄생을 알리신 의도를 생각해 본다. 당시 유대의 분봉왕이었던 헤롯은 사탄의 도구가 돼 두 살 이하의 사내아이들을 모두 죽이는 대학살을 자행했다. 애굽으로 피신했던 요셉 가족은 헤롯이 죽자 이스라엘로 돌아오고, 예수님은 나사렛에서 어린 시절을 보낸다. 이 모두는 구약의 예언들이 이뤄진 것이다.

오랜 침묵을 깨고 세례 요한이 유대 광야에서 천국이 가까이 왔음을 외침으로 메시아 시대의 도래를 예비한다. 패역한 시대에 요한이 선포한 회개의 메시지는 수많은 사람의 잠자던 양심을 일깨우는 강력한 능력이었다. 모든 시선이 세례 요한에게 집중될 때, 그는 자기 뒤에 오실 이가 있음을 선포해 예수님을 드러낸다. 예수님의 세례 받으심은 십자가를 향한 첫걸음이었고, 하늘이 열리고 성령이 비둘기같이 임하는 영광의 순간을 연출한다.

하나님 나라의 복음을 전파하심(4~6장)

예수님께서는 광야에서 40일을 금식하심으로 공생애를 시작하신다. 사탄의 시험은 예수님의 정체성을 공략한다. 그분은 돌로 떡을 만들지 않아도 하나님의 아들이시다. 세 번에 걸친 시험을 말씀으로 승리하신 예수님은 갈릴리 지방에서 첫 사역을 시작하셨다. 천국 복음의 전파와 함께 가장 중요한 일은 제자들을 부르고 훈련시키는 일이었다. 이는 예수님이 승천하신 후에 훈련된 제자들에게 복음전파 사역을 위임하시기 위함이었다.

5장에는 주옥같은 산상수훈이 소개된다. 예수님은 세상의 가치관과 전혀 다른, 지금까지의 종교 지도자들에게서 한 번도 듣지 못했던 천국의 가치관을 선포하신다. 팔복은 역설적인 복이다. 복음은 그 자체가 거대한 역설이다. 더 많이 갖기 위해 살았던 당대의 수많은 사람에게 충격으로 다가왔을 예수님의 말씀이 오늘을 사는 우리에게도 동일한 충격으로 다가온다. 하늘 아버지와의 관계를 새롭게 정립하는 말씀이다. 구제와 기도, 금식은 단순한 종교적 행위가 아니다. 우리는 온전한 구제를 통해 하나님께서 주시는 기쁨을 경험하게 된다. 골방에서의 기도는 하늘 아버지와 누리는 교제다. 남들에게 보이려고 구제하고 기도했던 당시 종교 지도자들에게는 청천벽력 같은 말씀이었을 것이다. 예수님은 세상 보물을 쌓기에 급급하던 사람들에게 먼저 하나님의 나라와 의를 구하는 삶이 무엇인지 가르쳐 주신다. 나는 종교인인가, 하늘 백성인가?

말씀의 능력이 증거로 나타남(7~8장)

비판과 분별은 엄연히 다르다. 우리는 무분별한 비판을 그치고, 거룩한 분별력을 위해 기도해야 한다. 하늘 아버지는 구하는 자에게 좋은 것을 주시는 분이다. 분별의 지혜, 좁은 문으로 들어갈 용기, 아름다운 열매들을 말이다. 말씀은 있는데 행함이 없는 사람은 무너지고 만다. 예수님의 가르침이 권위 있는 이유는 그분이 그렇게 행하며 사셨기 때문이다. 말씀의 능력이 증거로 나타났다. 예수님은 수많은 병자를 고치시고, 바람과 바다를 잠잠케 하셨다. 그러나 문제는 사람들 속에 있는 심각한 세속성이었다. 가다라 지방 사람들은 물질에 눈이 멀어 한 영혼의 가치를, 영원한 생명의 가치를 완전히 무시하고 만다. 바로 이것 때문에 오늘 우리의 삶 속에서도 하나님의 능력이 나타나지 않는 게 아닐까?

마태복음 9~14장
제자의 삶, 십자가를 향한 길

예수님께서 이적을 행하신다는 소문이 퍼져 나가 수많은 사람이 환호하며 그분을 따른다. 그러나 예수님의 사역은 중반기로 접어들면서 새로운 국면을 맞이하게 된다. 우리가 묵상할 마태복음의 내용은 제자로서 주님을 따르는 삶 속에서 반드시 경험하게 되는 십자가의 길을 중심으로 펼쳐진다. 고난이 다가오면 알곡과 가라지는 어김없이 가려진다. 제자의 삶을 살기 원하는 우리 모두가 내 신앙의 현주소가 어디인지를 염두에 두고 마태복음을 묵상하면 좋겠다.

열두 제자를 세우심 (9~10장)

예수님께서는 계속해서 병자들을 고치셨다. 그러나 세리 마태를 제자로 부르시고 그의 집에 들어가 죄인과 세리들과 더불어 음식을 드신 일로 인해 종교 지도자들이 시비를 걸어온다. 그렇지만 병든 자와 죄인들을 부르러 오신 예수님 앞에 나아와 엎드리는 수많은 사람이 있었다. 그들은 모두가 목자 없는 양같이 방황하는, 연약하고 불쌍한 자들이었다. 그러므로 그들을 섬길 일꾼이 필요하다고 주님은 말씀하셨다. 그래서 예수님은 열두 제자를 세우시고 세상에 파송하신다. 베드로를 비롯한 열두 제자의 선발 기준을 앞뒤 문맥에서 찾아보면, 열심히 섬기려는 자세와 성실하고 충성스러운 성품이라고 할 수 있다. 학벌이나 출신지는 전혀 고려되지 않았다. 이스라엘의 잃어버린 양들을 섬기는 제자의 삶에 보장된 것은 전혀 없다. 오히려 제자는 미움을 받고 박해받을 각오를 해야 한다. 그러나 두려워하지 말 것은 몸과 영혼의 참된 주인이 하나님이시며, 그분을 위해 생명을 내놓는 자들에게 상급을 주시기 때문이다.

생명을 위해 죽은 자의 전통을 깨뜨리심 (11~12장)

옥에 갇힌 세례 요한은 자신의 제자들을 보내어 예수님이 메시아이신지를 확인하게 한다. 고난은 사람의 분별력을 흐트러뜨리기도 한다. 그러나 예수님은 세례 요한에 대해 '여자가 낳은 자 중에서 가장 큰 자'라는 대단한 평가를 해 주신다. 그렇게 대단한 자도 세상에서는 옥에 갇히고 목 베임을 당했다. 예수님께서 가장 권능을 많이 베푸신 도시가 예수님을 배척하고 회개하지 않은 것처럼, 세상은 예수님과 그분의 제자들을 이렇게 대할 것이다. 그러므로 예수님은 수고하고 무거운 짐 진 자들에게 주님만이 주실 수 있는 평안을 약속하신 것이다.

예수님에 대한 본격적인 논쟁과 반대가 시작된다. 안식일은 유대인들이 생명처럼 지키는 율법적 전통이다. 그러나 율법과 안식일의 주인이신 예수님이 생명을 살리기 위해 죽은 자의 전통을 깨뜨리셨다. 이 일로 바리새인들은 예수님을 향한 미움과 적대감이 커져 예수님의 기적과 귀신 축출 사역이 모두 사탄의 힘을 빌린 결과라고 몰아세운다. 이처럼 무고하게 예수님을 비난하면서도 또 다른 표적을 구하는 이율배반적인 바리새인들에게 예수님은 요나의 표적을 통해 자신의 대속적인 죽음과 부활을 넌지시 이야기하신다.

감춰진 비밀, 천국에 대해 말씀하심 (13~14장)

예수님이 천국을 비유로 말씀하신 이유는 이중적이다. 들을 귀가 있는 사람은 더 잘 알아듣게 하기 위함이지만, 배척하는 자들은 이해조차 할 수 없게 하기 위함이었다. 천국은 알 사람만 알 수 있는 비밀이다. 씨 뿌리는 비유에서 천국은 씨앗으로 비유된다. 좋은 밭에 뿌려진 씨는 반드시 열매를 맺게 된다. 계속되는 비유를 관통하는 하나의 메시지는 천국이 숨겨져 있고, 보잘것없어 보이지만 결국 모든 것의 모든 것이 되리라는 사실이다.

세례 요한이 목 베임을 당한다. 세례 요한의 제자들뿐만 아니라 예수님을 따르던 제자들도 당혹하기는 마찬가지였을 것이다. 그러자 예수님은 다시금 권능을 행하신다. 그분께 나아오는 병자들을 고쳐 주시는 차원을 넘어, 오병이어의 기적과 물 위를 걷는 등 신적 권능을 유감없이 보이셨다. 또한 제자들의 흐트러진 마음을 추스르시며, 계속 십자가를 향해 걸어가셨다.

마태복음 15~22장
종교생활에서 참 믿음으로

가족만큼 가깝고도 어려운 인간관계는 없다. 특히 신앙적인 면은 조금도 숨길 수가 없다. 가족에게 인정받는 신앙인이면 그리스도의 제자라고 불러도 손색이 없다. 마태복음 15~22장에서는 종교생활이란 딱딱한 껍질 속에 숨어 있던 당시 종교 지도자들을 향한 주님의 질책이 쏟아진다. 이와는 대조적으로 생명으로 나아온 작은 자들을 기뻐하시고, 품어 주신 주님의 따뜻한 사랑도 펼쳐진다.

"주는 그리스도시요 …" (15~17장)

본질을 잃어버리고 전통만을 고집하는 바리새인들의 추악한 종교성과 개처럼 취급받던 가나안 여인의 순백한 믿음이 묘한 대조를 이룬다. 흉악한 귀신 들렸던 어린 딸이나 각양 지체 장애를 지닌 사람들에게 꼭 필요한 것은 케케묵은 전통이 아니라, 오늘도 살아 역사하는 생명의 말씀이다. 예수님이 물고기 두어 마리와 보리떡 일곱 개로 사천 명을 먹이셨다는 소문을 듣고, 바리새인과 사두개인도 예수님께 표적을 구한다. 그러나 예수님은 거절하시고, 요나의 표적 외에는 보여 줄 것이 없다며 그들을 떠나신다. 표적보다 더 중요한 것은 표적을 베푸시는 예수님이시다.

베드로가 "주는 그리스도시요 살아 계신 하나님의 아들"이라고 고백하자, 예수님은 그의 신앙고백 위에 교회를 세우실 것과 자신의 죽음과 부활에 대해 처음으로 알려 주신다. 변화산에서 모세와 엘리야로 더불어 영광스러운 모습으로 대화하셨던 예수님은 다시 고난과 문제가 가득한 산 아래로 내려오신다. 그곳엔 귀신 들린 아들을 데려온 안타까운 아버지가 있었다. 그러나 더 안타까운 것은 믿음 없는 패역한 그 시대 사람들이다. 믿음의 능력은 주님과 함께 십자가의 길을 걸을 때에만 경험할 수 있다.

천국은 마치 (18~20장)

예수님은 개인적인 믿음의 차원을 넘어 관계 속에서 믿음이 증명되기를 원하셨다. 지극히 작은 자 하나라도 실족케 하지 않는 것이 믿음이다. 죄를 범한 형제를 권하는 목적은 그 영혼을 구원하기 위함이다. 율법적 잣대로 정죄를 일삼던 자들에게 일곱 번씩 일흔 번이라도 용서하라고 하신 예수님의 말씀은 불가능한 요구였을 것이다. 그러나 내가 일만 달란트 탕감받은 자임을 알 때, 마음으로부터 형제를 용서할 수 있는 것이다.

이혼은 예나 지금이나 중요한 사회적 문제다. 모세의 율법에 이혼증서를 써 주라고 허락한 것은 억압받는 여인들의 인권을 조금이라도 보호하기 위함이었다. 그러나 율법의 본질은 잊고, 죽은 의문에 사로잡혀 있던 종교인들은 이것을 이혼을 정당화하는 일에 악용했다. 천국은 어린아이와 같은 사람의 것이다. 부자 청년이 영생을 얻기 위해 주님께 나아왔다가 많은 재물로 근심하며 돌아간 것도 이런 이유 때문이다. 심지어 모든 것을 버리고 주님을 따르던 제자들조차 나중 될 수 있는 곳이 천국이다. 천국에 대한 설명이 계속된다. 천국은 나중 된 자가 먼저 되고, 먼저 된 자가 나중 되는 일이 가능한 곳이다. 어쩌면 우리 모두는 가장 나중에 포도원에 들어온 사람들이 아닐까? 예수님은 자신이 당할 고난을 세 번째 예고하시는데, 제자들은 서로 으뜸이 되고자 다투고 있다. 목숨까지 주시려는 예수님의 길을 함께 걸어가야 할 제자들의 연약한 모습 속에서 여전히 높아지려고 발버둥치는 우리의 모습이 보이는 듯하다.

예루살렘 입성 (21~22장)

드디어 예수님께서 어린 나귀를 타신 평화의 왕으로 예루살렘에 입성하셨다. 그러나 성전을 정화하시는 예수님은 전혀 다른 '공의의 왕'이셨다. 주님은 열매가 없고 잎만 무성한 무화과나무 같은 당시 유대 종교 지도자들을 향해 맹렬히 진노하셨다. 불순종한 첫째 아들과 포도원 농부의 비유가 자신들을 가리키는 것임을 알게 된 대제사장들과 장로들은 예수님을 붙잡을 음모를 꾸미기 시작한다.

마태복음 23~28장
주님의 길, 구원을 위한 걸음

예수 그리스도께서 이 땅에 오신 궁극적인 목적은 십자가를 통한 인류 구원이다. 유대인들의 반대가 없었어도, 바리새인들과 대제사장들의 음모가 없었어도 주님은 예정된 그 길을 자원함으로 걸어가셨을 것이다. 예수님의 생애가 십자가를 향한 예정된 시간 여행이었던 것처럼, 우리가 사는 세상도 종말이라는 하나님의 시간표대로 움직이고 있다. 마태복음 23~28장은 세상의 종말에도 우리가 소망으로 넉넉히 이길 수 있는 궁극적 이유인 십자가와 부활에 집중돼 있다.

외식하는 자들을 꾸짖으심 (23장)

예수님과 유대 종교 지도자들의 갈등이 점점 고조된다. 예수님께서 진노를 쏟아 부으실 수밖에 없었던 이유는 그들의 외식 때문이다. 회칠한 무덤처럼 겉으로는 아름다워 보이지만, 속에는 온갖 더러움과 추악함으로 가득한 외식하는 자들을 꾸짖으시는 예수님의 진노의 일성(一聲)을 우리 모두가 들을 수 있으면 좋겠다. 그럼에도 불구하고 암탉이 병아리를 품듯이, 예루살렘을 품으시려는 예수님의 마음이 애절하기만 하다.

종말의 징조들 (24~25장)

예수님께서 종말의 징조와 그때 일어날 일들에 대해 가장 구체적으로 말씀하신 장이다. 세상 끝 날에 꼭 기억해야 할 것은 거짓 선지자들의 미혹에 넘어가지 말아야 한다는 것이다. 난리의 소문이 들리고 불법이 성행하고 사랑이 식겠지만, 복음이 땅 끝까지 전파되지 않고는 끝이 오지 않을 것이다. 종말을 사는 성도들의 가장 지혜로운 삶의 방식은 있는 자리에서 최선의 삶을 사는 것, 즉 생활 예배를 잘 드리는 것이다. 24장과 함께 '종말장'이라 부르는 25장에는 세 가지 비유가 나온다. 열 처녀 비유에서 우리에게 주는 교훈은 준비된 삶으로 깨어 있어야 한다는 것이다. 잠자지 말고 눈을 부릅뜬 채 밤낮 종말만 기다리라는 의미가 아니라, 미리 기름을 준비한 슬기로운 다섯 처녀처럼 신앙의 내용을 확실히 채우는 삶을 살아야 한다는 뜻이다. 달란트 비유는 마지막 날 분명한 결산이 있음을 알려 준다. 한 달란트 받은 종이 책망받은 이유는 이윤을 남기지 못했기 때문이 아니라, 주인에 대한 불신으로 달란트를 활용할 시도를 아예 하지 않았기 때문이다. 양과 염소 비유에서 얻는 중요한 교훈은 '선한 일을 행하고도 잊을 만큼 겸손한가, 아니면 그것을 자신의 의로 기억하는가'이다.

예수님의 죽음을 준비한 여인 (26장)

예수님을 죽이려는 음모가 치밀히 진행되는 가운데, 한 여인이 향유를 부어 예수님의 죽음을 준비하는 일이 일어난다. 바로 이 순간 가룟 유다의 마음은 배신을 결심한 듯하다. 주님은 제자들과 최후의 만찬을 통해 떡과 잔을 나누시며 임박한 십자가의 죽음을 준비하신다. 겟세마네의 기도는 십자가의 진정성을 뚜렷이 증명하고 있다. 잡히신 후 제자들에게조차 외면당하신 예수님은 홀로 그 길을 걸어가신다.

십자가, 하나님께로 나아갈 수 있는 길 (27장)

여기서 우리는 가장 무겁고 가장 고통스러운 성경의 기록을 대면한다. 예수님은 이 고통의 시간 속에서 단 한 번도 자신의 신적 권능을 사용하지 않으셨다. 하나님이신 예수님께서 인간의 몸을 입고 우리 대신 육체적, 정신적, 영적 고통을 극심하게 당하시며 십자가를 지셨다. 예수님께서 "엘리 엘리 라마 사박다니"라고 외칠 때, 하늘 아버지의 마음이 얼마나 아프셨을지 묵상해 본다. 예수님이 돌아가실 때 위로부터 아래로 찢어진 성소의 휘장은 우리 위해 아들을 아낌없이 주신 하나님 아버지께로, 우리가 나아갈 수 있는 길이 활짝 열렸음을 알려 준다.

"모든 족속으로 제자 삼으라" (28장)

로마 군인들이 철저히 경비를 서고 있던 무덤의 문이 열리고, 예언대로 사흘 만에 예수님께서 부활하셨다. 이 영광스러운 부활의 주님을 처음으로 본 사람은 막달라 마리아와 여인들이었다. 갈릴리에서 제자들과 다시 만나신 예수님은 가서 모든 족속으로 제자 삼을 것을 분부하시고 승천하신다. "볼지어다 내가 세상 끝 날까지 너희와 항상 함께 있으리라." 이 약속이 험한 세상을 살아가는 우리 모두에게 힘이 되면 좋겠다.

마태는 유대인의 왕으로 오신 예수 그리스도가 온 인류의 메시아임을 단호하게 밝힌다. 그 삶의 여정을 따라가면서 우리는 주님의 수많은 가르침을 배울 수 있다. 구원을 위한 십자가의 길을 추호의 어긋남이나 망설임도 없이 걸어가신 예수님처럼, 우리의 남은 인생도 구원에 초점을 맞춰 걸어가면 좋겠다.

마가복음

마가복음 1~5장
예수님을 따르는 자

최초의 그리스도인들은 자신들을 '그 길을 따르는 사람들'이라고 불렀다(행 9:2, 19:9, 23, 22:14, 22). '그 길'이란 곧 예수님께서 걸으셨던 길을 의미한다. 이것이 그들의 정체성이었다. 그리고 이것은 우리들에게도 동일하게 적용돼야 한다. 그렇다면 예수님의 길을 따른다는 것은 과연 어떤 것일까? 마가복음을 따라가면서 이 질문에 답해 보려 한다.

예수님은 누구신가? (1:1~2:12)
마가복음은 '하나님의 아들 예수 그리스도의 복음'(1:1)이라는 기록 의도를 명백히 밝히는 제목으로 시작한다. 예수님께서 세례를 받으신 것은 메시아(그리스도)로서 기름 부음을 받은 것과 같은데, 그때 하늘로부터 난 소리는 예수님이 '하나님의 아들'이심을 밝히는 선포였다(1:11). 이전에는 죄와 죽음과 사탄이 왕이었지만, 이제 하나님의 아들이신 예수님이 새 왕이 되셨다. 왕이 바뀌면 왕의 통치를 받는 사람들의 삶의 양식도 바뀐다(1:16~20). 예수님의 말씀에는 하나님의 아들이 가진 권위가 있었기에 귀신도 그 앞에 복종했다(1:21~22). 그러나 예수님은 자신이 누구인지 아는 귀신들의 입을 막으시고(1:25, 34), 많은 사람이 자신을 찾을 때 오히려 그들을 떠나 홀로 기도하시며 다른 곳에 가서 복음을 전하셨다(1:35~38). 또한 예수님은 부자나 권력자들을 찾지 않으시고, 오히려 병든 자, 귀신 들린 자, 부정한 자를 찾아가 치유하시며 깨끗하게 하셨다. 예수님은 오직 죄와 죽음의 권세 아래에서 신음하는 자들을 구원하러 오셨다(1:21~45). 궁극적으로 예수님은 죄를 사하는 권세를 가지신 분이다. 서기관들에게는 충격적인 사실이겠지만, 오직 하나님만이 갖고 계신 죄 사함의 권세를 가지신 분이 오셔서 그 권세를 발휘하셨다.

누가 예수님을 따를 수 있는가?(2:13~3:35)

그렇다면 예수님을 따르기 위해서는 어떤 자격을 갖춰야 할까? 예수님은 제자들을 부르시기 전에 하나님 나라를 선포하시며 "회개하고 복음을 믿으라"고 하셨다(1:15). 예수님을 따르는 자의 조건은 첫째는 회개, 둘째는 믿음이다.

첫째, 예수님을 따르기 위해서는 회개해야 한다. 예수님을 따르는 데에는 이전의 사회적, 종교적 지위가 전혀 고려되지 않는다는 뜻이기도 하다. 예수님은 세리를 제자로 부르셨고, 그의 집에 들어가 죄인들(율법에서 부정하다고 여겨지는 일로 생계를 꾸려야 했던 사람들, 예: 도축업자, 가죽가공업자 등)과 함께 식사하셨다(2:13~15). 이는 바리새인과 서기관들에게는 받아들일 수 없는 일이었다. 그러나 만약 죄인들이 예수님을 따를 수 없다면, 어느 누구도 예수님을 따를 수 없다. 예수님의 "나는 의인을 부르러 온 것이 아니요 죄인을 부르러 왔다"(2:17)는 말씀은 바리새인과 서기관들이 의인이라는 뜻이 아니다. 이 말씀에서 '죄인'이란 자신이 죄인임을 인정하는 사람들을 의미한다.

둘째, 세상을 두려워하지 않는 믿음을 가진 자여야 한다. 예수님은 기존의 인습에 지배받지 않으셨기에, 그를 따르는 사람들과 세상 문화는 갈등을 일으키기마련이다. 생베 조각이 헌 옷을 더 해지게 하듯이, 새 포도주가 헌 부대를 터뜨리듯이, 복음은 기존 질서를 파괴하고 새로운 질서와 가치관을 세상에 세워간다. 그러므로 예수님을 따르기 위해서는 기존 질서와의 갈등을 두려워하지 않아야 한다(2:21~22). 기존 가치관과의 갈등은 안식일에 관한 논쟁에서 가장 잘 나타난다. 예수님께서는 안식일에 밀 이삭을 자른 자기 제자들을 변호하시고, 안식일에 손이 마른 사람을 고치시며(2:23~3:6) "안식일에 선을 행하는 것과 악을 행하는 것, 생명을 구하는 것과 죽이는 것, 어느 것이 옳으냐?"(3:4)고 말씀하신다. 예수님께서는 안식일을 폐하신 것이 아니라, 오히려 안식일 법을 주신 하나님께 순종하신 것이다. 그러나 이것은 기존 질서를 따르는 자들에게는 충격이었다.

예수님께서는 이 두 기준에 합하지 않은 자들을 제자로 삼지 않으셨다. 예수님께서는 수많은 무리 가운데 계셨고, 그들의 병을 고치고 귀신을 쫓으셨지만 '회개'와 '믿음'으로 따르는 것이 아니라, '병 낫기'를 바라며 몰려드는 무리에게 자신이 하나님의 아들이심을 나타내길 원치 않으셨다(3:7~12). 예수님의 친족이라 하더라도 이 기준을 만족시키지 않는 자에게는 자신을 드러내지 않으셨기에 친족들마저 예수님을 미쳤다고 생각했다(3:21).

예수님께서 권능을 주시며 함께하셨던 열두 명의 제자들을 살펴봐도, 그들이 이전부터 예수님과 가까웠을 것이라고는 보기 어렵다(3:13~19). 예수님은 인간적 관계성에 얽매이지 않으시고, "누구든지 하나님의 뜻대로 행하는 자가 내 형제요 자매요 어머니라"(3:35)고 하셨다. 예수님의 이런 면모는 기득권자들과 갈등을 일으킬 수밖에 없어서, 바리새인들로부터 "귀신의 왕을 힘입어 귀신을 쫓아낸다"(3:22)는 등의 모독을 당하기도 하셨다. 하지만 예수님은 그들을 두려워하지 않고, 당당히 맞서셨다(3:23~30).

제자의 특권과 요구(4:1~5:43)

예수님의 제자는 특권을 가진다. 우선 비유로 무리들을 가르치신 이야기에서 이 특권이 잘 나타나는데, 예수님께서는 많은 무리들 앞에서 비유로 가르치신 후에 (4:1~9) 그 의미를 제자들에게만 알려 주셨다(4:11, 33~34). 제자들은 하나님 나라의 확장에 참여하는 특권을 갖게 된다. 하나님 나라는 무리들이 아닌 제자들에 의해서 은밀히 성장해 간다. 세상은 그것이 작고 초라해서 어떻게 영향력을 끼치고 있는지도 깨닫지 못할 것이다. 하지만 추수 때가 이르면 어느새 제자들에 의해 강성해져 있는 하나님 나라를 발견하게 된다(4:26~32). 또한 예수님은 제자들과 함께 계시며, 어떤 사람도 제어할 수 없는 말씀의 능력으로 그들을 보호하셨다. 큰 광풍과 물결을 잠잠하게 하셨고(4:39), 그 어느 누구도, 쇠사슬로도 묶어놓을 수 없었던 거라사 지방 광인의 군대 귀신을 내쫓으셨다(5:8). 제자들은 그 놀라운 능력에 의해 보호를 받고, 그 역사에 참여하는 특권을 갖게 됐다.

그러나 특권만 주어지지는 않았다. 예수님의 권능을 누리기 위해서는 요구되는 것이 있는데, 바로 '믿음'이다. 그리고 '믿음'의 반대는 '두려움'이다. 안타깝게도 제자들을 포함한 사람들은 이 믿음을 제대로 갖추지 못한 경우가 많았다. 예수님께서는 풍랑을 잠잠하게 하신 후에 제자들에게 믿음 없음을 꾸짖으셨다(4:40). 하나님의 아들이신 예수님의 은택을 얻지 못한 것은 거라사 지방의 사람들도 마찬가지였다. 정작 군대 귀신은 예수님이 어떤 분이신지 알고 큰 소리로 고백할 정도였지만(5:7), 그 사람이 정상으로 돌아온 것을 본 거라사인들은 두려워하며 예수님께 떠나실 것을 요청했다(5:15~17). 그들에겐 예수님을 영접하고 그 은택을 누리기 위한 믿음이 없었고, 다만 자신의 재산에 피해가 갈까 두려워하는 마음뿐이었다.

거라사 지방에서 다시 돌아오셨을 때 있었던 일(5:21~43)은 두려워하지 않는 믿음의 중요성을 보여 준다. 회당장 야이로가 죽어가는 열두 살 된 자신의 딸을 고쳐달라고 예수님께 부탁해 수많은 무리와 함께 그의 집으로 가시는 길에 열두 해 동안 혈루증을 앓던 여인이 예수님의 옷에 손을 댔다. 수많은 사람들이 예수님을 에워싸고 있었지만, 믿음의 손을 뻗어 예수님께 댄 것은 그 여인뿐이었다. 예수님께서는 그 여인에게 "네 믿음이 너를 구원하였다"(5:34)라고 말씀하신다. 분명 혈루증에 걸린 부정한 여인으로서 그런 일을 했다는 것은 그 당시로서는 어떤 벌을 받을지 모르는 두려운 일이었지만, 그 두려움을 이기고 예수님께 손을 뻗은 여인은 예수님의 인정을 받고 구원을 얻었다. 그리고 그 와중에 야이로의 딸이 죽었다는 소식이 들려온다. 그때 예수님께서 야이로에게 하신 말씀도 "두려워 말고 믿기만 하라"(5:36)였다. 예수님께서 그 아이가 죽은 것이 아니라 잔다고 하실 때 비웃었던 사람들은 예수님의 큰 능력 앞에서 크게 놀랄 수밖에 없었다. 이처럼 예수님의 은혜를 얻기 위해서는 어떤 두려움 앞에서도 흔들리지 않고 예수님을 믿어야 한다.

마가복음 6~9장
하나님 나라가 임할 때

'예수 그리스도의 제자'를 '성숙한 믿음과 인격을 갖춘 신앙인' 정도로 이해하면 안 된다. 제자는 하나님의 통치를 이 세상에서 실현하는 하나님 나라의 대사(agent)다. 제자들은 하나님 나라의 대사로서 세상으로 보냄을 받지만, 세상의 방식을 따르지는 않는다. 제자들의 중요한 사명은 더 이상 이 땅이 세상의 권세 아래 있지 않고, 하나님의 권세 아래 있음을 선포하는 데 있다. 그래서 우리가 예수 그리스도의 제자로서 합당한 삶을 살아가려면 예수님께서 선포하신 하나님 나라는 대체 어떤 것이며 어떤 모습을 지니고 있는지, 그리고 하나님 나라의 대사들이 어떤 직무를 감당해야 하는지를 이해할 필요가 있다.

어떤 모습으로 임하는가? (6:1~56)
비록 예수님은 고향에서 배척을 당하셨지만(6:1~6), 제자들에 의해 복음이 온 세상에 전파된다. 개인의 사사로운 필요나 욕심에 얽매이지 않고 오로지 복음만을 전하는 증인들에 의해서 귀신이 쫓겨나고, 하나님 나라의 왕, 예수님의 이름이 드러난다(6:7~14). 그러자 세상의 왕, 헤롯이 두려워하기 시작했다. 그는 당시 최고의 위세를 자랑하던 자였으나, 선지자 세례 요한을 죽인 하나님 나라의 원수였다. 그는 궁궐에서 귀인들과 잔치를 벌이며 호화롭게 살았다. 그러나 그의 화려하고 요란스러운 잔치는 선지자를 죽여 그 머리를 소반에 담는 죽음과 저주의 잔치였다(6:14~29).

그에 비해 하나님 나라의 왕은 '한적한 곳'(6:31~32) 곧 광야에서 목자 없는 양과 같은 무리들과 함께 잔치를 벌이셨다. 제자들은 하나님 나라의 잔치를 섬기며 무리를 먹이는 일을 감당했고, 비록 떡 다섯 개와 물고기 두 마리밖에 없었지만 오천 명이 풍성하게 먹고 기뻐하는 생명의 잔치가 됐다(6:30~44). 그리고 예수님은 바다 위를 걸어 그 영광을 드러내심으로써 자신이 이스라엘을 광야에서 만나와 메추라기로 먹이시고, 홍해를 갈라 구원하셨던 분, '스스로 계신 자'(6:50, I AM)이심을 드러내 주셨다(6:45~52). 하나님 나라의 능력과 권세는 어디에서나 믿고 영접하는 자들에게 강력하게 드러난다. 고향의 회당에서는 나타나지 않던 예수님의 권능이 사람들이 몰려든 시장에서는 강력하게 드러났다(6:53~56). 이처럼 우리 주님이 계시면 풍랑이 이는 바다든 시장이든 그곳이 바로 하나님의 나라, 거룩한 곳이 된다.

누구에게 임하는가?(7:1~8:26)

하나님의 은혜는 '깨끗한 자' 즉 거룩하고 정결한 자들에게 임한다. 그래서 유대인들, 특히 바리새인과 서기관들은 극도로 '더러운 것'을 피했다. 그러나 예수님께서 보시기에 그들은 전혀 깨끗하지 않았다. 그들의 말은 하나님과 가까울지 몰라도, 그들의 삶은 하나님과 완전히 멀었기 때문이다(7:1~23). 오히려 더러움을 벗고 깨끗하게 되는 은혜를 입은 사람은 유대인들이 더럽게 여겼던 이방인 수로보니게 여인이었다. 수로보니게(시리아-페니키아) 사람은 유대인에게는 원수나 다름없었다. 그러나 겸손히 자신을 낮추고 은혜를 구하며 '더러운 귀신'을 내쫓아 달라고 요청하는 그 여인에게 주님의 권능이 임했다(7:24~30).

하지만 이처럼 이방인들에게까지 예수님의 소문이 퍼지고, 예수님의 사역을 보며 놀라워하면서도(7:31~37) 정작 예수님이 어떤 분이신지를 제대로 깨달은 사람은 없었다. 바리새인들은 예수님께 하늘로부터 오는 표적을 보여 달라고 요구한다(8:11~13). 게다가 더 큰 문제는 예수님과 함께한 제자들 역시 오병이어 사건을 비롯한 수많은 기적을 경험하고도, 바리새인들과 헤롯을 따르는 자들의 영적 수준과 그다지 다를 바가 없었다는 사실이다(8:14~21). 제자들의 이런 모습은 벳새다의 소경을 고치시는 예수님의 모습을 통해 잘 드러난다. 벳새다 소경은 예수님의 안수에도 불구하고, 한 번에 나음을 입지 못했다. 단지 희미하게만 볼 수 있게 됐다가 다시 예수님의 안수를 받고서야 밝히 눈을 뜨게 됐다. 이처럼 바리새인들뿐만 아니라 예수님의 제자들조차도 '거듭된 가르침'을 받아야만 예수님이 어떤 분이신지 깨달을 수 있었던 것이다(8:22~26).

어떻게 세워지는가?(8:27~9:13)

세상 나라는 대개 한 명의 강한 자가 왕이 돼 군사를 일으켜 전쟁을 통해 영토를 빼앗고, 사람들을 굴복시킴으로써 세워진다. 예수님도 자기 군대를 일으켜(제자들) 갈릴리에서 예루살렘으로 '진격'하신 셈이다. 그러나 외형은 전혀 다르다. 예수님은 가이사랴 빌립보에서 제자들에게 사람들이 자신을 어떻게 생각하고 있는지를 물으심으로써 하나님 나라의 진격, 십자가의 길을 준비하셨다(8:27). 사람들은 예수님의 소문을 듣고 수많은 표적을 보면서도 예수님을 선지자 중 한 명 정도로 생각하고 있었다. 물론 베드로를 위시한 제자들은 무리들과는 다르게 예수님께서 하나님 나라의 기름 부음을 받은 왕(그리스도)이심을 깨닫고 있었고, 그 사실을 예수님께 고백했다(8:28~29).

하지만 이런 베드로 역시 고백 후에 이어진 예수님의 십자가에 대한 가르침을 받아들일 수는 없었다. 그들에게 '그리스도'(메시아)란 정치, 종교, 군사를 총망라하는 지도자, 곧 왕을 의미했다. 그러나 예수님은 결코 타협이 없으셨다. 예수님께서 걸으실 영광의 길은 바로 모욕당하시고 십자가에서 죽으시는 것이었다. 예수님은 분명 "나를 따르라"는 군사적인 뉘앙스가 포함된 표현을 사용하시면서도, 칼과 창이 아닌 십자가를 지고 따라야 한다고 가르치셨다(8:27~38).

예수님께서는 베드로, 야고보, 요한 세 사람을 데리고 '죽기 전에 하나님 나라가 권능으로 임하는 것'을 보여 주셨다(9:1). 변화산 사건은 예수님이 하나님의 아들이시며, 모세와 엘리야로 대표되는 구약의 선지자들보다 크신 분임을 확증해 주는 것이었다. 베드로가 말한 '초막' 이야기는 추수를 기념하는 유대인의 초막절을 반영하는 것으로, 그들이 마지막 추수의 날에 일어날 일을 미리 봤음을 드러내 준다(9:2~8). 예수님은 세상 그 누구도 범접할 수 없는 위엄을 가지신 분으로 세상을 심판하실 분이며, 이미 엘리야(세례 요한)를 앞서 보내 그 나라의 도래를 예비하신 분이다. 이 놀라운 영광의 왕께서 단지 열두 제자를 데리고 예루살렘으로 진격해 십자가와 부활을 통해 그 나라를 세우는, 세상의 방식과 전혀 다른 방법을 사용하기로 작정하셨던 것이다.

어떻게 다스려지는가?(9:14~50)

하나님 나라는 세워지는 방식도 세상 방식과 상반됐듯이, 통치 방식 또한 세상과는 달라야 했다. 예수님께서 산에 계시던 동안 한 사람이 벙어리 귀신 들린 자신의 아들을 제자들에게 데려왔는데, 이번에는 고칠 수가 없었다. 이렇게 되자 제자들은 서기관들과 변론을 하고 있었다(유대교에는 논쟁 문화가 발달돼 있다). 능력으로 귀신을 제압할 수 없자, 제자들은 세상의 논쟁에 빠져들었던 것이다(9:14~18).

이런 상황은 믿음이 없었기 때문에 생긴 일이다. 제자들뿐만 아니라 그 아버지에게도 믿음이 부족했다. "믿는 자에게는 능히 하지 못함이 없다"는 예수님의 질책 섞인 가르침에 그 아버지가 외친 "내가 믿나이다 나의 믿음 없는 것을 도와주소서"(9:23~24)라는 모순어법은 인간의 어쩔 수 없는 연약한 믿음을 보여 주는 듯하다. 그러나 예수님은 이런 연약한 믿음의 부르짖음에 근거해 그 아이를 치유해 주셨다. 이처럼 제자들에게 필요한 것은 바로 잘 짜인 논리적 변론이 아니라, 믿음에 근거한 기도였다(9:19~29).

하나님 나라를 다스릴 제자에게 가장 미숙한 모습은 논쟁(변론)으로 자신의 능력을 보이고 지위를 높이려는 태도다. 열두 제자는 이 사실을 깨닫지 못하고 자신들 가운데 누가 제일 크냐는 문제로 논쟁을 벌였다. 그러나 첫째가 되는 길은 끝이 되는 것이고, 어린아이와 같은 낮은 자를 영접하는 것이다. 이처럼 겸손이야말로 하나님 나라의 통치 질서다(9:30~37). 그렇기에 하나님 나라의 정치에서는 파벌이 생길 수가 없다. 그리스도에게 속한 자들은 서로 섬기고, 물 한 그릇을 나누는 것을 통해서 칭찬과 상을 받는다. 서로 파벌을 짓고 반목하며 싸우는 행위는 결코 하나님 나라에서 받아들여질 수 없는 일이다(9:38~50).

마가복음 10~13장
하나님 나라의 전쟁

좀 이상하게 들릴 수 있지만, 예수님께서 '하나님 나라'를 선포하시던 그때부터 (막 1:15) 예수님과 제자들은 전쟁을 준비하고 있었다. 예수님은 갈릴리 지역을 다니시면서 하나님 나라를 위해 헌신할 자들을 모으셨고, 가르치고 전파하며 치유하시는 사역들을 통해 예수님을 따르는 무리들이 생겼다. 오병이어 사건에서 남자들의 숫자만 헤아린 것도 세상 나라에 대립하는 군대가 구성되고 있는 것으로 볼 수 있다(막 6:44). 결국 제자들은 가이사랴 빌립보에서(막 8:27) 예수님을 그리스도(왕)로 옹립하고, 따르는 무리들과 함께 예루살렘으로 진격하고 있는 셈이다. 마가복음 10~13장에는 예수님께서 마침내 예루살렘에 도착하시기까지와, 성문을 뚫고 들어가 치열한 전투를 벌이는 내용이 나온다. 물론 주님과 제자들의 손에 창검이 들려 있지 않았기 때문에 일반적인 의미의 전쟁과는 완전히 다르지만, 예수님은 당시 성전을 중심으로 하나님을 섬기기보다는 자신들의 욕심을 채우던 예루살렘을 하나님의 권위와 말씀으로 쳐서 승리하신다. 우리는 이 '전쟁 같지 않은 전쟁'을 통해 주님께서 어떤 나라를 이 땅에 건설하기 원하셨는지를 묵상할 수 있다.

약자를 위한 하나님 나라의 군대 (10:1~16)

예수님께서 수행하신 전쟁이 세상의 전쟁과는 완전히 다른 것이다 보니, 예수님을 따르는 제자와 무리들은 세상 군대와는 다른 가치관을 가져야 했다. 그중에서도 독특하게 드러나는 것이 여자와 아이들을 대하는 태도다. 전쟁에서 가장 쓸모없는 존재가 있다면 바로 여자와 아이들이다. 그러나 영적 전쟁에서 이들은 반드시 보호하고 받들어야 할 대상이다. 구약시대부터 하나님께서는 과부와 고아들을 돌보는 것을 중시하셨다. 예수님께서는 남자가 자기 아내를 마음대로 버릴 수 없음을 선포하셨을 뿐 아니라 하나님 나라는 어린아이들과 같은 자들의 것임을 선언하셨다.

예수님의 참 제자는 누구인가?(10:17~52)

영적 전쟁을 치르기에 합당한 제자는 어떤 사람인지를 잘 보여 주는 부분이 바로 예수님께서 예루살렘에 입성하시기 직전에 있었던 사건들이다. 재물이 많은 한 사람이 예수님께 찾아와서 "어떻게 해야 구원을 얻겠는가?"라고 질문하는 이야기로부터 시작해, 맹인 거지 바디매오의 이야기로 끝나는 이 부분은 제자도를 가장 확실하게 보여 주는 '마가복음의 백미'라고 할 만하다.

부자 청년의 질문은 아직 자신이 구원이 필요한 존재임을 철저히 깨닫지 못했음을 반증해 준다. 정말 자신에게 구원이 필요하다는 사실을 깨닫고 있다면 바디매오처럼 "나를 불쌍히 여기소서!"라고 부르짖게 마련이다. 사실 "나를 불쌍히 여기소서"라는 말은 돈을 구걸할 때에도 쓰는 말이다. 그러다 보니 주위 사람들의 제지를 당하기도 했다. 그러나 그에게는 구원받는 것이 우선이었기에 신중히 생각하거나 앞뒤 사정을 고려할 여지가 없었다. 부자 청년에게는 예수님이 '좋은(선한) 선생님'이었지만 바디매오에게는 '다윗의 자손'(그리스도)이었다. 청년은 제대로 된 선생님에게 배우기만 하면 자기 힘으로 구원을 받을 수 있으리라 생각했겠지만, 바디매오는 자신의 무력함을 알았기에 그리스도가 필요했다. 율법의 기준으로 본다면 청년은 정결했고, 바디매오는 부정했다. 하지만 청년은 자신이 갖고 있던 재물을 버릴 수 없었고, 바디매오는 유일한 재산인 겉옷도 버리고 예수님께 나아올 수 있었다. 결국 청년은 예수님의 "나를 따르라"는 부르심에도 불구하고 슬픈 빛을 띠며 '가고', 바디매오는 "가라"라는 말씀에도 불구하고 예수님을 '따른다.'

한편 제자들의 모습은 아쉽기만 하다. 베드로는 부자 청년의 모습을 보며 자신들은 모든 것을 버리고 주님을 따랐다고 했다. 물론 그것은 사실이지만 이후 그들의 행태를 보면 '버린' 것이 아니라 '투자'한 것이었음이 드러난다. 야고보와 요한은 이후에 예수님의 좌우편에 앉기를 원했고, 다른 제자들은 그 두 사람을 보고 화를 냈다. 결국 열두 제자 모두 똑같은 생각을 하고 있었던 셈이다. 참 제자의 모습은 3년 동안 예수님을 따라다녔던 제자들이 아니라, 여리고에서 구걸하던 바디매오의 모습에서 드러난다. 바디매오는 무엇을 구해야 할지를 정확히 알고 있었으며, 그 믿음을 인정받은 후에는 주님을 따랐다. 그의 모습이야말로 참 제자의 모습이다.

예루살렘 정복 (11:1~26)

예수님께서 나귀 새끼를 타고 예루살렘으로 입성하시고, 사람들이 "호산나"(지금 구원하소서)라고 외치며 겉옷과 나뭇가지를 길에 펴는 모습은 왕의 압제에 반역한 사람들이 자발적으로 성문을 열고 침략군의 장군을 왕으로 인정하는 모습이다. 예수님께서 성전에서 상인들을 내쫓으신 것은 침략군이 점령한 성의 신전을 훼파하는 것과도 같은 의미로 여겨진다. 예수님께서는 성전을 상징하는 무화과나무가 뿌리째 마른 것을 통해 비록 돌로 만들어진 성전은 그대로 서 있지만 실상은 파괴된 것이며, 새로운 성전인 교회가 세워졌음을 선언하셨다. 사람의 눈으로 보기에 예루살렘은 전쟁 자체를 치르지 않았고, 성전은 여전히 위용을 자랑하고 있었다. 하지만 하나님의 시야에서 이미 예루살렘은 정복됐고, 성전은 파괴돼 그 기능을 상실했다. 이제 새로운 성전이 세워져서 하나님께 기도하는 권세를 부여받았다. 그것이 바로 하나님을 믿는 자들의 모임, 교회다.

권세자들과의 전투 (11:27~12:34)

예루살렘에 입성하신 예수님은 기존에 그 성을 다스리고 있던 권세자들과 전투를 벌이시는데, 창검에 의한 전투가 아니라 진리와 비진리의 전투였다. 주님은 먼저 대제사장들과 서기관들과 장로들, 즉 전통적 권위의 대표자들의 위선을 드러내셨다. 그들은 "무슨 권세로 이런 일을 하느냐?"(28절)라는 질문으로 예수님이 이스라엘의 어떤 역사적, 전통적 권위체계로부터도 인정받지 못함을 주장하며 공격했다. 그러나 예수님은 이 공격에 대해서 "세례 요한의 권세는 어디로부터 왔느냐?"라는 질문으로 대응하신다. 이스라엘을 다스리는 권세는 역사나 전통에 의해서 주어지는 것이 아니라 하나님께로부터 주어짐을 분명하게 하신 것이다. 예수님은 포도원 품꾼들의 비유를 통해, 하나님께서 역사적으로 대제사장과 서기관, 장로들에게 이스라엘을 맡기셨으나 그들이 순종하지 않았고, 결국 하나님의 아들을 죽임으로써 영원한 심판을 당하리라는 예언까지 아울러 주신다 (12:1~12).

전통적 권위자들을 물리치신 이후에는 바리새인과 헤롯당, 즉 로마와 정치적 이해관계에 있는 자들이 예수님께 나아와 가이사에게 세를 바쳐야 하느냐의 문제를 제시한다. 예수님을 세속 정치의 힘으로 옭아매기 위한 것이었다. 그러나 예수님은 이에 대해 "가이사의 것은 가이사에게, 하나님의 것은 하나님에게"라고 대답하신다. 이는 하나님 나라는 이 땅에 속한 것이 아님을 잘 보여 준다. 하나님 나라는 세속 정치의 방식으로 싸우지 않으며, 또 세속 정치에 편승하지도 않는다(12:13~17). 정치적으로는 바리새인과 반대편에 있던 사두개인들의 부활 논쟁에서도 예수님은 그들의 논의에 편승하지 않으셨다. 사두개인들은 부활이 없기에 지극히 현세적이고, 현세의 상황에 집중했던 자들이다. 그러나 예수님은 부활이 없다는 그들의 생각을 깨뜨리심으로써 현세에만 집중하고, 현실적인 유익만 추구하려는 태도를 무너뜨리신다(12:18~27).

예수님과 서기관의 대화에서는 하나님 나라에서 새롭게 세워질 법도가 무엇인지 드러난다. 하나님 나라는 복잡한 율법이 아니라 "하나님을 사랑하고 이웃을 사랑하라"는 가장 핵심적인 계명이 기반이 되는 나라다. 이 대화 후에 감히 예수님께 묻는 자가 없었다(12:34). 예루살렘의 권세자들과 예수님의 논쟁은 예수님의 승리로 확정됐다.

새로운 전쟁이 시작되다 (12:35~13:37)

예수님께서 성전에 들어가셔서 사람들을 가르치시는 모습을 통해 예수님이 예루살렘을 영적으로 점령하셨음을 알 수 있다(12:35). 하나님 나라는 하나님의 아들이 통치하는, 하나님의 직접 통치가 이뤄지는 나라다. 권세 잡은 자, 부유한 자가 아니라, 자신의 모든 것인 두 렙돈을 드리는 과부가 인정받는 나라다. 또한 이 나라는 예루살렘에만 머물러 있는 것이 아니다. 하나님의 나라는 온 세상으로 퍼져나갈 것이다. 예루살렘의 상징이었던 금과 대리석으로 화려하게 지은 성전은 곧 파괴될 것이며(13:2), 천국 복음은 만국에 전파될 것이다(13:10). 제자들은 이를 위해 예수님의 뒤를 이어 하나님 나라를 위한 싸움을 계속해야 한다. 예수님은 성전 파괴를 예언하심과 동시에, 예수님께서 재림하실 때에 있을 일까지 함께 말씀해 주셨다. 언제인지 알 수 없으나 마지막 때를 알리는 큰 싸움이 일어날 것이다. 그때까지 우리에게 중요한 것은 깨어 있는 것이다. 언제 주님께서 다시 오실지 알지 못하는 상황에서, 우리는 깨어 준비하는 자가 돼야 한다(13:33).

마가복음 14~16장
세상을 이기신 예수님, 세상을 이기는 제자들

그리스도인들은 끊임없이 세상의 가치관이나 문화와 갈등을 겪는다. 그래서 우리의 삶은 '전쟁'에 비유된다. 아침에 눈을 뜰 때부터 잠들 때까지 시시각각 우리의 눈앞에 펼쳐지는 영적 도전에 맞서 싸우고, 물리치는 영적 전쟁을 한다. 예수님 역시 그 전쟁을 치르셨고, 최종 승리를 거두셨다. 그런데 이 전쟁은 세상의 시각으로는 쉽게 이해되지 않는다. 예수님은 세상의 수단을 선택하지도, 세상이 좋다고 생각하는 방식을 따르지도 않으셨다. 그리고 우리에게 당신께서 행하신 대로, 영적 전쟁을 수행하라고 가르치신다. 그렇다면 우리는 과연 어떤 방식으로 영적 전쟁을 감당해야 할까? 예수님의 공생애 마지막 부분과 십자가, 부활 사건은 그 자체만으로도 그리스도인들에게 가장 중요한 사건이지만, 우리는 그 일들을 통해 세상과의 영적 전쟁에서 승리하기 위한 방법들을 배울 수 있다.

의미 vs 효율(14:1~11)
예수님이 '그리스도' 즉 '기름 부음을 받은 자'로서 실제 기름 부음이 일어난 곳은 베다니 나병환자 시몬의 집이다. 기름 부음이라는 예식을 거행하기 위한 장소로써 적절해 보이지 않을 뿐더러, 기름 부음을 시행한 이도 선지자나 제사장이 아닌 한 여인이었다(요한복음은 그 여인이 나사로의 동생 마리아라고 소개함, 참조 요 12:3). 그런데 거기에 사용된 기름은 삼백 데나리온, 노동자 300명의 하루 품삯에 해당되는 비싼 것이었으니 사람들이 보기에는 분명 낭비요, 극도로 비효율적인 행위였다. 그러나 이처럼 전혀 적절하지 않은 장소와 사람에 의해 엄청난 비용을 들인 일이지만, 여기서 예수님께서는 그리스도로 선포되셨다. 또한 그 여인은 자신의 생명, 몸을 상징하는 옥합을 깨뜨려 예수님의 십자가(장례)를 준비함으로써 자신의 죽음과 예수님의 죽음을 연결했다. 그래서 이 여인의 행동은 복음이 전파되는 곳 어디에서나 전해질 사건이 됐다(14:9). 물론 효율성을 추구하는 것이 무조건 하나님 보시기에 악한 것은 아니다. 단 예수님의 제자들은 효율을 추구하기에 앞서서 이 행동이 하나님 앞에서 어떤 의미가 있느냐에 집중했어야 했다.

용납 vs 분열 (14:12~31)

예수님께서는 제자들과의 마지막 만찬인 유월절 식사를 준비하셨다. 예수님께서는 열두 제자가 곧 도망하고, 자신을 부인할 것을 이미 알고 계셨다. 그러나 자신을 배신할 그들과 함께할 식사 자리를 마련하시고(14:13~15), 그들과 영원한 언약을 세우셨다(14:22~25). 그런데 제자들은 "너희 중의 한 사람이 나를 팔리라"는 예수님의 예언 앞에서 "나는 아니지요?"(14:19)라고 질문하기에 바쁘다. '너희 중 하나'가 스승을 팔리라는 예언 앞에서 '우리'라는 차원이 아니라 '나'는 아니라며 경계선을 긋는 것에 몰두한 것이다. 베드로의 '다' 버릴지라도 '나는' (14:29)이라는 말에서도 같은 태도를 찾아볼 수 있다. 예수님의 제자는 자기가 속한 공동체의 죄악을 보며 "나는 아니다"라고 말하는 자가 아니다. 또 '우리' 안에서 발생한 문제를 '저 사람, 저들'의 문제라고 말하는 자가 아니다. 비록 자신에게 등을 돌릴 자들이지만 그들과 끊을 수 없는 언약 맺기를 기뻐하시는 주님의 모습을 따를 때 세상을 이길 수 있다.

기도의 능력 vs 육신의 능력 (14:32~52)

예수님은 제자들과 언약을 세우신 후 겟세마네에 가서서 기도하셨다. 그러나 제자들은 예수님의 간곡한 부탁에도 불구하고 잠에 빠져들었다. 예수님께서 "기도하라 마음에는 원이로되 육신이 약하다"(14:38)고 하셨듯이, 우리 육신의 힘은 믿을 것이 못된다. 베드로도 자신의 의지력을 믿고 예수님을 부인하지 않겠노라고 큰소리쳤지만, 정작 졸음을 이기지 못해 예수님의 기도에 동참하지 못했다. 뿐만 아니라 예수님이 잡히시는 것을 보고, 칼로 대제사장의 종의 귀를 베는 어리석음까지 보였다(참조 요 18:10). 결국 육신의 힘이나 검과 몽치와 같은 무기를 의뢰하는 자는 부끄러움을 당하게 된다. 예수님의 제자가 기도가 아닌 자신의 능력과 의지, 또는 소유를 의뢰하게 된다면 마치 벗은 몸을 가렸던 베 홑이불도 버리고 알몸으로 도망하는 것과 같은 수모를 당하게 될 것이다(14:51~52).

진리 vs 거짓 (14:53~72)

예수님께서는 대제사장 앞에서도 전혀 두려워하지 않으셨고, 진리를 드러내시는 데에도 주저하지 않으셨다. 예수님은 오직 진리만을 말씀하셨다. 그에 비해 베드로는 자신이 예수님의 제자라는 사실을 감추는 데 급급했다. 자신에게 어떤 해도 끼치기 힘든 여종 앞에서 두려움에 휩싸여 거짓을 말했을 뿐 아니라, 마지막에는 저주하며 맹세까지 하면서 부인했다(14:71). 그가 이렇게 두려움에 휩싸이게 된 것은 겟세마네에서 기도에 실패했기 때문이라 볼 수 있다. 예수님의 제자가 세상에서 승리하는 길은 진리를 말하는 용기를 갖는 것이다. 이런 용기는 하나님께 철저하게 의뢰하는 기도의 자리에서부터 나온다는 것을 명심하자.

예수님은 누구신가 (15:1~41)

우리가 세상에서 승리하기 위해서는 예수님이 진정 누구신지를 분명히 알아야 한다. 예수님께서는 빌라도의 입과 로마의 군인들에 의해서 '유대인의 왕'이라 칭함을 받으셨다(15:2, 9, 12, 18). 또한 수많은 사람의 비난과 욕설을 통해 '이스라엘의 왕, 그리스도'(15:32)라 칭함을 받으시고 십자가에 못 박히셨다. 예수님의 십자가는 인간의 눈으로 보기에는 비참한 일이지만, 하나님의 구속의 역사 가운데서는 참 영광을 얻으신 사건이다. 실제로 예수님께서 유대인과 이스라엘의 왕이시며 그리스도이심이 드러나는 것은 그리 오랜 시간이 걸리지 않았다. 예수님께서 죽으심과 동시에 성전의 휘장이 위에서부터 아래로 찢어졌고, 예수님을 바라보고 있던 백부장은 예수님께서 실로 하나님의 아들이셨음을 인정했다 (15:38~39).

예수님의 십자가는 인간의 눈으로 볼 때는 실패요, 패배로 보일 수 있다. 그러나 예수님의 제자들은 십자가를 통해 예수님께서 이스라엘뿐 아니라, 온 땅의 왕, 그리스도이심이 드러났음을 잘 알고 있다. 세상과의 싸움에서 우리가 잊지 말아야 할 것이 이것이다. 예수님께서 영광을 얻으셨던 자리가 어디인지를 깨닫고 그 길을 따라 간다면, 주님께서 얻으신 영광과 승리가 우리에게도 주어진다는 점이다.

영광의 승리 (15:42~16:20)

예수님은 십자가에서 죽으시고 장사되셨지만 제삼 일, 안식 후 첫날에 다시 살아나셨다. 이를 통해 주님이 참 승리자가 되셨음을 증명해 보이셨을 뿐 아니라, 제자들을 부르기 위해 다시 갈릴리로 가신다. 공생애 전반기, 갈릴리에서 예수님께서 병을 고치시며 귀신을 내쫓으실 때는 침묵하라는 명령이 잘 지켜지지 않았지만, 예수님의 부활을 알게 된 여인들은 아무 말도 못하는 상황이 벌어진다 (16:8). 부활의 영광은 이전에 갈릴리에서 보이셨던 그 능력과는 비교가 되지 않는 것이었기 때문이다.

마가복음 16장 9~20절은 원래 마가복음에 포함되지 않았던 것으로 보이는 증거들이 많아 진정성에 대한 논란이 있긴 하지만, 적어도 주제는 분명하다. 예수님께서 이 세상을 이기시고, 그 권능을 제자들에게 부여하셨다는 것이다 (16:17~18). 예수님의 제자인 우리는 주님의 부활로 인해 확증된 주님의 영광과 권능을 알고, 또한 성령으로 말미암아 그 영광에 참예하는 자들이다. 우리가 예수님의 승리와 영광을 믿는 자임을 확신할 때, 우리도 세상에서 승리할 수 있다.

누가복음

누가복음 1~6장
사람으로 오신 하나님의 아들

누가는 의사이자 역사가다. '그 모든 일을 근원부터 자세히 미루어 살핀' 누가가
쓴 복음서를 통해 보다 역사적이고, 조금 더 우리 가까이에 와 계신 예수님을 만
날 수 있으리라 생각한다. 누가복음의 직접적인 수신자였던 데오빌로는 '각하'라
는 호칭으로 불릴 만큼 높은 지위에 있었던 사람이다. 누가복음은 예수님에 대
해 소문으로만 듣고 알고 있었던 그에게 그리스도를 좀 더 확실하게 알려 주기
위해 기록한 책이다.

순종하는 자들을 통해 이루시는 구원 역사 (1~2장)
누가는 예수님의 탄생 기사를 기록하기에 앞서 세례 요한의 출생을 비중 있게
다루고 있다. 세례 요한은 예수님을 역사의 앞마당으로 이끄는 사명을 감당할
사람이다. 온 인류의 구원자 예수님의 탄생은 보잘것없는 한 여인의 순종으로 이
뤄진다. "주의 여종이오니 말씀대로 내게 이루어지이다"라고 고백했던 마리아의
믿음이 귀하다. 이처럼 하나님의 위대한 구원 역사는 오늘도 순종하는 사람들을

말씀에 빠지다

통해 이뤄지고 있다.

2장은 예수님의 출생과 어린 시절의 성장 과정을 소개한다. 예수님은 참 하나님이시면서 우리와 동일한 인간이다. 성령으로 잉태됐지만 우리와 같은 출생 과정과 어린 시절을 보내신 분이 우리의 구세주 예수님이시다. 매우 늙어 이 땅의 소망이 없었던 시므온과 안나는 아기 메시아를 보고 축복하며 장차 이스라엘의 구원을 위한 인물이라는 사실을 확증해 준다. 예수님이 열두 살 되던 해에 성전에서 경험한 사건을 통해 예수님의 어머니 마리아는 이 모든 일을 마음에 두게 된다.

예수, 온 인류의 메시아로 오심(3~4장)

누가는 예수님께서 사역을 시작할 무렵의 이스라엘 주변 정황을 상세히 기술함으로 메시아의 역사성을 반증해 주고 있다. 세례 요한은 주의 길을 예비하는 사명을 가진 사람이었다. 피폐한 사람들의 영혼을 갈아엎는 회개의 세례를 베풀자 수많은 사람이 요한에게로 나아오며 그를 메시아인 줄로 생각했다. 그러나 요한은 예수님을 소개하면서 "나는 그의 신발 끈을 풀기도 감당할 수 없다"고 백성에게 전한다. 이 땅에서 예수님의 제자로 살아가는 모든 사람이 눈여겨 묵상할 필요가 있는 대목이다. 이어서 누가는 예수님의 족보를 기록한다. 마태복음의 족보와 다른 점은 예수님을 아담의 후손으로 기록해 예수님이 유대인의 왕일 뿐만 아니라 온 인류의 메시아이심을 분명히 밝힌 것이다.

예수님은 공생애를 시작하기에 앞서 40일간 금식하신 후, 마귀의 시험을 받게 된다. 세 종류의 시험을 통해 앞으로 사역의 길에서 경험할 갖가지 종류의 유혹과 고난을 미리 경험하고 말씀으로 승리하셨다. 신적 권능을 지니셨지만 단 한 번도 그것을 사용하지 않을 수 있었던 이유가 이 기도로 출발했기 때문이다. 갈릴리에서의 첫 사역은 그리 순탄하지 않았다. 고향 사람들로부터 배척을 받으셨지만 계속해서 복음을 전하고 병자들을 치유하시며, 묵묵히 자신의 길을 걸어가시는 예수님을 보게 된다. 복음을 위한 길은 시험과 배척과 고난이 따라오지만 가장 영광스러운 길임이 틀림없다.

편견과 잘못된 전통을 뒤엎다 (5~6장)

베드로가 예수님을 통해 경험한 기적은 그물이 찢어질 정도로 잡아 올린 물고기가 아니라, 예수님과의 만남 그 자체였다. 이후로 그는 사람을 낚는 어부가 됐다. 예수님은 나병 환자를 고치시고, 중풍병자에게 침상을 들고 가라 하심으로 죄사함의 권세를 가진 메시아임을 증명하셨다. 그리고 세리 레위를 부르시며 새 시대가 도래했음을 선포하신다. 안식일에 행하신 몇 가지 일들을 통해 바리새인과 같은 그 당시 종교 지도자들과의 갈등이 시작된다. 그럴 수밖에 없는 이유는 '평지설교'로 일컬어지는 예수님의 교훈은 당시의 지배적 가치관을 완전히 뒤엎는 것이었기에 그렇다.

열두 명의 제자들은 전혀 다른 가치관으로 주님을 따라야 하는 운명에 봉착한 사람들이다. 어쩌면 오늘을 살아가는 신실한 그리스도인들도 동일한 운명을 함께 짊어진 믿음의 공동체가 아닐까? 하나님의 위대한 구원 역사는 시대를 거슬러 올라가는 특징이 있다. 그렇기 때문에 교회가 부흥하고 복음이 힘 있게 선포됐던 시대마다 세속적 인본주의에 사로잡힌 '시대의 사람들'로부터 수많은 반대와 고난과 핍박을 받은 것이다. 그러나 예수님께서 모든 시험과 고난을 통과하시고 십자가의 구원을 이루셨던 것처럼, 오늘날의 그리스도인들도 승리가 보장된 길을 믿음으로 따라야 할 것이다.

누가복음 7~12장
메시아의 지상사역을 펼치다

예수님께서는 우리와 동일한 사람이기 이전에 온전한 하나님이셨다. 누가는 의사이자 역사가답게 정확한 시간적 흐름을 따라, 예수님의 고치심과 가르치심, 그리고 전파하심을 기록해 간다. 예수님께서 가시는 곳마다 이적과 기사가 펼쳐졌다. 그 대상은 유대인에게만 국한되지 않았다. 그분의 신적 권능 앞에 귀신이 내쫓김을 당하고, 하나님의 나라가 임했다.

듣고 행하지 않으면 (7~8장)

가버나움에서 만난 백부장은 이방인이었지만, 유대 백성들에게 칭송을 받는 사람이었고, 예수님께서 칭찬하신 믿음의 소유자였다. 나인 성 과부는 사회적으로 소외되고 천대받는 여인이었지만, 예수님의 은혜로 죽은 아들이 살아나는 기적을 경험했다. 이처럼 예수님의 사역 대상은 유대인이나 이방인을 가리지 않았다. 한편, 세례 요한의 물음에 예수님은 자신이 구약에 예언된 메시아임을 분명하게 알려 주신다. 한 여인의 향유 부음은 메시아가 이루실 대속의 죽음을 예표한다. 이것이 바로 주님이 이 땅에 오신 목적이다.

그러나 백성들의 마음이 강퍅하여 말씀의 씨가 마음 밭에 뿌려져도 결실하지 못하는 경우가 더 많았다. 예수님의 혈육이라도 말씀을 듣고 행하지 않으면 결실할 수 없다고 하셨다. 반면 말씀을 듣고 행하는 사람은 누구나 예수님과 형제가 된다. 예수님은 성난 파도를 잠잠케 하시고, 군대 귀신을 내쫓는 위대한 분이시다. 그렇지만 거라사인들의 심각한 세속성은 주님을 배척하고 만다. 이는 혈루증으로 열두 해를 앓다가 주님의 옷자락을 붙잡은 여인의 소박한 믿음과 현격하게 대조된다.

참된 제자의 삶을 가르치심 (9~10장)

예수님께서는 메시아 사역을 홀로 감당하지 않으시고, 제자들을 그의 동역자로 세우셨다. 열두 제자는 예수님으로부터 권능을 받고 각 마을로 파송됐다. 특히 오병이어 사건은 배고픈 무리들을 위한 이적일 뿐만 아니라, 제자들을 양육하기 위한 훈련이었다. 베드로가 예수님을 "하나님의 그리스도"라고 고백한 것도 양육의 결과다. 예수님께서는 제자에게 자신의 죽음을 예고하시며, 십자가를 지고 주님을 따르는 참된 제자의 삶을 몸소 가르쳐 주셨다. 그러나 영광스러운 변화산 아래에서 제자들은 여전히 서로 누가 더 큰지 다투는 어리석은 모습을 보였다.

예수님은 70명을 따로 세우시고 각 지역으로 둘씩 파송하셨다. 그들이 돌아와 귀신들도 항복했다는 보고를 올리자, 예수님은 "그런 기적을 보고 기뻐하기보다 너희 이름이 천국에 기록된 것으로 기뻐하라"고 하셨다. 지혜롭고 슬기 있는 자들에게는 숨기신 천국 복음을 어린아이들에게 나타내신 하나님께 감사 기도를 올리신 예수님은 선한 사마리아인의 비유를 통해 '행함이 있는 믿음'을, 그리고 마르다와 마리아 이야기를 통해 '더 좋은 편'이 무엇인지를 가르쳐 주신다. 자비를 베풂과 말씀을 듣고 순종함은 바늘과 실처럼 항상 함께해야 하는 것임을 깨닫게 된다.

외식하는 자들과의 영적 전쟁 (11~12장)

예수님께서는 제자들을 양육하시며 가장 중요한 기도를 가르치신다. 구하는 자에게 하나님께서 주시는 가장 좋은 것은 성령이시다. 성령이 우리 안에 거하시지 않으면 귀신이 쫓겨 가도, 더 악한 귀신 일곱을 데리고 다시 들어오는 일이 있음을 가르쳐 주신다. 표적만을 구하는 악한 세대의 사람들에게 몸의 등불과 같은 눈을 밝혀 내면의 어둠을 보라고 질타하신다. 바리새인들은 이 말씀이 평토장한 무덤 같은 자신들의 외식을 가리키는 것임을 나중에서야 알고, 예수님의 말을 책잡고자 기회를 노렸다. 본격적으로 바리새인들과의 영적 전쟁이 시작된 것이다. 그들의 외식은 언젠가는 만천하에 드러나게 된다.

예수님께서는 제자들에게 우리의 머리털까지 세고 계신 하나님만을 두려워하며, 세상의 권력자를 무서워하지 말라고 하신다. 예수님은 자신만을 위해 재물을 쌓고 하나님께는 부요하지 못했던 어리석은 부자의 이야기를 통해 '무엇을 먹을까? 무엇을 입을까?' 염려하는 자들을 일깨워 종말을 준비하도록 하신다. 불을 던지러 오셨다는 주님의 말씀에 시대를 분별하는 지혜로운 자가 돼야 함을 깨닫는다.

예수께서 메시아 사역을 본격적으로 펼치실 때에 수많은 이적이 일어났고, 수많은 무리가 그분을 따랐다. 그러나 예수님은 제자들을 따로 세우시고 그들을 양육하시며, 메시아 사역에 동역하게 하셨다. 왜냐하면 유대 종교 지도자들과의 갈등으로, 십자가가 가까이에 있음을 아셨기 때문이다. 우리에게 훈련과 배움의 기회가 주어졌음을 감사하게 생각하자. 그리고 영적 전쟁이 치열한 이 시대 가운데, 하나님의 성령으로 늘 승리할 수 있도록 기도와 말씀으로 무장하자.

누가복음 13~19장
세상을 향해 도전하는 천국 복음

천국 복음은 세상의 가치관과는 다를 수밖에 없다. 복음이 전해지는 곳마다 어둠은 물러가고 광명한 날이 시작된다. 그러므로 세상 가운데 거하며 어둠의 일을 행하던 자들에게 복음은 좋은 소식일 수 없다. 예수님의 거침없는 행보는 세상 가치관에 젖어 살던 유대 종교인들에게는 눈엣가시처럼 여겨졌을 것이다. 행함이 없는 명목상의 그리스도인들은 예수님의 제자라고 할 수 없다. 예수님의 손과 발이 돼 순종의 삶을 살아갈 때, 비로소 그분의 제자가 될 수 있음을 기억하며 묵상을 시작하면 좋겠다.

자기 십자가를 지고 따르라(13~14장)

예수님께서 안식일에 18년 동안 귀신 들려 앓고 있던 한 여인을 고쳐 주신다. 이 일로 유대인들이 예수님을 비난하고 죽이려고 하자, 예수님께서는 선지자들을 죽이는 예루살렘을 향해 안타까움과 애통함으로 "암탉이 제 새끼를 날개 아래에 모음과 같이 내가 너희의 자녀를 모으려 한 일이 몇 번이냐 그러나 너희가 원하지 아니하였도다"라며 탄식하셨다. 예수님은 자신을 엿보는 눈이 있음을 아시고도, 마땅히 하실 일을 행하셨다. 영혼을 구원하고 생명을 살리는 일은 안식일에도 계속돼야 하기 때문이다. 예수님은 자신을 낮추고, 가난한 이들과 몸에 장애가 있는 이들을 섬기라고 하셨다. 또한 천국의 주인공은 이런 자들이라고 하시며, 참된 제자가 되려면 자기를 부인하고 자기 십자가를 지고 따르라고 하셨다. 잔치에서 높은 자리를 탐하며 자기 이익만 추구하는 바리새인 같은 자들에게는 굉장한 도전이 됐을 것이다.

잃어버린 영혼을 찾으시는 한없는 사랑(15~17장)

잃어버린 양과 드라크마, 작은아들에 관한 비유가 이어진다. 이스라엘의 잃어버린 자들에게 지대한 관심과 한없는 사랑을 보이시는 예수님은 아흔아홉 마리

양을 들에 두고, 한 마리 잃은 양을 찾도록 찾으시는 선한 목자다. 허랑방탕한 작은아들을 매일같이 기다리는 아버지를 이해할 수 없었던 큰아들의 모습 속에서 당시 종교 기득권자의 모습뿐만 아니라, 오늘날 수많은 종교인의 모습을 보게 된다.

16장에는 두 가지 유명한 비유가 소개된다. 불의한 청지기의 비유는 해석상의 어려움이 있는데, 이 비유는 하나님의 관점에서는 지극히 작은 것인 세상의 재물에도 충성하지 못하면, 천하보다 귀한 영혼을 구원하는 일을 맡길 수 없다는 의미로 받아들여야 한다. 15장의 잃어버린 것들에 대한 비유, 그리고 이어 나오는 부자와 나사로의 비유를 연결해 읽으면 예수님의 의도가 좀 더 분명히 느껴질 것이다. 율법은 헌신짝처럼 여기면서도, 돈을 좋아하는 바리새인들에게는 이해하기 어려운 천국 비유였을 것이다.

예수님께서는 계속해서 한 영혼의 소중함에 대해 교훈을 주신다. 다른 사람을 실족하게 하는 것이 얼마나 심각한 죄악인지를 말씀하시는 한편, 죄지은 형제를 무한히 용서하라고 하신다. 종이기에 주인이 시키는 대로 순종할 의무가 있는 것이다. 그러나 예수님께 고침 받은 열 명 중에 사마리아 사람 한 명만이 감사한 것처럼, 하나님의 나라에 합당한 사람은 적었다. 예수님은 하나님의 나라가 어디에 있냐고 묻는 바리새인들에게 "너희 안에 있다"는 도무지 깨달을 수 없는 대답을 주신다.

하나님이 들으시는 기도 (18~19장)

과부의 원한을 풀어주는 재판장을 통해서는 기도하는 믿음을, 바리새인과 세리의 기도를 통해서는 기도의 자세를 가르치신다. 어린아이처럼 순수하게 나아오면 결코 외면하지 않는 하나님이시다. 여리고 성의 한 맹인처럼 간절히 소리 질러 주님의 도움을 구하면 되는 것이다. 예수님은 세리장 삭개오의 집에 들어가시며 잃어버린 자들을 찾으러 오신 자로서 천국 복음의 진수를 몸으로 보여 주신다. 십자가에 달려 죽기 위해 예루살렘을 향해 가시는 예수님의 비장한 모습과 "호산나!"라고 환호하는 백성들의 소리가 묘하게 대조돼 나타난다.

예수님은 십자가 죽음을 통해 구속의 역사를 이루기 위해 이 땅에 오셨다. 천국 복음은 세상에 속한 사람들에게는 황당하고 이해할 수 없는 비밀이다. 세속의 가치관에 사로잡혀 있던 형식적인 종교인들의 눈에 우리 예수님의 언행은 가히 혁명적이었을 것이다. 영혼 구원에 초점을 맞추고, 한 치의 흐트러짐 없이 나아가시는 예수님 앞에 종교 지도자들은 올무를 놓았다. 그렇지만 예수님은 결코 뜻을 굽히지 않으셨다. 그것이 천국 복음의 본질이기 때문에 그렇다. 이 땅은 잠시 잠깐 만에 사라지는 유한한 세상이다. 영원한 하나님의 나라를 소망한다면 우리의 가치관이 변해야 한다. 세상을 향해 강력하게 도전해 오는 천국 복음을 온몸으로 느끼는 시간이 되기를 바란다.

누가복음 20~24장
십자가, 온 인류를 위한 구원의 길

인생의 목표가 분명한 사람은 망설이지 않는다. 예수님께서 이 땅에 오신 목적은 십자가를 통한 인류의 구원이다. 그러므로 예수님은 거침없이 그 길을 걸어가셨다. 예수님을 비방하고 방해하던 종교 지도자들은 노골적인 살기를 드러내며 고소할 구실을 찾고 있었는데, 오히려 그것이 십자가를 향한 예수님의 발걸음을 재촉하게 됐다고 생각한다. 계속해서 십자가를 바라보며 걸어갈 수만 있다면 세상의 그 어떤 어려움도 구원을 향한 우리의 걸음을 방해하지 못할 것이다.

하늘에서 임한 권위 (20장)

예수님의 권위에 대해 도전장을 던지는 제사장들과 서기관들을 향해 예수님은 포도원 주인의 아들을 잡아 죽인 비정한 농부들의 비유를 말씀하신다. 이 비유가 자신들을 빗댄 이야기임을 알게 된 서기관들과 대제사장들은 예수님을 죽이려고 음모를 꾸미지만, 백성들의 눈이 두려워 실행에 옮기지는 못한다. 계속해서 책잡을 일을 엿보던 그들은 세 바치는 문제와 부활 논쟁으로 예수님을 시험하지만, 예수님은 지혜로운 답변으로 위기를 넘기셨다. 죄악 많은 세상에서 믿음으로 살다 보면 하늘로서 임하는 지혜가 필요할 때가 많다. 묵상을 통해 주님의 지혜를 배우기를 바란다.

심판의 날, 영광의 날 (21장)

이 땅의 역사는 언젠가는 끝이 난다. 종말이라고 일컫는 그날이 반드시 온다. 말세를 준비하는 지혜는 무엇일까? 과부가 자신의 전부를 드린 것처럼 가장 소중한 것을 주님을 위해 사용하는 것이다. 사람들이 그토록 영광스러워하던 성전은 무너질 것이다. 난리와 지진과 하늘로부터 큰 징조가 나타나서 사람들을 두렵게 할 것이다. 그러나 그날은 심판의 날이기도 하지만, 주님이 구름 타고 다시 오실 영광의 날이기도 하다. 따라서 주의 백성들은 항상 기도하며 깨어 있어야 한다.

제자들의 배신 (22장)

유월절을 준비하는 동안 가룟 유다는 배반의 음모를 꾸민다. 예수님은 제자들과 함께하는 마지막 만찬에서 떡과 잔을 나누시고 "너희를 위한 내 몸이요, 너희를 위하여 붓는 내 피다"라고 하시며, 십자가의 죽음을 예고하신다. 이토록 비장한 자리에서 제자들은 오히려 누가 더 크냐는 다툼을 일삼는다. 그러나 유다의 배신도, 베드로의 부인도 십자가를 향한 길을 막을 수 없었다. 이것은 예수님 홀로 완수해야 할 신적 소명이기 때문이다. 겟세마네 동산에서 드렸던 그 기도는 십자가의 진정성과 역사성을 동시에 말해 준다.

대속의 삶을 사신 예수님 (23장)

예수님을 가야바의 뜰에서 빌라도에게로, 다시 헤롯에게로 넘겼으나 그분에게서 죄를 찾을 수는 없었다. 그러나 성난 군중은 일제히 소리 지르며 예수를 십자가에 못 박으라고 한다. 엊그제 호산나를 외치던 무리가 오늘은 성난 군중으로 돌변하는 모습을 보면서 인간의 연약함을 다시 한 번 확인한다. 십자가를 지고 골고다 언덕길을 오르시는 예수님을 보며 눈물 흘리는 여인들을 향해 예수님은 그들의 자녀들을 위해 울라고 말씀하신다. 십자가에 손과 발이 못 박힌 채 죽어 가시면서도 "저들을 사하여 주소서"라고 중보하시는 말씀 속에서, 처음부터 끝까지 철저하게 대속의 삶을 사신 예수님을 기억하게 된다. 평생 머리 둘 곳 없으셨던 주님은 숨지신 이후에 비로소 아리마대 사람 요셉이 준비한 새 무덤에 묻히신다.

부활하신 주님을 만난 제자들(24장)

안식일이 지난 첫날 새벽, 예수님을 사랑하는 여인들은 어둠을 뚫고 주님을 찾아간다. 그들의 손에 들린 것은 죽은 사람에게 바를 향품이었다. 그러나 주님은 약속대로 부활하셨다. 부활하신 예수님을 처음 뵙는 영광은 여인들의 몫이었다. 그 후에 베드로가 허겁지겁 달려와 빈 무덤을 확인하고 놀랍게 여기며 집으로 돌아갔고, 제자들 중 두 명은 예수님의 죽음에 실망해 이전의 삶으로, 엠마오 마을로 돌아가고 있었다. 예수님의 부활 소식을 들었지만 여전히 슬픈 기색을 띠고 있는 것으로 보아, 부활을 믿지 못했음이 분명하다. 그런데 부활하신 주님이 동행하시며 말씀을 풀어 주시자, 그들의 눈이 밝아져 예수님을 알아보고는 다시 예루살렘으로 향한다.

예수님은 예루살렘에 모인 제자들에게 나타나셔서 손과 발을 보이시며 자신이 영이 아니라, 온전한 몸을 입고 부활하신 것을 증명하셨다. 이것은 우리 부활의 첫 열매이기도 하며, 우리가 평생 전하고 증언해야 하는 일이기도 하다. 그러나 제자들 자신의 힘으로는 감당할 수 없음을 잘 아셨던 주님은 성령이 임하실 때까지 이 성을 떠나지 말고 기도 가운데 머물러 있으라고 말씀하신다. 그후 예수님께서는 그들을 떠나 하늘로 올라가신다.

주님은 떠나실 때 제자들이 본 모습 그대로 곧 다시 오실 것이다. 주님의 신실하신 약속 가운데 아직 이뤄지지 않은 것은 재림뿐이다. 그러므로 반드시 주님이 다시 오시리라는 사실을 믿어 의심치 않는다. 이 믿음이 소망 없는 세상을 살아갈 우리의 힘이다.

요한복음

요한복음 1~6장
성육신으로 오신 하나님의 본체

요한복음은 공관복음과는 조금 다른 관점으로 기록된 복음서다. 예수님의 삶과 가르침을 시간적인 흐름에 따라 서술한 것이 아니라, 7개의 표적을 중심으로 "나는…이다"(I am)라는 예수님의 자기 선포를 담고 있다. 저자는 사도 요한으로 보는데, 본서에는 단 한 번도 그의 이름이 언급되지 않았지만 '예수께서 사랑하시는 그 제자'(21:20)를 저자라고 밝히고 있는 점으로 짐작할 수 있다. 기록 시기는 공관복음이 모두 완성된 이후부터 요한이 밧모 섬에 유배되기 전인 AD 70~95년경으로 본다. 요한복음의 기록 목적은 성경 전체의 주제인 3장 16절을 통해서도 알 수 있듯이, 하나님의 아들 예수님이 어떤 분이신지를 알고, 그를 믿어 영생을 얻도록 하기 위함이다.

말씀으로 오신 하나님 (1장)
요한은 예수님을 태초부터 하나님과 함께 계셨던 로고스, 즉 말씀이라고 소개함으로써 복음서를 시작하고 있다. 한편 세례 요한은 이 놀라운 예수님을 백성들에게 증언하는데 자신을 향해 누구냐고, 혹시 메시아가 아니냐고 묻는 유대인들에게 자신은 그리스도가 아니며, 그의 신발끈을 풀기도 감당하지 못하는 자라고 고백한다. 세례를 받고자 요한에게로 나오시는 예수님 위에 하늘로부터 성령이 임하셨다. 이에 요한은 "세상 죄를 지고 가는 하나님의 어린양"이라고 예수님을 소개하고, 자신의 두 제자에게도 그렇게 말함으로써 그들이 예수님을 따를 수 있도록 했다. 예수님의 사역의 첫걸음은 세례 요한의 도움으로 순적하게 시작된다. 예수님은 베드로, 안드레, 빌립, 나다나엘 등을 제자로 부르신 후에 본격적인 메시아 사역을 펼쳐 가신다.

공생애를 시작하심 (2장)

요한복음에 기록된 첫 번째 이적은 물로 포도주를 만드는 것이었다. 예수님이 행하셨던 수많은 이적과 기사들 가운데, 갈릴리 가나 혼인잔치에서 행하신 표적을 제일 먼저 기록한 이유가 무엇일까? 포도주가 떨어져 버린 것과도 같은 암담한 현실 속에서 하나님의 독생자의 영광과 기쁨이 회복될 것을 암시하는 것이 아닐까 생각한다. 아직 때가 이르지 않았지만 어머니 마리아에 대한 순종으로 예수님의 공생애가 시작된다. 그리고 영광스런 표적을 경험한 제자들은 예수를 믿게 된다. 유월절을 맞아 돌로 지은 예루살렘 성전에 들어가신 '참 성전 예수님'은 장사하는 자들을 내쫓으시면서 이 성전을 헐면 사흘 만에 다시 지으리라고 선포하신다. 사람들은 아직 그분의 말씀을 이해할 수 있는 영적 수준에는 이르지 못했다.

하나님이 보내신 이 (3장)

니고데모라는 바리새인이 예수님을 찾아온다. 유대인들의 종교지도자였던 그는 어두움을 틈타 한밤중에 찾아와서 예수님이 누구신지에 대한 진지한 질문을 던진다. 하나님이 보내신 선생 정도로 생각했던 예수님으로부터 하나님의 나라와 영생에 대한 놀라운 이야기를 듣게 된다. 예수님은 온 세상을 구원하기 위한 하나님의 독생자이시며, 모든 믿는 자에게 영원한 생명을 주시는 구주이시다. 이 놀라운 구원을 예수 그리스도로부터 받았다면 우리 모두는 세례 요한처럼 살아야 한다. 평생토록 그를 증거하면서, "그는 흥하여야 하겠고 나는 쇠하여야 하리라(3:30)"고 하면서 말이다.

영원히 목마르지 않는 생수(4장)

예수님을 따르는 자들이 점점 많아지자 예수님은 유대를 떠나시기로 작정하고, 사마리아를 거쳐 갈릴리로 가신다. 보통의 유대인들이라면 피해 가는 길을 택하신 이유는 그곳에 꼭 만나셔야 할 사람이 있기 때문이다. 바로 한낮에 우물을 길으러 온 사마리아 여자였다. 그녀와의 대화를 통해 개인의 구원뿐만 아니라, 참된 예배가 무엇인지 가르쳐 주셨다. 예수님은 날마다 마셔도 목마른, 세상이 주는 물로만 살아가는 수많은 사람들에게 그 배에서 솟아나 영원토록 목마르지 않는 '날마다 솟는 샘물'을 주겠다고 하신다. 이 샘물의 은혜를 누리고 있는가?

영원한 생명과 심판의 주(5~6장)

다시 예루살렘으로 오신 예수님은 양문 곁 베데스다 못가의 38년 된 병자를 고쳐 주신다. 그러나 그날이 안식일이었기에 이로 인한 비본질적인 논쟁이 시작된다. 예수님이 안식일에 병을 고친 이유는 "내 아버지이신 하나님도 이제까지 일하시기 때문"이라고 하셨다. 이 말을 듣고 더욱 흥분해서 잡아 죽이려고 하는 유대인에게 예수님의 교훈이 이어진다. 그분은 하나님의 아들이시며 삼위일체 하나님 가운데 한 분이시다. 그리고 죽은 자를 살리시고 영원한 생명과 심판의 주가 되신다.

예수님은 생명의 떡이시다. 예수님은 '자비의 집'이라고 일컫는 베데스다에서도 아무런 도움을 받지 못해 오랜 세월 잊혀진 38년 된 병자를 기억하시고 찾아가 고쳐 주셨다. 또 지나간 남편이 다섯이요 지금 사는 남자도 남편이 아닌, 수치로 가득한 사마리아 여인을 만나기 위해 무더운 대낮에 수가라는 마을의 우물가로 찾아가시는 분이다. 요한복음을 읽으며 예수님께서 우리에게 가까이에 오셔서 우리의 모든 어두움을 몰아내고, 광명한 새날을 열어 주심을 볼 수 있다.

요한복음 7~12장
논쟁 가운데 증명된 진리

예수님께서 자신을 가리켜 하늘에서 내려온 생명의 떡이라고 하시자, 많은 사람이 수군거리기 시작했다. 한 걸음 더 나아가 "내 살을 먹고 내 피를 마시는 자가 내 안에 거한다"라고 하시자, 제자들조차 술렁이기 시작했다. 그 결과 많은 사람이 예수님을 떠나갔다. 예수님을 믿는다는 것은 때로 우리에게 선택과 결단을 요구하기도 한다. 바리새인들과의 논쟁이 점점 고조되는 가운데, 오히려 예수님이 구세주라는 사실과 그분의 신성(神性)이 극명하게 드러난다.

예수, 세상의 빛(7~8장)
갈릴리에 머무시던 예수님은 명절을 맞아 조용히 예루살렘으로 올라가신다. 친형제들조차 그분을 믿지 않는 상황이지만, 예수님은 성전에서 계속해서 담대하게 가르치신다. 바리새인들이 예수님을 잡고자 했으나 손을 댈 수 없었던 것은 아직 예수님의 때가 이르지 않았기 때문이다. 그분은 정확하게 주님의 시간 계획에 따라 사역을 이뤄 가셨다. 사람들의 환호나 반대에 의해 좌우되는 것은 사명자의 길이 아니다. 명절 끝 날에 외치셨던 '생수의 강' 메시지는 성령의 도래를 선포하신 것이다. 예수님은 그분의 사역을 차곡차곡 이뤄 가시고, 대제사장들과 바리새인들은 예수님을 잡아 죽일 계획을 서두르고 있다. 무리는 다 각각 집으로 돌아갔지만, 머리 둘 곳이 없으셨던 예수님은 감람산으로 가셔서 기도하신다. 간음하다가 현장에서 잡혀온 여인을 향한 주님의 자비와 긍휼은, 이 땅의 모든 죄인을 향한 주님의 사랑을 보여 준다. 세상의 빛이신 예수님께서 가시는 곳마다 어둠이 물러가고, 광명한 새날이 시작된다. 많은 사람이 예수님을 믿고 따르지만, 세상에 속한 사람은 죄의 종이 돼 계속 어둠에 거하고 있다.

삯꾼 vs 선한 목자(9~10장)
날 때부터 맹인 된 사람을 예수님이 진흙을 이겨 그 눈에 바르시고, 실로암에 가서 씻으라 하심으로 고쳐 주신다. 그런데 그날이 공교롭게도 안식일이었다. 바리새인들의 관심은 맹인이 고침 받은 것에 있지 않고, 안식일을 지키지 않았다는 데 있었다. 참으로 안타까운 일이다. 그들은 육신의 눈은 보여도 영안이 감겨 아무것도 보지도 깨닫지도 못하는 심각한 영적 맹인들인 것이다. 예수님은 "너희가 맹인 되었으면 죄가 없으려니와 본다고 하니 너희 죄가 그대로 있느니라"고 하시면서 그들을 향한 안타까움을 토로하셨다.

선한 목자는 양들을 위해 자기 목숨을 기꺼이 희생한다. 그러나 삯꾼은 목자가 아니다. 당시 유대 종교지도자들은 목자가 아니었다. 백성들에게는 관심조차 없고, 죽은 율법의 전통을 고수하며 자신들의 기득권을 유지하려는 위선자들이었다. 그러나 예수님은 선한 목자의 심정으로 목숨을 버리기까지 양들을 사랑하셨다. 그리고 이 사역은 아버지 하나님께로부터 받은 것이라고 예수님이 말씀하시자, 또다시 유대인들 가운데 분쟁이 극심하게 일어났다. 급기야 유대인들은 수전절에 예수님이 "나와 아버지는 하나"라고 말씀하신 것을 신성모독이라고 몰아붙여 예수님을 돌로 치려 했다.

"나는 부활이요 생명이니"(11~12장)

예수님은 사랑하는 친구 나사로가 병들었다는 소식을 들으시고도, 며칠 지난 후에 그를 찾아가신다. 이는 예수님께서 죽음조차 가로막을 수 없는 생명의 창조자이심을 스스로 증명하기 위한 기회로 삼으시려는 의도가 아닐까 생각한다. 나사로가 죽어 무덤에 있은 지 이미 나흘이 지난 후에야 베다니에 도착하신 예수님은 "나는 부활이요 생명"이라고 선포하시며, 큰 소리로 나사로를 부르신다. 그러자 죽은 나사로가 살아나는 기적이 일어난다. 이 일로 많은 유대인이 예수님을 믿었으나, 유대 종교지도자들은 머리를 맞대고 예수님을 죽일 계략을 구체적으로 세우기 시작한다.

예수님의 죽음이 점점 임박하고 있다는 사실은 마리아가 예수님께 향유를 바른 사건을 통해 확연히 드러난다. 죽었다가 살아난 나사로의 누이 마리아가 지극히 비싼 향유를 예수님의 발에 붓고 자기 머리털로 그 발을 닦자, 이에 대해 예수님은 자신의 장례를 준비한 것이라고 하신다. 이튿날 예루살렘 성으로 가신 예수님을, 수많은 무리가 종려나무 가지를 흔들고 호산나를 외치며 맞이한다. 그러나 이들이 돌변해 예수를 십자가에 못 박으라고 외치는 성난 군중이 될 줄을 누가 알았겠는가?

요한복음 13~21장
끝까지 사랑하심, 십자가에 죽으심

예수님은 세상에 있는 자기 사람들을 사랑하시되 끝까지 사랑하셨다. 자신을 팔아넘긴 가룟 유다도, 배신한 베드로도 포기하지 않고 사랑하셨다. 그 사랑의 마지막은 십자가에서 이루신 대속의 죽음이다. 예수님께서 수치와 고통의 십자가를 지신 것은 이 땅의 자기 백성들을 향한 무궁한 사랑 때문이라고 생각한다. 해마다 4월이 오면 주님의 십자가와 그 고난을 묵상한다. 요한복음의 끝에서 만나는 주님의 십자가는 우리로 하여금 남은 삶의 여정을 어떻게 걸어가야 할지를 자명하게 보여 준다. 사랑하기에 십자가 지고, 주님을 따르는 제자의 길을 걸어가도록 하자.

주님의 끝없는 사랑 (13~17장)
최후의 만찬 자리에서 예수님은 친히 수건을 허리에 두르고 제자들의 발을 씻기셨다. 예수님을 팔아넘길 유다의 발도, 배반할 베드로의 발도 말이다. 이것은 끝없이 사랑하시는 주님의 사랑 때문이었다. 사랑은 포기하지 않는 것이다. 그러므로 제자 됨의 가장 확실한 징표는 사랑이다. 서로 사랑하면 모든 사람이 우리를 예수님의 제자로 인정해 줄 것이다. 그러므로 우리의 문제는 능력이 없거나 지식이 부족함이 아니라 사랑하지 못하는 것이다. 예수님께서 떠나신다는 사실은 제자들에게 받아들일 수 없는 현실이었다. 근심에 사로잡혀 있는 제자들을 향해 근심하지 말라고 하시며, 예수님이 곧 길이요 진리며 생명인 것을 선언하신다. 진리 가운데로 인도하시고, 더 큰 일을 행할 수 있도록 또 다른 보혜사 성령을 보내 주겠다고 약속하신다. 성령 안에서 약속의 말씀을 붙잡고, 그 말씀에 순종하는 삶은 포도나무이신 예수님께 잘 붙어 있는 것을 의미한다. 그러면 많은 열매를 맺고, 예수님이 지상에서 행하셨던 일보다 더 큰 일을 할 수 있다고 한다. 실제로 이 약속을 붙잡고, 성령에 사로잡힌 주님의 제자들이 땅 끝까지 증인의 삶을 살았다.

그러므로 예수님이 떠나시는 것이 제자들에게 더 유익한 일이다. 그래야만 또 다른 보혜사이신 성령이 오셔서 모든 진리 가운데로 제자들을 인도하실 것이다. 그리고 제자들은 예수님의 이름으로 구하는 것마다 받아 그 기쁨이 충만할 것이다. 그러므로 세상에서는 환난을 당하나, 담대하게 복음을 위한 사명자의 삶을 살아갈 수 있는 것이다. 뿐만 아니라 예수님의 중보기도야말로 세상에 남겨진 제자들을 위한 가장 강력한 힘이 될 것이다. 예수님은 이 기도를 마치시고, 기드론 시내를 건너서 동산으로 나아가신다.

죽음을 이기신 예수님 (18~20장)

가룟 유다가 군대와 하속들을 데리고 그 동산으로 온다. 베드로가 칼로 막으려 하지만 예수님은 그를 말리시며 아버지께서 주신 잔을 기꺼이 마시겠노라고 하신다. 당시 대제사장이었던 가야바의 장인인 안나스의 뜰로 끌려가신 예수님은 애제자 베드로에게조차 배신을 당하며 빌라도의 관정으로 끌려가신다. 빌라도는 예수님의 죄 없음을 알고도 무리의 소리침에 못 이겨 사형을 언도함으로써, 오고 오는 세대에 예수님을 십자가에 못 박은 장본인이라 불린다. 예수님께서 예루살렘에 입성하실 때 호산나를 외치던 백성들은 이제 예수를 십자가에 못 박으라고 소리치는 성난 군중이 된다.

군인들은 예수님께 심한 채찍질을 하고, 가시로 만든 관을 머리에 씌우고 자색 옷을 입혀 조롱하면서 해골이라 일컫는 골고다 언덕으로 끌고 가 손과 발을 십자가에 못 박는다. 십자가 위에 쓰인 명패에는 '유대인의 왕'이라고 돼 있었다. 그러나 예수님은 유대인의 왕이실 뿐만 아니라 온 인류의 왕이시요 구원자가 되셨다. 영혼이 떠나신 예수님의 시신을 아리마대 사람 요셉이 자신의 새 무덤에 장사한다. 예전에 예수님을 밤중에 찾아왔던 니고데모도 몰약과 침향을 가지고 와서 그분의 장례를 돕는다.

"내 양을 먹이라"(21장)

죽음은 생명의 주인이신 예수님을 가둘 수는 없었다. 예수님은 약속대로 사흘 만에 다시 살아나셔서 막달라 마리아에게 처음 보이시고, 이후에 제자들에게도 보이셨다. 부활하신 주님을 뵈었음에도 불구하고, 디베랴 바닷가에서 고기잡이 하던 제자들에게 또다시 나타나신 예수님은 베드로를 부르시고 "나를 사랑하느냐"라고 세 번 물으셨다. 세 번씩이나 주님을 부인했던 베드로에게 "내 양을 먹이라"고 사역을 위임하신 후, 사랑하는 제자들을 이 땅에 남기고 하늘로 떠나셨다.

요한복음은 예수님이 이 땅에서 행하신 모든 일을 낱낱이 다 기록하고 있지는 않지만, 그분이 우리의 구세주가 되심을 믿기에는 조금도 부족함이 없다. 또한 예수님의 삶을 본받아 우리도 예수님처럼 살아가기를 배우기에 충분하고도 남음이 있다. 요한복음 묵상을 마치며 다시 한 번 '예수님의 신실한 제자가 되겠다'고 다짐해 본다.

사도행전

사도행전 1~9장
성령의 바람으로 퍼져 가는 복음의 불길

사도행전은 바울의 동역자 누가가 고위공직자로 알려진 데오빌로에게 보낸 두 번째 글이다. 누가는 의사로서 세밀한 필체와 역사적인 안목으로 예수 그리스도의 부활 승천 이후, 복음의 불길이 성령의 바람을 타고 예루살렘과 사마리아와 땅 끝으로 번져 가는 부흥의 역사를 기록한다. 이 책은 복음서와 서신서를 이어줄 뿐만 아니라, 신약성경 대부분의 역사적 배경을 이룬다.

약속하신 성령이 임하시다 (1~2장)

예수님께서는 부활 후에 40일을 머무시며, 하나님 나라를 알리셨다. 하나님 나라는 하나님께서 보내 주기로 약속하신 성령이 이뤄 가실 것이다. 복음이 예루살렘을 넘어 사마리아와 땅 끝까지 전파되기 위해서는 기도하는 제자들 위에 성령이 임하셔야 한다. 오순절에 나타난 성령의 임재는 예수 그리스도의 구원 역사를 온전히 성취하신 구속사적 사건이지만, 각 시대마다 사모하는 뭇 심령 위에 동일하게 부어지는 초역사적인 사건이기도 하다. 성령 충만한 제자들의 입술을 통해 놀라운 말씀이 선포되고, 수천 명의 사람들이 믿고 세례를 받는 복음의 강력한 역사가 일어난다. 순전한 기도와 찬미, 기쁨으로 충만한 성도들의 교제로 이 땅 위에 하나님의 나라가 현현한 듯하다.

놀라운 복음의 능력 (3~4장)

베드로와 요한이 성전 미문에서 구걸하던 사람을 나사렛 예수의 이름으로 치유한 일을 계기로, 수많은 사람에게 나사렛 예수가 그리스도임을 전파한다. 이날 말씀을 듣고 믿은 자가 오천 명이나 되었다니, 복음의 능력이 얼마나 대단한지를 짐작할 수 있다. 종교 당국자들은 이들을 못마땅하게 여겨 체포하고 구금한다. 다음 날 심문당하는 자리에서 베드로는 성령 충만해서 천하 사람 중에 구원 얻을 유일한 이름은 예수 그리스도뿐임을 증언한다. 조그만 계집종 앞에서 예수님을 부인했던 그의 모습을 생각하면 놀라운 일이 아닐 수 없다. 제사장들이 앞으로 예수를 절대 전하지 말라고 엄포를 놓지만 성령에 사로잡힌 그들을 막을 수는 없었다. 초대 교회는 오히려 더욱 담대하게 하나님 나라를 전하고, 재산을 팔아 사도들 발 앞에 가져다 두며, 모든 물건을 서로 통용하는 아름다운 공동체로 든든히 세워져 간다.

일곱 명의 일꾼을 세우다 (5~6장)

한 부부가 밭을 판 값의 일부를 감추고, 마치 전부인 양 사도들에게 가지고 왔다. 이는 성령을 속이고 하나님께 거짓말한 큰 죄악으로, 그 대가는 죽음이었다. 그들의 죽음은 성도들이 죄를 크게 두려워하고, 교회의 순결을 유지하는 결과를 가져온다. 또 하나의 내부적 문제는 과부들을 구제하는 일에서 생겼다. 그러나 문제에는 해답이 있고, 위기는 기회를 만든다. 이 일로 일곱 집사가 세워지고, 성령께서 평신도 집사를 통해 복음의 역사를 계속 이어 가신다. 성령께 초점을 맞추고 사도행전을 읽다 보면, 인간의 계산 방식을 훨씬 뛰어넘는 성령의 역사를 생생하게 묵상할 수 있다. 성령께서 이뤄 가시는 일에는 문제조차 기회로 변하게 된다.

박해를 피해 가는 곳마다 복음이 전해지다(7~9장)

7장은 일곱 집사 중 한 사람인 스데반의 설교로 가득 채워져 있다. 구약의 역사를 기독론으로 풀어낸 탁월한 변증 설교다. 아브라함으로 시작해 요셉과 모세, 그리고 다윗의 후손으로 이 땅에 오신 메시아 예수 그리스도를 유대인들이 십자가에 못 박아 죽였다고 논리정연하게 설교하자, 청중은 마음에 찔렸으나 회개하기는커녕 이를 갈고 그를 돌로 쳐 죽인다. 그들은 바로 이 순간 살짝 소개되는 사울이라는 청년의 발 앞에 겉옷을 던져 놓는다. 첫 평신도 순교자의 고귀한 피가 교회 역사의 첫 장을 붉게 물들이는 순간이다.

스데반의 죽음은 끝이 아니라, 새로운 장을 펼쳐 가는 계기가 된다. 왜냐하면 스데반의 순교로 예루살렘에 대대적인 박해가 시작됐고, 이를 피해 떠난 수많은 그리스도인이 가는 곳곳마다 복음을 전하게 된 것이다. 하나님은 인간의 위기를 통해서도 일하신다. 스데반에게서 복음의 바통을 이어받은 사람은 빌립이다. 그가 사마리아에서 복음을 전했다는 기록은 사도행전 1장 8절의 구체적인 성취다. 9장에서는 이방의 사도로 예비된 바울(사울)의 회심 장면이 소개된다. 성령께서는 이처럼 하나님의 위대한 명령을 세밀하게 준비하고, 또 철저하게 이뤄 가신다. 이 성령께서 오늘도 나와 함께하시고, 내 안에 내주하신다.

사도행전 10~16장
거침없이 전진하는 복음의 역사

복음은 예루살렘이라는 지역적 한계를 뛰어넘었을 뿐만 아니라, 유대인과 이방인 사이에 놓인 건널 수 없었던 강을 건너간다.

복음, 유대인을 넘어 이방인에게로(10~12장)

편견의 보따리를 풀어 던지고 가이사랴로 달려가는 베드로, 그 앞에 겸손히 무릎 꿇는 로마 군대 백부장 고넬료의 만남을 통해 땅 끝까지 전파돼야 할 복음이 또 한 번의 변곡점을 지나간다. 이방인이었지만 하나님 앞에서 경건하게 살았던 고넬료는 그리스도의 십자가 복음을 듣는 순간, 성령 체험을 하고 세례를 받는다. 베드로가 이방인 고넬료의 집에서 함께 식사하며 복음을 전했다는 소식이 예루살렘을 강타해 빅뉴스가 된다. 베드로가 이방인도 유대인 신자들과 동일하게 성령 받고 구원받은 일을 예루살렘교회에서 자세히 설명한 것 또한 성령께서 계획하고 진행하신 것이다. 한편, 스데반의 순교 이후 박해를 피해 흩어진 성도들 중에서 이방 땅인 안디옥까지 가서 복음을 전한 이들이 있었다. 이로 인해 수많은 이방인이 주께 돌아왔고, 예루살렘교회는 그곳에 바나바를 파송한다. 바나바가 사울(바울)을 찾아 협력목회를 펼치자 안디옥교회는 크게 부흥한다. 헤롯 아그립바가 집권하던 예루살렘에서는 또다시 박해가 일어난다. 야고보가 순교당하고, 베드로도 감옥에 갇혀 처형될 날만 기다리는 상황이었다. 그러나 헤롯 왕도, 감옥도 복음을 묶어 둘 수는 없었다. 성도들의 간절한 중보기도로 베드로는 감옥에서 빠져나오고, 도리어 헤롯 왕은 비참한 죽음을 맞는다.

고난과 함께 전진하는 구원 소식(13~14장)

부흥과 성장을 경험한 안디옥교회가 금식하며 기도하던 중에 성령의 음성을 듣고, 바울과 바나바를 선교사로 파송한다. 세계선교의 역사적인 장이 펼쳐지는 순간이다. 성령의 보내심을 받아 첫 번째 전도여행을 떠난 바울과 바나바는 구브로 섬을 시작으로 가는 곳마다 강력한 복음의 역사를 경험한다. 동행했던 마가와 요한이 도중하차할 만큼 험난한 고생길이었지만, 그 어떤 고난과 역경도, 복음을 가로막지는 못했다. 이들은 이고니온과 루스드라에서 복음을 전할 때 표적과 기적이 잇따라 수많은 회심자가 생겼으나, 믿지 않는 유대인들의 극렬한 방해와 핍박으로 가는 곳마다 어려움을 겪었다. 복음은 고난과 함께 전진한다. 왜냐하면 그것은 예수님이 십자가의 죽음으로 이루신 구원의 복음이기 때문이다.

이방 선교의 문이 활짝 열리다(15~16장)

바울 일행의 1차 전도여행 결과를 듣고, 적잖은 다툼과 변론이 일어났다. 이 문제를 의논하기 위해 예루살렘에서 첫 번째 공회가 열렸고, 이방인 개종자들은 할례를 받지 않고 구약의 율법을 지키지 않아도 된다는 결정으로 이방 선교의 문이 더 활짝 열린다. 그러나 최소한의 규정인 우상의 더러운 것과 음행, 그리고 목매어 죽인 것과 피를 멀리하도록 했다. 예루살렘 회의가 복음의 진보에 걸림돌이 아니라 촉매제가 된 것이다. 지금까지 소아시아 지역을 맴돌던 복음의 물줄기가 성령의 강권하심으로 유럽을 향해 흘러가게 된다. 유대인의 회당조차 없는 영적 불모지, 마게도냐의 빌립보 성에 도착한 바울 일행은 기도처를 찾다가 하나님께서 예비하신 사람을 만난다. 하나님은 이방인이었고 여자였던 루디아를 통해 유럽의 거대한 문을 열어젖히셨다. 바울과 실라가 온몸에 피멍이 든 채 차꼬에 매여 빌립보 감옥 속에서 불렀던 찬양의 메아리가, "주 예수를 믿으라 그리하면 너와 네 집이 구원을 받으리라"라는 선포가 지금도 우리 귓가에 웅장한 나팔소리로 들려온다. 사도행전을 묵상하노라면 엉덩이가 들썩인다. 가만히 앉아 있을 수 없도록 강권하시는 성령님의 음성에 따라 눈을 들어 주위를 바라보자. 내가 찾아가야 할 고넬료는 누구이며, 건너가야 할 마게도냐는 어디인가?

사도행전 17~21장
세계를 가슴에 품은 그 한 사람

사도행전 17~21장에서 우리는 주님의 피 묻은 복음이 아시아를 넘어 유럽으로 확산되는 가슴 벅찬 말씀을 만날 수 있다. "로마도 보아야 하리라"고 선포하며 식을 줄 모르는 열정으로 땅 끝을 향하는 사도 바울의 복음행전을 통해, 세상을 변화시키기 원하시는 하나님의 마음을 헤아려 보자.

복음에 대한 사뭇 다른 반응(17장)
빌립보 전도가 성공적으로 마무리 된 후, 바울은 데살로니가, 베뢰아, 아덴을 차례로 방문한다. 3주 동안 회당에서 복음을 전했던 데살로니가에서는 경건한 헬라인들과 심지어 귀부인들까지 바울이 전한 복음을 듣고 따른다. 유대인들의 소동을 피해 내려온 베뢰아 지역은 간절한 마음으로 말씀을 받고, 날마다 성경을 상고하는 사람들로 가득했다. 베뢰아의 부흥은 다시 유대인들을 자극했다. 복음이 전파되는 곳에는 항상 반대도 있기 마련이다. 다음 전도지인 아덴은 우상이 가득한 곳이었다. 바울은 격분한 마음으로 복음을 전했고, 그들 중 몇 사람만 예수님을 영접했다. 종교심이 참 믿음으로 이어지는 것이 쉽지 않음을 보여 준다.

바울, 동역자 브리스길라와 아굴라를 만나다 (18장)

고린도에 도착한 바울은 남은 생애를 함께할 동역자 부부를 만나게 된다. 아덴에서 움츠러든 바울을 격려하시며, 브리스길라와 아굴라 부부를 예비하신 하나님의 배려가 따뜻하게 느껴진다. "두려워하지 말며 침묵하지 말고 말하라"(9절) 하신 주님의 음성에 힘입어 집요한 유대인들의 반대를 무릅쓰고, 더 많은 날을 머물며 말씀을 가르친다. 1년 6개월이란 긴 시간이 흐른 후 고린도를 떠나 에베소에 도착한다. 바울의 전도 여행은 한마디로 성령의 이끄심이다. 전도할 지역부터 기간까지 철저히 성령께서 결정하신다. 며칠간 복음을 전한 곳이 있는가 하면 1년 이상 머물며 복음을 전하기도 한다. 이렇게 두 번째 전도여행이 마무리 되고 안디옥에 도착한 바울 일행은 얼마간의 휴식과 재충전 시간을 가진 뒤, 곧바로 세 번째 전도 여행을 떠난다.

에베소에서 말씀이 더욱 흥왕하다 (19장)

갈라디아와 브루기아 지역을 다니며 제자들을 굳게 한 바울은 에베소에 도착한다. 회당에서의 가르침에 비방하는 무리가 많아지자, 제자들을 데리고 두란노라는 사람이 세운 사설 집회 장소인 두란노 서원에서 날마다 가르침을 계속한다. 두 해 동안 가르친 결과 놀라운 능력이 나타났다. 그것은 병자들이 고침을 받고 귀신들이 쫓겨 갔다. 이처럼 주의 말씀이 더욱 흥왕해 세력을 얻게 되고, 에베소에서 바울은 안정적으로 최고의 사역을 펼쳐 나갔다. 그러나 바로 이 순간, 바울은 떠날 작정을 한다. 그 이유는 로마에 대한 비전 때문이었다. 세계를 가슴에 품은 바울에게 에베소에서의 안정적인 목회는 더 이상 그를 붙잡을 이유가 되지 못했다. 그 후에 일어난 데메드리오 소동은 바울의 결정을 성령께서 확증해 주시는 사건이었다고 할 수 있다.

환난이 기다리는 곳으로 (20~21장)

에베소를 떠난 바울 일행은 헬라와 수리아 여러 지역을 순회하며 제자들을 격려했다. 그 후 밀레도에서 에베소교회의 장로들을 불러 그 유명한 고별 설교를 한다. 예루살렘으로 올라가는 비장한 각오가 담긴 대목에서, 복음을 위해 자신의 생명조차 조금도 아까운 것으로 여기지 않았던 바울의 열정을 보며 강한 도전을 받는다. 3년이나 밤낮 쉬지 않고 눈물로 각 사람을 훈계했다는 그의 고백 앞에 나 자신이 한없이 부끄러워진다. 바울은 주와 그 은혜의 말씀에 성도들을 부탁하고, 서로 목을 안고 크게 울며 작별을 고한다. 이렇듯 아름다운 만남과 헤어짐이 우리 삶 속에도 재현되면 좋겠다. 예루살렘으로 향하는 길에 바울 일행을 만류하는 사람들이 여기저기서 등장한다. 두로의 제자들은 성령의 감동으로 만류했고, 가이사랴에서는 선지자 아가보가 아주 구체적으로 고난을 예언해 많은 사람이 바울을 말렸다. 그러나 어려운 일이 있다고 그 일을 피하는 것만이 성령의 인도하심에 따르는 길은 아니다. 고난을 통해 하나님의 뜻이 이뤄지기도 하기 때문이다. 결국 바울은 예루살렘에서 유대인들에게 결박돼 로마 군인들의 손에 넘겨진다. 이 일은 로마행을 위한 하나님의 섭리였다. 바울은 아나니아의 예언처럼(9:15~16) 고난으로 점철된 삶을 살았지만 부름 받은 그 길을 묵묵히 걸어갔다.

사도행전 22~28장
로마도 보아야 하리라

성경에 나타나는 믿음의 영웅들은 한결같이 애국자들이었다. 가슴속에 고국에 대한 뜨거운 사랑을 간직하고 평생을 살았다. 사도 바울도 예외는 아니다. 히브리인 중의 히브리인이던 국수주의자 바울이 예수님을 만난 후, 하늘나라의 애국자로 바뀐다. 그리스도의 복음을 위해 한평생을 불태웠던 바울의 로마를 향한 마지막 여정을 따라가면서 우리의 가슴속에 작은 불씨처럼 남아 있는 조국과 또 다른 본향을 향한 열정이 불타오를 수 있기를 바란다.

바울이 자신의 회심 과정을 밝히다 (22장)

사도행전을 통해 세 번씩이나 소개되는 바울의 회심에 대한 두 번째 기록이다. 한 사람의 회심 사건이 성경에 세 번씩이나 기록된 것은 극히 이례적인 일이다. 바울도 가는 곳마다 이 일을 증언했음이 분명하다. 왜냐하면 이 간증이 예수 그리스도를 전할 수 있는 도약판이 됐기 때문일 것이다. 이 간증을 듣는 사람들의 반응이 어떠하든지 상관없다. 로마 시민이었지만 예수 그리스도의 종이라는 신분으로 자신을 소개하는 바울을 보며, 나를 소개하는 첫 번째 신분이 무엇인지를 생각하게 된다.

고난을 복음 전하는 기회로 삼다 (23~24장)

부활에 대한 설교로 촉발된 바리새인과 사두개인 간의 팽팽한 다툼으로 바울은 둘 사이에서 찢겨질 뻔한 위기를 넘긴다. 로마에 복음을 전하겠다는 순수한 열정으로 나아가는 바울이 겪기엔 너무 심한 고통으로 보인다. 그날 밤 주께서 바울에게 찾아와 로마에서도 증언해야 하리라고 위로하시며 소명을 일깨워 주신다. 다음날 새벽에 자신을 죽이려는 결사대가 조직된 것을 듣고도 바울이 담대할 수 있었던 것은 지난밤 주님의 위로하심 덕분이었을 것이다.

　복음을 위한 길에는 수많은 박해와 위협이 존재하는 것은 예나 오늘이나 다름이 없다. 협박으로 되지 않자 대제사장이 변호사를 앞세워 총독에게 바울을 정식으로 고발하기에 이른다. 그러나 바울은 이것을 도리어 복음을 변론할 기회로 삼는다. 그는 숨길 것도, 끼릴 것도 없었다. 내가 복음 앞에서 정직하면 세상의 송사에 대해서도 담대할 수 있다. 인간의 위기는 곧 하나님의 기회가 된다. 이번 송사를 통해 바울은 백부장의 호위 하에서 복음 전할 기회를 얻는다. 모든 상황을 주관하시고, 하나하나 이루시는 주님의 숨은 손길을 믿음의 눈으로 볼 수 있으면 좋겠다.

"모든 사람이 나와 같이 되기를"(25~26장)

그렇게 2년이 지났다. 새로운 총독 베스도가 부임하자 상황이 바뀌기 시작한다. 그는 유대인들의 환심을 사기 위해 바울을 예루살렘으로 데려가려 했다. 로마를 향한 바울의 여정에 중대한 위기를 맞이한다. 이때 바울은 죽기를 각오하고 가이사에게 상소한다. 이런 과정에 유대의 분봉왕 아그립바 일행이 새 총독을 문안하러 왔다가 바울에 대해 듣는다. 바울은 비록 죄수의 몸이었지만 총독과 분봉왕에게 복음을 변론할 수 있는 기막힌 기회를 얻게 된다. 내가 묶여 있는 환경에서도 잘 순종하면, 하나님이 사람들을 붙여 주실 것이다.

26장은 세 번째로 소개되는 바울의 회심 간증이다. 똑같은 이야기를 되풀이하는 바울의 중심에는 누구든지 예수 그리스도를 만나기만 하면 삶이 뒤집어진다는 확신이 있었다. 그렇기 때문에 미쳤다고 소리치는 베스도에게도, 아그립바 왕에게도 바울은 확신에 차서 이렇게 선포한다. "오늘 내 말을 듣는 모든 사람도 다 이렇게 결박된 것 외에는 나와 같이 되기를 하나님께 원하나이다"(29절).

로마로 압송되다(27~28장)

바울은 드디어 로마로 향한다. 그렇게도 소원하던 로마행 배에 몸을 싣지만 그 길마저 순탄하진 못했다. 항해 일정에 대한 바울의 권고를 무시하고 미항을 떠나 뵈닉스로 향하던 그들은 유라굴로 광풍을 만난다. 이 과정에서 죄수인 바울이 그 배의 리더가 돼 선원들을 오히려 안심시키는 놀라운 광경이 펼쳐진다. 한 사람도 상하지 않을 것이라는 하나님의 말씀처럼, 배에 탔던 모든 사람이 구조돼 멜리데라는 섬에 상륙한다. 그들이 왜 유라굴로를 만났을까? 바울이 어떤 사람인지를 모두에게 알리시려는 하나님의 방법이 아니었을까? 바울은 멜리데 섬에서 환대를 받은 후, 드디어 이달리야 반도에 도착한다. 레기온과 보디올을 거쳐 로마에 입성하는 역사적인 순간이다. 로마도 보아야 하리라던 바울의 꿈이 드디어 이뤄진 것이다. 그는 로마에서 가택연금 생활을 하는 2년 동안 셋집을 열어 놓고, 그곳에 오는 모든 사람에게 주 예수 그리스도를 담대하게, 거침없이 전파한다.

누가는 의도적으로 여운을 남긴 채 그의 두 번째 책인 사도행전을 마무리한다. 마치 오고 오는 신앙의 후대들이 계속해서 29장을 써 내려가기를 바라는 것처럼 말이다. '로마도 보아야 하리라'는 사도 바울의 비전이 내 가슴속에도 새겨지길 바란다. 나의 로마는 어디인가? 내가 계속 써 내려가야 할 사도행전 29장은 무엇인가? 이 물음 앞에 먼저 우리 모두 진지한 기도의 무릎을 꿇자. 그리고 주님이 가라고 하시는 나의 땅 끝을 향해 힘차게 발걸음을 내딛자.

로마서

로마서 1~6장
복음, 모든 믿는 자를 구원하는 능력

로마서는 기독교 복음의 정수를 보여 주는 데 있어서 그 내용의 깊이나 논리적 전개가 매우 탁월한, 교회의 귀중한 유산이다. 로마서에는 복음과 교회에 대한 바울의 열정과 함께, 그 열정을 풀어내는 날카로운 지성이 녹아들어 있다. 그렇다고 이해하기에 어려운 책이라고 생각할 필요는 없다. 로마서를 묵상하며 바울의 뜨거운 열정과 냉철한 지성, 그리고 그 가운데 역사하시는 하나님의 놀라운 섭리를 체험하기 바란다.

　로마서를 이해하기 위해서는 당시 초대 교회에 유대인 출신 그리스도인과 이방인 출신의 그리스도인들이 공존하고 있었으며, 또한 그 사이에 상당한 갈등이 있었음을 먼저 이해해야 한다. 유대인들은 예수님 이전부터 이미 로마 제국 전역에 흩어져 살고 있었고(디아스포라 유대인), 로마교회는 이런 유대인 출신 그리스도인들이 주류를 이루고 있었다. 유대인 출신 중에는 예수님께서 메시아로 오신 사실을 믿으면서도 그들의 정체성을 이루는 할례와 율법(음식법, 절기법 등)을 지키는 것은 당연하고, 여전히 '할례도 받지 않고, 안식일도 지키지 않고, 돼지고기를 먹는' 이방인은 상종하지 못할 존재로 여기는 사람들이 많았다. 그들은 이방인 출신 그리스도인들에게도 할례 받고, 음식법과 절기를 지키라고 요구했다. 바울 역시 유대인이었으며 바리새인 출신이었다. 그러나 바울은 유대인 출신 그리스도 인들의 이런 태도가 복음에 걸맞지 않음을 파악했다. 구원은 예수 그리스도 한 분에 의해서만 이뤄지는 것이고, 율법이 아닌 믿음으로 얻는다는 선포로 유대인 과 이방인 사이에 존재하는 갈등을 없애고, 유대인들이 이방인들을 형제로 받아 들이도록 가르치는 것이 필요했다.

유대인과 이방인, 모두가 죄인 (1:1~3:20)

바울은 어떤 도시에 들어가면 먼저 유대인 회당을 찾았다. 당시 회당은 유대인 공동체의 집결지였고, 유대인 여행자들의 숙박시설이기도 했다. 안식일마다 유 대인들은 회당에 모여 하나님을 예배했는데, 바울은 그곳에서 '선지자들을 통 해 미리 약속하신', '다윗의 혈통', '하나님의 아들'이 예수 그리스도임을 전했다 (1:2~4). 물론 유대인들은 바울을 모욕하며 회당 밖으로 내쫓았다. 그런데 회당에 는 유대교에 관심을 가진 이방인들도 함께 있었다('경건한 자들', 참조 행 13:43, 17:4). 그들은 할례와 율법 등 너무 큰 문화적, 사회적 장벽 때문에 유대인들로부터 종 교적 차별을 당하고 있었다.

　바울은 예수 그리스도께서 유대인으로서 다윗의 혈통으로 오신 메시아임을 가르치면서도(1:2~4), 그 구원의 은총은 유대인, 헬라인, 야만인을 구분하지 않 고, 모든 '믿는' 자에게 임한다고 주장했다(1:14~17). 구원을 얻기 위해 굳이 할례 를 받고 정결하다고 인정된 음식만을 먹으며 안식일과 절기들을 철저히 지켜야 만 하는 것이 아니라, 오직 예수 그리스도를 '믿음으로' 구원을 얻는다고 선포했 다(1:17). 그리고 이 사실을 유대인 출신이 주류를 이루고 있던 로마교회 성도들 에게 논증한 것이다. 이를 위해 바울은 우선 유대인이라면 당연히 역겨워할 만 한 이방 사회의 죄악들을 열거했다(1:18~32). 그들이 아무리 율법을 모른다 하더 라도, 그 마음에 이미 주어진 하나님의 일반 계시(1:18~20)와 양심(2:14~15)이 자신 들이 죄를 짓고 있음을 깨닫게 한다고 밝혔다. 즉 유대인들이 이미 알고 있듯이,

이방인 모두가 죄인인 것이다.

  그러나 바울은 유대인도 죄인임을 강력하게 주장했다(2:1~5). 유대인이기에 하나님의 율법을 알고 있지만 행실에서 이방인보다 나을 것이 없으니, 당연히 그들도 죄인일 수밖에 없었다(2:17~29). 바울은 유대인이 율법을 받았다는 사실이 무익하지 않음을 인정하고(3:1~2), 또 그들의 악함에도 불구하고 하나님께서는 그들을 사용하셔서 섭리해 오셨음도 인정했다. 하지만 그렇다고 그 범죄에도 불구하고, 유대인이 의로울 수는 없다고 말했다(3:3~8). 아무리 하나님께서 그 손을 들어 사용하셨다고 해도, 그의 불신앙과 악행은 자명한 죄다. 그렇기에 바울은 그 어느 누구도 죄인이 아닌 자가 없음을 결론적으로 선언했다(3:9~20).

하나님의 의, 예수 그리스도(3:21~31)

바울은 유대인이냐 헬라인이냐에 의해 의인이냐 죄인이냐를 구분할 수 없음을 논증한 후, 새로운 하나님의 의가 되시는 예수 그리스도를 선포한다. 이는 차별이 없는 의다(3:22). 이는 하나님의 값없이 주시는 은혜로 말미암은 것이고, 믿는 자에게 무조건적으로 주어지는 의다(3:24~27). 하나님은 유대인만의 하나님이 아니라 이방인의 하나님이시기도 하다. 바울은 하나님의 백성이 되는 길은 유대인처럼 율법을 지키고 할례를 받는 것이 아니라, 하나님을 믿는 데에 있음을 선언한다. 바울은 이 사실을 주장하면서 이런 자신의 주장이 율법을 거부, 파기하는 것이라는 주장에도 반박한다. 오히려 이 복음이 율법을 굳게 세운다는 것이다(3:31).

복음이 율법을 세우는 증거(4장)

만약 복음이 율법을 파기하는 것이라면, 예수님이 다윗의 혈통(1:3)에서 나신 분이라는 사실과 모순을 일으킨다. 하지만 바울은 복음이 율법을 오히려 굳게 세운다는 사실을 아브라함을 들어 논증한다. 율법이 없는 이방인이 오직 믿음으로 의로운 하나님의 백성이 된다고 해서, 하나님이 율법을 가진 유대인을 버리셨다고 할 수는 없다. 바울이 주장하는 것은 유대인과 이방인 모두가 하나님의 백성이 될 수 있다는 것이다.

바울은 또 아브라함이 하나님 앞에서 의로운 자로 여겨진 것이 할례를 받기 이전이었음을 밝힌다(4:10~11). 할례야말로 유대인들이 자기 정체성과도 같이 여기는 것이었지만, 정작 그들의 조상 아브라함은 할례가 아니라 그 이전에 믿음으로 의롭게 된 것이었다. 할례는 단지 그의 믿음으로 인한 의로움을 '인친' 것에 불과하다(4:11). 게다가 아브라함은 유대인만의 조상이 아니라 수많은 민족의 조상이기에, 이방인이라 하더라도 아브라함이 의롭다 여김을 받은 방법대로 의롭게 되지 말라는 법이 없다(4:16~17). 그러므로 의롭게 되는 것은 할례와 같은 종교적 행위가 아니라 믿음에 근거한 것이다. 바울은 이처럼 오직 믿음만이 의롭다 함을 얻는 유일한 길임을 선언하고 있다.

한 사람에 의한 구원(5장)

바울은 이제 예수 그리스도로 말미암아 우리가 화평을 누리게 됐음을 선언한다(5:1~2). 하나님께서 베푸신 사랑으로 말미암아 화평을 누리는 자는 세상의 환난을 이기는 능력을 얻는다(5:3~6). 예수 그리스도의 십자가는 하나님께서 베푸시는 사랑의 확증이다(5:8). 그런데 하나님은 이 놀라운 구원 사역을 이스라엘이라는 한 국가나 유대인이라는 한 민족을 사용해 이루시지 않고, 예수님 단 한 분을 통해 이루셨다. 이것이 어떻게 가능한지에 대해 바울은 아담을 예로 든다. 아담 한 사람에 의해서 온 세상에 죄가 들어왔다면, 예수님 한 사람에 의해 온 세상을 구원할 의가 넘치지 못할 이유가 없다(5:12~19). 하나님은 '유대 민족'을 사용하셔서 세상을 구원하신 것이 아니라 오직 한 분 예수 그리스도를 통해 세상을 구원하셨기에, 유대인에 편입돼 할례를 받고 율법을 지켜야만 구원받을 수 있다는 주장은 받아들일 수 없었다. 그래서 바울은 '오직 믿음, 오직 십자가'를 주장하고 있다.

그리스도와 연합한 자들(6장)

바울은 "오직 믿음으로 구원을 얻는다면 율법에서 규정한 여러 죄를 지어도 구원을 얻는다는 말이냐"는 공격에 대해서도 효과적으로 대응한다. 예수님을 믿는다는 것은 곧 예수님과 연합하는 것이며, 그것은 세례에서 효과적으로 드러나고 있다(6:1~5). 믿는 자는 죄에 대해서는 죽었고, 하나님에 대해서는 살아 있는 것이다(6:11). 그러므로 믿는 자가 불의에 자신의 몸을 내어줄 수는 없고, 그렇게 해서도 안 된다(6:12~13). 죄에서 해방됐다는 것은 마음대로 죄를 지어도 된다는 말이 아니다. 오히려 의의 종이 돼 하나님의 의를 실천해야 한다는 것이다(6:18). 비록 세상의 우상숭배와 더러운 죄악 가운데 있던 이방인들이지만 예수 그리스도를 믿음으로 말미암아 예수님과 연합한 자이므로 더 이상 죄에 거하지 않고, 의에 거하는 것이 당연하고 마땅하다 할 것이다.

로마서 7~11장
반드시 성취되는 구원의 언약

성경을 깊이 알지 못하는 자들이 많이 빠지는 오류 중 하나는 구약과 신약의 하나님이 서로 다르다는 것이다. 구약의 하나님은 '진노의 하나님'이고, 신약의 하나님은 '사랑의 하나님'이라는 생각이다. 그러나 이는 하나님의 구원 역사를 전혀 이해하지 못해 생긴 오해다. 하나님은 아브라함을 통해 "땅의 모든 족속이 복을 얻을 것"(창 12:3)을 계획하신 이후로, 일관되게 자신의 백성을 사랑하심으로 구원의 역사를 이끌어 오셨다. 바울은 로마교회 성도들에게 복음을 설명하며 하나님의 구원의 역사가 일관되게 추진되고 있으며, 하나님의 언약은 반드시 성취된다는 사실을 가르치고 있다.

취소되지 않는 하나님의 사랑 (7~8장)
바울은 그리스도인들이 그리스도와 연합해 죽고, 부활했다는 논증을 이어간다. 그리스도인들은 예수님과 함께 율법에 대해 죽었기에 더 이상 율법에 대한 책무가 없다고 주장한다(7:1~6). 이때, 율법을 죄와 동일시하거나 나쁜 것이라고 생각해서는 안 된다. 율법도 하나님께서 주신 좋은 것이다. 다만 율법은 죄를 깨닫게 하는 도구일 뿐, 우리를 의롭게 하지 못한다는 사실을 기억해야 한다(7:7~12). 율법은 우리의 행실을 판단하는 역할만 할 뿐, 우리를 의롭게 하지 못하기 때문에 율법만으로는 '사망의 몸'(7:24)에서 벗어날 수가 없다(7:13~25).

그러나 그리스도인들은 그리스도와 함께 죽었고, '생명의 성령의 법'(8:2)에 의해 해방됐기에 육신을 입고 있지만 더 이상 사망의 몸에 속한 자들이 아니다. 율법은 육신에 연결돼 있어서 "우리가 무엇을 할 것인가?" 즉 행위를 규정하지만, 영에 연결된 생명의 법은 "우리가 누구인가?" 즉 지위를 규정한다. 그리고 그리스도를 믿고 생명의 영의 법에 의해 지배를 받는 사람은 상속자, 즉 '하나님의 아들'이라는 지위를 얻는다(8:14). 하나님의 아들은 곧 하나님의 상속자다. 바울은 이 때문에, 그리스도께서 고난을 통과해 영광을 받으셨던 것처럼 우리도 마땅히 고난을 받아야 한다고 설명한다. 그러나 이 고난은 이후에 우리에게 있을 영광에 비하면 너무나 작은 것이다.

예수 그리스도에 의해서 그 믿는 자들이 하나님의 아들이 됐듯이, 하나님의 아들들에 의해 이 세상 모든 피조물이 회복될 것이다(8:18~22). 그 회복에는 죄의 영향력에 오염된 우리의 육신도 포함돼 있다(8:23). 비록 아직 눈에 보이지 않지만 이런 모든 피조물이 하나님의 아들들에 의해 구원을 얻는 날을 바라는 것이 바로 그리스도인들의 소망이다(8:24~25). 비록 현재 세상의 고난을 경험하고 있고, 죄로부터 자유롭지 못하지만 성령께서 도우시며, 그리스도 예수 안에서 우리를 부르시고 의롭게 하시며, 영화롭게 하신 하나님께서는 그 사랑을 거두지 않으신다. 이처럼 우리는 그리스도께 속해 그분과 함께 고난을 받으며, 또한 하나님의 사랑을 받고, 회복의 소망을 품기에 세상을 넉넉히 이길 수 있다(8:24~39).

이스라엘은 버려졌는가?(9장)

그런데 이때 이런 문제가 등장한다. "하나님은 그리스도 이전에 이스라엘 민족과 언약을 맺지 않으셨나? 만약 하나님께서 오직 믿음만으로 구원하신다면, 이스라엘과의 언약을 폐기하셨다는 말인가? 그리고 이스라엘이 불순종했다는 이유로 언약을 폐기하시고 그리스도를 구원의 길로 삼으셨다면, 그리스도의 언약도 폐기되지 않는다는 보장이 있는가?"

이에 대해 바울은 자신이 동족 이스라엘의 구원을 간절히 기대하고 있음을 전제하며 설명을 시작한다(9:1~5). 하나님의 구원이 이스라엘 안에 머무르지 않고, 모든 민족에게 퍼져나가고 있지만 정작 이스라엘은 그 구원을 배척하고 있다. 원래 복음은 먼저 유대인에게 주어졌으며, 예수님도 유대인으로 오셨기에 유대인이 우선권을 갖고 있었지만 그들은 받아들이지 않았다(9:4~5). 분명한 사실은 하나님은 육신적 혈통에 근거해 구원 여부를 결정하신 적이 없고, 오직 '언약'에 의해서만 결정하셨다는 점이다.

아브라함에게는 이스마엘, 이삭에게는 에서가 있었지만 그들은 약속의 자녀가 아니었다(9:7~13). 바울은 이스마엘과 에서가 약속의 자녀가 되지 못했다고 해서 하나님께서 불의하시냐고 되물으며, 토기장이에게 자기가 만든 그릇을 선택할 권리가 있듯이, 하나님께서 그 주권을 따라 행하시는 것을 우리가 함부로 판단할 수 없다고 가르친다(9:14~23). 바울은 이를 호세아와 이사야 선지자가 선포한 '남은 자' 사상으로 설명한다. 이 선지자들에 의하면 구원은 순종하는 자들에게 임한다. 또한 하나님께서 자기 백성이 아닌 자들, 즉 이방인을 부르시리라고 예언하고 있다. 그래서 그리스도에 의해 이 예언이 성취되자 의롭지 않았던 이방인이 믿음으로 의를 얻고, 하나님 앞에서 의롭게 여겨졌던 이스라엘은 율법을 따르고 행위에 의지하다가 걸려 넘어진다(9:24~33).

복음으로 인한 이스라엘의 구원(10장~11:1)

바울은 한 걸음 더 나아가, 자신이 그리스도의 복음을 전해 이방인들을 하나님의 백성이 되게 하는 것이 오히려 이스라엘을 구원하는 길이라고 주장한다. 이스라엘은 자신들이 하나님의 백성이라고 생각하면서도, 올바른 지식을 따르지 않았고 하나님께 복종하지도 않았다. 모세는 율법을 지키는 것이 생명을 획득하는 수단이라고 주장하지 않았다. 다만 율법은 언약 백성이 어떻게 살아야 하는지를 말해 줄 뿐이다. 바울은 신명기 30장 11~14절을 인용하며, 하나님은 인간으로서 불가능한 것을 요구하지 않으셨음을 상기시키신다. 하나님의 뜻을 행하는 것은 "네 입에 있으며 네 마음에 있다"(10:8; 신 30:14)고 하셨으니, 이는 믿음을 요청하는 말씀이라는 것이다.

그러므로 구원을 얻는 것은 그리스도를 '마음으로 믿고 입으로 시인하는' (10:10) 데에 있다. 그래서 바울은 이 복음을 전했다고 주장한다. 이방인에게도 복음을 전한 것은 복음에 차별이 없기 때문이며, 이스라엘을 저주하기 위해서가 아니라 구원하기 위함이다(10:11~15). 그러나 안타깝게도 이스라엘(유대인)은 복음을 듣지 않았다. 이사야가 전한 하나님의 말씀도 이스라엘이 듣지 않았지만 그 말씀은 땅 끝까지 이르렀다(10:16~18). 바울은 하나님께서 자신의 백성이 불순종할 때마다 이방 민족을 들어 징계하심으로써 이스라엘이 이방인에 대한 경쟁심으로 자신에게 돌아오도록 부르시곤 했는데, 지금도 같은 방법을 사용하고 계신다고 주장한다. 그러나 이스라엘이 지금 복음을 받아들이지 않았다고 해서 하나님께서 이들을 버리셨다고는 말할 수 없다. 그 증거가 바로 바울 자신이다. 그는 자신이 이스라엘인이며, 베냐민 지파로서 구원을 받지 않았냐고 반문하고 있다 (10:19~11:1).

자만할 수 없는 이방인 (11:2~36)

하나님은 끝없이 선지자들을 이스라엘에 보내셔서 그들을 부르셨지만 그들은 듣지 않았다. 엘리야가 탄식했듯이, 이스라엘 전체가 다 하나님을 떠나고, 자기 혼자만 남은 것같이 보일 때도 있었다. 그러나 하나님은 그 상황에서도 이스라엘을 버리지 않으시고, 바알에게 무릎 꿇지 않은 칠천 인을 남겨 두셨다(11:2~4). 분명 모든 유대인이 복음을 배척한 것은 아니다. 로마교회에도 유대인으로서 복음을 받아들인 사람들이 있다. 그들이 바로 그 칠천 인에 해당한다. 지금도 유대인들 중에서 은혜를 입은 자들은 하나님께 남아 있다.

바울은 로마교회의 이빙인들에 대한 훈계도 잊지 않았다(11:13~24). 바울은 이방인들이 구원을 얻게 됐지만 이로 인해 자만해서는 안 된다고 강조한다. 이스라엘이 불순종함으로 하나님의 구원으로부터 멀어졌듯이, 이방인이라고 해서 그런 일을 당하지 말라는 법은 없다는 경고다(11:21). 바울은 설명을 마치며 이방인의 충만한 수가 하나님 나라에 들어오기까지 이스라엘의 일부가 우둔하게 돼 그 자리를 이방인들이 다 채우면 그들이 한 이스라엘이 돼 구원을 받는다고 선포한다. 하나님은 자기 백성이 순종하지 않을 때, 다른 이에게 그 긍휼을 베푸심으로 그 나라를 채워 가신다. 그러므로 누구도 자만할 수 없다.

이처럼 하나님은 은혜로 자신의 백성을 구원하시지만 그 백성은 구원받은 사실로 결코 교만할 수 없으며 겸손히 하나님을 섬기게 하신다. 이는 하나님의 놀라운 구원의 신비다. 바울은 이 놀라운 구원의 역사를 베푸시는 하나님의 지혜를 찬양하며, 유대인과 이방인을 구원하시는 복음의 섭리에 대한 설명을 마친다(11:33~36).

로마서 12~16장
새 언약 백성이 사는 법

바울은 로마서 11장까지 유대인과 이방인의 구분이 없는, 율법이 아니라 오직 믿음으로 말미암은 구원을 선포했고, 교회가 새 이스라엘과 새 언약 백성이 됐음을 설명했다. 하지만 율법은 유대인에게 단순한 종교적 제의를 넘어 윤리적 기준이며 삶 저변에 깔린 가치관이요, 문화였다. 또 율법에는 하나님의 뜻과 성품이 계시돼 있기에, 이방인들이라고 해서 율법을 무시해서도 안 된다. 교회, 즉 하나님의 백성은 율법을 문자적으로 지킴으로써 구원받지는 않지만, 그 안에 계시된 하나님의 뜻을 따라야 한다. 바울은 로마서 마지막 부분에서 새 언약 백성이 된 교회가 어떻게 하나 돼야 하는지를 가르친다.

예배, 일상의 영적 예배로(12:1~2)
바울은 새 언약에 의해 세워진 교회, 곧 성도가 어떤 원리에 의해 살아야 하는지를 비유적이고 함축적인 언어로 짧고 분명하게 선언한다. 그리스도인의 삶을 한마디로 요약하자면 바로 '예배하는 삶'이다. 유대인들은 성전에서 짐승을 죽여 피를 흘리는 제사를 드렸지만, 새 언약 백성들은 더 이상 성전에서 예배할 필요가 없다. 교회는 자신의 몸을 살아 있는 제물로 드리는 제사를 통해 하나님께 예배드린다. 이는 매일의 일상 가운데서 '영적 예배'를 드리는 삶을 의미한다(1절). 옛 언약의 이스라엘이 제사를 통해 거룩해졌다면, 새 언약의 백성, 교회는 마음을 새롭게 함으로써 변화를 받아 하나님의 뜻을 분별함으로 거룩하게 된다(2절).

사회적 관계, 연합과 사랑(12:3~21)

새 언약 백성들은 그리스도 안에서 한 몸이 됐다. 이는 서로 똑같아졌다는 의미가 아니다. 교회는 동질성에 의해 연합하는 것이 아니라, 이질성을 용납함으로써 연합한다. 각자 서로 다른 은사를 가진 사람들이 그리스도 안에서 연합해 한 지체가 된다(3~8절). 이방인이든 유대인이든 지금까지 살아왔던 방식을 버릴 필요도 없다. 다만 서로 다름을 인정하고 용납해 한 몸이 된다. 결국 새 언약 백성들이 가져야 할 삶의 원리는 '사랑'이다. 이 사랑은 교회 밖 사람들에게도 흘러넘쳐야 한다. 사랑하고 배려하며 열심히 주를 섬기고, 늘 기도하고 박해자들까지 축복하며 모든 사람들과 화목해야 한다. 즉 선으로 악을 이기는 삶(9~21절)이 새 언약 백성이 살아가는 방식이다.

정치적 관계, 선량한 시민(13:1~7)

이스라엘은 원래 왕권 국가였지만, 새 언약 백성들은 국가의 형태를 갖지 않았다. 대신 그리스도인들은 세속 국가의 권세가 하나님으로부터 왔음을 인정한다. 충실한 시민으로서 조세를 바치며, 마땅히 존중해야 할 권위를 인정하며 살아간다. 마치 옛 언약의 이스라엘이 하나님께서 세우신 왕에게 순복했듯이, 그리스도인들은 세속 정치권력에 순복한다. 그러나 이를 무조건 복종해야 한다는 가르침으로 오해해서는 안 된다. 이스라엘은 그 왕이 하나님의 말씀에 따라 통치할 때에는 순복했지만, 하나님 보시기에 악한 경우에는 선지자들의 질타와 공격이 이어졌음을 기억해야 한다.

이웃 사랑과 종말 의식 (13:8~14)

바울은 지금까지 설명한 그 모든 것을 아우르는 두 가지를 제시한다. 첫째는 이웃을 내 몸과 같이 사랑하라는 계명이다. 율법에 여러 금지규정이 있으나, 그 모든 것을 아우르는 계명이 바로 이웃을 사랑하라는 가르침이기 때문이다(8~10절). 둘째는 구원의 때, 곧 마지막 때가 가까웠음을 기억하는 것이다. 그리스도인들은 언제나 주님을 다시 만날 날에 대한 기대감을 마음에 품고 살아야 한다. 마지막이 가까웠음을 인식하는 자들은 세상 풍조에 휩쓸리지 않게 마련이다. 주님을 다시 뵐 그날을 바라보는 자들은 방탕한 삶을 멀리하고, 오직 주님을 바라볼 수 있다.

서로 용납하라 (14:1~15:13)

바울은 결론적으로 로마교회 내에 있었던 가장 현실적이고 심각한 문제를 직접 언급하며 권면한다. 로마교회에는 율법에서 규정한 음식법과 절기를 지키느냐 안 지키느냐의 문제 때문에 갈등이 있었던 것으로 보인다. 어쩌면 이는 로마서가 다루는 핵심 주제라고 할 수 있다. 바울은 다시금 음식법과 절기규례의 문제로 서로를 판단하거나 정죄하지 말라고 강력하게 권면하고 있다. 모든 그리스도인들이 다 주께 속했고 사나 죽으나 다 주의 것이라고 선포하며, 어찌 주님께 속한 형제를 판단하고 정죄할 수 있겠느냐고 호소한다(14:7~10). 중요한 것은 음식이나 절기가 아니라 성령 안에 있는 의, 평강, 희락임을 기억해야 한다(14:17). 이런 문화적인 차이를 극복하고 그리스도 예수를 본받아 한마음과 한 입으로 하나님께 영광을 돌리는 것이 바로 교회의 모습이다(15:5~6).

새 언약 백성의 사명과 비전 (15:14~33)

바울은 이제 자신의 이야기를 시작한다. 여기서 바울이야말로 새 언약 백성의 모범이었음을 알 수 있다. 그는 유대인과 이방인을 차별 없이 구원하시는 하나님의 복음을 위해서 이방인에게로 보냄받았다는 사명을 분명히 드러낸다(16절). 그리고 그 사명을 실천하기 위해 예루살렘부터 일루리곤까지 편만하게 복음을 전한다(19절). 또한 바울은 미래의 사명 완수에 대한 비전에 사로잡힌 사람이었다.

바울은 당시 땅 끝이라고 할 수 있었던 서바나(스페인)까지 가서 복음을 전하겠노라는 비전을 로마교회에 나눈다(23, 28절). 그리고 자신이 서바나로 갈 때, 로마교회가 자신을 후원, 파송해 줄 것을 요청하고 있다(24절).

그런데 바울의 이동 방향은 서쪽 끝 서바나가 아니라 동쪽의 예루살렘을 향했다. 이방인인 마게도냐와 아가야 사람들의 헌금(연보)을 예루살렘교회에 전달하기 위한 것으로, 이방인 교회의 섬김을 통해 교회는 하나임을 선포하기 위함이었다(26~27절). 바울은 예루살렘에 들어가는 것이 위험하다는 것을 알고 있었기에 기도를 부탁한다(31절). 실제로 바울은 예루살렘에 들어갔다가 체포돼 가이사랴 감옥에 수감된다(행 21:27~36, 23:23). 그리고 죄수의 신분으로 유라굴로라는 광풍을 만나는 고생길을 거쳐 로마로 가게 된다(행 27~28장).

바울은 이처럼 복음에서 자신의 사명을 발견했고, 그 사명을 위해 생명의 위험을 감수하는 삶을 살았다. 비록 지금은 동쪽의 예루살렘으로 돌아가지만 그의 비전은 서쪽의 땅 끝 서바나에 있었다. 그는 실로 예수 그리스도의 복음에 의해 새 언약에 속한 사람의 모범이었다.

사랑의 안부(16장)

마지막에 으레 나오는 안부지만, 로마서에서는 바울이 얼마나 성도 한 명 한 명을 귀히 여기고, 그들에게 감사하고 있었는지가 잘 드러난다. 각 이름에는 그가 바울과 어떤 관계였는지, 바울이 그를 어떻게 기억하며 축복하는지에 대한 이야기가 드러나 있다(1~16절). 문안인사 중에도 바울은 언제나 교회가 분쟁에 휩싸이지 않고, 연합하기를 바라는 마음을 숨기지 않았다(17~20절). 오직 모든 민족으로 자기 백성을 삼으신 예수 그리스도의 복음에 의해 모든 교회가 하나 되기를 바라는 마음뿐이었음을 알 수 있다.

고린도전서

고린도전서 1~9장
하나 됨과 거룩함을 위한 원리

교회 역시 죄인들의 공동체이기 때문에 파벌과 반목, 경쟁으로부터 자유롭지 않다. 또 세상의 영향력을 이겨내고 하나님의 백성다운 거룩함을 지켜나가기도 쉽지 않다. 그러나 교회가 하나 되지 못하고 거룩함의 열매를 맺지 못할 때, 많은 성도가 상처를 받고 복음 전파에도 상당한 장애가 된다. 고린도전서는 하나님의 백성인 교회가 세상 속에 있으면서도, 어떻게 세상에 속하지 않을 수 있는지를 가르치는 바울의 편지다. 고린도전서 전반부를 통해 어떻게 하면 교회가 하나 되고, 또 일상적인 삶 가운데 거룩함을 유지할 수 있을지를 묵상하고자 한다.

사람의 지혜가 아니라 하나님의 지혜로(1~2장)
바울은 서두에서 고린도교회가 '하나님의 교회'이며 '거룩'하고 '부르심을 받은' 이들이며(1:2), 무엇보다 예수 그리스도와 더불어 교제하는 자들임을 인정하고 있다(1:9). 이는 고린도교회에 아무리 문제가 많아도, 교회이기에 거룩하게 될 수 있다는 소망을 보여 준다. 고린도교회는 크게 네 파로 갈라져 있었는데, 어떤 사람(지도자)을 따르느냐가 나뉨의 기준이었다(1:12). 결국 "누가 더 잘 가르치느냐", "누가 더 능력이 있느냐"라는 논쟁에 의해 교회가 갈라졌던 것이다. 이것이 고린도교회가 가진 문제의 핵심이었다.

바울은 우선 '바울파'를 강한 어조로 꾸짖는다(1:13~16). 그리고 어떤 지도자가 더 지혜롭고 더 큰 능력을 가졌느냐는 논의 자체를 책망한다. 사람의 지혜는 하나님의 눈에 어리석게 보일 수밖에 없기 때문에 인간의 자랑은 헛된 것이다. 또한 하나님은 세상의 미련하고 천하고 멸시받는 것들을 사용하시는 분이기에 세상의 강하고 높은 것 역시 헛된 것이다(1:18~31). 어떤 지도자의 가르침이 다른 이들에 비해서 어리석고 설득력 없게 들릴 수 있다. 그러나 하나님의 능력은 사람의 지혜로운 말에서 나타나는 것이 아니다(2:4~5). 물론 이는 지도자를 분별할 수 없다는 뜻이 아니다. 다만 참된 가르침은 성령의 지혜에 의한 것이기에, 이것이 하나님의 말씀이냐 아니냐, 저 지도자가 참 하나님의 사람이냐 아니냐는 영적 기준으로 분별해야 한다(2:13~15).

경쟁자가 아니라 동역자로 (3장)

바울은 고린도교회가 분파로 나뉘어 '누가 더 낫냐?'며 갈등하는 모습을 어린아이로 비유한다(3:1~3). 바울과 아볼로 등은 모두 하나님의 일꾼으로서 경쟁자가 아니라 동역자이다. 바울은 이 협력관계를 설명하기 위해 건축을 비유로 사용한다. 바울은 그리스도의 복음으로 터를 닦았고, 그 터 위에 아볼로를 비롯한 여러 성도들이 건축을 하고 있다고 말한다(3:10). 성도들이 관심을 가져야 할 것은 마지막 날의 불 시험 앞에서 자신의 공적이 남아 있을 것이냐 여부지, 다른 이들보다 얼마나 더 크거나 아름다운 재료로 건축에 기여했느냐의 여부가 아니다. 바울은 다시금 세상 지혜를 따르지 말라고 하는데(3:21), 이는 세상은 남들보다 높아지고 강해져서 자랑할 수 있는 자가 되라고 가르치기 때문이다. 그러나 "내 것이 네 깃보다 낫다"며 싸우는 어린아이와 같은 세상의 어리석음은 모든 만물이 하나님의 것으로서 우리에게 이미 다 주어져 있음을 깨달을 때 극복할 수 있다(3:21~23).

높아짐이 아니라 낮아짐으로 (4장)

참된 일꾼을 분별하려면 그가 얼마나 낮아짐에 익숙한지를 봐야 한다. 사람들은 지도자를 선택할 때 그의 인간적 능력이나 언변, 또는 외모 등에 관심을 갖게 마련이다. 그런데 바울은 자신이 '세상의 더러운 것과 만물의 찌꺼기'(4:13)처럼 됐다며, 세상 기준에는 전혀 부합하지 않는 존재라고 말한다. 그러면서도 "너희는 나를 본받는 자가 되라"고 가르친다(4:16). 이는 자신처럼 낮아지고 가치 없는 존재로 여겨지기 위해 노력하라는 말이다. 이것은 하나님 앞에서 무능력해지라는 의미가 아니라, 교만을 버리고 세상의 가치를 추구하기를 멈추라는 뜻이다. 진정한 하나님의 일꾼으로서 교회를 하나 되게 하고, 거룩함을 유지하게 할 수 있는 사람은 세상의 지식과 언변으로 자신을 높이는 자가 아니라, 하나님의 능력만을 의지하며 자신을 낮추는 사람이다(4:20).

분리됨이 아니라 거룩함으로 (5~6장)

교회가 하나 돼야 한다는 말은 죄를 범한 자들까지 포용하라는 의미는 아니다. 바울은 고린도교회 가운데 음행이 있었다는 말을 듣고, 그를 왜 쫓아내지 않았냐고 책망한다(5:1~2). 교회 내에서 그리스도인 사이의 관계에는 불신자들을 대할 때의 기준과는 다른 기준이 적용돼야 한다. 당시 고린도에서는 음행이 워낙 보편적이었기 때문에, 만약 모든 음행하는 자들과 관계를 끊는다면 세상 모든 사람과 관계를 끊어야 할 정도였다(5:10). 그러나 교회는 세상 속에 있지만 세상에 속하면 안 되기 때문에 이런 일이 있어서는 안 된다(5:12~13).

바울은 그리스도인 사이의 소송 문제를 다루면서 세상 가운데 있으나 세상에 속하지 않은 교회의 지위에 대해서 설명하고 있다. 하나님께서는 교회를 통해 세상을 다스리신다. 곧 그리스도인들이 하나님의 권세를 갖고, 세상을 다스리는 자들이라는 말이다(6:2~4). 그런데 그리스도인 사이의 다툼을 세상 법정에 갖고 간다는 것은 결국 세상 권세가 하나님의 권세보다 상위에 있다고 고백하는 행위다. 교회는 하나님께서 세상 가운데 보내신 세상의 통치자다. 그러므로 교회는 세상과 분리되서도, 세상과 같아져서도 안 된다.

거룩1, 부름 받은 그 자리에서 (7장)

7장부터는 고린도교회에서 질문한 문제들에 대한 바울의 대답이 이어지고 있는데, 우리는 이를 통해 평범한 일상의 거룩함이 무엇인지 배울 수 있다. 고린도교회는 하나님을 섬기기 원하면 결혼을 하지 말아야 하느냐는 질문을 던졌다. 바울은 분명 독신으로 살면 결혼한 사람에 비해 더욱 하나님을 섬기기에 편리하다고 말한다(7:29~34). 그러나 결혼 여부는 거룩함과는 관계가 없는 자유의 영역에 속한 문제다. 바울은 음행의 문제가 있다면 결혼하는 것이 좋으며, 결혼한 자들은 서로 분방하지 말라고 가르치면서(7:1~5), 또한 독신으로 하나님을 섬기는 것이 좋다고도 말한다(7:7~8). 그러면서도 이것이 법이 아님을 강조한다(7:6, 25~26, 35). 각자의 부르심이 다르기에 그 부르심대로 행하라는 말이다(7:7). 결혼에 있어서 둘째 문제는 불신 배우자와 헤어져야 하느냐는 것이다. 바울도 "믿지 않는 자와 멍에를 함께 메지 말라"(고후 6:14)고 가르쳤고, 유대인의 역사에는 이방 민족과 결혼한 자들로 하여금 아내와 헤어지도록 조치한 일도 있기에(스 9~10장), 불신 배우자와 사는 것은 있을 수 없는 일이라고 생각할 수도 있다.

그러나 바울은 그 불신 배우자가 이혼을 요구하지 않는 한 헤어지지 말라고 가르친다. 그가 구원을 받을 수도 있기 때문이다(7:10~15). 만약 불신 배우자와 헤어져야 한다면 회심 이전에 결혼한 사람은 무조건 이혼해야 한다는 말이 되는데, 이는 분명 하나님의 뜻이라고 할 수 없다. 물론 그리스도인 독신자가 결혼할 때에는 주 안에서 하는 것이 옳다(7:39). 그러나 믿음 때문에 기존의 가정을 깨뜨리는 것은 결코 옳은 일이 아니다. 이처럼 거룩함을 지키는 중요한 원칙 하나는 바로 부르심을 받은 그 자리를 유지하는 것이다(7:20, 24).

거룩2, 사랑을 따르는 자유의 포기 (8~9장)

고린도 지역에는 우상숭배가 성행해 우상에게 바친 제물이 유통되고, 불신자의 집에서 대접받는 경우도 흔했다. 분명 우상은 아무것도 아니다. 즉 그 제물을 먹는 것이 우상숭배도 아니고, 신앙을 잃을 이유도 없다(8:4~6). 그러나 문제는 그 사실을 깨닫지 못한 사람들, 받아들이기 힘들어하는 형제들이 교회 내에 있다는 점이다. 바울은 분명 그것을 먹는 것은 자유이며, 먹어도 된다는 것이 바른 지식이라고 인정한다. 그러나 그 자유가 약한 형제를 실족시킬 수 있기에 바른 지식에 근거한 정당한 권리라 하더라도, 형제를 위해 사랑으로 포기하는 것이 마땅하다고 가르친다(8:9).

이는 바울이 말로만이 아니라 실제 삶으로 모범을 보인 것이다. 바울은 사도로서 얼마든지 생활비를 지원받을 수 있었다(9:4~6). 그러나 그는 자신의 마땅한 권리를 포기했는데, 그것은 오직 복음에 아무 장애가 없게 하기 위함이었다(9:12). 이를 통해 바울은 자신도 자유인의 권리, 사도로서의 권리인 생활비까지 포기했는데, 너희는 단지 우상의 제물을 먹을 자유 하나를 포기할 수 없느냐고 도전하고 있다. 그는 또 유대인에게는 유대인과 같이, 율법 없는 자에게는 율법이 없는 자와 같이, 약한 자에게는 약한 자와 같이 돼서 그들과 함께하기를 선택했다(9:20~22). 마찬가지로 고린도의 성도들도 지식보다는 사랑을 따라서 약한 자들과 함께하라고 가르친다. 이런 삶이야말로 거룩한 삶이기 때문이다.

고린도전서 10~16장
세상 속에 있지만 세상에 속하지 않은 그리스도인

그리스도인들은 거룩해야 한다. 그런데 "거룩하라"는 명령은 세속적인 세상 가운데 있는 상황에서 사용된다. 거룩함이란 세상과 단절된 환경에서 사는 것을 의미하지 않는다. 하나님께서도 하늘에서 천사들의 찬양 가운데 거하시지만, 언제나 이 땅에 임재하시며 자신의 백성들 가운데 그 영광을 드러내시는 거룩한 분이다. 그 하나님께서 자신의 백성에게 "내가 거룩하니 너희도 거룩하라"(레 19:2)고 요구하신다. 이처럼 '세상 속에 있지만 세상에 속하지 않음'이 바로 거룩함이다. 바울의 가르침을 통해 우상숭배와 음란한 문화가 만연했던 고린도 지역 가운데 살고 있던 그리스도인들의 삶이 어땠는지 살펴보고, 우리는 어떤 삶을 살아야 할지 묵상해 보자.

용납할 것과 배격할 것(10:1~11:16)

그리스도인들이 세상 속에서 거룩함을 지키려다 보면, 무엇을 용납하고 무엇을 배격할 것인지의 문제가 늘 따라다니게 마련이다. 본문에는 고린도교회 교인들이 일상생활에서 겪었던 문제들 가운데 그리스도인들이 어떤 태도를 지녀야 하는지에 대한 예시가 제시된다. 그중 하나가 음식 문제이고, 또 다른 하나가 옷 문제였다. 당시 고린도에는 워낙 우상숭배가 만연했기 때문에 시장에서 매매되는 고기들은 대부분 우상숭배 의식을 거친 후 도축된 것들이었다. 게다가 당시 귀족들은 정기적인 축제를 벌이곤 했는데, 그들은 대부분 자기 수호신을 위한 제사를 통해 시민들에게 한턱내며 자신의 명성을 높이곤 했다. 그렇기에 고린도의 그리스도인들에게는 그 고기를 먹어도 되는지, 그 축제에 참여해도 되는지의 문제가 심각한 이슈였다.

또, 당시 여성들은 외출하거나 남녀가 함께 모이는 자리에서 머리에 너울을 써야 했다. 그런데 일부 여성도들은 복음으로 인해 남녀가 평등해졌기에 머리를 가리지 않고 예배에 참여하겠다고 주장해 이것이 고린도교회의 논쟁거리가 됐다. 바울이 제시한 이 두 문제에 대한 답을 보면 그리스도인들이 무엇을 용납하고, 무엇을 배격해야 하는지 알 수 있다. 그리스도인들은 세상의 우상숭배와 비진리를 배격해야 하며, 그것을 용납하는 듯한 행동을 해서는 안 된다(10:14). 그러나 그것이 갖는 문화적, 사회적 순기능은 배격하는 것이 아니라 오히려 받아들여야 한다.

바울은 음식에 대해, 이스라엘의 예를 들며 결코 우상숭배를 해서는 안 됨을 역설한다(10:1~22). 그러므로 신전 앞에서 벌어지는 우상숭배 의식에 들어가는 것은 옳지 않다(10:20~21). 그 모임에 참여하지 않을 때 불이익이 예상되더라도, 하나님께서는 우리가 감당하지 못할 시험을 당하도록 내버려 두지 않으시고, 반드시 피할 길을 내실 것을 믿어야 한다(10:13).

그렇다고 바울은 시장에서 파는 고기를 사먹거나 불신자들의 집에 초대받아 식사를 나눌 때마다 이 음식이 우상에게 바친 제물이었냐 아니냐를 확인하라고 가르치지 않는다. 오히려 "묻지 말고 먹으라"(10:25, 27)고 한다. 식사는 몸에 필요한 양분을 공급할 뿐 아니라, 사회적 관계를 유지하는 데 필수적이다. 만약 그리스도인들이 그것이 제물로 사용됐는지 여부를 일일이 따진다면 불신자들과 어울릴 수 없고, 교회는 세상과 장벽을 치게 된다. 즉 우상숭배를 피한다고 하면서 식사의 사회적 순기능까지 버리는 결과를 낳게 된다. 그러므로 그리스도인들은 불신자들과 사회적 관계를 갖되, 그들로 하여금 그리스도인들도 자신들과 다를 바 없다고 느끼지 않도록 분명한 태도를 취해야 한다(10:28).

이처럼 세상 문화 중에는 배격해야 할 것이 있는가 하면, 반드시 따라야 할 것도 있다. 여자가 외출하거나 남자들과 한 자리에 모일 경우, 머리에 너울을 써서 가리는 것은 유대인이나 헬라인 모두에게 일반적이고 단정한 옷차림이었다. 남녀가 평등하다고 해서 전통이나 문화를 무시하는 것은 어리석은 행동이다. 바울은 남녀가 동등하다는 정신을 강조하면서도(11:11~12), 전통을 무시하지 말고 남녀의 질서를 지키라고 가르친다. 정확히 말하면 그 순기능을 반영하라는 말이다. 여자들이 너울을 벗는 행동은 남녀평등을 선포하는 데에 별 유익이 없으며, 다른 이들을 거북하게 만들 뿐이다. 이런 경우 반드시 전통과 문화를 받아들여야만 한다.

반드시 배격할 것, 사회적 차별 (11:17~34)

바울은 고린도교회의 집회 때 이뤄지는 성찬에서 가난한 자들이 차별당하는 문제를 지적한다. 바울은 교회에서 모일 때, 부자들이 음식을 가져오지 못하는 가난한 자들을 배려하지 않는 모습을 지적한다. 바울이 보기에 이 모임은 하나님께 영광이 되기는커녕 오히려 해로운 것이었다(11:17). 바울은 성찬이 갖는 영적 의미를 다시 설명하면서 그 식사가 먹고 마시며 교제하기 위함이 아니라, 예수 그리스도의 죽으심을 기념하는 것임을 분명히 한다(11:26). 그리스도께서 모든 이들을 위해 십자가에서 죽으셨고, 모든 이들에게 그 살과 피를 주신 것이기에, 이를 기념하는 성찬에서는 마땅히 가난한 자들까지 기다려서 함께 식사를 나눠야 한다(11:33). 이처럼 교회는 세상의 빈부귀천에 따라 사람들을 차별하는 것을 철저히 배격해야 한다. 교회의 모임이 비슷한 사회적 지위에 있는 사람들끼리의 교제 모임이 돼서는 안 된다.

반드시 용납할 것, 은사의 차이 (12~14장)

이어서 바울은 서로 다른 은사를 가진 이들을 용납해야 한다고 가르친다. 방언과 같은 신령한 은사를 누구나 갖고 있는 것이 아니고, 또 서로 다른 직분으로 부르심을 받았기에 그 모두가 존중되고 용납돼야 한다. 바울은 이를 설명하기 위해 몸의 비유를 든다(12:12~27). 몸의 각 지체는 모두 다르게 생겼고 다른 기능을 하지만, 이들은 모두 한 몸이기에 서로를 도울 뿐 경쟁하지 않는다. 서로의 기능이 다르다고 해서 무시하거나 비난할 수도 없다. 다른 은사를 가진 사람들은 다 이런 의도로 부르심을 받았으므로 서로 더 좋은 은사, 더 높은 직분이 있을 수 없다는 말이다.

고린도전서 13장, 일명 '사랑장'도 이런 문맥에서 나온 것이다. 각자 가진 은사가 아무리 탁월하고 교회를 위해 많은 일을 한다고 해도, 사랑 없이 은사가 발휘된 일이라면 아무것도 아니라는 것이다. 결국 교회는 각각 다른 배경과 다른 능력, 다른 은사를 갖고 있는 사람들이 모여 사랑으로 한 데 묶인 공동체다. 바울은 이런 원리에 의해서, 방언도 좋은 은사이기는 하나 예언을 사모하라고 가르친다(14:1~2). 방언은 자신을 위한 은사지만 예언은 다른 이들을 섬기는 은사이기 때문이다. 그리고 은사를 발휘할 때에도 언제나 교회의 질서를 먼저 고려해야 함을 가르치고 있다(14:40). 은사의 목적은 그 은사를 받은 자가 드러나는 것이 아니라, 다른 이들을 섬기는 데에 있기 때문이다.

반드시 지켜야 할 것, 부활의 복음과 교회의 연합 (15~16장)

거룩함을 위해 무엇을 배격하고, 용납해야 하는지를 생각해 봤다. 이를 통해 교회가 그 중심에 지키고 있어야 할 것은 바로 부활의 복음이요, 교회의 연합이다. 당시에도 부활 교리는 많은 사람들이 받아들이기 힘들어하는 것이었다. 십자가에서 죽은 사람이 3일째 날에 다시 살아났다는 것 자체가 믿기 어려운데, 성도들이 마지막 날에 모두 부활한다는 가르침은 더욱 믿기지 않았던 것이다. 그러나 바울은 이 진리를 수호하는 데 있어서는 털끝만큼의 타협도 용납하지 않았다. 바울은 부활을 논증하기 위해서 15장에서 상당히 많은 지면을 할애하고 있는데, 그만큼 그에게는 포기할 수 없는 진리였다.

부활은 복음의 시작점이다. 부활을 부정하면 우리의 믿음이나 복음 증거가 다 헛것이다(15:14). 부활이 없다면 우리는 하나님의 백성이 아니라, 세상에서 가장 불쌍한 자들일 뿐이다(15:19). 예수께서 다시 살아나신 것은 수많은 증인들에 의해 확증된 역사적 사실이며(15:3~8), 예수께서 부활의 첫 열매이시기에 이를 믿는 자들은 모두 그날에 다시 살아날 것이다(15:20~22). 부활을 믿기에 우리는 사망의 권세가 끝났음을 선포할 수 있으며, 이 세상 가운데서 두려움 없이 살아갈 수 있다(15:55~58).

또한 교회가 반드시 지켜야 할 가치는 '교회는 복음으로 인해 하나'라는 사실이다. 부활에 대한 강력한 가르침이 끝난 후, 바울은 예루살렘에 있는 가난한 유대인 그리스도인을 돕기 위한 연보를 부탁한다(16:1~2). 대부분 이방인들로 구성돼 있던 고린도교회가 유대인 교회를 위해 재물을 모으는 것은 단지 가난한 자를 돕는 정도의 의미를 가진 것이 아니라, 유대인과 이방인이 그리스도의 복음 안에서 하나가 된다는 의미를 지니고 있었다. 그렇기에 바울은 고린도교회가 이를 기쁨으로 실천해 주길 기대하고 있다. 바울은 마지막 문안에서 고린도와는 많이 떨어져 있는 여러 지역 사람들의 문안을 전하는데, 이는 비록 지역적, 문화적으로 다른 사람들이지만 복음 안에서 하나가 됐음에 대한 선언이라 할 수 있다(16:19~20). 그리스도인들은 교회가 하나이며, 세계에 흩어진 모든 교회가 다 예수 그리스도 안에서 하나임을 고백해야 한다.

고린도후서

고린도후서 1~13장
껍데기 신앙에서 벗어나기

고린도후서는 바울 사도가 간곡한 설득과 강력한 질책을 섞어가며 고린도교회
에 껍데기 신앙에서 벗어나 본질로 돌아가 그리스도를 위해 헌신하라고 요청하
는 편지다. 여기서 우리는 참된 신앙, 참된 가르침, 참된 지도자의 모습이 무엇인
지를 배우고, 어떤 모습을 신앙의 모범으로 삼아야 할지 생각해 볼 수 있다.

거짓 사도들

고린도후서를 이해하기 위해서는 바울의 적대세력이었던 거짓 사도들이 어떤 사
람들인지를 먼저 파악할 필요가 있다. 이들은 바울이 고린도교회를 개척해 세운
후 다른 지역에 복음을 전하러 떠난 뒤에 들어온 사람들이다. 이들은 예루살렘
교회에서 써 줬다고 하는 추천서를 갖고 다녔는데, 그것이 과연 예수님의 제자
들(베드로, 요한 등)이 써 준 것인지는 확실하지 않다. 여하튼 그들은 사신들이 예
루살렘교회로부터 추천 받은 정통성을 가진 사람들인 데에 비해, 바울은 아무
런 정당성을 갖추지 못했다고 주장한다. 뿐만 아니라 자신들이 환상, 계시와 같

은 신령한 체험과 지식을 기초로 영감을 받은 권위 있는 말씀을 전한다고 주장하며 교회 앞에서 거만하게 행동했다(11:13, 20).

사실 이 거짓 사도들이 의존하는 것은 복음 그 자체가 아니라 '껍데기'에 불과한 것들이었다. 바울은 고린도교회를 개척해 그들 가운데 생명의 복음이 살아 역사하게 했다는 사실을 자신의 사도성의 근거로 삼았지만(3:2), 그들은 예루살렘의 사도들이 써 줬다고 하는 추천서 한 장을 자신들의 사도성의 근거로 삼았다. 바울은 오직 복음의 능력을 의존했지만, 그들은 자신들의 언변과 외모를 의존했다. 그리고 고린도교회 교인들 중에는 이들의 말을 따르려는 사람들이 많이 나타났다. 고린도후서는 이런 적대세력에 대해 반박하고, 이전까지 계속되던 사역(예루살렘을 위한 연보)을 추진할 것을 촉구하는 글이다. 특히 가르침과 행동방식이 전혀 예수 그리스도의 복음과 합치되지 않는 거짓 사도들에 의해 교회가 휘둘려서는 안 되기에 바울은 적극적으로 이들의 주장을 반박하는데, 그 가운데 참된 그리스도인, 참된 복음 사역자들은 어떤 모습을 지니고 있는지가 자세히 드러난다.

고난당하는 조력자 (1:1~2:13)

바울이 보여 주는 첫 번째 참된 복음 사역자의 모습은 영광이 아닌 고난을 당하는 모습이며, 지휘자가 아니라 조력자의 모습이다. 고린도교회는 바울이 개척한 교회였기에, 바울이 마음만 먹었다면 교회 내에서 절대적인 권위를 발휘할 수도 있었다. 그러나 바울은 고린도교회에 대해 어떤 권위도 주장하지 않았고, 그저 신실하게 복음을 전했다. 오히려 그들을 근심하게 하지 않으려 노력했고, 교회가 어느 정도 정착되자 고린도를 떠나 선교사역을 감당하면서 사형선고와도 같은 고난을 겪었다(1:9).

이런 바울의 모습은 거짓 사도들의 모습과는 완전히 다른 모습이었다. 거짓 사도들은 복음 때문에 고난을 당하는 것이 아니라 권세를 누리려 했다. 그에 비해 바울은 자신 안에 그리스도의 고난이 넘치는 것을 경험했을 뿐만 아니라, 교인들이 잘못 나가고 있을 때 그들을 주관하며 통제하려 하기보다는 그들에게 근심을 더하지 않으면서도(2:1~2), 주님의 길로 인도하기 위해 애썼다. 그는 자기 자신을 주관자가 아니라 돕는 자로 바라보았고, 그 역할에 충실하려 노력했다.

보배를 담은 질그릇 (2:14~7:4)

바울은 마게도냐로 가게 된 이야기를 하다가(2:13) 갑자기 다른 내용의 본문을 서술해 나가고, 이후에 다시 마게도냐에 이르렀을 때의 이야기(7:5)로 돌아온다. 바울은 이 '삽입부'를 통해 참 그리스도인, 참 사도가 어떤 존재이며, 거룩한 삶이란 어떤 것인지를 분명하게 그려 주고 있다. 그런데 이는 외형적으로는 그다지 멋지거나 아름다울 것이 없는 모습이다.

참된 복음 사역자는 '그리스도의 향기'로서 살아간다(2:15). '향기'라는 말은 하나님께 올려 드리는 제사를 연상시킨다. 즉 참 그리스도인, 참 사역자는 제단 위 제물과 같은 삶을 사는 사람이다. 그들은 추천서, 오늘날로 치면 증명서나 자격증에 근거해 자신의 권위를 주장하지 않았다(3:1~2). 그들은 오직 그리스도를 전파할 뿐이며, 성도들 위에 군림하는 것이 아니라 도리어 종이 되기를 자처했다(4:5). 그들은 그리스도의 죽음과도 같은 고난을 경험하고, 사람들로부터 미쳤다는 조롱을 당하면서도 그 때문에 복음을 듣고 믿은 사람들이 생명을 얻을 수 있다면 기쁨으로 감당하겠노라고 고백하는 사람들이다(4:15, 5:13).

그렇기에 참 사역자들은 겉모습만 봐서는 그다지 멋지거나 아름답지 않다. 그들은 질그릇에 보배를 담은 것과 같이(4:7) 그들 안에 품은 그리스도의 사랑 때문에(5:14) 담대하게 복음을 전하며, 세상과 하나님을, 사람과 사람을 화목하게 하는 직분을 성실하게 이행한다. 이 때문에 환난과 궁핍과 고난이 오지만, 그들은 "근심하는 자 같으나 항상 기뻐하고 가난한 자 같으나 많은 사람을 부요하게 하고 아무 것도 없는 자 같으나 모든 것을 가진 자"(6:10)로서 자긍심을 갖고 살아간다.

바울은 이렇게 자신의 모습을 그려가다가 특별히 중요시하는 관심사를 드러내는데, 그것이 바로 '거룩함'이다. 바울은 자신의 이야기를 계속 진행하다가 고린도교회 교인들에게 세상의 믿지 않는 자와 같이 멍에를 메지 말고 오직 구별된 자로서 거룩함을 온전히 이루라고 가르친다(6:14~7:1). 낮아지고 희생하고 고난당하면서도 자기 안에 그리스도의 복음이라는 보배를 가졌음에 기뻐하는 삶, 그 때문에 세상 사람들과는 다를 수밖에 없는 삶, 그것이 바로 참 그리스도인이자 참 사역자의 삶이며, 그것이 바로 거룩한 삶이다.

사역자의 위로 (7:5~16)

하나님께서는 바울에게 고난만 주신 것이 아니라 위로도 해 주셨는데, 바로 고린도교회의 회개 소식이었다. 오늘날까지 전해지지는 않지만, 바울은 고린도후서를 쓰기 전에 고린도교회를 책망하며 슬퍼하는 내용의 편지를 디도의 손에 들려 고린도교회에 보낸 적이 있었다. 그러나 막상 디도를 보내고 나니 그 편지 때문에 고린도 교인들이 근심할까봐 후회하는 모습을 보이기도 한다. 하지만 감사하게도 바울의 편지를 보고, 많은 교인들이 회개했다는 소식을 디도로부터 들은 바울은 크게 기뻐했다. 참된 사역자의 위로는 이처럼 자신이 섬기는 사람들이 죄로부터 떠나 참 복음으로 돌아오는 것을 보는 것이다.

기쁨으로 나누는 봉사의 직무 (8~9장)

고린도후서를 기록할 당시 바울이 했던 중요한 직무 중 하나가 바로 헬라인 교회들로부터 연보를 걷어 예루살렘의 가난한 교인들에게 전달하는 것이었다. 바울은 유대인과 헬라인의 장벽을 허물고, 복음으로 하나가 됐음을 선포하기 원했다. 그리고 그것을 위해 복음을 먼저 받은 헬라인 교회들에게 예루살렘의 유대인 교회들을 돕자고 독려했다.

바울은 고린도교회에 이 연보를 걷는 일이 신뢰할 수 있을 만한 사역자들에 의해 투명하게 진행되고 있음을 알리고 있다(8:16~24). 바울은 예루살렘교회를 위한 연보를 권면하면서 이것이 그리스도의 가난하게 되심을 본받고자 하는 의도(8:9)로 이뤄져야지 인색함이나 억지로 이뤄져서는 안 되며, 하나님 앞에서 즐겁게 헌금할 것을 권면한다(9:7). 바울은 자신의 대적들이 이 사역을 의심하며 비방하고 있음을 잘 알고 있었음에도 불구하고 포기하지 않았다. 중요한 것은 자신에 대한 평판이 아니라 하나님의 뜻이 이뤄지는 것이었기에 여러 오해와 비방에도 불구하고, 자신이 할 일을 꾸준히 진행했고 성도들을 독려했다.

참 사역자가 의지하는 것 (10~13장)

바울은 비록 디도에 의해 고린도교회의 회개 소식을 전해 들었지만(7:7), 아직 고린도교회에 거짓 사도들이 남아 있었기 때문이었는지 그들에 대한 강력한 변론으로 편지를 맺는다. 이 가운데 참 사역자가 의지해야 할 것이 무엇이며, 의지하지 말아야 할 것이 무엇인지 분명하게 드러낸다. 참 사역자는 육신을 의지하지 않고, 오직 하나님의 능력을 의지하기에 권세를 휘두르며 사람들을 통제하려 하지 않는다(10장). 언변의 능력을 의지하지 않을 뿐 아니라 자신이 얼마나 많은 일로 교회를 섬겼는지도 내세우지 않는다(11장). 또한 바울도 얼마든지 신비한 체험을 했던 사람이지만 그 조차도 내세우지 않았다(12장).

바울과 같은 참된 사역자가 의지하는 것은 오직 하나님의 능력이었다(10:4). 바울은 자신에게 충분히 내세울만한 지식이나 배경이 있었음에도 불구하고(11:22), 교회를 위해 누구보다 더 많이 수고했음에도 불구하고(11:23~29), 누구보다도 큰 신비한 체험을 했음에도 불구하고(12:1~4), 그가 내세운 것은 자신의 약함이었다. 그는 자신의 약함 가운데 일하시는 그리스도의 능력만을 내세우고 자랑했다(12:9).

우리와 우리가 섬기는 교회는 과연 어떤 권위를 따랐으며, 무엇을 의지하고 있었는지 돌아보기 바란다. 과연 육신에 속한 것들, 껍데기와 같은 것들에 중심을 두고 있지는 않았는지 점검해야 한다. 신앙의 방향타를 참된 것, 하나님의 능력과 십자가의 복음에 맞춰야 할 것이다.

갈라디아서

갈라디아서 1~6장
도전받는 복음의 진리

우리가 사는 세상은 영적으로 어두워진 말세의 고통하는 때이다. 십자가에서 보혈 흘려 구원해 주신 진리가 너무나 확실하고 분명하기에, 불확실성을 추구하는 현대인들에게는 이 진리가 거부감으로 다가온다. 여기에는 거짓 선지자들의 잘못된 가르침이 한몫을 담당했을 뿐만 아니라, 복음 안에서 진정한 자유와 기쁨의 삶을 제대로 살아내지 못한 우리들의 책임도 있다.

오직 믿음으로(1~3장)
갈라디아서는 사도 바울이 쓴 첫 번째 편지라고도 한다. 복음에 대한 뜨거운 가슴으로, 율법주의에 빠진 거짓 교사들을 향해 하늘에서 온 천사라도 다른 복음을 전하면 저주를 받을 것이라는 다소 거친 표현을 쏟아놓고 있다. 바울, 그는 유대교를 지나치게 믿었던 열심당원이었지만 다메섹 도상에서 주님을 만나 마음의 할례를 받은 후 완전히 변화됐다. 하나님은 그에게 율법이 아닌 오직 믿음으로 구원받는다는 사실을 이방에 널리 전해야 할 사명을 주셨다.

바울은 이런 복음 안에서의 자유를 빼앗으려는 자들의 거짓된 가르침을 따라 쉽고 빠르게 복음의 진리에서 떠나려는 갈라디아 교회를 향해 다시 한 번 복음의 진리를 선포하고 있다. 우리가 의롭게 되는 것은 율법의 행위가 아니라, 믿음에 의해서다. 아브라함이 하나님을 믿으매 그것을 그의 의로 여기셨던 하나님은 믿는 자들을 아브라함의 후손으로 삼으시고, 모든 이방인들에게도 이 복음이 전해지기를 원하셨다.

그렇다면 율법의 역할은 무엇일까? 그것은 우리로 하여금 그리스도께로 인도하는 초등교사가 되는 것이다. 즉 하나님의 때가 돼서 그의 아들을 율법 아래에 나게 하시고, 율법의 요구를 만족시키시며, 우리의 죄를 속량하신 후에 우리로 하여금 종의 신분에서 아들의 명분을 얻도록 하셨다.

성령의 열매를 맺는 삶(4~6장)

그러나 하나님을 '아빠 아버지'로 부를 수 있도록 하셨음에도 불구하고, 다시 종으로 돌아간 갈라디아 성도들을 향해 바울은 간곡히 권고하고 있는 것이다. 이것이 바울의 마음이다. 문제는 이런 자유를 제대로 사용하지 못하는 그들의 미성숙함에 있다.

그러므로 바울은 계속해서 성령의 소욕을 따라 살 것을 권면하고, 성령의 열매가 무엇인지를 교훈하고 있다. 서로의 짐을 지고 선을 행하되 낙심하지 말 것을 권면한다. 끝으로 바울은 이렇게 고백함으로 갈라디아서를 마무리한다.

"내게는 우리 주 예수 그리스도의 십자가 외에 결코 자랑할 것이 없으니"(갈 6:14).

우리는 죄의 속성이 있어서 늘 진리에서 떠나려는 습성이 있다. 그러나 우리가 의롭게 된 것은 선한 행동이나 말이 아닌 오직 믿음에 의해서일 뿐이다. 값없이 구원해 주신 은혜에 보답하기 위해서 오늘도 성령의 소욕을 따라 살아가자.

에베소서

에베소서 1~6장
우리는 누구인가?

자신의 과거에 대해 모르는 사람은 현재 어떻게 살아야 하는지도 모른다. 이는 개인뿐 아니라 민족, 국가 등의 차원에서도 그대로 적용된다. 역사를 모르는 민족은 사실상 한 민족이라 하기도 어렵다. 그래서 국가는 기념일을 만들고 구성원들로 하여금 역사를 되새기도록 독려한다. 그런데 만약 그리스도인의 공동체, 교회가 그 역사를 잃어버리는 '영적 기억상실증'에 걸린다면 어떨까? 교회는 자신의 정체성에 대해서 혼란을 겪게 되고, 무엇을 어떻게 실천해야 할지 몰라 우왕좌왕하지 않을까? 어쩌면 오늘날 드러나는 교회의 여러 약함과 문제점은 과거를 잊었기 때문인지도 모른다. '바울 신학의 왕관'(the Crown of Paulinism)으로 불리는 에베소서는 크게 두 단락으로 나뉜다. 마치 예배 의전에 사용할 것 같은 거창하고 화려한 언어를 사용한 전반부(1~3장)는 주로 바울 자신을 포함한 교회의 과거를 회상한다. 원래 교회가 어떤 지위를 가진 존재였는지, 정체성을 밝혀 주는 것이다. 그리고 후반부(4~6장)에서는 정체성을 깨달은 교회가 어떤 원칙으로 살아야 할지를 세세하게 가르쳐 준다.

정체성1, 창세전에 예정된 지위(1장)

바울은 교회가 누구인지를 밝히기 위해 궁극의 과거, 즉 '창세전'(1:4)까지 회귀한다. 이 세상에 존재하는 어떤 모임이나 단체, 국가나 민족도 그 기원을 창세전에 둘 수 있는 것은 없다. 오직 교회만이 그 기원을 창세전에 둔다. 교회는 하나님의 아들로 입양된 자들의 모임이다. 이 입양은 우발적인 일이 아니라 하나님께서 이미 창세전부터 계획하셨던 것이기에 결코 변경되거나 취소될 수 없다. 그리고 입양, 곧 하나님의 구속 사역은 하나님께서 영적인 세상을 포함한 온 세상 만물을 통치하심에 있어서 가장 핵심이 되는 사역이다. 또한 이 구속 사역은 언제나 그리스도를 통해, 그리스도 안에서만 이뤄진다. 즉 성도가 택함 받고, 예정되고, 속량 받고, 결국 만물을 통치하시는 섭리에 참여하는 모든 것은 다 그리스도 안에서 이뤄지는 것이다.

바울은 이 모든 놀라운 일이 이미 과거에 그리스도인들 가운데 일어났다고 선언하며 하나님을 찬양한다. 그리스도 안에서 하나님의 아들이 된 자들이 교회를 이루고, 이들이 하나님께서 이 세상의 모든 갈등과 분열을 제거하며, 만물을 하나로 통일하시는 사역에 쓰임을 받는다. 하나님께서 세상을 다스리시는 도구는 바로 교회이며, 눈에 보이지 않는 영적 세계를 다스리시는 도구 역시 교회다. 왜냐하면 하나님의 모든 섭리는 그리스도 안에서 일어나는데, 교회가 바로 그리스도의 몸이기 때문이다. 문제는 그리스도인들이 스스로 얼마나 위대한 지위를 부여받았는지를 제대로 깨닫지 못한다는 데 있다. 그래서 바울의 기도제목은 에베소 교인들, 그리고 우리가 하나님께서 교회 가운데 행하신 능력이 얼마나 크고 풍성한지를 깨닫는 것이었다. 교회는 이 세상과는 완전히 다른 새로운 사회이며, 새로운 인류다. 또한 하나님의 도구이자 통치 수단이다.

정체성2, 믿음으로 변화된 관계(2장)

바울은 이처럼 궁극의 과거, 창세전부터 이뤄진 하나님의 사역을 기억하게 한 후, 가까운 과거를 기억하게 한다. 어떻게 이런 놀라운 지위를 얻을 수 있게 됐는지를 기억하라는 것이다. 본래 에베소 교인들을 포함해서 모든 그리스도인은 이런 지위를 얻을 만한 자격이 있는 자들이 아니었다. 그들은 죄와 허물로 죽었던 자들이었고, 아무 소망이 없는 절망 가운데 있던 자들이었다.

그럼에도 불구하고 하나님께서 그리스도와 함께 그들을 살리시고, 또한 그리스도와 함께 하늘에 앉히셨다. 하나님과 원수 관계였던 자들이 은혜로 인해 아들이 됐다. 최악의 상황에서 최고의 상황으로, 그야말로 초고속 신분 상승을 이뤘다. 그런데 이 신분 상승을 위해서 그들이 한 일은 아무것도 없기에 무엇을 잘했다고 자랑할 수 있는 것이 없다. 그렇기에 바울은 이제는 '유대인과 이방인' 식의 나뉨이 의미 없음을 선포한다. 이제는 모두 성도요, 동일한 시민이요, 하나님의 권속일 뿐이다. 모두 연결돼 하나의 건물이 되는 것처럼, 성령 안에서 한 성전으로 지어져가는 관계가 된다. 예수 그리스도로 말미암아 구속함을 받은 자들 사이에서는 결코 경쟁이나 나뉨이 있을 수 없다. 모두 한 분으로부터 났고, 한 분의 은혜를 받은 자로서 하나 됨을 꾀할 수 있을 뿐이다.

정체성3, 복음으로 변화된 사명 (3장)

바울은 이제 자신의 과거, 곧 이방인의 사도로 부르심을 받은 사명을 회상하면서 에베소 교인들에게 자신을 모범으로 제시한다. 바울은 지금 '갇힌 자'(죄수, 3:1)의 신분이다. 그러나 그는 많은 환난에도 불구하고, 오히려 하나님의 복음의 비밀을 맡은 일꾼이 됐음을 찬송하며, 자신을 통해 하나님의 경륜(계획)이 드러나게 됨을 기뻐한다. 바울은 자신이 이방인들 사이에 들어가 그리스도의 복음을 깨닫게 했던 것처럼, 교회가 이 세상 가운데 들어가 하나님의 지혜를 알게 하는 자로서 존재해야 함을 역설하고 있다. 바울이 전반부를 마무리하는 기도(3:14~21)의 핵심은 '알게, 깨닫게' 해 달라는 데 있다. 하나님께서 그리스도인, 곧 교회를 얼마나 사랑하시며, 교회를 통해 얼마나 위대한 일을 행하실지 아는 것, 다시 말해 교회의 정체성을 깨닫게 해 달라는 것이다.

사명1, 지켜야 할 가치, 하나 됨 (4:1~16)

바울은 교회의 정체성을 선포한 후, 교회가 지켜야 할 가장 우선되는 사명으로

'하나 됨'을 꿈꾼다. 교회는 그리스도의 몸이기 때문에 결코 분열돼서는 안 된다. 교회에 여러 직분이 있지만, 그 다양한 직분은 모두 한 분 예수 그리스도로부터 부여받은 것이다. 그러므로 서로 맡은 바 직분이 다르다 하더라도, 그것이 교회를 나누는 데 사용되는 것이 아님을 인식해야 한다. 교회는 다양한 직분이 연합해 그리스도의 몸을 이루는 것이다.

사명2, 하나님을 본받는 새 사람(4:17~5:14)

교회는 '초고속 신분 상승'을 경험한 사람들의 모임이므로, 당연히 그 이후의 삶도 변화된 신분에 맞게 변해야 한다. 바울은 신분 상승, 곧 구원의 은혜를 경험하기 전의 상태를 '옛 사람'이라고 부르고, 그 이후를 '새 사람'이라고 부른다. 새 사람은 하나님을 본받는 사람이다. 옛 사람과 새 사람의 삶은 빛과 어둠처럼 선명하게 구분된다. 그리스도인들은 어둠 가운데 살던 생활을 청산하고 빛의 자녀로 사는 사명을 부여받았다.

사명3, 새로운 생활(5:15~6:9)

바울은 옛 사람과 새 사람, 어둠의 자녀와 빛의 자녀를 대조한 후에 그리스도인들이 새 사람, 빛의 자녀로서 삶 가운데 어떤 실천을 해야 하는지 구체적으로 설명한다. 그리스도인들은 세월을 아끼며 지혜롭게 자신에게 주어진 시간을 사용하는 사람들이다. 세상 사람들처럼 술에 취하는 것이 아니라 성령의 충만을 받고, 헛된 노래와 인간관계에 매이는 것이 아니라 하나님을 예배하고 서로를 섬기며 피차 복종하는 사람들이다.

그리스도인의 삶은 모든 일상생활에 있어서 그리스도께 복종하고, 하나님의 말씀을 따르는 삶이다. 아내와 남편의 관계에는 교회와 그리스도의 관계가 적용돼 아내는 남편에게 복종하고, 남편은 아내를 사랑해야 한다. 자녀와 부모도 하나님의 뜻을 따라 순종하고 존중함으로써 이뤄지는 관계가 된다. 종과 상전의 관계 역시 종은 교회가 그리스도께 복종하듯이 해야 하며, 상전은 자기보다 더 높으신 이가 계심을 의식하며 살아야 한다.

전신 갑주(6:10~24)

바울은 그리스도로 말미암아 구속받는 새로운 인류, 곧 교회가 세상 가운데 침투하게 됐으므로 그리스도 밖에 있는 세력과의 계속되는 영적 전투를 위해 하나님의 전신 갑주를 입으라는 권면으로 서신을 마친다. 바울뿐 아니라 모든 그리스도인은 하나님 나라로부터 세상으로 파견된 하나님의 대사다. 세상 나라에 들어와 하나님 나라를 위해 살고 있는 우리는 세상과 어쩔 수 없는 갈등을 경험한다. 그 가운데에서 흔들리지 않고 우리 자신을 지키는 삶이 바로 하나님의 아들들의 삶이다. 바울은 자신을 '쇠사슬에 매인 사신'(6:20)이라고 말하면서 자신에게 부여된 사명을 잘 수행할 수 있도록 기도를 부탁하며 서신을 마무리한다.

우리는 교회의 정체성에 대해 얼마나 알고 있는 걸까? 한 민족이 자신의 정체성을 확보하기 위해 정기적으로 과거 역사를 반추하듯이, 우리 그리스도인들도 자신의 정체성을 확립하기 위해 하나님께서 우리를 위해 하신 일들과 베푸신 은혜, 그리고 부여하신 사명을 지속적으로 되새겨야 할 것이다.

빌립보서

빌립보서 1~4장
주 안에서 기뻐하라

빌립보교회는 사도 바울에게 특별한 의미가 있다. 성령님의 강권하심으로 건너오게 된 마게도냐의 첫 성이요, 복음이 아시아를 지나 유럽을 향해 나아가는 전초기지가 됐기 때문이다. 바울이 옥에 갇히는 등 온갖 고초를 겪으면서 세운 빌립보교회는 바울의 사역에 늘 동참하며 큰 힘이 됐다. 바울은 빌립보서를 통해 모든 형편과 환경을 뛰어넘어 기뻐하며 자족할 수 있는 비결이 그리스도 안에 있음을 보여 준다.

고난이 막을 수 없는 기쁨(1~2장)
빌립보서는 '기쁨의 서신'이라고도 불린다. 그러나 사실 바울은 편지를 쓸 당시 로마감옥에 갇혀 있었다. 일반적인 시각으로 볼 때, 바울은 전혀 기쁨을 찾을 수 없는 상황이었다. 그런데 바울은 자신이 갇힌 것 때문에 오히려 복음이 더 선포되고 있다며 기뻐할 뿐 아니라, 순교를 하게 되면 주님과 함께 있을 수 있을 테니 기쁘고, 만약 자유를 얻는다면 사랑하는 빌립보교회 형제들을 다시 만날 수 있으니 기쁘다고 고백한다. 바울이 어떤 상황에 처해 있든지 기뻐할 수 있는 비결은 바로 예수 그리스도를 따르는 것 때문이었다.

세상이 아닌 주님의 기쁨(3~4장)

바울은 기쁨을 말하면서도 당시의 기득권자들이었던 율법주의자들을 멀리하라고 가르친다. 정통 유대인, 바리새인이었던 바울은 유대인 사회에서는 기득권자였고 엘리트였다. 하지만 바울은 그 모든 것을 다 해와 배설물로 여긴다고 고백한다. 그리스도인들의 기쁨은 그런 세상의 힘이나 번영, 지위에 의해서 얻어지는 것이 아니라, 오직 그리스도를 아는 지식을 통해 얻는 것이다. 바울은 푯대를 향해 달음질하는 기쁨, 주 안에서 형제와 자매들이 사랑하고 같은 마음을 품는 것을 통한 기쁨, 힘든 세상살이에도 오직 기도와 간구를 통해 얻어지는 하나님의 평강을 누리라고 가르친다.

예수 그리스도의 새 생명을 얻은 사람들은 세상이 이해할 수 없는 기쁨의 근원을 갖고 있다. 우리에게 주어진 가장 큰 기쁨은 주님을 따르는 것이고, 그 근원은 주님의 말씀이다. 주님의 명령에 순종하고 그 뜻을 실천하는 것이 가장 기쁘고, 기도의 자리가 가장 즐거운 자리이며, 주님의 말씀이 세상의 어떤 이야기보다 더 재미있다.

골로새서

골로새서 1~4장
주 안에 굳게 서라

골로새서는 바울이 이단으로부터 골로새서교회를 바로 세우고자 쓴 편지다. 바울은 서서히 고개를 들기 시작한 이단들이 성도들을 교묘한 말로 속이지 못하도록 "그리스도 안에서 행하라", "믿음에 굳게 서라", "위의 것을 찾으라", "땅의 지체를 죽이라" 등 다소 강한 어조로 교훈한다.

그리스도 안에서 행하라(1~2장)

바울은 모든 만물의 머리가 되신 예수 그리스도의 속량을 통해 죄 사함 받은 은혜를 먼저 소개한다. 그런 후에 이 복음을 위해 그리스도의 남은 고난을 자신의 육체에 채우기를 기뻐한다는 사실을 골로새서교회 성도들에게 알린다.

그는 또 온갖 종류의 철학과 헛된 속임수에 걸려 넘어지지 않고 믿음을 온전히 시키려면, 받은 복음에 뿌리를 박고 굳건히 서야 한다고 교훈한다. 교회 속에 깊숙이 침투한 거짓 교사들은 초등학문 같은 비본질적인 것으로 성도들을 꾄다. 자의적 숭배와 거짓 겸손과 몸을 괴롭게 하는 일 등은 누가 봐도 어리석은 짓이지만, 문제는 많은 사람이 이런 꾐에 빠져든다는 데 있다.

모든 것 위에 사랑을 더하라 (3~4장)

바울은 "위의 것을 찾으라"는 강한 명령으로 이 단락을 시작한다. 위의 것을 추구하기 위해서는 땅에 있는 지체를 죽이지 않으면 안 된다. 늘 그렇지만, 이단을 정죄하다 보면 오해와 부작용이 생긴다. 따라서 바울은 이 모든 것 위에 사랑을 더하라고 권면한다. 사랑이 빠진 진리는 조절이 불가능한 시퍼런 칼날에 불과할 뿐이기 때문이다.

4장은 마지막 권면과 인사가 이어진다. 바울이 골로새서를 마무리하며 마지막으로 남긴 권면은 기도를 계속하고, 기도에 깨어 있으라는 말이다. 기도는 하나님의 위대한 모든 일의 시작과 마침이다. 마지막 문안 인사에 오네시모가 등장하는 것을 눈여겨볼 필요가 있다. 오네시모는 빌레몬서에 나오는 바로 그 노예다. 오네시모는 빌레몬 집안의 종이었는데, 물건을 훔쳐 도망갔다가 감옥에서 바울을 만나 그리스도인이 됐다. 감옥에서 나온 오네시모는 바울을 위해 헌신적으로 돕는다. 이런 오네시모를 위해 바울은 '내 심복'이라고까지 부르며, 유익한 사람이 됐으니 형제로서 자유를 주라고 빌레몬에게 권면한다.

기독교의 뿌리만큼 이단의 뿌리 역시 깊고 오래됐다. 교회 안에서도 신천지 등 이단의 역습에 무너지는 교회가 많다. 이단을 분별하기 위해서는 깨어 기도하며, 항상 말씀으로 진리를 붙잡는 길밖에는 없다.

데살로니가
전·후서

데살로니가전서 1~5장, 데살로니가후서 1~3장
생명의 복음, 힘써 자라게 하라

바울은 데살로니가전·후서를 통해 데살로니가교회 교인들에게 그리스도를 향한 믿음을 굳게하라고 위로한다.

복음, 생명의 진리(살전 1장)
데살로니가는 유대인들의 핍박이 거세 바울이 겨우 세 안식일(3주) 동안밖에 사역할 수 없었던 지역이다(참조 행 17:1~15). 그럼에도 바울의 복음을 들었던 사람들은 그곳에서 계속 예수 그리스도에 대한 신앙을 지키고 있었을 뿐 아니라, 각처에 그들의 믿음에 대한 좋은 소문이 났다. 바울은 단지 데살로니가에 복음의 씨앗을 뿌렸을 뿐, 하나님께서 그 복음이 싹트고 자라게 하시고 번성하게 하셨음을 알 수 있다. 이처럼 복음은 그 자체로 생명력을 갖고 있는 진리다.

복음의 일꾼(살전 2~3장)
바울은 혹시나 세워진 지 얼마 안 된 데살로니가교회가 유대인들의 거짓 가르침에 의해 무너질까봐 어떤 이들의 말을 듣고 따라야 하는지를 신신당부한다. 바울이 말하는 복음의 참 일꾼은 간사함과 속임수가 없고, 권위를 주장하기보다는 오히려 유순하며 겸손한 태도로 섬기는 사람이다. 또 자기도 궁핍하고 환난을 당하면서도 교회가 믿음으로 굳건해지는 모습을 보며 위로를 받는 사람이다.

복음의 열매 (살전 4~5장)

복음을 소유한 자들이 반드시 지켜야 하는 것은 세상과 구별된 삶, 곧 거룩한 삶이다. 비록 이 때문에 세상으로부터 고난을 당할 수 있지만 주님이 다시 오셔서 이 모든 것을 심판하시리라는 소망을 가지고 있기에 그리스도인들은 낙심하지 않고, 항상 기뻐하며 감사하는 삶을 살게 된다. 이것이 복음의 열매다.

복음을 핍박하는 자들 (살후 1:1~2:12)

데살로니가교회는 초창기부터 많은 핍박을 받으면서도 신앙을 지키고 성장한 교회였다. 바울은 데살로니가교회 성도들을 격려하면서 주님께서 강림하셔서 그들이 행한 바대로 갚아주시리라는 소망을 가지라고 권면한다. 다만 교회가 조심해야 할 것은 거짓된 가르침과 미혹하게 하는 것이다. 특히 당시에는 주님의 재림에 대한 거짓된 가르침이 많아 바울은 데살로니가교회 성도들에게 그런 거짓에 미혹되지 않도록 조심할 것을 신신당부한다.

복음을 지키라 (살후 2:13~3장)

바울은 마지막으로 데살로니가교회에게 자기들이 전해준 전통, 곧 복음 위에 굳건히 서서 그것을 지키라고 권면한다. 수많은 핍박과 거짓된 가르침으로부터 승리하려면 바로 처음에 전해 받은 복음에서 이탈하지 않아야 하기 때문이다. 바울은 또 이렇게 복음에 서 있지 않고, 게으름에 빠지는 자들에 대해 경계했다. 지키는 것은 결코 안일한 태도가 아니다. 전해 받은 것을 힘써 보존하려 노력하는 것이 우리에게 주어진 사명이다. 데살로니가교회처럼 복음은 강한 생명력을 지니고 있다. 복음이 잘 자랄 수 있도록 부지런히 말씀을 읽고, 기도해야 할 것이다.

디모데전서 1~6장, 디모데후서 1~4장
참된 일꾼이 되라

교회에는 참으로 다양한 모습으로 섬기는 사람들이 존재한다. 그들의 섬김을 통해서 수많은 성도들이 도움을 받고 영적 성숙을 경험한다. 우리는 이들을 교회의 지도자라고 부를 수 있다. 목사, 장로뿐 아니라 각종 소그룹 또는 다른 성도들을 섬기는 사람 모두가 지도자다. 결국 모든 그리스도인은 교회를 섬기는 지도자로 부름을 받은 셈이다. 그렇다면 정말 교회를 잘 섬기기 위해서는 어떤 사람이 돼야 할까? 교회를 섬기는 참 일꾼, 참 지도자들이 많이 나타나기를 기대하는 마음으로 디모데전서와 디모데후서를 묵상하자.

사명, 복음 전파(딤전 1장)
교회 일꾼에게 있어서 가장 중요한 것은 바로 주님으로부터 이 일을 위임받았다는 사명 의식이다. 바울의 다른 편지들을 보면 대부분 발신자와 수신자를 밝히고 축복한 후에 다시 인사와 안부를 묻는 말이 따라오지만, 디모데전서에서는 간단한 축복(2절) 이후 바로 디모데에게 사명을 되새기는 권면으로 시작한다(3~4

절). 특별히 디모데는 에베소교회를 가르치는 목회자로 부름을 받았기에 '율법이 아니라 영광의 복음을 가르치는 것'이 자신의 사명임을 잊지 않고 거기에 집중해야 했다(3~11절). 바울의 대단한 점은 후배 디모데에게 지도자(목회자)의 모델로서 자기 자신을 당당히 제시할 수 있었다는 데 있다. 그런데 그의 당당함은 자신 안에 있지 않았다. 바울은 자신을 '죄인 중에 괴수'(15절)라고 소개한다. 전혀 자격이 없는 존재라는 뜻이다. 오직 그리스도께서 은혜로 자신에게 직분을 맡기셨다고 고백하며 찬양한다(16절). 이는 우리에게 매우 중요한 가르침을 준다. 우리도 하나님께서 내게 이 직분을 주셨음을 선포하며 당당해야 한다. 그러나 그것이 결코 나의 어떤 장점이나 재능에 근거하지 않는다는 사실을 철저히 인정해야 한다. 세상 관점으로 보면 이 두 가지는 모순이다. 그러나 이처럼 "나는 공로 없으나 예수님의 공로로 내게 사명이 주어졌음"을 고백하며, 당당히 사역에 정진하는 것이 교회의 참 지도자다.

사역, 기도와 위임 (딤전 2:1~3:13)

바울은 디모데에게 두 가지 사역을 정리해 주는데, 하나는 기도요, 또 하나는 위임이다. 바울은 특별히 모든 사람을 위해 기도하라고 말하며, 또한 기도의 직분을 교회의 다른 남자들에게 위임할 것을 가르쳤다(2:1~8). 이때 제시된 바울의 '여성 배제' 원칙에 대해서는 신학자들 사이의 매우 분분한 논쟁이 있으나, 그 당시 상황에서 여성이 교회 지도자가 돼 기도의 사역을 하는 것이 교회의 덕을 세우는 데 문제가 있었음은 분명하다. 여하튼 중요한 것은, 디모데는 교회 지도자로서 기도하는 사역을 감당해야 할 뿐 아니라, 다른 사역자들을 양육하고 세워 기도를 포함한 교회의 여러 사역을 위임해야 했다는 사실이다. 바울은 이렇게 성도를 감독이나 집사의 직분에 세울 때 어떤 원칙과 기준을 가져야 하는지에 대해서도 상당히 구체적으로 가르친다(3:1~13).

핵심 가치, 경건 (딤전 3:14~4:16)

교회의 일꾼, 지도자가 결코 잃어버려서는 안 되는 핵심 가치가 바로 경건이다.

바울은 디모데에게 에베소교회를 위임하며(3:14~15), 경건을 지키고 잘못된 종교적 행위를 가르치는 자들을 멀리하라고 당부한다(3:16~4:5). 참된 경건은 이방 종교와 같은 종교적 열심이 아니라(4:3), 오직 말씀과 기도로 경건에 이르기를 연습하는 데에 있다(4:5~8). 종교적 행위로 자신을 다른 이들 앞에 꾸미는 것이 아니라, 말과 행실과 사랑과 믿음과 정절에 있어서 믿는 자의 본이 되는 삶을 사는 것, 그것이 바로 교회를 이끄는 참 지도자다(4:12).

믿음의 선한 싸움 (딤전 5~6장)

바울은 디모데에게 사역의 구체적인 실제를 설명하고 있다. 물론 목회자였던 디모데에게는 복음을 가르치고, 교회와 사회를 위해 기도하며, 성도를 세워 사역에 위임하는 것이 그의 사명이었다. 그러나 목회의 사명을 감당하는 지도자는 교회 내에서 일어나는 여러 가지 일에 맞닥뜨릴 수밖에 없음을 바울도 잘 알고 있었다. 그래서 바울은 연령별로 성도들을 어떻게 대하며(5:1~2), 교회 내의 과부들을 대할 때는 어떻게 하고(5:3~16), 다른 지도자(장로)들을 대하는 방법(5:17~22)과 교회 내에 존재하는 사회 계층의 문제(6:1~2) 등을 소상히 가르친다.

　이후 바울은 이 모든 사역을 '믿음의 선한 싸움'이라고 정리한다(6:12). 세상은 악하고 거짓 교훈이 난무하기 때문에 교회를 섬기는 자들은 결코 이상적인 환경에서 자신의 사명에만 집중하며 사역할 수가 없다(6:3~5). 그러나 그 가운데 오직 경건에 힘쓰고 특별히 재물에 마음을 빼앗기지 않도록 조심하면서 자족하는 마음을 갖는다면 그 싸움에서 승리할 수 있다. 바울은 디모데에게 다시 오실 주님을 바라볼 것을 권면해 다시금 그 사명을 일깨우며 디모데전서를 마친다 (6:11~21).

지도자의 삶, 고난 (딤후 1:1~2:13)

디모데전서는 디모데에게 에베소에 머물 것을 바울이 지시하는 편지인 데 비해 (딤전 1:3), 디모데후서는 디모데한테 자신에게 올 것을 요청하는 편지다(딤후 4:9). 이렇게 상반된 의도로 기록됐음에도 불구하고, 디모데전·후서의 메시지는 놀랄

만큼 일관돼 있다. 디모데전서를 '믿음의 선한 싸움'이라는 주제로 마감한 바울은, "복음과 함께 고난을 받으라"(1:8)는 말로 디모데후서를 시작한다. 그리고 디모데후서에서도 자기 자신을 모델로 제시한다. 바울은 자신이 예수 그리스도로 말미암아 복음의 사역자가 됐고(1:9~11), 그 복음 때문에 갇힌 자가 됐으며, 고난을 받았지만 부끄러워하지 않는다는 사실을 강조하면서(1:8, 12) 디모데에게 자신과 같은 고난의 길을 걸으라고 당당하게 권면한다(2:3).

바울은 복음을 위해 고난받는 삶을 설명하면서 병사와 경기하는 자, 농부를 예로 들고 있는데, 모두 힘써서 자신이 맡은 일을 위해 노력하며 분투하는 사람들이다(2:1~6). 복음의 사역자로서 교회를 섬기는 자들은 결국 이렇게 믿음의 '선한 싸움'(4:7)을 싸우며, 고난받기를 즐거워하는 사람들이다.

인정받고 쓰임 받는 지도자(딤후 2:14~26)

바울은 하나님께 쓰임 받는 일꾼이 되기 위해서는 두 가지 요건을 충족해야 함을 가르친다. 하나는 진리의 말씀이며(15절), 또 하나는 깨끗함이다(21절). 이 땅의 교회는 끊임없이 망령되고 헛된 말로 사람들을 미혹하는 자들의 공격을 받게 마련이다. 교회의 참된 지도자는 무엇보다 이와 같은 잘못된 가르침들로부터 성도를 지키기 위해 진리의 말씀만을 선포해야 한다. 바울은 또한 교회의 지도자는 죄로부터 깨끗해야 한다고 가르친다. 청년의 정욕, 마귀의 올무에서 벗어나 의와 믿음과 사랑과 화평을 따르는 사역자가 돼야 한다(22절). 어리석고 무식한 변론, 다툼으로부터 벗어나 오직 주님께서 주신 온유함으로써 사람들을 가르치는 지도자가 주님께 쓰임 받는 자라 할 수 있다.

유언, 말씀을 전파하라(딤후 3~4장)

바울은 디모데를 다시 보지 못할 수 있다는 생각을 했던 것 같다. 그래서인지 디모데에게 마지막 유언과도 같은 당부를 하며 가르침을 마감한다. 바울은 이후에 사람들이 경건의 모양은 있으나 경건의 능력은 부인하는(3:5), 즉 종교적인 행태는 갖추고 있으나 정작 복음에 근거한 진리의 능력은 없는 모습으로 타락해 갈 것(3:2~4, 13)을 예견했다. 그래서 디모데에게 비록 그런 세태 가운데 살더라도, 또 교회 내에 그런 영향력이 흘러 들어오더라도 결코 그런 모습으로 변질돼서는 안 된다고 강조하며, 다시 한 번 자신을 그 모델로서 제시한다(3:1~11).

이어 바울은 강력하게 디모데에게 권면한다. 그것은 바로 성경의 진리에서 떠나지 말고, 오직 "말씀을 전파하라"는 것이다(3:14~4:5). 디모데의 책무는 세상의 헛된 가르침이 아닌 오직 어려서부터 배운 성경을 성도들에게 가르치는 데 있었다. 아무리 사람들이 성경이 아닌 다른 헛된 이야기를 따라, 또는 자기 사욕에 맞는 이야기를 하는 스승을 따라다닌다 해도(4:3~4), 디모데의 사명은 오직 말씀만을 전파하는 것이었다.

바울은 예수님을 만난 이후로 디모데후서를 쓰는 이 시간까지 오직 이 하나의 사명만을 가슴에 품고 달려온 사람이다(4:6~8). 바울은 비록 지금 갇힌 자가 돼 언제 처형을 당할지 알지 못하는 상황에 있지만, 하나님께서 주실 의의 면류관을 바라보고 있었기에 사랑하는 디모데에게 자신과 같은 길을 걸으라고 당당히 말한다. 그 가르침의 핵심에는 절대 말씀에서 떠나지 말라는 권면이 자리 잡고 있다.

우리는 예수 그리스도의 몸, 교회를 섬긴다. 내게 주어진 섬김의 자리가 작고, 내가 섬겨야 할 사람이 단 한 사람에 불과할지도 모른다. 그러나 우리 각자는 복음을 전파할 사명자로서 복음과 함께 고난받기를 기뻐하고, 세상의 수많은 그럴싸한 교훈들 가운데서 오직 성경 말씀만이 참 진리임을 선언하는 사명을 주님으로부터 부여받은 사람들이다. 하나님께서 우리에게 주신 사명이 무엇이었는지를 다시금 되새길 수 있기를 바란다.

디도서

디도서 1~3장
성도들이 마땅히 행할 일

갈라디아서에도 등장한 디도는 바울의 뒤를 이어 그레데의 성도들을 섬겼던 목회자다. 그러므로 디모데전후서와 함께 디도서는 목회서신으로 분류되는 것이다. 바울은 먼저 교회 안에 장로들을 세우는 데 합당한 자격이 있음을 말한다. 여기서도 헛된 말을 하며 속이는 자들이 있었던 것 같다.

하나님의 교회이지만 언제나 율법적인, 혹은 육체의 일을 가지고 사람들을 속이는 자들이 있음을 기억해야 한다. 바울은 계속해서 교회 안의 여러 부류의 성도들이 마땅히 지켜야 할 삶의 모습에 있어 선한 일을 행하도록 가르칠 것을 교훈하고 있다. 세상의 정욕을 다 버리고, 신중함과 의로움과 경건함으로 이 세상을 살라고 말한다.

왜냐하면 우리의 구원은 예수 그리스도로 말미암은 것이요, 성령을 풍성히 부어 주셔서 그 은혜의 상속자가 되게 하셨기 때문이다. 그럼에도 불구하고 어리석고 헛된 이야기를 하는 자들이 있고, 특히 이단에 속한 자는 한두 번 훈계한 후에 멀리하라고 조언하고 있다.

빌레몬서

빌레몬서 1장
승리의 실제

복음이 세상 가운데 어떻게 권능을 발휘하는지는 빌레몬서를 묵상하면 금방 알수 있다. 바울은 빌레몬으로부터 도망친 노예 오네시모를 용서해 줄 뿐 아니라, 형제로 여겨달라고까지 요청한다. 왜냐하면 오네시모가 바울이 전한 복음을 받아들여 구원을 얻었기 때문이다. 1세기 로마 사회의 노예, 특히 주인의 물건을 훔쳐 달아난 오네시모와 같은 노예가 붙잡히면 생명을 유지하기 힘들었다. 그러나 바울은 오네시모를 주인에게 돌아가도록 했고, 그 손에 편지(빌레몬서)를 들려 보내서 빌레몬을 설득한다.

바울이 빌레몬에게 요구하는 것은 세상에서는 상상도 할 수 없는 것이었다. 도망친 노예를 죽이지 말고 잘 대해 달라는 정도가 아니라, 형제로 여기라는 것은 당시로서는 세상을 발칵 뒤집을 만한 가르침이었다. 그런데 바울이 전파한 복음은 이것을 가능하게 했다. 혁명도, 반란도, 전쟁도 이룰 수 없었던 놀라운 사회 변혁을 감옥에 갇혀 있는 한 노사도의 편지에 담긴 복음의 능력이 일으키고 있었던 것이다.

히브리서

히브리서 1~13장
영원한 대제사장 예수 그리스도

히브리서는 기독교인으로 개종한 유대인들을 대상으로 쓴 책이다. 예수 그리스도의 구원 사역이 얼마나 놀라운 것인지를 증명하고 있다. 본서의 기록 시기는 예루살렘 성전의 파괴에 대한 기록이 없고, 디모데의 생존 사실(13:23)과 오랜 유대교 체제가 막 사라지려 하는 정황(12:26) 등으로 미루어 보아 AD 64~68년경이라고 추정할 수 있다. 기록 목적은 당시 서서히 시작돼 점점 심해졌던 박해로 인해 기독교 신앙에서 떠나 유대교로 돌아가려는 유대인 크리스천들을 격려하고, 그들에게 예수 그리스도가 얼마나 위대하고 탁월한 분이신지를 알리기 위함으로 보인다. 또한 천사보다 더 높으시고, 모세보다 우월하신 예수 그리스도가 구약시대로부터 수없이 반복된 제사를 폐하시고, 죄 없는 자신의 몸을 단 한 번의 제물로 바쳐 영원한 제사를 드리심으로써 하나님과 인간을 화목하게 하신 대제사장임을 소개하는 데 있다.

이런 점들을 볼 때, 본서의 저자는 구약에 정통한 익명의 초대 교회 지도자였을 것으로 추정된다. 3세기 교부 오리겐이 말하기를, "누가 히브리서를 기록했는지는 진실로 하나님만이 아신다"라고 했다. 저자가 바울이든 바나바이든 상관없이, 본서는 말세를 살면서 복음에 대한 심각한 도전과 박해만큼이나 위협적인 세상 유혹의 공격을 직면하는 우리에게 꼭 필요한 말씀이다.

마지막 날에 아들을 통해 이루신 큰 구원(1~4장)

옛적에 선지자들을 통해 말씀하신 하나님께서 마지막 날에는 독생자 예수 그리스도를 통해 친히 말씀하신다. 그분은 만유의 창조자요 상속자시며, 하나님의 영광의 본체이시다. 또한 그 능력의 말씀으로 만물을 붙드시는 분이며, 천사보다 훨씬 뛰어나신 분이다. 바로 그분이 성육신하셔서 죽음으로 친히 하나님의 구원을 선포하셨다(1장).

이처럼 히브리서 저자는 천사와 비교하면서까지 예수 그리스도의 우월성을 강조함으로 여러 가지 이유로 인해 믿음의 자리에서 떨어진 성도들을 독려했다. 그런데 이 놀라운 사실을 듣고도 큰 구원을 등한히 여기고, 믿음의 자리에서 떠나려는 사람들이 생겨나는 이유는 무엇일까? 그것은 만물이 그 발아래 복종하는 것이 마땅하나, 현실 세계는 그렇지 않기 때문이다(2장).

히브리서를 기록할 당시에도 눈앞에 펼쳐진 박해의 사건들로 인해 믿음의 자리에서 떨어지는 사람들이 있었을 것이다. 우리는 우리의 구원자가 위대하신 하나님의 아들, 온 우주만물의 창조자이실 뿐만 아니라, 우리와 동일한 몸을 입고 시험과 고난을 받으심으로 시험받는 자를 능히 도우시는 대제사장 예수 그리스도임을 기억해야 한다. 그러므로 모든 성도는 우리의 믿는 도리의 사도이시며, 신실한 대제사장이신 예수를 깊이 생각해야 한다. 날마다 서로를 권면하여 죄의 유혹에 넘어가지 않도록 해야 한다. 처음 믿을 때 확신한 것을 끝까지 굳게 붙잡고 있으면 예수 그리스도의 영광에 함께 참여하게 될 것이다(3장).

유혹이 난무하는 광야 같은 세상 속에서 약속의 땅에 들어갈 수 있는 비결은 좌·우의 날선 어떤 검보다도 예리한 하나님의 말씀으로 자신을 쳐서 복종시키는 것이다. 언젠가 벌거벗은 것처럼 우리의 모든 것이 판단받고 결산될 날이 올 것이다. 그러나 우리의 큰 대제사장이신 예수님을 힘입어 때를 따라 돕는 은혜를 얻기 위하여 은혜의 보좌 앞에 담대히 나아갈 수만 있다면 끝까지 승리하게 될 것이다(4장).

영원한 대제사장이신 예수 그리스도(5~10장)
구약의 대제사장은 아론의 계보를 따라 여러 제사장들 가운데 택함을 받아 백성들의 죄를 대속하는 속죄의 제사를 섬기는 특별한 자들이었다. 그 속죄의 제사가 진정성을 가질 수 있었던 이유는 대제사장 또한 백성들과 동일한 연약함과 허물을 가진 자이기 때문이다. 그러므로 대제사장 자신을 위해서도 속죄 제사를 드리는 것이 마땅하다.

우리의 영원한 대제사장이신 예수 그리스도는 하나님의 아들이시면서 우리와 같이 육체를 지닌 인간으로 이 땅에 오셨다. 그는 십자가를 앞에 놓고 자신의 몸을 제물 삼아 속죄의 제사를 드리기 위해 하나님께 심한 눈물과 통곡의 기도를 올리셨다. 인류의 모든 죄에 대한 영원한 형벌로서의 참혹한 죽음이 예수님을 기다리고 있었다. 하나님의 아들이시요 그 영광의 본체이신 예수 그리스도는 마침내 십자가의 죽음이라는 절대 순종의 자리에 나아가셨다. 그러므로 예수님은 그분에게 순종하는 자들에게 영원한 구원의 근원이 되시는 것이다(5장).

이제 우리는 신앙의 초보를 버리고 완전한 데로 나아가야 한다. 하나님의 놀라운 은혜를 맛보고도 타락한 자들의 안타까운 말로를 되풀이하지 말아야 할 것이다. 우리가 믿음과 오래 참음으로 예수 그리스도를 뒤따르면 하나님이 맹세로 보증하신 약속을 기업으로 받고, 영원한 성소에 들어갈 수 있다. 왜냐하면 예수님이 멜기세덱의 반차를 따라 우리의 대제사장이 되셔서 우리를 위해 하늘 성소에 먼저 들어가셨기 때문이다(6장). 시작도 끝도 소개되지 않은 멜기세덱은 아브라함에게 갑자기 나타나 축복해 준 하나님의 제사장이다. 예수님께서 우리의 영원한 대제사장이라는 사실은 자신의 몸으로 단번의 속죄 제사를 드림으로 우리에게 온전한 구원을 주셨을 뿐만 아니라, 항상 살아 계셔서 우리를 위해 간구하신다는 것을 의미한다. 이와 같은 사실은 우리가 낡고 쇠하는 모형과 그림자만을 알고 있던 구약의 백성보다, 더 좋은 소망을 가진 자로서 영원히 변치 않는 새 언약의 백성이 됐음을 확증해 준다(7~8장).

모세가 율법에 따라 손으로 지은 첫 번째 장막과 모든 제사의 예법은 참 형상이 아니다. 다만 장차 올 좋은 일의 그림자일 뿐이다. 1년에 한 번 대제사장 홀로 지성소에 들어가서 드리는 속죄 제사도, 예수님께서 단번에 자신을 드린 십자가의 모형이라고 할 수 있다. 우리는 그분의 육체로 열어 놓으신 길을 따라 그 피를 힘입어 언제든지 성소에 나아갈 담력을 얻게 된 것이다(9~10장).

참 믿음과 주께서 주시는 경고(11~13장)

믿음은 바라는 것들의 실상이요 보이지 않는 것들의 증거다. 믿음의 조상들이 보여 준 대단한 믿음의 여정은 세상이 능히 감당하지 못했던 길이다. 그들은 하나님께서 더 좋은 것을 예비해 두셨다는 약속을 믿고, 세상에서 당하는 고난을 당연하게 여기며 능히 견뎌냈다. 그러므로 우리 또한 믿음의 주요 온전케 하시는 이인 예수를 바라보면서 우리 앞의 십자가를 지고 주님을 따라가야 할 것이다. 그런데 문제는 죄에 대해서 피 흘리기까지 싸우지 않는 악이 우리에게 남아 있다는 사실이다. 때로 그 악을 제하기 위해 징계를 허락하시는 하나님께 감사를 드려야 할 이유다.

이제 하나님은 우리에게 구체적인 삶의 열매를 요구하시며, 형제 사랑과 손님 대접으로 표현되는 섬김과 헌신을 기쁘게 받으신다. 히브리서 저자는 땅의 기초가 진동하는 것과 소멸하는 불의 이미지를 사용해 본서를 마무리한다. 이것은 공포와 두려움이 아니라, 영원을 나타내는 이미지이며, 우리를 둘러싼 두려움과 의심 등 하나님과의 교제를 방해하는 모든 것을 태워 버리는 불이다.

히브리서는 기독교의 훌륭한 변증서 역할을 하면서 격려와 권면, 경고의 말씀으로 모든 성도들이 믿음을 굳게 세워나가길 권면한다. 우리 역시 예수 그리스도에 대한 소망으로 견고해져 우리에게 닥치는 시험과 고난을 믿음으로 이겨나가야 할 것이다.

야고보서

야고보서 1~5장
행함과 사랑으로 드러나는 믿음

야고보서의 저자는 예루살렘교회의 지도자요, 예수님의 동생이었던 야고보다. 그는 사도 바울이 1차 전도여행을 마치고 돌아온 후, 모였던 예루살렘 회의에서 율법과 믿음의 관계를 정리했던 장본인이다. 탁월한 신앙의 균형감각을 지녔던 야고보는 자칫 믿음으로 치우칠 수 있었던 이신득의(以信得義)의 교리에 행함을 더함으로 완벽한 조화와 균형을 이룬다.

참된 경건, 들은 말씀을 행하는 것(1~3장)
야고보서는 흩어져 있는 열두 지파, 즉 디아스포라 유대인들이 일차적인 독자였다. 그들은 믿음으로 인해 생겨난 다양한 시험과 시련을 겪고 있었다. 야고보는 이들에게 기도로 지혜를 구할 것을 권면하고 있다. 특히 받은 말씀을 행함으로 이어가는 것이 참된 경건이라고 가르쳐 준다.

  행함의 첫 번째 대상은 다른 사람들이다. 가난한 자나 부유한 자를 차별하지 않는 것이 말씀을 행하는 자들의 태도다. 만약 믿음이 있노라 하는 사람이 말로

만 "덥게 하라, 배부르게 하라"고 한다면 그것은 죽은 믿음일 수밖에 없다. 영혼 없는 몸이 죽은 것처럼 행함이 없는 믿음은 죽은 것이나 다름없다.

행함의 또 다른 대상은 내 입술이다. 말로써 사람을 죽이기도 하고, 살리기도 하기 때문이다. 진실한 믿음은 입술에 파수꾼을 세운다. 지혜로운 사람은 속에 있는 독한 시기와 다툼이 입으로 나옴을 알기에, 화평을 심으려 한다.

겸손함으로 하나님을 가까이하라 (4~5장)

세상과의 관계에 있어서도 행함의 원리는 그대로 적용이 된다. 세상과 벗하려고 하는 자는 하나님과 원수가 될 것이다. 겸손한 마음으로 하나님을 가까이하는 자들을 하나님께서 높여 주신다. 그러나 어리석은 자는 형제를 비방하고, 헛된 생각을 품고 산다.

부한 자들에 대한 경고 이후 인내에 대해 말하는 이유는 세상에서 살면서 재물에 대한 욕심을 내려놓는 것이 너무나 힘든 줄 잘 알기 때문이다. 특히 육신이 병들면 믿음으로 행하는 것이 어려워진다. 그러나 믿음의 기도는 병든 자를 구원하는 하나님의 능력이 임하는 통로가 될 것이다.

그리스도의 제자는 믿음과 행함이 일치하는 자이다. 그러나 세상 속에 살면서 언행일치를 이루며 산다는 것은 쉽지 않은 일이다. 그럼에도 불구하고 우리 가족과 이웃에게 선을 행하고, 예수의 제자로서 겸손의 본을 보이는 삶을 살도록 노력해야 할 것이다.

베드로
전·후서

베드로전서 1~5장, 베드로후서 1~3장
거룩한 나그네로 사는 인생

베드로전·후서는 소아시아에 흩어져 살면서 신앙 때문에 고난당하는 그리스도
인들에게 보내는 편지다. 베드로는 본래 학식이 없던 사람이었지만, 성령의 감동
을 받아 수려한 언어와 실제 경험을 바탕으로 한 다양한 삶의 교훈을 빠른 속도
로 펼쳐 간다. 마지막 시대를 살아가는 그리스도인들에게 '고통'과 '영광' 그리고
'기쁨'이라는 주제로, 기본적인 신앙 교리뿐만 아니라, 구체적인 삶의 영역에서
선명한 메시지를 던지고 있다. 특별히 나그네 인생을 사는 이 땅의 거룩한 백성
들이 어떻게 소망으로 승리할 것인지를 보여 준다.

산 소망의 이유(벧전 1장)
믿음 때문에 불같은 고난의 시기를 지나고 있는 흩어진 성도들에게 산 소망의
이유에 대해 소개한다. 그것은 예수 그리스도의 죽음과 부활을 믿음으로 말미암
아 얻게 된 썩지 않을 유업, 곧 궁극적인 구원이라고 말한다. 그러나 그 궁극적이
고 영원한 영광에 들어가기까지는 마음의 허리를 동이고 근신해 주의 은혜를 사

모해야 한다. 왜냐하면 하늘 아버지는 사람을 외모로 보지 않으시고, 각 사람의 행위대로 심판하시는 거룩한 분이기 때문이다.

나그네의 삶(벧전 2장)

나그네의 삶을 살아가기 위한 구체적인 교훈을 준다. 버려야 할 것과 구해야 할 것을 제시하면서 무엇보다 성장을 위해 신령한 젖을 사모하라고 말한다. 보배로운 산 돌이신 예수님의 인자하심을 한 번이라도 제대로 맛보았다면 날마다 그분 앞에 나아와 신령한 제사를 드릴 거룩한 제사장이 되고자 할 것이다. 왜냐하면 하나님께서 우리를 왕 같은 제사장으로 부르신 이유가 그분의 아름다운 덕을 선포하도록 하시기 위함이다.

부부관계(벧전 3장)

결혼생활의 경험이 없었던 사도 바울에 비해 베드로는 좀 더 부부생활에 대해 실제적인 가르침을 전해준다. 아내가 남편에게 정결한 행실로 순종해야 하는 이유를 설명해 주며, 내면을 아름답게 단장해야 함을 강조한다. 남편들에게는 지식을 따라 아내와 동거하고, 아내를 귀히 여기라고 권면하고 있다.

청지기의 사명(벧전 4장)

하나님의 교회에서 청지기의 사명을 어떻게 감당할 것인지에 대한 말씀이다. "은사를 받은 대로 선한 청지기처럼 봉사하라." 그러나 몸 된 교회 안에서도, 섬김의 영역에서조차 갈등이 생긴다. 불같은 시험이 찾아올 때 이상하게 여기지 말고, 심지어 고난당하는 것조차 기뻐하라고 말한다. 이는 육체의 고난이 죄를 그치게 할 뿐만 아니라, 그리스도의 이름으로 욕을 받고 고난을 당하면 하나님의 영광에 참여하는 자가 되기 때문이다.

양무리를 섬기는 자세(벧전 5장)

특별히 교회의 장로들에게 양 무리를 섬기는 자세에 대해 권면한다. 주장하는 자세가 아니라 섬김의 본을 보일 때, 목자장으로부터 썩지 않는 영광의 관을 받게 될 것이다. 또한 젊은 자들은 겸손으로 허리를 동이고, 장로들에게 순종의 자세를 취해야 한다. 교만은 마귀의 궤계 앞에서 무장 해제하는 것이나 다름없다.

부르심, 신의 성품에 참여하는 것 (벧후 1장)

베드로는 간단한 안부를 물은 후에 곧장 본론으로 들어가 성도들에게 하나님의 부르심은 믿음에서 시작해 사랑에 이르는 일곱 단계를 거쳐 '신의 성품'에 참여하는 것이라고 말한다. 이 땅을 떠날 날이 임박함을 직감한 베드로는 변화산에서 직접 경험한 하나님의 영광스러운 강림을 근거로, 고난 후의 영광이 허황된 약속이 아님을 분명히 한다. 그리고 이 약속은 성령의 감동을 따라 기록된 성경 말씀을 통해 확증됨을 밝힌다.

시험에서 이겨라 (벧후 2장)

성경의 영적 권위 위에 굳게 서 있어야 할 이유는 마지막 때에 들끓는 거짓 선지자들 때문이다. 이들은 불의를 즐기고, 음심이 가득한 눈으로 범죄하며, 발람의 길을 따르는 자들이다. 물 없는 샘이요, 광풍에 밀려가는 안개 같은 인생이다. 이들은 노아의 때와 같이, 소돔과 고모라의 멸망처럼 한순간에 사라질 것이다. 그러나 경건한 자들은 모든 시험을 견뎌 낼 것이다.

말세에 가져야 할 소망 (벧후 3장)

베드로는 서신을 마무리하면서 말세를 사는 그리스도인들이 가져야 할 궁극적인 소망의 이유를 풀어간다. 주 예수님의 강림하심으로 펼쳐질 새 하늘과 새 땅을 바라보고 그날을 사모하며 기다리라고 권면한다. 도적같이 임할 그날에 점도 없고 흠도 없이 평강 가운데 주 앞에 서도록 힘쓰며, 아무도 멸망치 않기를 바라시는 아버지 하나님의 심정으로 구원 역사에 동참하라고 말한다.

요한일서

요한일서 1~5장
사랑, 믿음의 확실한 증거

사도 요한은 '보아너게'(우레의 아들)라는 별명이 있을 정도로 과격한 성품의 소유자였다. 그러나 주님을 만나 변화된 이후, '사랑의 사도'가 됐다. 그가 전하는 요한일서는 눈에 보이지 않는 사랑의 하나님을 어떻게 사랑할 수 있을지에 대한 통찰력을 제공해 준다.

하나님은 빛(1장)
태초부터 계신 로고스이신 예수 그리스도로부터 보고 듣고 배운 바에 의하면 하나님은 빛이시다. 따라서 그와 사귐이 있다 하면서 동시에 어둠에 거할 수는 없다. 혹시 죄를 범했으면 빛이신 하나님께 죄를 자백하고 깨끗하게 하심을 입어야 한다.

새 계명을 지키라(2장)
하나님의 사랑을 입은 자는 새 계명을 지킨다. 세상과 세상에 속한 것을 사랑하지 않고, 참된 것을 사랑한다. 적그리스도가 등장해 속고 속이는 시대에 주 안에 거하면서 새 계명을 지키고, 의를 행하는 자에게는 영원한 생명이 있다.

진실한 사랑 (3~4장)

미혹하는 자들과 악한 자들로 가득한 세상에서 의를 행한다는 것은 결코 쉽지 않은 일이다. 그러나 하나님께 속한 자는 죄를 짓지 않으려는 소극적인 자세가 아닌 적극적인 자세로 형제 사랑하기를 선택한다. 말과 혀로만 사랑하는 것이 아니라, 행함과 진실함으로 사랑하는 자는 세상을 이길 수 있다. 나에겐 진실한 사랑이 있는가?

하나님은 사랑이시다. 눈에 보이지 않는 하나님을 사랑하는 비결은 눈에 보이는 형제를 사랑하는 것이다. 사랑은 두려움을 물리치고, 최후 승리를 얻게 한다. 믿음은 사랑이라는 구체적인 행위로 드러나야 한다. 내가 사랑해야 할 형제는 누구인가?

영원한 생명 (5장)

요한일서의 기록 목적은 하나님의 아들을 믿는 자들에게 영생이 있음을 알게 하기 위함이다. 이 생명은 하나님으로부터 주어져 예수 그리스도 안에 있는 것이다. 이 생명이야말로, 죄와 악이 관영한 세상으로부터 우리를 지켜 줄 것이다.

우리가 서로 사랑해야 함은 우리가 하나님께 속한 것이기 때문이다. 서로 사랑하는 자마다 하나님을 더욱 잘 알게 되는데, 하나님은 사랑이시기 때문이다.

요한이서
요한삼서

요한이서 1장, 요한삼서 1장
적그리스도를 조심하라

요한이서의 주제는 예수 그리스도가 육체로 오심을 부인하는 자들을 경계하는 것이다. 이런 자들은 미혹하는 자요, 적그리스도라고 말한다. 그 당시 영지주의가 나타나 교회를 혼란스럽게 했던 것을 생각하면 이 서신의 내용을 잘 파악할 수 있다. 그러나 요한은 이단을 멀리하라고 말하기 전에 '사랑'을 가르치기를 잊지 않는다(5~6절). 또 그리스도의 교훈을 가지지 않은 자에 대해서는 집에 들이지도, 인사도 하지 말라고 가르친다(9절). 요한삼서는 손 대접하기를 즐겨 하던 가이오와, 비방과 시기를 일삼으면서도 으뜸이 되기를 좋아하는 디오드레베를 예로 들어 성도의 마땅한 삶이 무엇인지를 가르쳐 준다. 요한은 특별히 가이오가 '진리를 증언'하고 '진리 안에서 행함'을 기뻐한다고 말한다(3, 4절). 즉, '진리 안에서의 행함'이란 곧 나그네 된 자들을 섬기는 것, 곧 '사랑'이다(6절). 반면, 디오드레베는 으뜸이 되기를 좋아하며, 요한 일행을 맞아들이고자 하는 자를 내쫓기까지 했다. 요한은 이런 행동을 '하나님을 뵈옵지 못할' 행동이라고 질타한다. 그리고 가이오에게 선한 것을 본받으라고 권면한다(9~12).

유다서

유다서 1장
진리를 굳게 붙잡으라

유다서에는 거짓 교사들에게 내려질 마지막 심판에 대해 기록돼 있다. 예수님의 동생 중 한 명으로 알려진 유다는 가만히 들어온 몇 사람들이라는 표현을 통해 교회를 허물기 위해 신분을 속이고, 교회 안에 들어온 사람들에 대한 경계심을 늦추지 말 것을 교훈한다. 유다는 편지 서두에서 원래는 일반적인 구원에 관해 편지하려 했으나 "힘써 싸우라"는 메시지를 전해야 한다는 필요를 느꼈다고 말한다(3절). 이는 '가만히 들어온 사람' 즉, 이단의 존재를 알게 됐기 때문이다(4절). 유다는 출애굽한 이후 이스라엘이 모두 구원을 얻은 것이 아니라 그 가운데 믿지 않는 자가 멸망당했고, 천사 중에서도 자기 지위를 지키지 않은 자가 있었으며, 소돔과 고모라 역시 같은 운명이었음을 설명한다(5~7절). 그런데 '꿈꾸는 이 사람들'(8절) 곧 이단들도 이와 같은 행태를 보이고 있다는 것이다. 결국, 이들은 심판을 피할 수 없게 된다(9~16절). 유다는 성도들에게 거룩한 믿음 위에 자신을 세우고, 하나님의 사랑 안에서 자신을 지키도록, 그리고 혹 이단에 빠진 자를 구원하도록 노력하라고 권면한다(17~23절).

요한계시록 1~13장
지금도 통치하시는 예수 그리스도

주님께서 이 세상을 통치하고 계심을 가장 극적으로 묘사하는 책이 바로 요한계시록이다. 요한계시록을 오해하는 사람이 많은데, 사실 요한계시록은 난해하거나 위협적인 내용의 책이 아니다. 요한계시록은 예수님께서 이 세상의 유일한 통치자가 되심을 선포하고, 성도들에게 세상에서 믿음을 지키고 소망을 잃지 말라고 격려하는 책이다. 또한 어린이들에게도 쉽게 이야기해 줄 수 있는 심상(이미지)으로 가득 찬 흥미진진한 이야기다.

교회를 붙들고 계신 주님 (1~3장)
요한계시록의 시작은 영광 가운데 거하시는 예수 그리스도께서 일곱 금 촛대로 상징되는 교회를 붙들고 계신 모습으로 시작한다(1장). 그런데 주님의 영광에 비해 일곱 교회의 모습은 그다지 영광스럽지만은 않다. 주님께서 일곱 교회에 보내신 편지들에는 핍박과 고난을 이겨내고 신앙을 지킨 교회를 칭찬하시는 내용도 있지만, 세상에 굴복하고 부패하기까지 했던 일곱 교회의 현실도 고스란히 드러난다(2~3장). 이처럼 지상에 있는 현실의 교회는 이상적인 모습만 갖고 있는 것은 아니다. 그러나 영광의 주님께서 이런 교회 가운데 거하심에 주목해야 한다.

일곱 인을 떼실 어린양(4~7장)

요한은 성령에 감동해 하늘의 성전, 곧 천사들과 이십사 장로들까지 모인 하나님의 보좌 앞에서 벌어지는 놀라운 일을 목도하게 된다. 요한은 찬란한 하늘의 성전을 돌아보다가 하나님의 손에 들린 두루마리를 보게 되는데, 그것에는 온 세상을 향한 하나님의 뜻과 섭리가 기록돼 있고 일곱 인으로 봉해져 있었다. 이 봉인을 뗄 수 있는 권세자는 온 세상 가운데 오직 한 분, 유다의 사자요 다윗의 뿌리이신 승리자뿐이었다. 그런데 정작 요한의 눈앞에 나타난 그 승리자는 사자가 아니라, 일찍 죽임을 당한 것 같은 어린양이었다. 이 작은 어린양이 하나님의 보좌로 나아가 그 두루마리를 취하고, 그 모습을 본 모든 천사와 만물이 그 어린양에게 경배하며 영광을 돌린다(4~5장). 어린양에 의해서 여섯 인이 차례로 떨어져나갈 때마다 나타나는 환상은, 세상이 점점 더 악해져가고, 사람들은 하나님의 심판을 피할 수 없게 되는 모습이다(6장). 하지만 세상이 그렇게 심판과 멸망만으로 끝나지는 않는다. 그 가운데 하나님으로부터 택함을 받은 하나님의 백성들이 심판을 면제받는 인침을 받아 하나님을 찬송하며 나아오게 된다(7장).

일곱 나팔과 선지자의 사명 (8~11장)

일곱째 인이 떼어지자 마지막 때를 알리는 일곱 나팔이 준비된다. 억울하게 고통당하던 성도들의 기도의 향로가 하나님께 올라가고, 그 향로가 쏟아져 일곱 나팔과 함께 세상을 심판하는 도구가 된다. 마치 출애굽기에서 하나님께서 이스라엘의 부르짖음을 들으시고 애굽에 재앙을 내리셨듯이(출 6:5~6), 성도들의 기도가 하나님께 상달되자 세상이 하나님의 심판 아래로 들어가는 것이다(8~9장). 그러나 아직은 끝이 아니다. 하나님께서는 심판하시기 전에 반드시 선지자를 준비시키시는데, 여기서는 요한이 에스겔처럼 두루마리를 먹고 성전을 측량하는 등 심판을 전하게 된다(참조 겔 3, 40~48장). 하나님의 심판을 알리는 나팔은 바로 세상에 보냄을 받은 선지자로서의 사명을 받은 증인들이며, 그들은 세상으로부터 미움을 받지만 이를 통해 하나님의 때가 앞당겨짐을 보게 된다(10~11장).

하늘의 이적(12~13장)

하늘의 성전이 열리는 것(11:19)과 함께 요한계시록의 중심 세계관이 드러나기 시작한다. 세상은 하나님의 백성과 사탄(용)을 따르는 무리들의 전투장이다. 하나님의 백성을 상징하는 여인과 사탄의 세력을 상징하는 용의 싸움, 그리고 바다와 땅에서 올라오는 두 짐승의 모습을 통해 이 세상 가운데 어떤 영적 전쟁이 일어나고 있는지가 드러나고 있다. 요한계시록 묵상은 '666'으로 상징되는 세상의 권세가 사람들을 선동하고 미혹하면서 온 땅을 지배하려는 모습으로 마무리된다.

요한계시록 14~22장
영적 전투에 임한 자로서

그리스도인의 삶은 그 자체로 크고 작은 전투로 이뤄져 있는, 총칼보다도 더 위협적인 세상과의 영적 전쟁이다. 그런데 우리 주위에는 영적으로 무뎌져 자신이 영적 전투 중에 있다는 사실조차 잊어버리고, 이방인들의 걱정과 근심에 싸여 있는 경우가 너무 많다.

승리의 약속은 우리에게(14~16장)

세상의 전쟁과 우리의 영적 전쟁의 가장 큰 차이는 그 결과를 아냐 모르냐이다. 세상의 전쟁은 누가 이길지 알 수 없어서 초조함과 불안에 떨 수밖에 없다. 하지만 영적 전쟁은 이미 누가 승리할 것인가가 정해져 있다. 비록 인간의 눈에는 세상이 더 큰 힘을 갖고 있는 것 같지만, 최종 승리는 예수님을 따르는 교회의 것이다. 14~16장은 어린양의 군대가 세상을 이기고 승리하는 모습을 보여 준다. 여기에는 세상 권세를 잡은 용과 짐승들이 어린양과 그를 따르는 하나님의 백성들 앞에서 심판을 받고 멸망하는 모습이 웅장하게 드러난다. 하나님께서는 이스라엘을 애굽에서 구원하실 때처럼, 마음이 완악한 자들을 심판하실 것이다.

세상은 반드시 자멸한다(17~18장)

세상과의 영적 전쟁에 임할 때 우리가 기억해야 할 것은 세상이 아무리 강하더라도 결국 자멸한다는 사실이다. 17~18장의 음녀 바벨론이란 당시의 로마 제국을 의미하고, 바벨론이 타고 있는 짐승은 로마의 정치, 종교, 문화를 의미한다. 로마 제국과 그 문명은 지중해 전역을 지배하던 거대한 힘이었던 것에 비해 1세기 초대 그리스도인들은 소수의 미약한 집단에 불과했다. 하지만 어린양과 음녀 바벨론, 그 짐승의 대결은 결국 어린양의 승리로 끝난다. 그리고 음녀 바벨론인 로마는 자기가 타고 있던 짐승에 의해 파괴된다. 하나님을 대적하는 세상 권세와 문화는 그 자체의 죄 때문에 파괴돼 폐허가 되고 말 것이다.

고난당한 자가 받을 영광(19~20장)

그리스도인으로서 주님 편에 서서 세상과의 전투를 감당하다 보면, 고난을 당하는 경우가 많이 있다. 그러나 이런 고난을 당한 자들은 결국 어린양의 혼인 잔치에 초대되고, 승리하신 그리스도와 함께 세상을 다스릴 자가 된다. 만왕의 왕이요 만주의 주이신 그리스도께서 사탄을 무저갱에 가두신 후, 자기를 따르던 자들에게 온 땅을 다스리도록 하실 것이다.

승리할 교회의 영광(21~22장)

현실적으로 우리의 눈에 비친 교회는 소아시아 일곱 교회(2~3장)가 그랬던 것처럼 부족한 점도 많고, 세상보다 못한 것처럼 보이기도 한다. 그러나 영적 전투를 감당하는 자는 교회가 아름답고 거룩한 성 새 예루살렘임을 명심해야 한다. 지금 우리 눈에 비친 교회의 모습이 전부라고 생각하면 안 된다. 우리는 주님께서 소아시아 일곱 교회와 같은 부족한 자들을 사용하셔서 새 하늘과 새 땅에 세워질 거룩한 성 새 예루살렘을 세우신다는 사실을 믿고 교회를 섬겨야 한다.

창 세 기 　 전 도 서 　 마 태 복 음
　 　 　 아 모 스 　 바 울 　 잠 언
　 　 　 　 노 아 　 마 리 아 　 　
엘 림 　 여 호 수 아 　 　 　 길 갈
세 례 요 한 　 시 편 　 벳 세 다 　
　 　 학 개 　 루 스 드 라
　 　 빌 립 보 서 　 　 　
　 에 돔 　 　 요 엘 　 블 레 셋
욥 　 　 　 다 니 엘 　 　 　
　 　 솔 로 몬 　 　 시 온 산 　 　
예 루 살 렘 　 디 도 서 　 이 삭 　
홍 해 　 에 네 글 라 임 　 　 요 나

2부
성경인물 탐구

2
아담

아담, 하나님의 설명이 필요한 존재

무엇을 제대로 알기 위해서는 그것의 기원 곧 그 출발과 뿌리를 간과할 수 없다. 왜, 그리고 어떻게 발생했는지를 모르고는 그 무엇도 근본적으로 또는 제대로 알 수 없기 때문이다. 이 세상에 존재하는 것 가운데 우리가 알아야 할 가장 중요한 것은 무엇인가? 그것은 바로 사람이다. 사람이 무엇인가 하는 질문은 인간이 씨름해 온 철학의 가장 절실한 과제다. 또 역사는 인간이 어떻게 살아왔는지를 통해 인간이란 무엇인지를 찾고자 몸부림친다. 모든 학문은 물론 존재하는 모든 것은 결국 인간과 무관하지 않다. 인간과 관계를 맺지 못하는 것은 사실상 무의미하다. 그러므로 인간을 아는 것은 절대적으로 중요하다.

사람, 하나님께로부터 기원하다

아담은 첫 사람이다. 인간의 기원을 밝혀 주는 인물이다. 인간이 도대체 어떤 존재인지 진정으로 알고 싶은가? 그러면 아담에게 물어 보라. '아담'은 히브리어로 크게 두 가지 의미가 있다. 하나는 보통명사로서 '사람'이나 '인류'를 가리킨다. 다른 하나는 고유명사인 '하나님께서 만드신 첫 번째 인간'의 이름으로서 아담

334

이다. 우리가 탐구하려는 것은 첫 번째 사람 아담이다.

아담은 처음으로 이 세상을 본 사람이다. 그러나 그 역시 스스로 인간의 기원을 탐구하고 인식해서 답을 얻을 수는 없었다. 그는 오직 하나님의 설명을 들음으로써 자신을 이해할 수 있었던 것이다. 아담은 우리로 하여금 나 자신을 포함한 인간의 기원과 인간에 대한 이해를 원칙적으로 하나님께로부터 설명을 들어야 한다는 사실을 보여 주는 인물이다. 왜냐하면 아담 스스로 자신의 '창조 과정'을 결코 볼 수 없었기 때문이다(창 2:7). 아담은 자신이 보지 못한 자신의 존재 이유와 근거에 대해 다음과 같은 말씀을 듣는다. "하나님이 자기 형상 곧 하나님의 형상대로 사람을 창조하시되 남자와 여자를 창조하시고"(창 1:27). 그리고 아담은 이 설명을 하와의 등장을 통해 확인받았다.

사람, 하나님께로부터 떠나려 하다

오직 하나님의 말씀에 의지해서 자신과 인간을 알게 된 아담은 하나님에 대해 의문을 제기하는 도전을 받는다. "너희가 그것을 먹는 날에는 너희 눈이 밝아져 하나님과 같이 되어 선악을 알 줄 하나님이 아심이니라"(창 3:5). 이 도전은 아담에게 자신이 누구인지, 어떻게 살아야 하는지에 대한 유일한 말씀을 주신 하나님에 대해 의심의 마음을 불러일으켰다. 하나님의 형상을 따라 지음 받았기에 스스로 생각할 수 있는 힘을 가진 아담은 그 힘을 하나님의 말씀이 아닌 다른 말을 붙잡는 데 사용한 인류의 조상이 됐다. 아담은 그 결과가 얼마나 치명적인지를 명확하게 보여 주는 인물이다. "네가 흙으로 돌아갈 때까지 얼굴에 땀을 흘려야 먹을 것을 먹으리니 네가 그것에서 취함을 입었음이라 너는 흙이니 흙으로 돌아갈 것이니라 하시니라"(창 3:19).

우리는 아담에게서 하나님 없이는 우리 자신을 제대로 이해할 수 없다는 것을 배우게 된다. 또 우리의 삶이 실타래같이 얽힌 이유와 그것을 잘 풀어내지 못하는 근본적인 원인도 동시에 깨닫게 된다. 아담은 우리를 대표한다. 우리 각자가 아담이기 때문이다.

노아

하나님의 화살(D. A. R. T), 노아

하나님께서 이 세상을 창조하신 후 아담에게 온 세상에 번성하고, 하나님의 뜻대로 다스리라고 명령하셨다. 하나님께서 은혜를 베푸셔서 사람의 수명이 길었고, 인구는 매우 빠른 속도로 증가했다. 그런데 문제는 하나님의 뜻을 따르는 사람이 없었다. 더욱이 사람의 죄악이 온 세상에 가득하게 됐다.

죄악된 세상을 심판할 홍수(Deluge)
사람의 죄는 부패와 포악 그 자체였다. 부패는 서로 속이고 자신의 이익을 위해 불법적인 방법을 서슴지 않는 것, 결혼관계의 타락, 그리고 무엇보다 하나님을 배척하는 영적 혼탁함을 말한다. '포악'은 잔인하고 흉악한 폭력이다. 성폭력을 포함한 제도적, 언어적, 신체적, 정서적 폭력이 온 세상에 가득했다. 일례로 남의 집에 온 손님마저 집단 성폭행하는 일들이 발생했다. 하나님은 세상을 보고 깊이 한탄하셨다. 사람은 죄인이라 하나님과의 관계가 단절된 '산송장'이나 마찬가지였다. 그렇다고 이 정도로 막 가다니! 심판을 전혀 두려워하지 않았다. 결국 하나님께서는 물로 심판하시기로 작정하셨다. 하지만 당대의 의인 노아는 하나님께

336

은혜를 입은 사람이었다.

믿음으로 준비한 방주(the Ark)

노아의 증조부는 에녹이었다. 그는 죽지 않고 하늘로 올라갔고, 조부 므두셀라
는 969세까지 살았으며, 노아는 홍수 이후 350년을 더 살다가 950세에 사망했다.
자녀로는 셈, 함, 야벳이 있다.

노아도 죄인이다. 그러나 하나님의 경고를 믿었기 때문에, 하나님께서 의롭다
고 하셨다. 노아는 120년간 방주를 만들었다. 전나무나 잣나무 종류의 침엽수를
사용해서 뼈대를 만들었고, 콜타르 느낌의 역청(pitch)을 발라서 물이 새지 않도
록 했다. 길이는 약 135m, 넓이는 23m, 높이는 13.5m로 긴 상자 모양이다. 전문
가들은 이 비율이 가장 안정적인 형태라고 말한다. 전후좌우 어느 곳에서 파도
가 치더라도 뒤집힐 가능성이 적다고 한다.

홍수가 시작되기 전 하나님께서는 동물들을 방주로 모으셨다. 수중에서 생활
하는 생물을 제외하고, 땅과 하늘에서 사는 모든 동물들이 한 쌍씩 방주로 왔
다. 노아는 가족들을 방주 안으로 모집했다. 처음엔 혼자서 방주를 짓기 시작했
는데 120년 동안 가족이 늘었다. 방주에 탄 사람은 노아와 아내, 아들들과 며느
리들까지 모두 8명이었다. 마지막 마무리를 하는 일주일이 지난 후, 하나님께서
방주의 문을 닫으셨다. 그리고 세상이 물로 채워지기 시작했다. 하늘에서는 비가
쏟아지고, 땅에서도 물이 터져 나왔다.

무지개 언약을 주시다(Rainbow)

비가 내리기 시작하자 쉬지 않고 40일 밤낮을 내렸다. 많은 비는 하루만 내려도
물바다가 되는데, 40일 동안 쏟아졌다니 온 지구를 채웠을 것이다. 가장 높은 산
의 꼭대기마저 모두 잠겨서 보이지 않았다. 방주에는 조종할 핸들이 없었다. 노
도, 돛도 없었다. 그저 하나님께서 인도하시는 대로 갈 뿐이다.

40일이 지나자 비가 그쳤다. 온 세상을 삼킨 물은 150일 동안 땅을 뒤덮고 있
었다. 150일이 지나자 서서히 물이 줄어들기 시작했다. 물이 줄어든 기간만도 150

일이나 된다. 물이 점점 줄어들면서 방주는 아라랏 산에 얹혔고, 산의 봉우리들도 조금씩 보이기 시작했다. 물이 줄어든 후에도 또 40일이나 지나서야 땅이 모두 말랐다. 방주에 들어간 지 1년하고도 11일이 지나서야 노아는 방주에서 나올 수 있었다.

땅을 밟은 노아는 가족들과 함께 하나님께 번제를 드렸다. 하나님께서는 노아에게 약속하셨다. 그 약속은 예전에 아담과 하셨던 것과 비슷했다. 온 세상에 번성하고 땅에 충만하라고 하셨다. 그리고 한 가지 더! 무지개를 만들어 보여 주셨다. 특히 활처럼 휘어져 있는 무지개는 하나님께서 이제 물로 심판하시지 않겠다는 언약의 증거다. 즉, 노아는 하나님의 언약의 화살이 된 것이다.

탑을 쌓은 사람들(Tower)

무지개는 아름답지만 한편으로는 활의 모습과 같다. 세상이 하늘을 향해 쏘는 활이다. 하나님께서 세상을 심판하셨지만 세상을 구원하시기 위해 노아를 남겨 두셨다. 노아는 세상을 향한 하나님의 심판의 활이고 구원의 화살이다. 반면 하나님께서는 땅에서 하늘을 향한 활, 무지개를 보면서 더 인내하고 더 인내하실 것이다.

한편 노아의 자손들에게 홍수 사건은 대대로 전해지게 됐다. 하나님의 구원하심도 함께 전해졌고, 노아와의 약속도 전해졌다. 하지만 그 약속은 노아의 자손들에 의해서 깨져버렸다. 노아의 자손들은 온 세상으로 퍼져나가지 말고, 함께 뭉쳐 지내기로 작정했다. 그리고 하나님의 약속에도 불구하고, 홍수를 대비해 높은 탑을 쌓기 시작했다. 바벨탑이라고 알려진 지구라트(ziggurat)는 하나님을 믿지 못하는 상징물이다. 노아는 하나님께 구원의 방주가 된 약속의 화살이 됐다면, 사람들은 하나님을 향해 배반의 화살을 날렸다. 그렇게 해서 악의 수레바퀴는 예전처럼 다시 굴러가기 시작했다.

아브라함

아브라함, 믿음을 보여 주다

율법의 행위로가 아니라 믿음으로 의롭게 되고 구원을 얻는다는 이 중요한 믿음의 진리를 가르치는 로마서가 그 근거로 제시하는 인물은 바로 아브라함이다(참조 롬 4장). 동시에 행함이 없는 믿음은 죽은 것이라고 하면서 믿음은 행함으로 온전하게 된다고 말하는 야고보서가 그 근거로 삼는 인물도 아브라함이다(참조 약 2장). 아브라함은 예수님의 가르침에서도 중요한 인물로 등장하고, 신약의 사도들이 선포하는 복음에도 결정적인 믿음의 인물로 인용된다. 과연 '믿음의 조상'이다. 한마디로 그는 성경이 말하는 믿음을 보여 주는 전형적인 인물인 셈이다.

떠남의 진정한 의미를 알려주다

아브라함은 창세기의 중심인물로 등장한다. 아브라함의 아버지 데라가 그를 데리고 유브라데 강 하류에 위치한 고향 우르를 떠나는 것으로부터 시작해(창 11:31, 15:7) 창세기 본문은 '떠나는' 아브라함 혹은 '떠나야 하는' 아브라함을 그리려고 애쓴다. 아브라함의 믿음의 여정을 본격적으로 보여 주는 창세기 12장 1절은 이렇게 기록한다. "여호와께서 아브람에게 이르시되 너는 너의 고향과 친척과 아버지의 집을 떠나 내가 네게 보여 줄 땅으로 가라."'고향과 친척과 아버지의 집'을 떠난다는 것은 떠남의 진정한 의미가 무엇인지를 단박에 느끼게 한다. 그러나 이와 같은 떠남은 아브라함에게 시작에 불과했다. 그는 고향에서부터 함께 온 롯과 이역만리 낯선 타국에서 헤어져야 했다.

또한 자녀를 낳지 못하던 아브라함은 여종 하갈을 통해 얻은 아들 이스마엘을 그의 나이 17~8세쯤 됐을 때 떠나보내야 했고, 이 일은 아브라함에게 큰 근심이 될 지경이었다(창 21:10~14). 마침내 아브라함은 100세에 얻은 독자 이삭과 떠남의 길을 간다. "아브라함이 아침에 일찍이 일어나 나귀에 안장을 지우고 두 종과 그의 아들 이삭을 데리고 번제에 쓸 나무를 쪼개어 가지고 떠나 하나님이 자기에게 일러 주신 곳으로 가더니"(창 22:3). 아브라함은 붙잡을 수 있는 것들로부터 떠나는 역사를 통해 하나님을 믿는 믿음이란 무엇인지 배운 인물이다.

말씀에 사로잡히다

아브라함을 떠나게 한 것은 오직 하나님의 말씀이었다. "이에 아브람이 여호와의 말씀을 따라갔고 롯도 그와 함께 갔으며 아브람이 하란을 떠날 때에 칠십오 세였더라"(창 12:4). 고향을 떠날 때도, 친척을 떠날 때도(창 13:14), 이스마엘을 떠나보낼 때도(창 21:14), 이삭을 바치기 위해 떠날 때도(창 22:2) 하나님의 말씀에 사로잡혀 순종의 걸음을 옮겼다. 아브라함이 그렇게 할 수 있었던 이유를 히브리서는 이렇게 밝힌다. "믿음으로 아브라함은 부르심을 받았을 때에 순종하여 장래의 유업으로 받을 땅에 나아갈새 갈 바를 알지 못하고 나아갔으며"(히 11:8).

참 믿음이란 순종이다. 하나님의 말씀에 순종하는 것이다. 아브라함은 '성경이 말하는 믿음이란 순종'이라는 것을 보여 줌으로써 믿음의 인물이 됐다. 이처럼 참 믿음은 하나님의 말씀에만 사로잡히는 것이다. 하나님의 말씀에 사로잡히기 위해서는 나를 사로잡고 있는 것으로부터 떠나야 한다. 성경은 처음부터 아브라함이라는 인물을 통해 사기를 부인하지 않고는 믿음의 길을 갈 수 없다는 것을 보여 준다.

이삭

순종의 사람, 이삭

이삭은 우여곡절 끝에 태어난 아브라함의 아들로서 '웃고 있는 자'라는 의미를 지니고 있다. 어느 날 아브라함(원래 이름은 아브람)은 하나님의 명령으로 가나 안으로 이주하게 된다. 하나님께서는 아브라함과 약속을 하셨는데, 약속의 골자 는 두 가지였다. 하나는 땅을 주시겠다는 것이었고, 또 다른 하나는 자녀를 주시 겠다는 것이었다.

후손, 하늘의 별과 같이

당시 아브라함은 75세, 아내 사라는 66세였는데, 그때까지 그들에게는 자녀가 없 었다. 아브라함은 고향을 떠나올 때 조카 롯과 함께였기에, 자신의 후계자는 롯 이라고 생각했다. 그러다 롯과 헤어진 후에는 종을 후계자로 삼으려 했다. 그런데 하나님께서 굳이 그에게 아들을 주겠다고 하신다. 그것도 하늘을 우러러 뭇별 을 셀 수 없는 것같이 그의 자손이 번성할 것을 약속하셨다. 아브라함과 사라는 이미 아기를 낳기에는 나이가 너무 많았는데도 말이다. 아브라함은 사라의 여종 하갈에게서 아들 이스마엘을 낳았지만 하나님은 또 아니라고 하신다. 결국 아브라함이 100세, 사라가 91세가 돼서야 이삭을 선물로 받았다.

번제, 순종의 시험

100세에 낳은 아들, 눈에 넣어도 아프지 않을 것 같은 아들, 이 아이를 통해서 큰 민족을 이루겠다고 하신 그 아들에게 큰 사건이 일어난다. 어느 날 하나님께서 아브라함에게 이삭을 번제로 바치라고 명령하셨다. 번제는 제물의 각을 떠서 몇 개 부위로 자른 다음, 불로 태우는 제사법이다. 이삭을 제물로, 각을 떠야 한다니! 하지만 아브라함은 하나님께 순종했다. 하나님은 아이를 낳을 수 없는 100세에 아이를 낳게 하신 분이 아닌가. 영문도 모른 채 이삭은 아버지를 따라 나섰다. 그런데 놀라운 것은 그다음이다. 아브라함이 번제단에 제물로 이삭을 눕혔을 때, 이삭은 순순히 순종했다. 칼을 들어 이삭을 죽이려고 하자, 하나님께서 다급하게 아브라함을 부르셨다. 그리고 하나님께서 미리 준비한 양을 보여 주셨다.

수치, 아브라함과 동일한 죄를 짓다

이삭의 순종하는 모습은 또 있다. 가나안에 큰 흉년이 들었다. 아버지 때에도 기근이 있었다. 당시 아버지는 가나안을 떠나 이집트로 갔었지만, 이번에는 하나님께서 이삭에게 이집트로 가지 말라고 하셨다. 이삭은 가나안 그랄 지역으로 인도하시는 하나님께 순종했다. 그런데 더 큰 문제가 도사리고 있었다. 그랄 땅 사람들은 하나님을 알지 못하는 사람들이었는데, 그들은 이미 큰 세력을 형성하고 있었다. 갑자기 겁이 난 이삭은 미모의 아내 때문에 자신이 죽을지도 모른다는 생각을 했다. 아버지 아브라함과 동일한 생각을 했던 것이다. 결국 그랄 왕이 이삭의 아내 리브가를 데리고 갔다. 그런데 그랄 땅에 오래 머물게 되면서 꼬리가 잡히고 말았다. 이삭이 아내를 껴안고 있는 장면을 들켜버린 것이다. 순종 이후에 곤혹스런 상황이라니!

협상, 양보를 통해 이뤄내다

비록 불명예스러웠지만 하나님께서는 이삭에게 반전의 기회를 주셨다. 이삭의 가정이 그 땅에서 농사를 지어 엄청난 결실을 얻었다. 농산물도 많았고, 특히 가축이 어마어마하게 많아졌다. 하나님께서 복을 주셔서 가축들이 병들거나 죽는 일이 거의 없었던 것 같다. 양과 소가 그렇게 많아지자 목자들도 늘어날 수밖에 없었다. 이삭의 집안이 거부가 되자 그랄 지역 사람들이 이삭을 시기하고 두려움까지 느꼈던 것 같다. 이삭에게 그랄 지역을 떠나달라고 요청하기에 이르렀다.

이삭이 그랄을 나왔지만 그 땅 사람들과 다툼이 자주 발생했다. 우물 때문이었다. 당시 사람들은 유목생활을 많이 했기 때문에 풀이 많은 곳을 찾아야 했고, 물도 반드시 있어야 했다. 그런데 그랄 사람들이 우물을 파면 물이 나오지 않는데, 이삭이 파면 물이 나왔다. 그러자 그랄 목자들이 이삭의 우물을 빼앗았고, 이삭은 별 말 없이 다른 곳으로 옮기고 또 옮겼다. 그렇게 여러 번 우물을 양보하고 옮긴 후에야, 그랄 사람들이 시비를 걸지 않았다. 이삭은 하나님께 감사의 제단을 쌓았다. 그 후 그랄 왕이 찾아왔다. 이삭이 강성하게 되자, 불가침 협상을 하기 위한 것이다. 상황이 역전된 것이다.

언약, 순종의 사람과 함께하다

하나님께서는 이삭의 아버지 아브라함에게 큰 민족을 이루게 하겠다고 약속하셨다. 이삭은 그 언약의 아들이다. 하나님께서 의도적으로 불가능한 상황까지 인도하시고 난 후에야 주신 아들이었다. 아버지 아브라함은 하나님을 전혀 모르다가 믿음이 생기기 시작했지만, 이삭은 나면서부터 하나님에 대한 믿음을 갖게 됐다. 그의 삶은 하나님께 순종한 삶이었고, 하나님은 순종하는 이삭에게 많은 복을 주셨다. 이삭은 에서와 야곱을 낳게 됐고, 하나님은 이삭을 통해 역사를 이끌어 가셨다. 하나님께서는 순종의 사람과 함께 약속을 이뤄가신다.

야곱

야곱, 하나님의 궤도에 오르다

그저 천부적인 본능이라고 해야 할 것 같다. 야곱이 경쟁에서 이기고 싶어 하는 모습은 태어나기도 전에 알았다. 야곱은 형 에서와 쌍둥이다. 그런데 둘은 이미 어머니 뱃속에서부터 치고 박고 싸웠다. 태어날 때도 에서와 야곱은 시간 차가 없었다. 야곱이 에서 형의 발꿈치를 붙잡고 나왔기 때문이다.

형을 추월하다

유명한 팥죽 사건이 있다. 에서는 평소 사냥을 하거나 활동적인 성향을 지닌 반면 야곱은 조용하고 집에서 어머니를 많이 도우는 편이었다. 그날도 에서가 들에서 돌아와 심하게 허기져 했다. 마침 야곱이 팥죽을 쑤고 있었는데, 형이 팥죽 좀 달라고 하자 야곱은 장자권과 맞바꾸자고 제안했다.

보통 아버지가 유산을 물려줄 때 장자는 다른 형제의 두 몫을 받았다. 장자권이 있으면 야곱이 형의 두 배를 받게 되는 것이다. 배고픈 에서는 그깟 장자권쯤이야 하고 팥죽과 바꿔 버린다. 결국 아버지가 너무 늙어 유산에 대한 유언을 하려고 하던 날 사고가 터졌다. 야곱이 어머니와 작전을 짜서 에서인 것처럼 꾸미고, 아버지를 속여 형 에서에게 갈 축복을 동생 야곱이 다 받아버린 것이다. 그리고 야곱은 형을 피해 멀리 도망가 버렸다.

14년만에 얻은 아내 라헬

야곱이 어머니의 말에 따라 도망한 곳은 외삼촌 라반의 집이었다. 형을 피해 장장 880km 정도의 거리를 간 것이다. 야곱은 잠시 있으리라 생각했던 외삼촌 집에서 무려 14년을 지내게 된다. 시간이 길어진 것은 외삼촌의 딸 라헬을 아내로 얻기 위함이었다. 처음에 7년 일을 하면 라헬을 주겠다고 했는데, 잔칫날 밤 레아를 아내로 보낸 것이다. 레아는 라헬의 언니였는데, 미모가 조금 떨어졌던 것 같다. 외삼촌은 다시 야곱을 구슬려 7년을 더 일하도록 했다. 결국 14년 만에 야곱은 라헬을 아내로 얻게 됐다.

그런데 이즈음 다시 야곱의 본능이 작동하기 시작한다. 10년 넘게 일했지만 정작 야곱에게 돌아오는 재산이 없자 외삼촌과 협상을 한다. 외삼촌이 염소나 양 중에서 얼룩무늬가 있거나 점 있는 것들을 가지라고 승낙하자, 무늬 있는 것은 모두 빼돌렸다. 야곱이 염소와 양이 새끼를 밸 때쯤 알록달록한 나무와 무늬를 동물들에게 보여 줬더니 놀랍게도 무늬 있는 새끼들이 태어났다. 그러자 사촌들이 야곱이 재산을 다 빼앗는다는 등 불평을 하기 시작했다. 20년 만에 이곳도 떠나야 할 때가 된 것이다.

환난 날에 응답하시는 하나님

형 에서를 만나기 전날 밤 야곱은 공포가 가득했다. 야곱은 홀로 얍복 강가에 머물렀다. 그때 야곱은 자신을 찾아온 하나님을 만난다. 야곱은 그분을 붙잡고, 자신을 축복해 주기 전에는 보내지 않겠다고 했다. 날이 새려고 하자 하나님은 야곱의 허벅지 관절뼈를 쳤다. 그럼에도 야곱이 놓지 않자, 결국 하나님은 야곱을 축복하셨다. 그리고 너무도 싱겁게 형과 화해를 하게 된다.

그런데 큰 문제가 기다리고 있었다. 야곱의 딸 디나가 성폭행을 당하는 사건이 발생했고, 디나의 오빠들이 범인의 마을 남자들을 몰살시킨 것이다. 게다가 그 과정에서 야비한 짓을 했다. 야곱은 다시 한 번 정신이 퍼뜩 들었다. 형 에서도 외삼촌 라반도 아닌 전혀 모르는 사람들과 전쟁이 날 상황이 된 것이다. 야곱은 온 가족을 이끌고 환난 날에 응답하시는 하나님께 예배드렸던 벧엘로 갔다. 야곱은 형을 피해 달아날 때 하나님께 단을 쌓았던 벧엘로 다시 돌아와 제단을 쌓고, 그곳을 '엘벧엘'이라 불렀다.

하나님과 겨뤄 이긴 자, 이스라엘

경쟁에서 이기고 홀로 살아남기 위해 고군분투하던 야곱이었다. 그런 야곱이 어려울 때마다 하나님께서는 늘 먼저 찾아오셨다. 형을 다시 만나기 전날, 그 공포의 밤에도 그랬다. 그때 하나님은 야곱과 씨름을 한 후 이름을 바꿔 주셨다. 이스라엘, 하나님과 겨뤄 이긴 자. 그리고 디나 사건으로 인해 야곱은 하나님을 다시 찾았다. 혼자 힘으로 살던 삶을 마치고, 하나님께 의지하는 삶으로 돌아간 것이다.

이스라엘의 12지파들

하나님께서는 야곱을 통해 이스라엘 12지파를 만드셨다. 12지파는 야곱의 아들들의 이름을 땄다. 르우벤, 시므온, 레위, 유다, 잇사갈, 스불론, 단, 납달리, 갓, 아셀, 요셉, 베냐민. 12지파는 가나안에서 지파별로 땅을 얻게 되는데, 그중 레위 지파는 제사장 지파가 된다. 그리고 요셉의 아들인 에브라임, 므낫세 두 명의 이름이 지파명에 포함된다.

세상은 아담의 죄, 또다시 노아 후손의 죄로 인해 죽음을 향해 치닫고 있었다. 하나님께서는 아브라함을 부르시고, 그 자손들에게 묵묵히 약속을 실행해 가셨다. 이제 야곱의 때에 한 민족이 만들어진 것이다. 혼자 힘겹게 헤쳐나갔던 야곱의 삶이었다. 위기 때마다 하나님께서는 야곱을 찾아 오셨고, 그를 하나님께서 원하시는 궤도에 기어코 올려놓으시고야 말았다.

하나님을 대신하려는 유혹을 이긴 요셉

야곱에게 더 사랑받은 라헬이 오랜 소원 끝에 낳은 아들이며(창 30:22), 여러 아들들보다 더 사랑을 받은 요셉(창 37:3)이 이른 곳은 감옥이었다. "이에 요셉의 주인이 그를 잡아 옥에 가두니 그 옥은 왕의 죄수를 가두는 곳이었더라 요셉이 옥에 갇혔으나"(창 39:20). 감옥에 갇힌다는 것은 당연히 일반적인 일이 아니다. 요셉에게도 수감자 신세가 된 상황이 기가 막힐 특별한 일일 뿐 아니라, 더욱이 모든 분노를 폭발하고도 정당할 만큼 그 과정과 이유는 그야말로 억울함으로 점철될수 있는 것이었다. 심지어 그 억울함은 하나님에게까지 원인을 돌릴 수 있는 것이었다. 왜냐하면 요셉은 하나님께서 보여 주신 꿈으로 인해 미움을 받았고("요셉이 꿈을 꾸고 자기 형들에게 말하매 그들이 그를 더욱 미워하였더라" 창 37:5), 하나님 앞에 죄 짓지 않으려고 몸부림친 것으로 인해 감옥에 갇히게 됐기 때문이다("···그런즉 내가 어찌 이 큰 악을 행하여 하나님께 죄를 지으리이까" 창 39:9).

보복은커녕 용서의 길을 가다
적어도 요셉에게만은 자신이 당한 일에 대해 보복한다면, 그것은 만인이 정당하다고밖에 달리 판단할 수 없을 것이다. 그러나 요셉에게서 보복의 모습을 찾아볼 수가 없다. 자신을 죽이려고까지 했던 형제들에 대해서나, 충성되고 죄 짓지 않으려 한 자신을 옥에 가두게 한 보디발의 아내에 대해서나 말이다. 요셉은 보복은커녕 놀라운 용서의 길을 걸어간다.

부당하게 취급받는 경우에는 물론이거니와, 공정하지 않다고 느끼는 것에 대해 우리 안에는 보복심리가 자동으로 작동한다. 심지어 오늘날은 나 자신에게 아무런 위해가 없더라도 이웃이 잘 되는 것 그 자체만으로도 미움의 감정을 폭발시키곤 하는 '분노의 일상화'가 된 시대다. 이런 시대를 살아가는 우리에게 요셉이라는 인물은 무척이나 생소하다. 요셉은 도대체 어떻게 자신의 억울함을 호소하려는 데 아무런 관심을 보이지 않았을 뿐만 아니라 용서의 길을 갈 수 있었을까?

하나님께서 하셨다는 신앙의 힘

요셉은 아버지 야곱의 장례 이후, 자신을 미워하고 죽이려 했을 뿐 아니라 돈을 받고 팔아버린 형제들을 대하는 자리에서 말한다. "요셉이 그들에게 이르되 두려워하지 마소서 내가 하나님을 대신하리이까"(창 50:19). 요셉이 보복의 마음을 이길 수밖에 없었던 이유가 드러난다. 누구나가 정당하다고 여길 수 있는 부당하고 억울한 일들에 대한 갚음을 요셉은 아예 자신의 몫이 아니라고 여겼던 것이다. 요셉이 한다면 누구나 정당하다고 인정할 수 있는 반응조차도 하나님께서 하셔야 하는 것으로 여긴 인물이다. 요셉은 이 같은 생각과 마음을 어디서 얻었을까? 요셉이 하는 말에서 그 답을 찾을 수 있다. "당신들이 나를 이곳에 팔았다고 해서 근심하지 마소서 한탄하지 마소서 하나님이 생명을 구원하시려고 나를 당신들보다 먼저 보내셨나이다"(창 45:5). 요셉은 자신에게 일어난 일이 하나님과 무관하지 않을 뿐 아니라, 하나님의 뜻 안에서 일어난 일이라고 확신한다. 즉 하나님의 섭리와 주권에 대한 온전한 믿음이다. 이것은 하나님의 본질과 너무나도 잘 어울리는 진리다.

모 세

모세, 자기 부인에서 소명을 발견하다

족장 중심의 역사를 지나 민족으로서 이스라엘의 역사는 출애굽으로부터 시작한다. 출애굽은 이스라엘 민족에게뿐 아니라 성경 전체가 말하는 구원 이야기의 중심 모티프다. 하나님의 구원사 설명에 있어 출애굽 역사는 결정적인 기여를 한다. 그리고 이 출애굽기 중앙에는 모세라는 인물이 자리하고 있다.

광야의 나그네 모세
모세는 애굽에 내려진 "아들이면 죽이라"는 왕의 포고령을 뚫고 태어난다. 하나님을 경외하는 산파의 믿음 덕분이었다. 참 믿음은 신으로 추앙되던 애굽 왕의 명령조차 초라하게 만들어버리는 힘이 있다(1:17). 애굽 왕궁에서 자란 모세는 장성한 이후 고되게 노동하는 동족을 돌아본다(2:11). 하지만 모세의 행동은 살인으로 이어지고, 하루아침에 그는 메마름의 땅 광야의 사람으로 바뀌게 된다. 모세가 정확히 어느 시점에서 '바로의 공주의 아들이라 칭함받기를 거절'했는지는 알 수 없다. 하지만 애굽의 모든 보화를 누리는 것보다 '하나님의 백성과 고난받는' 믿음의 길을 선택하는 것에 이 광야 체험이 가로놓여 있었음은 분명해 보인다(히 11:24~26). 그래서 모세는 자신의 첫 아들의 이름을 '내가 타국에서 나그네 되었음이라'는 뜻을 담아 게르솜이라 지었다. 모세에게 광야의 나그네 길은 그가 하나님의 사람이 되는 풀무였다. 그러면 모세에게서 발견되는 그의 정체성은 무엇인가?

회개의 사람 모세

하나님께서 모세에게 나타나 그의 이름을 불러 주신 곳은 광야였다. 양 떼를 치고 있을 때, 그것도 장인 소유의 양 떼를 치고 있을 때였다. 그때 그곳에서 모세가 들은 하나님의 음성은 충격적이었다. "…내가 애굽에 있는 내 백성의 고통을 분명히 보고…부르짖음을 듣고 그 근심을 알고 내가 내려가서 그들을…인도하여 아름답고 광대한 땅, 젖과 꿀이 흐르는 땅…에 데려가려 하노라"(3:7~8). 물론 이렇게까지 큰 비전을 품었던 것은 아니었지만, 동족의 아픔을 돌아보고 해결하려고 했던 것은 원래 모세 자신의 꿈이었다(2:11~12). 그런데 이 긴 세월이 지난 지금, 광야에서 나그네인 그가 하나님을 만났고, "내가 내 백성 이스라엘을 해방시키겠다"는 하나님의 비전을 들은 것이다.

동시에 모세는 자신의 진짜 모습을 직면했으리라. 모세는 어쩌면 그 옛날 동족을 위한 꿈을 꾸고, 하나님을 위한 자신의 열심을 스스로 자랑스럽게 여기며 애굽 사람을 쳐 죽였을 때 자신을 도와주지 않았던 하나님, 오히려 그 일로 왕궁을 떠나 나그네가 되는 상황에서도 내버려 두신 하나님에 대해 큰 상처를 마음 깊이 묻어두고 있었을지도 모른다. 하지만 모세는 자신이 꿈꿨던 동족을 위하는 마음과는 도무지 비교할 수도 없는 하나님의 큰 비전과 만난다. 긴긴 세월 마음 깊숙이 묻어두고 차마 꺼내지 못했던 그 신앙의 상처가 녹아내리는 것은 물론, 하나님께서 나서신다는 말씀 앞에 자신의 무지와 오만을 회개하지 않을 수 없었을 것이다. 모세는 동족의 구원이 곧 하나님의 비전인 것을 깨닫게 된다.

소명은 자기 부인에서부터

비로소 우리는 떨기나무 불꽃을 보여 주시기까지 하면서 말씀하시는 하나님의 부르심을 거절하고, 또 거절하는 모세의 마음을 이해할 것 같다. 그리고 그런 모세를 달래고 또 달래 보내시려는 하나님의 마음도 이해할 것 같다. 예닐곱 번 아슬아슬 반복된 하나님과 모세의 말씨름에는 이유가 있었다. 모세의 거절은 자기발견이요, 회개였던 것이다. 마침내 모세는 '내가 누구인지'를 보기 시작한 것이다. 모세는 이제야 자기를 부인하고, 자기 십자가를 지고 주님을 따를 준비가 된 것이다.

들음, 여호와께서 모세에게 이르시되

미디안 땅에서 양 떼를 치던 모세의 인생을 송두리째 흔든 것은 하나님께서 그를 찾아오신 사건이었다(3:4). 이후 하나님께서는 모세에게 계속 찾아오시며 말씀하셨고, 모세는 하나님의 말씀을 '들음'으로써 결정적인 경험들을 하게 된다. 이제 모세의 인생은 하나님의 음성을 '듣는' 인생이 됐다. 애굽으로 내려간 모세는 바로 앞에 서서 이스라엘의 해방을 요구하며 출애굽의 대장정을 시작한다. 하지만 바로에게 일언지하로 거절당한다. "···나는 여호와를 알지 못하니 이스라엘을 보내지 아니하리라"(5:2). 모세는 이처럼 권력과 냉혹함, 무지함으로 뭉쳐진 마치 거대한 바위산 같은 바로와 정면승부를 해야 했다. 그러나 그를 이끌고 가는 것은 오직 하나, '여호와께서 모세에게 말씀하여 이르시되'(14:1)였다.

바로를 무릎 꿇게 한 10가지 재앙이 모세에게는 위대한 기적이기 이전에 위대한 영적 차원의 일이었다. 겉으로는 잘 보이지 않는 내밀한 일, 곧 하나님의 음성을 '들음'으로부터 시작된 하나님의 일이기 때문이다. 우리는 하나님과의 매우 은밀한 만남 속에서 하나님의 말씀을 듣는 모세를 통해 성도의 삶의 방식이한마디로 '하나님의 말씀을 듣는 것'임을 깨달을 수 있다. 모세는 이 들음의 원리를 통해 소명의 길에서 만난 위협과 위기, 하나님께서 부르셨기에 더욱 이해할 수 없었던 어려움들을 극복할 수 있었다.

물음, 모세가 여호와께 아뢰되

모세가 직면했던 난관과 신앙적 갈등을 이길 수 있게 한 또 하나의 길은 하나님께 묻는 것이었다. '모세가 여호와께 돌아와서 아뢰되'(5:22), '모세가 여호와 앞에서 아뢰되'(6:30), '모세가…여호와께 간구하니'(8:30), '모세가 여호와께 부르짖어 이르되'(17:4), '모세가 여호와께 아뢰되'(33:12). 질문과 기도로, 울부짖음으로 표현됐던 이런 물음들은 소명자 모세의 삶을 관통하는 또 하나의 축이었다. 여호와의 소명을 받은 모세였지만 그가 그 소명을 수행해 가는 길에는 피할 수 없는 위기와 고난의 현실이 가시덤불처럼 도사리고 있었다. 그리고 여호와께 '물음'은 모세가 이 모든 난관을 뚫고 나아가게 하는 지혜요 힘이 됐다.

결국 이 '물음'은 모세의 사역과 삶을 이끌었던 '들음'과 한 쌍을 이룬다. 또한 모세의 사명은 하나님의 말씀을 '들음'으로부터 시작했고, 이 들음은 다시 하나님께 '물음'을 던지도록 만들었다. 이 들음과 물음은 모세가 하나님의 사람이 되는 데 있어 결정적인 영적 원리였고, 언약의 백성 이스라엘에게 해방과 구원을 실현시키는 통로가 됐다.

위기의 공동체

32장과 33장 두 장에 걸쳐 기록된 금송아지 사건은 이스라엘 백성이 천지의 주재이신 하나님께로부터 직접 말씀을 받는 영광스러운 사건에 비하면 너무도 수치스럽다. 마치 모세가 하나님을 만나기 위해 올랐던 첫 번째 등정의 높은 시내 산(19~31장)과 다시 만나기 위해 올랐던 두 번째 등정의 높은 시내 산(34~40장), 곧 산과 산 사이의 낮은 계곡과도 같이 이스라엘 백성의 낮음을 보여 주는 듯하다. 동시에 이것은 하나님의 부르심이 얼마나 높은 차원인지, 또 이스라엘 백성의 현실은 얼마나 낮은 차원인지를 대조적으로 보여 주는 것 같다. 이와 같은 큰 격차의 위기 속에서 모세는 어떻게 이 상황을 감당할 수 있었을까? 하나님의 부름을 받고 시내 산에 오른 모세가 돌아오기를 기다리던 이스라엘 백성은 출애굽의 능력과 영광이 채 가시기도 전에 금송아지 상을 만든다. 그리고 그 송아지 형상을 향해 "이는 너희를 애굽 땅에서 인도하여 낸 너희의 신이로다"(32:4)라고 고백하며, 번제와 화목제를 드리는 지경에 이른다. 이런 기막힌 상황 속에서 지도자 모세는 기도의 사람으로 두드러진 모습을 보여준다. 이 사건을 기록한 출애굽기 32~33장은 적어도 네 번에 걸쳐 모세의 기도를 기록하고 있다.

기도로 공동체를 구하다

첫 번째는 출애굽기 32장 11절부터 14절에 나온다. 모세가 40일 동안 시내 산에 올라 하나님의 계명을 받는 동안 이스라엘이 금송아지를 만들어 섬긴 사건을 하나님께서 보시고 "내가 이 백성을 보니 목이 뻣뻣한 백성이로다"(9절)라며 진멸하겠다고 하셨다. 이에 모세가 "…주의 맹렬한 노를 그치시고 뜻을 돌이키사 주의 백성에게 이 화를 내리지 마옵소서 주의 종 아브라함과 이삭과 이스라엘을 기억하소서…"(12~13절)라고 기도한다. 그리고 여호와께서는 '뜻을 돌이키사 말씀하신 화를 그 백성에게 내리지 아니'하신다(14절). 두 번째 기도는 출애굽기 32장 30절부터 34절이다. 레위 자손을 통해 백성 중에서 3천 명 가량이 죽임을 당하는 징벌이 있은 다음, 모세가 여호와께로 다시 나아가 "슬프도소이다 이 백성이 자기들을 위하여 금 신을 만들었사오니 큰 죄를 범하였나이다 그러나 이제 그들의 죄를 사하시옵소서 그렇지 아니하시오면 원하건대 주께서 기록하신 책에서 내 이름을 지워 버려 주옵소서"(31~32절)라며 결사적으로 기도한다.

세 번째 기도는 출애굽기 33장 12절부터 17절에 나온다. 모세는 "…나로 주의 목전에 은총을 입게 하시며 이 족속을 주의 백성으로 여기소서"(13절)라고 기도하고, 또 "주께서 친히 가지 아니하시려거든 우리를 이곳에서 올려 보내지 마옵소서"(15절)라고 간구한다. 하나님의 동행을 구한 것이다. 하나님께서는 "네가 말하는 이 일도 내가 하리니"라고 응답하셨고, "너는 내 목전에 은총을 입었고 내가 이름으로도 너를 앎이니라"는 말씀까지 해 주신다(17절). 네 번째 기도는 출애굽기 33장 18절부터 23절에 나온다. 여기서 모세는 "원하건대 주의 영광을 내게 보이소서"(18절)라고 기도한다. 그리고 하나님께서는 모세가 하나님의 영광을 보고도 살아남을 수 있는 방법으로 자신의 등을 보이신다. 이스라엘 백성이 자초한 절체절명의 위기는 이렇게 모세의 기도를 통해 극복됐다. 기도의 사람 모세에게서 우리는 신앙 공동체의 위기를 하나님께 엎드려 기도함으로써 극복할 수 있다는 것을 다시 한 번 배울 수 있다.

아론

말 잘하는 은사를 지닌 아론

아론의 이름은 '교화하다', '밝히다'라는 뜻이며, 그는 레위 지파로 모세의 동생이자 대제사장이었다. 모세가 하나님의 명령을 따라 이스라엘 백성을 출애굽 시킬 때 모세 곁에서 대변인 역할을 담당하며, 이스라엘 민족의 출애굽을 돕는다. 말을 잘하는 은사를 지닌 아론은 언변이 약했던 모세를 위해 하나님께서 '모세를 돕는 자'로 붙여 준 인물이다.

그러나 모세가 시내 산에 갔을 때 아론은 백성들의 성화에 못 이겨 금송아지 우상을 만들었고, 모세의 추궁에 이스라엘 백성의 악함을 변명하기에 급급했다. 비전과 확신이 투철하기보다는 다른 사람들에게 잘 휘둘리는 성향의 인물이다. 아론이 이렇게 분별력 없을 때도 있긴 했지만, 하나님께서는 그를 대제사장으로 삼으셨다. 이것은 아론의 삶에서 가장 영광스러운 일이었다. 이스라엘 백성들의 삶의 중심에는 항상 하나님께서 함께 계셨다. 그래서 다른 어떤 직책보다 제사장이라는 직책은 특별했다. 이제 예수님께서 우리의 대제사장이 되시는데, 아론은 대제사장의 직책으로 예수님의 모형이 되는 영광을 누리게 된다.

여호수아

내려놓음과 참회로 가나안을 정복한 여호수아

"여호수아 본받아 앞으로 가세"라는 찬송의 가사를 떠올리게 하는 인물 여호수아. 그는 모세 이후 이스라엘 백성의 지도자가 돼 이스라엘의 가나안 정복을 이끈 인물로, 약속의 땅을 성공적으로 정복했다. 하지만 여호수아의 전진은 결코 단순히 인간적 차원의 성취가 아니라, 하나님의 함께하심이 있었기에 가능했다.

하나님의 일하심을 확인함으로

이스라엘 백성을 이끌고 가나안에 들어간 여호수아가 직면해야 하는 가시적인 첫 과제는 여리고 성이었다. 이 첫 전투를 수행하기 전 그는 두 번의 결정적인 경험을 한다. 하나는 자신이 보낸 여리고 성 정탐꾼들의 보고다. "진실로 여호와께서 그 온 땅을 우리 손에 주셨으므로 그 땅의 모든 주민이 우리 앞에서 간담이 녹더이다"(2:24). 여호수아는 하나님께서 일하고 계심을 확인했고, 믿음을 붙잡았다. 그런 믿음으로 이스라엘을 이끌고 있는 여호수아가 여리고에 가까이 갔을 때, 여호와의 군대 대장이 나타난다. 이 만남에서 가나안 첫 전투이자 그야말로 난공불락의 성을 앞에 둔 여호수아는 그에게 절박한 질문을 던진다. "너는 우리를 위하느냐 우리의 적들을 위하느냐"(5:13). 이 절박한 질문에 대해 그는 예상 밖의 대답을 한다. "아니라" 이스라엘을 위하는 것도, 대적들을 위하는 것도 아니라는 것이다. 그리고 이어지는 "나는 여호와의 군대 대장으로 지금 왔느니라"라는 말 앞에 여호수아는 신을 벗는다. 하나님의 일하심 앞에 무릎을 꿇은 것이다.

하나님 앞에 참회함으로

여리고 성 승리 이후 여호수아는 아이 성을 만난다. 생소한 가나안 정복을 이끌어야 하는 여호수아에게 여리고에서의 승리는 그로 하여금 확실하게 하나님만 의지하게 만들었을 것이다. 아이 성 앞에서 여호수아는 여전히 하나님을 의지하면서 정탐꾼들의 보고를 따라 삼천 명 정도를 선발해 성을 정복하려 한다. 하지만 충격적인 패배를 맛본다. 이에 그는 하나님 앞으로 나아가 옷을 찢고 티끌을 무릅쓰며 참회한다. 하나님께서는 이 기도를 들으시고 문제를 풀어 주신다. 그리고 아간의 범죄를 다루는 일에 단호함을 보였다. 그러나 여호수아는 또 하나님께 묻지 않고, 하나님이 멸하라고 하신 기브온 족속에 속아 동맹을 맺는다. 기브온의 속임수를 나중에 알았지만 여호수아는 의리를 지켜 가나안 연합군과 싸워 이긴다. 하나님께서는 이런 과정을 지나 결국 이스라엘 백성에게 아이 성 전투에서 승리를 주신다.

여호수아 본받아 앞으로 나가자

여호수아서 본문을 묵상하는 모두가 하나님께서 일하신다는 것을 확인하고, 그 앞에 자신을 온전히 내려놓는 자기 부인의 은혜를 경험했으면 좋겠다. 또한 누구의 죄를 찾기 이전에 문제 앞에서 참회의 자리로 나아가는 하나님의 사람들로 우뚝 서기를 기도한다. 이것이 찬송가 가사처럼 "여호수아 본받아 앞으로 가"는 길이 아니고 무엇이겠는가!

갈렙

열정이 넘쳤던 갈렙

여호수아와 함께 가나안에 들어간 갈렙은 유다 지파 사람이다. 성경은 갈렙에 대해 '그니스 사람 여분네의 아들 갈렙'으로 2번, '그니스 사람'으로 1번 소개하고 있다. '그니스' 사람은 가나안 원주민이었고, '그나스'는 에돔 민족으로 에서의 후손이다. 갈렙의 조상이 어느 이방 민족이었는지는 정확하게 알 길이 없지만 어느 쪽이든 하나님을 향한 갈렙의 열정만큼은 대단했음이 틀림없다. 그 열정은 갈렙의 온 삶을 통해 드러난다.

12명의 가나안 정찰대

출애굽 후, 에브라임 지파의 여호수아, 유다 지파의 갈렙을 비롯한 12명의 정찰대가 구성됐다. 그들의 임무는 가나안 땅을 정탐하고 돌아올 때, 그 땅의 실과를 가져오는 것이었다. 하나님의 능력을 힘입어 위풍당당하게 출발했던 정찰대는 사색의 얼굴로 돌아왔다. 가나안은 말 그대로 젖과 꿀이 흐르는 땅이었다. 그렇지만 헤브론이란 곳에 사는 아낙 자손을 보고, 정찰대원들은 기가 질려버렸다. 가나안은 하나님께서 선물로 주신 땅이므로 당연히 그들의 승리가 정해져 있었는데도 불구하고, 싸워보기도 전에 이미 패배감에 휩싸였다. 두둥! 이 절망감 속에서 여호수아와 갈렙이 등장한다. 갈렙은 백성들에게 가나안 땅을 정복해서 취하자고 외쳤고, 충분히 이길 수 있다고 자신했다.

헤브론, 이 산지를 내게 주소서

패배감으로 가득 찬 이스라엘에게 갈렙의 말은 씨알도 먹히지 않았다. 결국 진노하신 하나님께서는 이스라엘을 40년 동안 광야에서 뺑뺑이 돌리기로 작정하셨다. 결국 하나님을 불신하고 원망한 20세 이상의 사람들은 광야에서 죽게 된다. 40년의 광야 생활 후, 갈렙은 가나안으로 입성한다. 이스라엘은 여리고를 시작으로 아이 성과 아모리 족속의 땅, 가나안 북방 등을 순조롭게 점령해 갔고, 그 점령한 땅은 분할해서 각 지파가 정착했다. 갈렙이 속한 유다 자손은 요단 강 서쪽에 있는 땅을 받았다. 이때 갈렙이 여호수아에게 나아와 헤브론을 달라고 했다. 헤브론은 가장 큰 거인족인 아낙 자손들이 살고 있는 산악 지역이었다. 여기서 갈렙이 유명한 말을 남긴다. "이 산지를 지금 내게 주소서. 그 성읍들은 크고 견고할지라도 여호와께서 나와 함께하시면 내가 여호와께서 말씀하신 대로 그들을 쫓아내리이다." 이때 갈렙의 나이가 85세였다.

하나님의 기업을 보상받은 갈렙

갈렙은 헤브론에 있던 아낙 자손을 몰아내고 그 땅을 정복했다. 그리고 더 올라가 드빌까지 쳤다. 갈렙이란 이름은 '개(dog)'라는 뜻인데, 어떤 의미로 그런 뜻의 이름을 붙여줬는지는 알 수 없지만, 그는 하나님 앞에서 진정으로 열정의 남자였고 충직했다. 모든 사람들이 하나님을 등질 때에도 하나님 편에 선 사람이었다. 그가 얻은 헤브론 땅은 과거 아브라함과 이삭 부부가 묻힌 곳이었다. 이후 다윗이 유다의 왕이 되고, 또 이스라엘 전체의 왕이 돼 예루살렘으로 옮기기 전에 7년 동안 지니며 다스렸던 곳이다. 갈렙은 헤브론을 기업으로 받았을 뿐 아니라, 그가 속한 유다 지파는 예수 그리스도께서 오시기까지 하나님의 기업이 됐다.

사무엘

우리는 '듣는 자'임을 보여 준 사무엘

한나의 기도 가운데 태어난 사무엘은 이스라엘의 역사를 새롭게 만들어낸다. 그는 이스라엘 백성이 여호수아의 리더십 아래 가나안 땅을 차지한 이후, 400여 년 동안 지속된 사사시대를 종식시키고 왕정시대를 열었다. 이스라엘 역사에서 변곡점에 선 인물이다. '사무엘'의 문자적 의미는 '하나님의 이름'이다. 하지만 성경은 사무엘의 첫 등장부터 그 이름을 기도와 관련시켜 놓고 있다. 사무엘상 본문은 사무엘의 출생이 하나님께서 한나의 기도를 들으신 결과라고 말씀한다. "한나가 임신하고 때가 이르매 아들을 낳아 사무엘이라 이름하였으니 이는 내가 여호와께 그를 구하였다 함이더라"(삼상 1:20). 사무엘은 기도의 인물이었다.

기도는 하나님을 향한 예배

기도의 사람 사무엘은 사실상 이스라엘의 마지막 사사가 됐다(삼상 8:5). 이스라엘에 왕이 세워졌기 때문이다. 이스라엘에게는 하나님만이 온전한 통치자요, 왕이시다. 따라서 이스라엘의 왕정 제도는 하나님의 구속사에 커다란 의미도 있지만 신앙적 위험도 따르는 것이었다. 이 중요한 전환의 시대를 사무엘이 열었고,

그는 사사로서의 모든 권한을 새로 세워진 왕에게 이양했다. 이제 이스라엘은 더이상 사사가 아니라 왕이 다스리는 시대가 된 것이다. 사울을 초대 왕으로 세운 다음 사사직에서 물러날 때, 백성에게 한 권면에 담긴 사무엘의 고백은 그가 어떤 인물인지를 단적으로 보여 준다. "나는 너희를 위하여 기도하기를 쉬는 죄를 여호와 앞에 결단코 범하지 아니하고 선하고 의로운 길을 너희에게 가르칠 것인즉 너희는 여호와께서 너희를 위하여 행하신 그 큰일을 생각하여 오직 그를 경외하며 너희의 마음을 다하여 진실히 섬기라"(삼상 12:23~24). 사무엘은 기도하지 않는 것을 범죄의 관점에서 이해하고 있다. '기도하기를 쉬는 죄'에 대해 '하나님을 거슬러 대항하는 죄'라고 번역한 성경도 있다(…sin against the Lord by ceasing to pray… - ESV). 기도하지 않는 것은 사실상 하나님을 거역하는 죄다. 피조물 된 인생이 하나님을 향해 드려야 하는 최대의 예배는 하나님께 묻고, 그분의 인도하심을 기다리는 기도다. 참된 기도는 하나님을 진정으로 높이는 예배다.

기도는 하나님에 대한 청종(聽從)

기도의 사람 사무엘의 모습은 사울 왕을 위한 철야기도에서도 잘 드러난다. "내가 사울을 왕으로 세운 것을 후회하노니 그가 돌이켜서 나를 따르지 아니하며 내 명령을 행하지 아니하였음이니라 하신지라 사무엘이 근심하여 온 밤을 여호와께 부르짖으니라"(삼상 15:11). 사무엘에게 기도는 하나님의 뜻을 백성에게 가르치는 출발이었다. 기도 속에서 이스라엘을 향한 하나님의 음성을 들었고, 하나님의 뜻을 확인했다. 그에게 기도는 하나님을 아는 통로였고, 하나님과의 교제였다. 때문에 하나님의 뜻을 거역하고 불순종하는 왕과 백성의 모습은 사무엘의 아픔이었고 회개였다. 그러므로 사무엘에게 기도는 다름 아니라, 하나님의 목소리를 듣고 순종하는 자리였다.

이스라엘의 역사가 된 미스바 부흥 운동의 주역 사무엘은 가르치는 사람이기 이전에 기도의 사람이었고, 듣는 자였다. 그리고 그것은 하나님의 뜻을 따르기 위한 순종을 위한 것이었다. 하나님보다 앞서지 않는 참된 겸비함 없이는 참된 기도도 진정한 청종도 없다.

사울

하나님께 묻지 않았던 사울

사무엘하에 언급된 이스라엘의 초대 왕 사울과 관련된 직접적인 기록은 그의 죽음에 대한 것이다(삼하 1장). 그리고 이 죽음에 대한 기록만큼이나 중요하게 언급된 내용은 그의 집안 이야기다. 예컨대 사울의 아들 이스보셋은 사울의 군사령관 아브넬의 도움을 받아 왕위에 오르고, 2년 동안 이스라엘을 다스린다. 이스라엘이 본격적으로 분열되기 이전에 벌써 한 나라 안에 두 왕이 세워진 것이다.

다윗은 강해지고, 사울은 약해지다

그러나 본문은 "사울의 집과 다윗의 집 사이에 전쟁이 오래매 다윗은 점점 강하여 가고 사울의 집은 점점 약하여 가니라"(삼하 3:1, 참조 3:6, 10, 5:10)라고 말한다. 결국 본문은 사울의 아들 이스보셋이 아닌 다윗의 왕권이 확립되는 것을 긴 과정으로 설명한다. 다윗은 이미 사무엘상 16장 13절에서 왕으로 기름 부음을 받지만 그가 이스라엘 백성 앞에서 공적으로 왕으로 세워지는 것은 사무엘하 5장 3절에 이르러서야 이뤄진다. 그리고 계속해서 본문은 다윗이 언약궤를 옮긴 다음(삼하 6장), 7장에 나단이 등장하면서 사실상 다윗의 왕권이 완성되는 것을 보

말씀에 빠지다

여 준다. 특히 나단 선지자가 대언한 여호와의 말씀(4~17절)은 다윗 왕권의 확립을 훨씬 넘어 그 의미가 무엇인지를 설명해 주는 매우 중요한 계시다.

여호와께 묻는 다윗 vs 묻지 않는 사울

본문은 왜 이미 죽은 사울이라는 인물에 대비해 다윗을 설명하려고 하는 것인가? 이스라엘에서 왕의 등장은 백성들의 요구로 촉발됐으며, 거기에 실제로 불을 붙인 것은 블레셋의 침략이었다(삼상 8:5, 9:16~17). 그런데 이 블레셋의 공격을 막아낸 인물은 사울이 아니라 다윗이었다(삼상 17장). 그리고 다윗은 마침내 사무엘하 5장에서 왕으로 세워지고 블레셋을 잠재운다. 이 과정에서 사울은 다윗을 계속 질투하고, 다윗이 '여호와께 묻는 것'(삼하 5:19, 23)을 특징으로 한 반면 사울은 '하나님께 묻지 않는 것' 즉, 곧 불순종을 특징으로 한다(삼상 15:22).

초심을 지키지 못했던 사울

이스라엘의 초대 왕 사울을 떠올리면 마음이 애잔해진다. 그는 자신에 대해 "나는 이스라엘 지파의 가장 작은 지파 베냐민 사람이 아니니이까 또 나의 가족은 베냐민 지파 모든 가족 중에 가장 미약하지 아니하니이까"(삼상 9:21)라고 말했다. 또한 백성 중에서 다른 사람보다 어깨 위만큼이나 컸고, 모든 백성 중에 짝할 이가 없던(삼상 10:23~24) 그가 백성 앞에서 왕으로 세워질 때 '짐 보따리들 사이에 숨어 있던'(삼상 10:22) 모습은 겸손한 자였음을 말해 준다. 사울에게는 하나님에 대한 이해와 체험도 결코 적지 않았다. 그는 영적 체험도 있었고(삼상 11:6), 다윗을 죽이려고 하는 자신의 행동이 잘못이라는 것을 알고 회개하기도 했다(삼상 24:22, 26:21). 또한 여호와의 이름으로 맹세하는 것이 무엇인지를 알았던(삼상 24:21, 28:10) 율법의 사람, 이스라엘 왕이었다. 하지만 사울을 통해 우리는 과거의 성공했던 경험과 엄청난 영적 체험들이 지금 우리의 바른 신앙을 보장해 주지 않는다는 점을 배우게 된다. 나아가 우리 삶의 주권을 진정으로 하나님께 맡긴 자가 돼야 한다는 사실을 깨닫게 된다.

결정권을 늘 하나님께 드린 인물, 다윗

물매와 돌 몇개로 블레셋 거인 골리앗을 무찌른 일화는 다윗을 스타로 만든 사건이다. 보잘 것 없는 조건에도 불구하고, 하나님의 선택을 받으며, 이스라엘의 왕이 되기까지 다윗의 삶은 순탄치 않았다. 그럼에도 늘 하나님의 보호하심이 있었는데, 그 이유는 다윗이 모든 결정권을 하나님께 드렸기 때문이다.

하나님의 일방적 선택을 받은 자

유다 지파 이새의 집안에 태어난 다윗은 8형제(2자매) 중 막내였다. 그의 증조부는 룻과 결혼한 보아스다. 어린 시절 다윗은 들판에서 많은 시간을 보냈다. 양을 치는 목동으로 푸른 자연 속에서 하나님에 대한 생각으로 시간을 채웠다. 수금으로 하나님을 찬양하고, 위험한 일이 생기면 하나님께 기도했다. 그런데 다윗의 삶을 변화시키는 사건들이 발생한다. 사무엘 선지자가 다윗에게 기름을 부은 것이다. 하나님께서 순종하지 않는 사울 왕을 버리고, 다윗을 새로운 왕으로 세우기로 하신 것이다. 일방적으로 하나님께서 다윗을 선택하신 것이다. 나이와 경력, 외모 등 가족들뿐만 아니라 사무엘 선지자조차 예상하지 못했지만, 하나님께서는 다윗의 마음을 알고 계셨기 때문이다. 기름 부음 받은 후 다윗은 왕궁으로 들어가게 된다. 정신적인 문제를 갖고 있던 사울 왕의 상태가 매우 나빠졌기 때문에 음악치료를 위한 궁정음악가로 선택된 것이다. 다윗의 풍부한 음악적 감성과 하나님의 도우심으로 사울은 평안을 얻게 된다. 그러던 중 발생한 블레셋과의 전투에서 다윗은 온 이스라엘 앞에 두각을 나타내게 된다.

인생의 깊은 골짜기에서도 성장하다

다윗이 맡겨진 임무를 수행할 때마다 그의 인기는 높아져 갔고, 그만큼 사울 왕의 질투 역시 커져 갔다. 사울 왕은 다윗이 죽도록 미웠다. 그래서 처음에는 자기 딸과의 결혼을 미끼로 블레셋 사람들 100명을 죽이고 증표를 가져오도록 했고, 전쟁이 나면 최전방으로 보내서 싸우도록 했다. 그런데 다윗이 이 모든 일을 해내자 사울 왕은 극도로 날카로워졌다. 수금을 타는 다윗을 향해 창을 던지고, 사람을 보내 암살을 하려거나, 자고 있는 다윗을 침상 채 묶어 오라는 등 점점 더 광기에 사로잡혔다. 이후 사울 왕은 도망 중인 다윗을 도왔다는 이유로 여호와의 제사장을 죽이기까지 한다. 자신이 원하는 결과를 얻기 위해서라면 하나님이든, 율법이든 점점 더 신경 쓰지 않고 망가져가고 있었던 것이다. 이런 상황에서 다윗은 결국 사울을 피해 도망갈 수밖에 없었다. 라마에서 놉으로, 가드에서 아둘람 등등 다윗이 도피한 경로는 유다와 모압, 블레셋을 가리지 않고 다닐 수밖에 없었고, 그 기간은 10여 년이나 됐다.

그런데 이 상황에서 더욱 놀라운 것은 다윗이 계속 레벨 업 되고 있었다는 점이다. 다윗이 사울 왕을 피해 도망 다니는 동안 상대방을 죽일 수 있는 기회는 다윗에게만 생겼다. 그럼에도 다윗은 기름 부음 받은 사울 왕을 해칠 생각조차 하지 않았다. 또 한 가지는 힘겨운 도피생활 중에 그를 따르는 도피자들이 400여 명이나 생겼다는 점이다. 본인의 목숨을 지키기도 어려운 상황에서 그는 타인까지 보살폈다. 그들과 함께 다윗은 주변국과 전투를 벌인다. 생존을 위해서이기도 했지만 사울 왕이 어겼던 하나님의 뜻을 성취하기 위함이었다. 인생의 깊은 골짜기에서도 리더십과 전투력 등 여러 면에서 다윗은 계속 성장하고 있었다.

약속받은 왕권

사무엘 선지자로부터 기름 부음을 받았지만 다윗은 아직 왕이 아니었다. 사울 왕이 죽은 후에 그의 아들 이스보셋이 왕이 됐기 때문에, 다윗은 유다 족속의 왕밖에 될 수 없었다. 그때 그의 나이 30세였다. 헤브론을 거점으로 보낸 7년 6개월 동안 다윗과 이스보셋 간의 전투가 잦아졌고, 다윗의 세력만 점차 강해졌다. 결국 이스보셋은 부하들의 배신으로 낮잠을 자던 중에 살해를 당하고 만다. 이스라엘 모든 지파가 헤브론으로 와서 다윗을 왕으로 추대하면서 비로소 그는 온 이스라엘의 왕이 됐다. 당시 예루살렘은 아직 이스라엘의 영토가 아니었다. 워낙 견고한 성이었기에 누구도 빼앗을 수 없었던 천혜의 요새였던 것이다. 하지만 성 안에 샘이 없었기 때문에 성 밖 기혼 샘의 물을 퍼 올리는 수구가 있다는 것을 알게 된 다윗 군대는 그곳을 통해 잠입에 성공할 수 있었다. 그래서 다윗 성이라고 불리게 된 것이다.

결정권을 하나님께 드리다

그리스도인으로서 꿈에서라도 한번 들어보고 싶은 말이 있다면 다윗은 그 말을 하나님께로부터 들었던 "내 마음에 합한(맞는-개역개정) 사람이라"(행 13:22, 참조 삼상 13:14, 16:7)는 말이다. 그러나 사무엘하 본문을 찬찬히 읽다 보면 우리는 도무지 위대하다고 할 수 없는 다윗의 모습도 만난다. 대표적으로 우리아의 아내 밧세바를 범하고, 충신 우리아를 사지로 몰아넣은 것을 비롯해(11장), 아들 암논이 딸 다말을 강제로 취한 다음 미워하고 버렸음에도 불구하고 특별한 조치를 취하지 않았다(13장). 아들 압살롬의 반역으로 맨발로 몸을 피해야 했으며(15장), 압살롬의 죽음 앞에 슬픔에 젖는 모습(18~19장) 등이 그렇다. 물론 다윗에 대한 진솔한 기록은 그의 삶 전체를 뿌리째 휩쓸고 지나감으로써 정서적이고 영적인 내면 세계의 동요까지 고스란히 보여 주기 때문에 오늘날 수많은 사람에게 꼭 필요한 영적 거울이 되는 것도 사실이다. 그러나 다윗이 정말 '하나님의 마음에 합한 사람'이요, 이스라엘 민족이 가장 존경하는 인물이요, 메시아의 모형으로 우뚝 설수 있을 만한 인물인가? 다윗과 대조되는 불순종의 인물 사울과 비교할 때, 더 큰 악을 저지르고 더 큰 고통과 절망과 수치를 겪었다고 할 수 있는 다윗이 왜 위대한 인물로, 인류 역사를 관통하는 하나님의 거대한 구원의 역사 가운데 우뚝 설 수 있었던 것인지를 묻지 않을 수 없다.

다윗이 이런 평가를 받을 수 있었던 가장 큰 이유는 바로 그가 왕이지만 '왕이 아니기'를 끝까지 붙들었기 때문이다. 그는 자기 삶의 최고 결정권을 하나님께 드렸다. 다윗의 행동을 제한하고 이끌어갔던 기준은 자신에게 있지 않고 하나님께 있었다. 다윗은 사울을 죽일 수 있는 여러 번의 기회 앞에서도 단 하나의 이유, 즉 '여호와께서 기름 부어 세우셨다'(삼상 24:6, 26:9, 16; 삼하 1:14)는 이유 때문에 그렇게 하지 않았다. 결정권이 자신에게 있지 않고, 하나님께 있다는 자신의 믿음을 보여 준 것이다. 그는 자신이 왕으로 기름 부음을 받기는 했지만 진짜 왕은 오직 하나님이시며, 자신은 하나님의 종일뿐임을 고백했고, 그 고백대로 살았다. 블레셋이나 아말렉과의 전투를 앞두고 전쟁을 시작할 수 있는 타당한 이유가 있음에도 불구하고, 다윗은 먼저 '여호와께 묻는다'(삼상 23:2, 30:8; 삼하 2:1, 5:19, 23, 참조 삼상 22:10~15). 만일 어떤 사람이 결정을 하기에 앞서 누군가에게 물어본다면 그것은 그 사람이 자신보다 권위가 높다는 것을 의미한다. 이처럼 다윗은 자신이 아니라 하나님만이 왕이시라는 것을 삶으로 보여줬다.

결국 하나님 마음에 합한 사람이란 인간적인 차원에서 착하다거나 도덕적으로 모범이 되는 사람이라는 뜻이 아니라, 왕은 오직 하나님뿐이시라는 진리를 따라 자신을 이해하고 살아가는 사람, 그래서 결정권을 늘 하나님께 드리는 삶을 살아가는 사람이라는 뜻이다. 다윗의 모습을 통해 '하나님 마음에 합한 사람'이 되는 은혜를 간구하자.

므비보셋

슬픔을 은혜의 길로 만든 사람, 므비보셋

사무엘하에 등장하는 인물 므비보셋! 정치역학의 구도로 본다면 그는 다윗과 적수 관계여야 한다. 왜냐하면 다윗을 제거하기 위해 끝까지 집착했던 사울의 손자이기 때문이다. 하지만 므비보셋은 자신의 생명과 삶을 다윗의 손에 맡기고(삼하 19:27), 다윗은 그에게 약속을 지키며 자비를 베푼다(삼하 19:29, 9:1~13).

유혹과 오해, 하나님을 신뢰하며 이긴다

므비보셋의 아버지 요나단 역시 다윗을 자기 생명처럼 사랑해 겉옷과 띠를 줄 정도였다. 그런데 므비보셋에게 커다란 도전이 찾아왔다. 이미 압살롬의 반역은 성공적이었고(삼하 15:12~13), 다윗과 그의 신하들은 빨리 도망해야 했으며(삼하 15:14), 머리를 가리고 맨발로 울며 치욕스럽게 도성을 탈출해야 했다(삼하 15:30). 신속하고도 힘 있게 진행되는 이 성공적인 반역 앞에서 다리가 불편한 므비보셋으로서는 자신의 지체장애 원인이 할아버지 사울과 아버지 요나단의 죽음과 관계가 있다는 것을 알았기 때문에(삼하 4:4) 격동의 정세를 틈타 지난 세월의 모든 아픔을 일소할 수 있는 기회를 엿볼 수 있었을 것이다. 그러나 므비보셋은 왕의 자리가 자신이 아니라, 다윗에게 있다는 사실을 끝까지 견지한다. 그의 종 시바가 속여 가며 꾸며낸 말, 곧 "이스라엘 족속이 오늘 내 아버지의 나라를 내게 돌리리라"(삼하 16:3)는 말이 다윗을 설득시킬 만큼, 므비보셋은 반역의 오해의 덫에 꼼짝없이 걸려들 판이었다. 심각한 문제였다. 반역이 잠잠해진 다음 다윗이 바로 이 점을 확인하는 것을 봐서도 더욱 분명하다. "왕이 그에게 물어 이르되 므비보셋이여 네가 어찌하여 나와 함께 가지 아니하였더냐"(삼하 19:25). 다윗의 집안과 사울의 집안 사이에 있었던 오해의 관계 속에서, 또 반역의 정치적 격동기 한가운데서, 그리고 종의 교묘한 속임수와 꾸밈이라는 삼중적인 혼돈의 와중에서 므비보셋은 하나님께서 허락하신 자신의 위치를 넘어서지 않는 모습을 철저하게 보여 준다.

"종이 무엇이기에"의 신앙

신앙이 무엇인가? 성경이 말하는 믿음의 길이란 어떤 것인가? 그것은 어떤 상황 속에서도 상황에 사로잡히지 않고, 하나님께 사로잡히는 것이요, 하나님의 통치와 섭리를 인정하는 것이다. 인간적인 권모술수나 욕망을 극복하는 것이기도 하다. 이것이 어찌 가능할까? 므비보셋의 말에서 우리는 그 통찰력을 발견할 수 있다. "내 아버지의 온 집이 내 주 왕 앞에서는 다만 죽을 사람이 되지 아니하였나이까"(삼하 19:28).

이 말은 압살롬의 반역이 일어나기 전부터 갖고 있었던 므비보셋의 자기 이해이기도 했다는 점에서, 그리고 그런 이해를 그가 격동적 상황을 초월해 견지하고 있었다는 점에서 믿음으로 살아가는 그리스도인의 삶의 방식이 무엇인지를 분명하게 배울 수 있다. "그가 절하여 이르되 이 종이 무엇이기에 왕께서 죽은 개 같은 나를 돌아보시나이까 하니라"(삼하 9:8). 하나님 앞에서 인간은 자기 부인 없이는 도무지 그분의 은혜를 은혜로서 만날 수 없다. 왜냐하면 인간은 본질상 진노의 자녀이고, 죄로 인해 죽은 존재이기 때문이다. 자기 부인을 통해 은혜의 길을 만든 므비보셋처럼 각자의 자리에서 자기 십자가를 지는 우리가 되기를 소망한다.

요압

다윗의 어두운 그림자, 요압

다윗 왕은 여부스 족속이 차지하고 있는 예루살렘 성을 빼앗기 위해 온 이스라엘 군대를 이끌고 나왔다. 하지만 해발 800m 고지의 예루살렘은 견고한 성이었다. 여호수아 때부터 지금까지 이스라엘이 차지하지 못했던 땅이었다. 다윗 왕이 비장한 목소리로 외쳤다. "누구든지 제일 먼저 여부스 사람을 쳐 죽이는 사람은 총사령관으로 삼겠다." 그러자 말이 끝나기가 무섭게 요압이 뛰어나갔다.

다윗, 요압 생애의 키워드

다윗 왕의 최측근인 요압 장군은 사실 다윗 왕과 매우 가까운 친척이다. 다윗 왕에게는 여러 형제가 있었는데 그중에 '스루야'라는 누이의 세 아들이 바로 아비새, 요압, 아사헬이었다. 나중에 사울 왕은 인기가 높아지는 다윗을 죽이기 위해 혈안이 됐고, 다윗은 국경 근처로 도망해서 부랑자 생활을 했다. 그때 다윗의 친족들과 원통한 일을 겪은 사람들이 다윗에게 모여들었는데, 요압과 그의 형제들은 이때부터 다윗과 함께했을 것이다. 생사를 넘나드는 그들의 동행은 다윗이 죽기까지 계속됐다.

말씀에 빠지다

강력한 조력자이자 어둠의 해결사

요압은 다윗 왕의 군사령관으로서 전투 능력뿐만 아니라 지략도 뛰어났다. 다윗 왕 시대에 이스라엘을 괴롭혔던 암몬 자손들이 다윗의 사신들을 모욕한 일이 있어 암몬 자손과 이스라엘 사이에는 전투가 지속됐다. 처절한 전투 끝에 요압 장군은 승리가 눈앞에 있을 때, 급히 왕궁에 있는 다윗 왕에게 자신이 성읍을 점령하면 그 성이 자신의 이름으로 일컬어질까 봐 두려우니, 다윗이 모든 군사를 모아 직접 그 성읍을 점령하도록 요청했다. 결국 다윗은 힘들이지 않고 성읍을 수중에 넣게 되고, 그 공로는 다윗에게로 돌아갔다. 또한, 다윗의 아들 압살롬이 다말을 강간한 암논을 죽이고 도망자 신세가 되자, 그때 요압이 지략을 써서 압살롬과 다윗 왕을 화해시키기도 했다. 한편, 요압 장군은 다윗 왕의 '어둠의 해결사'이기도 했다. 다윗 왕이 요압 장군 휘하에 있는 장수 우리아의 아내를 범해 임신하게 되자, 우리아를 죽이려 했다. 왕에게서 전갈을 받은 요압 장군은 다윗 왕의 마음을 금세 알아차렸다. 그리고 우리아를 암몬 성벽에 터무니없이 가까이 보내 화살에 맞아 죽게 만들었다.

복수에 눈 먼 자, 칼로 망한다

충성을 다하는 요압 장군이었지만 그를 향한 다윗 왕의 마음은 썩 좋지 못했다. 사울 왕이 죽고 그 아들 '이스보셋'이 잠시 왕위에 있던 때가 있었다. 다윗 군대와 이스보셋 군대가 기브온에서 맞붙게 됐다. 이스보셋에게는 상당한 전투력을 가진 군대장관 아브넬이란 자가 있었다. 그런데 이 전투에서 요압의 동생 아사헬이 아브넬의 창에 맞아 죽고 말았다. 얼마 후 아브넬이 이스보셋을 배반하고 다윗 편이 되려고 왔고, 다윗은 아브넬을 받아주겠다는 약속을 하고 돌려보냈다. 하지만 요압은 다윗 왕의 명령을 어기고, 아브넬에게 동생의 복수를 하고야 말았다. 또 요압은 다윗왕이 압살롬을 죽이지 말라는 명령을 어기고, 무참히 살해했다. 이에 다윗 왕이 늙어 죽을 날이 임박하자 솔로몬 왕사를 불러 "그가 평온하게 지하로 내려가지 못하게 하여라"고 말한다. 결국 요압은 솔로몬의 명령을 받은 브나야의 칼에 생을 마감하고 만다.

압살롬

꽃미남 아이돌이지만, 냉혹했던 압살롬

압살롬, 여동생의 고통 앞에서 분노를 억누르고, 2년이라는 시간을 참아낸다. 인내심과 절제력, 복수의 계획과 실행을 통해 그의 용의주도함과 결단력이 얼마나 대단한지 알 수 있다.

출중한 외모와 탁월한 인상

압살롬은 다윗 왕의 셋째 아들이다. 다윗 왕이 이스라엘 전체의 왕이 되기 전, 헤브론에 머물렀는데, 당시 그에게는 6명의 부인이 있었다. 그중 '그술(Geshur)'이라는 나라의 공주인 '마아가(Maacah)'라는 여인에게서 태어난 아들이 바로 압살롬이다. 압살롬은 외모가 출중하고 인상도 탁월해서, 보는 사람마다 그의 머리 끝에서부터 발바닥까지 잘생겼다는 칭찬을 아끼지 않았다. 이스라엘에서 미남 대회를 연 적은 없지만 온 이스라엘에서 가장 잘생긴 남자라고 해도 과언이 아닐 정도로. 훗날 압살롬은 상당한 영향력을 끼치는 지위까지 올라간다. 여기에는 아마도 그의 탁월한 외모가 한몫했을 것이다.

냉혹한 결단력과 비정함

어느 날, 그의 아름다운 여동생 다말이 이복형 '암논'에 의해 강간을 당했다. 그러나 다윗왕이 별다른 조치를 취하지 않자, 압살롬은 분노했고 2년이 된 후 양털 깎는 행사에 암논을 포함한 왕자들을 모두 초청해 암논이 술에 취하자 살해한다. 그리고 계획한 도주로를 따라 외할아버지가 왕으로 있는 그술로 도피한다. 이때 요압 장군이 다윗과 압살롬 사이를 극적으로 화해시킨다. 그술에서 돌아온 후, 압살롬은 새로운 계획을 실행했다. 먼저 그는 사람들의 마음을 얻는 일을 시작한다. 말과 전차, 수행원 50명을 준비해 성문으로 간 그는 억울한 일을 당해 다윗 왕에게 상소를 올리려는 사람들을 만나 그들의 사연을 들어주며 "누가 나를 이 나라의 재판관으로 세워 준다면, 누구든지 소송 문제가 있을 때 공정한 판결을 내려 줄 텐데"라고 말한다. 압살롬은 이처럼 힘들고 어려운 일을 겪는 사람과 나라에 불만이 있는 사람들의 이야기를 들어주며 그들의 마음을 얻는다. 또 압살롬은 헤브론에서 미리 동원한 200명에게 나팔 소리를 들으면 "압살롬이 헤브론에서 왕이 되었다!"라고 외치도록 했다. 마치 대관식의 한 장면처럼 말이다. 자신의 아버지 다윗이 왕이 됐던 그곳에서 본격적인 반란을 시작한다.

비참한 최후

압살롬은 자신의 추종자들과 함께 예루살렘으로 진격하기 시작했다. 한편 그 전갈을 들은 다윗 왕은 즉시 피난길에 올랐다. 압살롬은 다윗 왕을 언제쯤 제거해야 할지 아비도엘과 후새에게 물었고, 아히도벨은 상황을 정확히 파악해 다윗 왕이 피곤한 지금이 절호의 기회라고 말한다. 이때 다윗의 전략가 후새가 교란작전을 폈다. 그리고 압살롬은 후새의 말을 따랐다. 이때 시간을 벌고 전열을 정비한 다윗의 군대와 압살롬의 군대가 전투를 벌였고, 압살롬의 군대는 완패했다. 그는 머리카락이 나뭇가지에 걸려 대롱대롱 매달리게 되고, 그때 요압이 그를 찔러 죽였다. 탁월하고 아름나웠시만 동시에 산혹하고 비성했던 압살롬의 인생은 그렇게 끝이 났다.

후새

하나님의 한 수, 후새

다윗 왕에게는 신뢰할 만한 몇 명의 모사(고문, 전략가)가 있었다. 그들 중 '아히도
벨'은 가장 탁월한 사람이라 할 수 있다. 다윗을 비롯한 많은 사람이 아히도벨의
말이라면 그 어떤 말이라도 하나님께 받은 말씀처럼 여길 정도였다. 그리고 또
한 사람은 후새다. '빠름'이라는 뜻의 이름을 가진 후새는 다윗이 신뢰하고 의지
하는 사람이었지만 그는 다른 모사들과는 조금 달랐다. 성경은 아히도벨은 '왕
의 모사'로, 후새는 '왕의 벗'으로 표현한다. 아히도벨과 후새는 모두 다윗 왕에
게 신뢰받는 사람들이었지만, 그들의 꿈과 인생의 최후는 정반대였다.

순종하는 태도

압살롬이 아히도벨과 함께 반란군을 이끌고 예루살렘으로 진격해오자, 다윗은
급히 피신할 수밖에 없었다. 다윗이 마루턱이라는 곳에 이르렀을 때, 후새가 나
타났다. 후새는 견디기 힘들 정도로 슬퍼했고, 다윗과 함께 피난길에 오르고자
했다. 그만큼 후새는 충직했다. 하지만 다윗은 후새를 왕궁으로 돌려보내며 "압
살롬을 왕으로 섬기겠다고 하면서 아히도벨의 계략을 실패로 이끌라"는 부탁을

한다. 압살롬은 다윗과 후새가 절친한 친구라는 것을 누구보다 잘 알고 있었기 때문에 사실 이는 매우 위험한 일이었다. 발각된다면 처형될 것이 뻔했지만 후새는 기꺼이 다윗의 말에 순종했다.

지혜로운 전략

예루살렘에 도달한 압살롬은 아히도벨에게 이후에 취할 조치를 물었다. 먼저 다윗의 권위를 무너뜨리기 위해 아히도벨은 압살롬에게 많은 사람들이 보는 앞에서 다윗의 후궁들과 동침하도록 했다. 그리고 12,000명의 군사를 주면 자기가 직접 다윗을 죽이겠다고 말했다. 다윗은 피난 중이라 피곤할 것이므로 지금이 가장 적절한 시기이며, 다윗만 죽이면 모든 백성의 마음이 압살롬에게 향할 것이라는 게 그의 전략이었다. 후새는 이런 아히도벨의 계략을 지혜로운 전략을 통해 막아야만 했다.

하나님의 한 수

아히도벨의 계략대로라면 다윗은 곧 죽을 수밖에 없었다. 그때 마침 압살롬이 후새의 생각도 듣자고 제안했다. 후새는 아히도벨의 전략을 정면으로 반박한다. 다윗과 그 부하들은 용맹한 장수들이며 엄청난 분노로 가득 차 있을 것이므로, 섣불리 덤볐다가는 심각한 타격을 입을 것이라고 설득했다. 서로 다른 두 의견 앞에서 압살롬은 후새의 의견을 선택했고, 아히도벨은 스스로 목숨을 끊고 말았다. 한편 후새는 다윗 일행에게 급히 강을 건너도록 전갈을 보냈다. 이후 압살롬 군대는 다윗 군대에게 전멸당하고, 압살롬 역시 비참하게 죽게 된다. 하나님의 기름 부음 받은 사울 왕의 옷깃을 자른 것만으로도 회개했던 다윗에 비해, 아버지에게 정면으로 대항하며 반역한 압살롬을 하나님께서는 기뻐하지 않으셨다. 그리고 하나님은 후새를 통해 역사하셨다. 인간의 치밀한 전략이 완전해 보인다 해도, 그것을 보시는 하나님은 코웃음 치실지도 모른다.

시므이

비굴하고 허무한 삶을 산 시므이

압살롬의 반역으로 다윗 왕은 황급히 피난길에 올랐다. 예루살렘에서 약 5km 정도 떨어진 바후림이란 지역을 지날 때, '시므이'라는 사람이 나타났다. 그는 베냐민 지파에 속한 '게라'의 아들로, 사울 왕의 친척이었다. 사울의 친척이었기 때문에 그는 다윗에게 좋지 않은 감정을 갖고 있었다.

큰소리로 저주하다

긴 피난 행렬 가운데 다윗이 눈에 들어오자 시므이는 소리 높여 외쳤다. "영영 꺼져 버려! 이 피비린내 나는 살인자, 이 악당아! 네가 사울 집안 사람을 다 죽이고 그의 나라까지 차지해서 여호와께서 피값을 갚으시는 것이다. 주께서 이 나라를 네 아들 압살롬 손에 넘겨주셨다. 너 같은 살인자는 네 악 때문에 스스로 재앙을 받는 것이다!"

시므이는 자신의 일가에 일어난 일 모두를 다윗 탓으로 돌렸다. 다윗이 왕이 되는 과정에서 사울 일가 사람들이 여럿 죽음을 당했기 때문이다. 시므이는 하나님께서 다윗의 삶을 완전히 작살낸 것이라고 여겼다. 시므이는 다윗을 따라가며 욕과 저주를 퍼붓고 돌멩이를 던졌다. 이 모습을 본 다윗의 부하 아비새가 참다못해 시므이를 죽이려고 했지만 다윗은 아비새를 말렸다. 아들도 자신을 죽이려는 판에 시므이가 그러는 것은 당연하다며, 이 치욕스런 상황을 묵묵히 견뎌냈다.

비굴한 남자

그런데 다윗이 돌아오고 말았다. 압살롬과의 전투에서 이긴 다윗이 귀환하는 길에 바후림을 통과하자, 시므이가 부리나케 다윗을 찾아왔다. 이번에는 베냐민 사람 천 명과 시므이의 온 가족이 총동원됐다. 다윗이 지난 번 일 때문에 그의 일가족과 베냐민 지파까지 모두 몰살시켜 버릴까 두려웠던 것이다. 베냐민 지파, 게라의 아들 시므이는 다윗 앞에 엎드려 머리를 땅에 대고 용서를 구했다. 이 상황을 보다 못해 아비새가 또 나섰지만 이번에도 다윗은 아비새를 말렸다. 시므이는 다윗 덕분에 두 번이나 죽음을 모면하게 됐다.

불행한 결말

시므이는 다윗 왕 시절에는 잘 살아 있었다. 하지만 그 아들 솔로몬에 의해 죽임을 당하고 만다. 솔로몬은 시므이에게 예루살렘을 벗어나지 말라고 경고했다. 즉 가택 연금 조치를 한 것이다. 그런데 이 명령을 받은 지 삼년이 지났을 때, 시므이의 두 종이 '가드'라는 지역으로 도망가는 바람에 시므이가 이들을 찾기 위해 예루살렘을 벗어나게 된다. 결국 솔로몬의 명령을 받은 군대장관에 의해 시므이는 처형당했다. 하나님께서 세우신 다윗 왕을 저주하고, 베냐민 지파의 부흥을 꿈꾸던 시므이의 삶은 이렇게 처참하고 허무하게 끝나고 말았다.

솔로몬

지혜의 왕, 솔로몬

'평화'라는 이름 뜻을 지닌 솔로몬은 다윗 왕과 밧세바 사이에서 난 아들이다. 다윗 왕에게는 여러 명의 아내들이 낳은 17명의 아들들이 있었는데, 솔로몬은 왕위 계승 서열상 10번째였다. 즉 솔로몬이 왕이 되는 건 거의 불가능했다. 그러나 여러 왕자들이 죽고, 나단 선지자와 밧세바의 필사적인 노력으로, 솔로몬은 왕위에 오르게 된다. 다윗 왕의 노년에 왕위를 물려받은 솔로몬은 탁월한 지혜와 능력으로 나라를 다스렸다. 하지만 그의 시작과 끝은 매우 달랐다.

솔로몬의 위대한 업적, 성전 건축

솔로몬의 가장 위대한 업적은 '성전 건축'이다. 3만 명의 백성들이 성전 건축 노동자로 차출됐고, 인테리어에는 황금을 아낌없이 사용했다. 7년에 걸친 오랜 공사 끝에 길이 27m, 너비 9m, 높이 13.5m의 정교하고 아름다운 성전이 건축됐다. 이런 성전 건축은 솔로몬과 이스라엘이 하나님의 말씀을 법으로 삼겠다는 상징이었다.

지혜를 구하고 모든 것을 얻은 왕

솔로몬은 지혜의 왕으로 유명하다. 일천 번제를 드리고 잠이 든 솔로몬의 꿈속에 하나님께서 찾아오셨다. 원하는 것을 말하라는 하나님께 솔로몬은 백성들을 잘 다스리기 위해 지혜를 구했다. 하나님은 솔로몬의 마음을 기쁘게 여겨 지혜뿐만 아니라 모든 것을 넘치도록 더해 주셨다. 하나님의 은혜로 이스라엘은 경제력도 군사력도 막강해져 태평성대를 누리게 됐다.

솔로몬의 명성과 번영

솔로몬 왕의 지혜는 이웃나라까지 소문이 났다. 스바 여왕은 솔로몬을 시험하기 위해 직접 찾아왔다. 그녀가 묻는 모든 말에 솔로몬이 대답하자, 여왕은 감동해서 자신이 갖고 왔던 보석과 향품, 그리고 금 120달란트(약 4톤)를 솔로몬 왕에게 바쳤다. 또한 솔로몬은 모든 아라비아 왕들로부터 황금을 받을 정도로 유명세를 치렀고, 모압, 에돔, 암몬, 블레셋, 하맛, 소바 등의 정복지들로부터 많은 공물을 받아냈다. 동쪽의 유프라테스 강에서부터 이집트 근방까지 장악해 인근 나라와 외국 상인들로부터 공물과 통행료를 받았으며 주변국들과 국제무역을 했다.

혼인동맹의 어리석음

솔로몬이 국제 조약을 맺은 방식 중에 하나는 '혼인동맹'이었다. 솔로몬은 이집트 바로의 딸과 결혼함으로써 이집트와 평화롭게 지낼 수 있었다. 솔로몬은 바로의 딸 외에도 모압, 암몬, 에돔, 시돈, 헷 여인과도 결혼해 후궁이 700명, 첩이 300명이나 됐다. 이런 결혼 방식 자체도 문제였지만 가장 심각한 것은 그 여인들이 갖고 온 그 나라의 우상들이었다. 결국 이스라엘에는 곳곳에 다양한 우상의 신전들이 들어서기 시작했다. 우상숭배로 인해 솔로몬 왕의 집권 말기는 서서히 몰락해갔다. 국제 관계도 악화되기 시작해 남쪽 에돔, 북쪽 아람과 적대 관계가 됐고, 이스라엘 안에서는 반역이 일어났다. 솔로몬이 가졌던 지혜의 눈은 어두워져 결국 자신과 이스라엘 전체를 타락하게 만들었다.

엘리야

불의 남자, 엘리야

시작은 기근이었다. 엘리야 선지자는 하나님의 명령을 아합 왕에게 전달했다. 앞으로 몇 년간 북 이스라엘에 비가 내리지 않을 것이고, 이슬조차 없을 것이라는 내용이다. 아합 왕이 이런 벌을 받게 된 것은 왕이 자초한 일이다. 아합 왕은 시돈 왕의 딸 이세벨과 결혼했다. 그런데 이세벨은 시집을 오면서 우상도 갖고 들어왔다. 아합 왕은 이세벨이 요청하는 대로 바알 신전을 짓고, 아세라 목상도 만들었다. 아합은 역대 그 어떤 왕보다 하나님을 멀리함으로 악명을 떨치게 됐다. 그나마 남 유다 왕국은 하나님을 섬기고 있었지만, 북 이스라엘 왕국은 아주 말이 아니었다. 결국 하나님께서 회초리를 드셨다. 엘리야 선지자를 통한 하나님의 선고로, 이스라엘 땅에 가뭄이 들고 기근이 왔다.

설명하기 어려운 기적
기근이 시작되자 하나님의 은혜도 같이 시작됐다. 하나님께서는 엘리야 선지자에게 도저히 표현할 수 없는 일들을 보여 주셨다. 처음에 하나님은 엘리야 선지자를 그릿 시냇가로 보내셨다. 아직 물이 마르지 않아서 시냇물로 목을 축이니

신기하게도 까마귀들이 떡과 고기를 가져왔다. 가뭄으로 시냇물이 마르자, 하나님께서 이번엔 사르밧이란 동네로 엘리야를 인도하셨다. 거기에 아들과 함께 사는, 심하게 가난한 과부의 집이 있었다. 잠깐의 가뭄 동안 이미 먹을 것은 다 떨어졌고, 한 끼 해결할 정도의 가루와 기름만 있었다. 이 과부는 아들과 마지막 끼니를 먹고 굶어 죽을 날만 기다리는 심정이었는데, 엘리야는 염치없이 그걸로 음식을 만들어 오라고 했다. 그런데 놀랍게도 기근이 끝날 때까지 꼭 그 정도의 가루와 기름이 생겼다. 그러던 어느 날, 과부의 하나뿐인 아들이 죽었다. 탄식하는 여인의 품에서 아들을 건네받은 엘리야는 다락으로 올라가 침상에 누인 후, 하나님께 기도했다. 그리고 아이 위에 몸을 세 번 펴서 엎드리기를 반복했더니 놀랍게도 아이가 살아났다.

하나님만이 온 세상의 통치자

놀라운 일들 중 최고는 이것이다. 기근이 든 지 삼 년째였다. 엘리야는 아합 왕에게 대결을 신청했다. 바알의 선지자 450명과 아세라 선지자 400명, 즉 850대 1의 대결을 제안한 것이다. 아합 왕은 온 이스라엘의 우상 숭배하는 선지자들을 갈멜 산으로 모았다. 엘리야는 대결에 앞서 이스라엘 백성들에게 소리쳤다. 여호와 하나님과 바알, 아세라 사이에서 갈팡질팡하는데, 이제 참 신(神)을 선택하라는 것이다. 대결 방법은 이렇다. 양편에 송아지 한 마리씩을 잡아서 각을 뜨고 단 위에 얹는다. 기도해서 신이 단에 불을 내리는 편이 이기는 것이다. 먼저 바알과 아세라 선지자들이 기도를 시작했다. 기도는 오전부터 한낮까지 계속됐지만 불이 내릴 기미는 안 보였다. 엘리야가 딱하다는 듯이 약을 올렸다. 신이 잠깐 외출했든지 잠든 것 같다고 말이다. 바알 선지자들은 자해를 하고, 피를 흘리면서 춤을 추고 소리를 질렀다. 시간은 저녁 제사 시간이 다 됐지만 그들의 신은 응답이 없었다.

드디어 엘리야가 일어섰다. 백성들을 불러 모으고 단을 수축했다. 이스라엘 지파의 숫자대로 12돌로 단을 쌓았다. 그 위에 나무를 얹고, 다시 위에 송아지의 각을 떠서 올려놓았다. 제단 주변에는 넓고 깊은 도랑을 팠다. 그리고 제단 위에 큰 통으로 물을 12번 붓도록 했다. 물은 제단을 흠뻑 적시고 도랑에 그득하게 됐다. 그제야 엘리야는 하나님께 기도하기 시작했고, 여호와 하나님은 불을 내리셨다. 송아지와 나무를 모두 태우고 도랑의 물까지 말렸다. 엘리야는 곧장 바알과 아세라 선지자 단 한 명도 도망가지 못하게 하고 모조리 처단했다. 그리고 하나님께서는 이스라엘에 비를 내려 주셨다. 그렇게 하나님만이 이스라엘뿐만 아니라, 아합 왕과 온 세상 자연의 통치자임을 선포하셨다.

선지자 직분을 엘리사에게 주다

이세벨 왕후가 엘리야를 죽이려고 혈안이 되자, 엘리야 선지는 이세벨을 피해 도망하다 어느 로뎀나무 아래에 쓰러지듯이 누웠다. 온 몸과 마음의 에너지가 완전히 고갈됐다. 능력의 엘리야도 외롭고 지쳐 "지금 내 생명을 거두시옵소서" 라고 하나님께 소리쳤다. 하지만 하나님께서 그를 위로하시고 먹이셔서 힘을 얻도록 하셨다. 그리고 앞으로 하나님의 계획을 알려 주셨다. 남 유다와 북 이스라엘, 이웃 나라들의 왕까지 하나님께서 다스리고 계심을 알려 주셨고, 엘리야의 선지자 직분은 엘리사에게 넘겨주도록 하셨다. 엘리야 선지자와 엘리사 선지자 사이로 불말이 끄는 불수레가 지나갔다. 그리고 엘리야 선지자는 회오리바람을 타고 하늘로 올라갔다. 불꽃처럼 뜨겁게 하나님을 드러내고, 불과 함께 생을 마친 엘리야 선지자였다.

욥

어떤 고난에도 주님을 신뢰하라고 외치는 욥

욥기는 욥을 소개하는 것으로 시작한다. "우스 땅에 욥이라 불리는 사람이 있었는데 그 사람은 온전하고 정직하여 하나님을 경외하며 악에서 떠난 자더라"(욥 1:1). 그는 참으로 대단한 인물이 아닐 수 없다. 이어지는 3절은 욥을 '동방 사람 중에 가장 훌륭한 자'(욥 1:3)라고 덧붙인다.

까닭 없는 고난에도
이렇게 하나님을 경외하는 온전하고 정직한 욥이 사탄의 시험으로 인해 하루아침에 최악의 고난 가운데 처한다. 충격이다. 그 많던 재산이 재해가 닥쳐 순식간에 사라졌고, 그렇게도 사랑하던 자녀들, 아들 일곱과 딸 셋이 모두 끔찍하게 죽었다. 그리고 욥 자신의 몸은 발바닥부터 정수리까지 종기로 뒤덮였다. "그의 아내가 그에게 이르되 당신이 그래도 자기의 온전함을 굳게 지키느냐 하나님을 욕하고 죽으라"(욥 2:9)는 구절에서 욥이 당한 고난이 얼마나 큰지가 생생하게 느껴진다. 이 정도의 고난이라면 하나님을 향해 "너무하다"고 말할 만하지 않은가! 그야말로 까닭 없는 고난이었다. 하지만 "…이 모든 일에 욥이 입술로 범죄하지 아니하니라"(욥 2:10). 욥은 과연 이 까닭 없는 고난에도 어떻게 하나님을 원망하지 않을 수 있었을까? 어떻게 하나님을 계속 신뢰할 수 있었을까?

하나님을 신뢰하는 것이 옳다

욥 역시 무쇠 인간이 아니었다. 충격의 재난 앞에 한동안 정신을 잃을 지경이었던 욥이 정신을 차리면서 하는 첫마디는 자신의 생일을 저주하는 것이었다. "어찌하여 내가 태에서 죽어 나오지 아니하였던가 어찌하여 내 어머니가 해산할 때에 내가 숨지지 아니하였던가"(욥 3:11). 자못 자신에게 닥친 이 이유 불분명의 고통에 대한 심정을 충분히 느끼게 한다. 정리되지 않은 감정을 풀어놓는 말이 끝나기가 무섭게 자신을 위로하고자 찾아 온 친구들은 "죄 없이 망한 자가 누구인가"(욥 4:7)라는 논리로 욥을 돕겠다고 기를 쓴다. 하지만 욥의 마음을 다독이기는커녕 더욱 끓어오르게 만든다. 이 처참한 재앙의 현실과 바닥을 치는 감정, 그리고 집요하게 전개되는 인과응보의 논리 한가운데서도, 욥은 자신의 의로움을 굽힐 수 없었다. "여호와께서 사탄에게 이르시되 네가 내 종 욥을 주의하여 보았느냐 그와 같이 온전하고 정직하여 하나님을 경외하며 악에서 떠난 자가 세상에 없느니라 네가 나를 충동하여 까닭 없이 그를 치게 하였어도 그가 여전히 자기의 온전함을 굳게 지켰느니라"(욥 2:3). 신앙이 온전한 것만큼 그의 고난은 더욱 이해 불가능했다.

하나님은 고난보다 크시다

욥의 신앙 수준에까지는 미치지 못한다 할지라도, 우리도 극심한 고난에 처하곤 한다. 그 속에서 참을 수 없는 억울함이나 주체할 수 없는 분노에 직면할 때가 적지 않다. "내가 땅의 기초를 놓을 때에 네가 어디 있었느냐 네가 깨달아 알았거든 말할지니라"(욥 38:4). 이렇게 시작하는 하나님의 말씀(참조 욥 38~41장)을 만남으로 욥은 답을 찾았다. 하나님께서는 우리에게 일어나는 까닭 없어 보이는 고난보다 크시다. 욥은 자신의 논리로는 고난을 이해할 수 없었지만, 까닭 없는 고난에서도 하나님만 신뢰하는 것이 옳다는 것을 증명했다.

다니엘

적진에서도 기도와 말씀을 외친 다니엘

'하나님은 심판자'라는 이름 뜻을 지닌 다니엘은 한마디로 '기도와 말씀의 사람'이다. 그것도 적진 한가운데서 온몸으로 기도와 말씀의 신앙을 외친 인물이다. 기도와 말씀, 이 두 가지는 사도들이 결정한 초대 교회 성도들의 신앙생활의 방향(행 6:4)인 동시에, 오늘날 우리에게도 매우 중요한 신앙생활의 두 기둥이다.

지식과 지혜가 뛰어난 인물
다니엘은 유다의 왕족 혹은 귀족 출신이었고(1:3), 흠이 없고, 용모가 아름다웠으며, 지혜와 통찰력이 있는 인물이었다. 또한 지식에 통달하고 학문에 익숙해 왕궁에서 일할 만한 자였다. 게다가 당대 최고의 학문인 갈대아 사람의 학문과 언어를 배웠고, 왕궁에서 훈련을 받았다(1:4~5). 결과는 괄목할 만했다. 바벨론 제국의 최고 인재들보다 10배나 뛰어났다(1:18~20). 이쯤 되면 얼마든지 기도에 그렇게 목숨 걸지 않을 법도 하다. 하지만 다니엘은 기도의 사람이었다. 조국 예루살렘과 하나님의 성전이 멸망하는 것을 두 눈으로 목격했고(1:1~2), 자신은 적국 바벨론의 포로가 된 현실(1:4)이 다니엘로 하여금 기도밖에는 할 것이 없는 인물로 준비시켰는지도 모른다.

기도로 닥친 위기, 기도로 푼 다니엘

다니엘에게 닥친 위기의 정점은 다리오 왕 시절 고관들이 일치단결해 빈틈없이 꾸민 계략이었다. 그는 사자 굴에 던져졌다. 그런데 이 덫이 놓이게 된 이유는 다름 아닌 기도였다. "…전에 하던 대로 하루 세 번씩 무릎을 꿇고 기도하며…"(6:10~12). 하지만 이 결정적 위기는 계략을 꾸민 자들이 사자의 밥이 됨으로써 극적이지만 필연적 반전으로 끝이 난다. 더 나아가 다니엘의 기도는 하나님께서 하실 일에 대한 마음 깊은 번민이었고(4:19, 7:28), 아픔이었으며(8:27), 동족의 죄로 인한 회개요 금식이며 슬픔이었다(9:3~20, 10:2~3). 기도가 만만한 게 아님을 단번에 느끼게 하는 대목이다.

다니엘, 말씀의 사람

다니엘에게서 발견하는 또 하나의 특징은 그가 철저히 말씀의 사람이 되려고 했다는 점이다. 다니엘은 철두철미하게 하나님께 의논했고, 하나님께서 하시는 말씀을 듣고서야 움직였다. 하나님의 뜻, 곧 하나님께서 하시는 말씀이 그의 삶을 형성하는 근거요 이유가 됐다는 것이다(1:17). 이처럼 말씀의 사람은 반드시 기도와 함께 가는 것이다. 게다가 구약시대에는 환상이 하나님의 뜻을 말씀하시는 특별계시의 중요한 수단이라는 점에서 다니엘이 본 환상들은 결국 그가 말씀의 사람이라는 것을 보여 준다. 다니엘은 '책'을 통해 여호와께서 말씀으로 선지자 예레미야에게 알려 주신 그 연수를 깨달았다(9:2). 다니엘의 회개와 금식과 슬픔의 기도는 '주의 법도와 규례를 떠남' 때문이었다(9:5). 이같이 율법을 소홀히 한 백성들의 죄를 다니엘은 더욱 사실적으로 "우리 하나님 여호와의 목소리를 듣지 아니한 것"이라고 애통해 한다(9:10~11, 14). 다니엘은 말씀에 철저한 인물이었고, 기도로 온전히 하나님의 뜻에 자신을 복종시킨 인물이었다. 이런 다니엘의 모습을 보면서 기도와 말씀의 세계를 새롭게 열어가기를 간구한다.

슬픔을 넘고 바벨론까지 이긴, 사드락과 메삭과 아벳느고

이스라엘은 어느 날, 모든 것의 중심이던 성전이 눈앞에서 불타 무너지고, 민족이 멸망하는 모습을 보았다. 그것은 꿈에서조차 감히 있을 수 없는 상상 불가한 일이었다. 하지만 그 모든 게 엄연한 현실이었다. 그 현장에는 다니엘의 세 친구인 사드락, 메삭, 아벳느고도 있었다.

궁극적 아픔을 아는 사람들

사드락과 메삭과 아벳느고는 문자 그대로 '뜻을 정한' 신앙의 동지들이다(단 1:8). 이들이 뜻을 세우는 믿음의 동지로 설 수 있었던 데에는 그들이 결코 잊을 수 없는 아픔, 그 아픔을 넘어선 슬픔의 현실이 놓여 있었다. 다니엘서는 바벨론에 의한 예루살렘의 멸망과 성전 파괴 및 유린당하는 모습을 기록하는 것으로 시작한다(1:1~2). 그리고 이스라엘 자손 가운데서 '흠이 없고 용모가 아름다우며 모든 지혜를 통찰하며 지식에 통달하며 학문에 익숙한' 사람들, 즉 다니엘과 그의 세 친구를 소개한다(1:3~7). 이들이 목숨을 담보하면서까지 '왕의 음식'(1:15)을 거부할 수밖에 없었던 이유는 아마도 '예레미야의 눈물'(참조 애 3:48~50)이 자신들의 음식이 됐기 때문이 아닐까! 이 세 친구들이 언제부터 뜻을 세운 믿음의 동지였는지는 모른다. 그러나 선민 이스라엘이 멸망의 슬픔을 당한 후인 것 같다.

기도로 풀무불에서도 살아나다

눈물이 강을 이룬(참조 애 2:18) 이 슬픔을 건너 온 사드락과 메삭과 아벳느고는 절망밖에는 할 것이 없는 무너진 조국의 현실, 이에 반해 결코 넘어설 수 없을 것 같은 거대한 이교의 힘, 바벨론이라는 현실 앞에 서 있었다. 그런데 이들은 어떻게 현실에 굴복하지 않고, 또 자신들이 그동안 쌓은 지식과 지혜를 따라 현실에 순응하지 않으며, 도리어 그 거대한 현실을 거슬러 올라갈 수 있었을까? 답은 기도다. 이들은 적국의 땅에서 폐허가 된 예루살렘을 향해 창문을 열고, 하루 세 번씩 무릎을 꿇고 기도하던 다니엘(6:10)과 함께 기도했다. 이 기도의 방법은 '진노하고 통분하여 모든 지혜자들을 죽이라'(2:12)는 왕의 명령이 내려지는 일촉즉발의 위기 앞에서도 해법으로 작용했고, 마침내 죽음까지 이기게 했다 (2:17~49). 이처럼 기도를 삶의 방법으로 삼고 살아가는 것을 '믿음'이라고 말한다.

믿음으로 당찬 고백을 하다

궁극적 슬픔을 알면서도 사드락과 메삭과 아벳느고가 과거의 절망에 사로잡히지 않고, 하나님을 향한 삶을 살 수 있었던 또 하나의 방법은 믿음이다. 참소자들의 덫임을 알고도 하나님 따르기를 멈추지 않았던 이들 신앙의 동지들은 결국 풀무형의 사형수들로 던져졌다(3:19~23). 곁에 있던 사형 집행관들을 집어삼킬 정도로 뜨거운 풀무불이었지만 이들은 옷자락 하나, 머리카락 하나 그을리지 않은 채 살아 나온다. 이들을 살린 것은 여호와 하나님이셨고, 그분을 향한 믿음이 그들 삶의 방법이었다. "우리가 이 일에 대하여 왕에게 대답할 필요가 없나이다" (3:16)라는 이들의 당찬 고백에서 진정한 믿음이 무엇인지, 믿음의 수준이 어떠해야 하는지 가르침을 받는다. 결국 참 믿음이 이겼다. 기도가 답이었다. 기도와 믿음은 과거 흔적만으로는 무가치하다. 이 둘은 지금 사용하고 있는 삶의 방법일 때에야 비로소 가치가 있다.

회복의 미래를 꿈꾼 사람, 요엘

요엘은 전체 3장 73절이라는 짧은 길이의 메시지를 전하고 사라진 이스라엘의 선지자다. 비록 메시지의 길이는 짧지만 내용에 있어서는 그 누구보다 하나님의 구원 역사를 포괄적으로 전망한 하나님의 사람이라고 해도 손색이 없다.

선지자 요엘

요엘 선지자의 이름은 '여호와가 하나님이시다' 라는 뜻이다. 그의 활동 연대는 포로기 후기로 추정된다. 이스라엘은 솔로몬 왕 이후 BC 922년에 북 이스라엘과 남 유다로 나뉘고 말았다. 북 이스라엘은 BC 722년에 앗수르에 의해 멸망되고, 남 유다는 BC 586년 바벨론의 포로가 된다. BC 520년에 이스라엘의 귀환이 시작됐는데, 그 이전에 요엘 선지자가 유다를 대상으로 활동하고, 요엘서는 BC 5세기 말 혹은 4세기 초반에 기록된 것으로 추정된다.

불확실한 사역 시기

요엘 선지자에 대한 자료를 찾기는 매우 어렵다. 그가 브두엘의 아들이라는 것

외에는 그의 생애나 배경, 활동 연대 등도 알기가 어렵다. 게다가 요엘서에는 요엘이 사역하던 시대의 왕의 이름이 없기 때문에 그가 어느 시기에 활동했는지도 정확히 알 수 없다. 또한 보통 선지자들은 그 당시 사회의 도덕적 문제에 대해 비판하는데, 요엘서는 당시 사회에 대한 비판 내용도 없고, 백성들에게 회개하라고 외치지만 구체적으로 무엇을 회개하라는 건지도 알기 어렵다. 이처럼 요엘 선지자는 많은 부분이 베일에 가려져 있기 때문에, 그가 사역한 시기에 대한 의견들은 500년 정도까지 차이가 날 정도로 아직도 논쟁이 되고 있다.

성령의 소망을 갖게 한 선지자

그럼에도 불구하고 요엘서가 우리에게 익숙한 이유는 요엘서 2장 28~29절의 내용 때문이다. "그 후에 내가 내 영을 만민에게 부어 주리니 너희 자녀들이 장래 일을 말할 것이며 너희 늙은이는 꿈을 꾸며 너희 젊은이는 이상을 볼 것이며 그때에 내가 또 내 영을 남종과 여종에게 부어 줄 것이며"라는 말씀은 성령 하나님에 대한 예언이다. 구약시대에는 성령이 일시적으로 역사했을 뿐인데, 이 내용은 성령이 모든 믿는 자들에게 부어질 것이라는 소망을 갖게 한다.

메뚜기 재앙과 여호와의 날

요엘서는 메뚜기 떼의 습격 사건으로 시작된다. 그 피해는 어마어마했다. 곡식뿐만 아니라 땅 위의 모든 푸른 것이 사라졌으니, 오랜 인생을 살아 온 노인들조차 한 번도 경험해 본 적 없는 엄청난 재앙이었다. 그러나 이보다 더 엄청난 소식은 여호와의 군대가 더 무섭다는 사실이다. 여호와의 군대가 진군하는 날에는 온 천하를 불태울 것이며, 누구도 피할 수 없다. 그 재앙을 피할 수 있는 사람은 오직 회개를 하는 사람일 뿐이다. 그것도 형식적인 회개가 아니라, 진정한 회개하는 사람만이 구원받을 수 있다. 또한 하나님께서는 여호와의 날에 재앙의 고통에서 해방시켜 주실 것이며, 무너졌던 삶과 땅을 회복시키실 것이다. 그리고 그의 백성들에게 자신의 영을 부어 주실 것을 약속하신다. 하나님의 영을 받은 자들은 예언을 하고 환상을 보며 꿈을 꾸게 될 것이다.

아모스

말씀을 경청하는 선지자, 아모스

"정의를 물같이, 공의를 강같이!"라는 메시지를 선포한 아모스. 1장 1절로 가늠해 볼 때, 그는 대략 주전 763년부터 753년 사이에 활동한 것으로 보인다. 그의 출신지는 남 유다에 속한 드고아였지만, 사역은 북 이스라엘에서 이뤄졌다.

정의로운 선지자 아모스

아모스, 그는 자신이 활동한 시대와 어떤 면에서 어울리지 않는 선지자라고 할 수 있다. 크게 두 가지의 이유가 있는데, 첫째는 당시 북 이스라엘에도 선지자나 제사장이라는 공적으로 세워진 성직자들이 있었기 때문에 아모스의 등장은 어울리지 않았다. 둘째는 아모스 스스로가 밝혔듯이, 그는 분명한 직업이 있는 사람이었다. 아모스의 말씀 선포 사역을 보면서 그를 대적하던 자들과 논쟁이 일어났을 때 그는 자신에 대해 "나는 목자요 뽕나무를 재배하는 자"(7:14)라고 밝혔다. 동시에 "나는 선지자가 아니며 선지지의 아들도 아니라"는 것을 분명히 했다. 이미 성직의 조직이 갖춰져 있었고, 아모스는 해야 할 일이 많은 목자요 농부였기에 그가 심판의 말씀을 선언해야 한다는 것은 너무도 어색했다. 그럼에도 이스라엘을 향해 하나님의 말씀을 선포하라는 소명 앞에 순종했던 아모스를 통해 우리는 이미 교회와 목회자가 넘쳐나는 시대일지라도, 오직 하나님의 말씀을 경청하는 자가 소명자가 되는 것임을 깨닫는다.

아모스의 소명

아모스의 소명이 더욱 도전이 되는 이유가 있다. 아모스가 자신의 사역 시기에 대해 '지진 전 이 년'(1:1)이라고 하는 것을 두고, 학자들은 그가 적어도 2년 이상 활동했겠지만, 그리 길게 선지자로서 사역한 것 같지 않다고 한다. 그렇다면 아모스는 왜 한시적이었을지도 모르는 하나님의 부르심 앞에 자신이 해야 할 많은 일과 손해를 감수하면서 심판과 멸망을 전했을까? 그는 거대한 힘의 논리를 거슬러 하나님의 말씀을 선포했다. 무자비함의 극치요 쾌락에 사로잡히게 하는 힘의 세상, 이방 나라들에 대해 아모스는 힘의 논리를 정면으로 거부하는 말씀을 선포했다(1장). 또한 그는 돈의 힘을 거슬러 선포했다. "가난한 자를 삼키며 땅의 힘없는 자를 망하게 하려는 자들아"(8:4, 참조 2:6~7)라는 말씀처럼, 당시 이스라엘은 한마디로 '돈의 맛'을 아는 세상이 됐다. 사실 아모스가 이스라엘의 멸망을 선포한 시기는 다윗과 솔로몬 시대에 버금갈 정도로 영토를 회복했고, 경제적으로는 가장 호황을 누리던 시대였다.

아비의 심정으로 '돌아오라'고 외친 선지자

아모스는 진리를 떠난 관습과 관행 및 생명이 없는 전통과 맞서 싸웠다. 여전히 제사가 드려졌지만(7:10), 실제로는 진리를 떠나 있었던 관행과 죽은 전통이 판을 치던 시대였다. 따라서 그는 세상을 거슬러 그들의 실상을 드러내며 거침없이 말씀을 선포했다. 이와 같은 사역에서 아모스의 '하나님의 사람'으로서의 사람됨을 더욱 절실하게 느끼게 하는 대목이 있다. 그는 이스라엘 백성의 본질적인 문제는 '여호와 하나님을 찾지 않음'이며(5:8), 마치 아비의 심정으로 "돌아오라, 돌아오라"고 반복하며 간곡하게 눈물어린 호소를 하는(4:6~11) 긍휼의 영혼을 가진 인물이었다.

미가

미가 선지자의 '3M'

시골 출신의 미가 선지자가 예루살렘에 도착했을 때, 느낄 수 있었다. 가난한 사람들의 힘겨움, 힘없는 사람들의 억울함, 그들의 고혈을 쥐어짜는 지도자들의 잔혹함, 코앞에 닥친 심판을 알지 못하고, 자신들의 배만 채우는 이들이 이 도시와 나라를 벼랑 끝으로 내몰고 있음을 말이다.

서민출신 모레셋 사람 미가(Micah of Moresheth)
미가 선지자의 이름은 '누가 여호와와 같으랴' 라는 뜻이다. 그의 고향인 모레셋은 예루살렘에서 남서쪽으로 35km 정도 떨어진 곳이다. 미가 선지자는 모레셋 출신이지만 예루살렘에서 사역했다. 그는 이사야 선지자와 같은 시대에 활동했는데, 이사야는 상류층 출신으로 왕실과 관료들, 제사장들을 중심으로 사역한 반면, 미가는 시골 서민 출신으로 사람들이 많은 시장에서 사역했다. 미가 선지자는 유다의 요담, 아하스, 히스기야 왕 시대에 사역했다고 스스로 밝히고 있나. 그 기간은 60년의 시간으로, 최소한 아하스 왕과 히스기야 왕 시대에 사역한 것으로 보인다.

미가 선지자가 전한 메시지 (Messages)

이때 남 유다에는 웃시야 왕이 죽고, 요담 왕이 즉위하던 시기였다. 앗수르 제국은 주변 정복에 나섰는데, 많은 용병을 거느려 식민지 국가들로부터 막대한 조공을 거두고, 그를 거부한 나라는 잔인하게 짓밟았다. 앗수르에 위협을 느낀 북이스라엘은 시리아와 연합 전선을 구축하고, 남 유다도 동맹할 것을 요구했다. 그런데 남 유다의 아하스 왕은 앗수르 쪽으로 붙었다. 하나님께서 이사야 선지자를 통해 구원을 선포하셨지만, 하나님보다 앗수르 왕을 믿기로 한 것이다. 막대한 돈을 앗수르 왕에게 보내면서 북 이스라엘과 시리아 연합 군대를 물리쳐 달라고 했다.

결국 북 이스라엘은 BC 722년 앗수르에 정복됐고, 2만 7천 명이 넘는 이가 포로로 잡혀갔다. 앗수르는 남 유다까지도 속국으로 만들어 100여 년 동안 유다를 괴롭혔다. 남 유다는 그들이 멸망한 원인이 종교 문제, 즉 아하스 왕이 노골적으로 앗수르의 신을 섬겼기 때문임을 깨닫지 못했다. 권력을 남용하고 서민들의 피를 빨아먹는 지도자들로 인해 모든 백성이 고통스러운 대가를 치르고 있던 그때, 미가 선지자가 선포한 내용은 '정의, 평화 그리고 메시아'였다.

이스라엘을 회복하실 이, 메시아 (Messiah)

미가서는 크게 1~2장, 3~5장, 6~7장 등 세 부분으로 나눌 수 있다. 첫 번째 부분의 예언에서는 포로로 잡혀가고 남은 자를 여호와께서 예루살렘으로 모아, 포로에서 해방시키고 그들의 왕이 되어 주실 것을 약속한다. 두 번째 부분의 예언에서는 예루살렘을 해체하신 후, 예루살렘을 다시 회복시키실 것이라고 예언한다. 그리고 마지막 세 번째 부분의 예언은 선택된 자가 하나님께 구원받을 것이라는 내용이다. 미가서에서 가장 잘 알려진 내용은 5장 2~5절까지로, 메시아가 베들레헴에서 태어나실 것이라는 내용이다. 베들레헴은 다윗이 태어난 곳으로 메시아는 다윗의 후손으로서 이스라엘을 회복하실 분임을 알 수 있다.

글 쓰는 은사를 지닌 선지자, 나훔

나훔, 그는 단 세 장, 마흔 일곱 절로 하나님의 말씀을 기록하고 사라졌다. 엘고스 사람이란 것 외에는 그에 관해 어떤 개인 신상도 밝혀지지 않았다. 비록 짧은 말씀을 기록해 전한 인물이지만, 그는 자신이 활동하던 당시 최대의 제국 앗수르의 멸망을 거침없이 선포한 하나님의 사람이었다. 기록 목적은 하나님께서 모든 민족과 국가의 주가 되심을 밝히고, 앗수르로 표현된 불의한 국가와 백성은 반드시 심판을 받게 된다는 사실을 보여 주기 위한 것이었다.

니느웨의 멸망을 선포

먼저, 나훔이 상대해야 했던 대상이 니느웨 곧 앗수르였다는 것을 생각해 보자. 본문에서 발견하는 단서들로 추정해 볼 때, 나훔이 활동한 시대는 아마도 주전 664년(3:8의 노아몬이 멸망한 시기)에서 612년(니느웨 멸망에 대한 예언이 있는데, 그 일이 주전 612년에 일어남)일 것이다. 이 시기에 나훔이 상대했던 니느웨(앗수르)의 가장 큰 특징 두 가지가 있는데, 하나는 잔혹성이다. 고고학의 도움으로 확인할 수 있는 앗수르의 모습은 잔혹함의 대명사와도 같다. 또 한 가지 특징은 당시 최강의 제국이었다는 점이다. 이미 주전 722년에 북 이스라엘을 멸망시키고, 사마리아를 초토화시킴으로써 그 힘과 잔혹함을 증명한 초대형 나라였다. 그러나 앗수르를 향해 나훔은 하나님의 소명 앞에 순종해 강력한 심판의 경고를 거침없이 쏟아 냈다. 나훔이 하나님으로부터 말씀을 받아 담대히 선포한 것처럼, 우리 모두 더욱 말씀에 붙들리고 말씀의 힘을 보여 줘야 할 도전을 받는다.

나훔의 묵시의 글

한편, 선지자의 임무는 하나님께로부터 계시를 받아 그것을 들어야 할 대상에게 하나님을 대신해 전하는 것이다. 하지만 나훔은 조금 독특한 모습을 보이는데, 그것은 바로 첫 구절에 나오는 "나훔의 묵시의 글이라"(1:1)는 말씀이다. 이렇게 시작하는 선지서는 나훔밖에 없다. 선지자들이 전하는 말씀이 하나님으로부터 나오는 것이라는 점에서는 누구도 예외가 없지만, 나훔은 특이하게도 이렇게 '글'이라고 밝힌다. 이에 어울리듯 성경학자들은 나훔이 사용하는 비유의 표현들이 매우 탁월하다고 평가한다. 아마 나훔은 글을 쓰는 은사가 남달랐던 모양이다.

하나님의 속마음을 본 나훔

나훔서에는 반드시 기억해야 할 나훔의 모습 두 가지가 있다. 먼저 나훔은 진노와 보복으로 점철된 메시지 가운데서도 하나님의 속마음을 선명하게 보았다. 나훔은 불처럼 쏟아지고, 바위를 깨트리며, 산과 바다를 녹이고 말리시는 것으로 비유되는 하나님의 분노 가운데서도, 마치 깜깜하게 드리워지는 먹구름 사이로 내비치는 햇살 같은 하나님의 속마음을 보았던 것이다. "여호와는 선하시며 환난 날에 산성이시라 그는 자기에게 피하는 자들을 아시느니라"(1:7). 그리고 이렇게 살벌하고 철저한 니느웨를 향한 심판의 말씀은 아직 실행되지 않고 남아 있다. 그러면서 히스기야를 중심으로 신앙의 개혁과 부흥을 가져온 남 유다 백성에게 엄청난 위로와 하나님 안에 있는 승리에 대한 확신을 준다. 나훔은 우리 그리스도인들에게 그 어떤 무서운 심판에 대한 말씀이 선포된다 할지라도, 하나님의 백성을 향한 구원과 위로를 확신하게 하는 인물로 기억된다.

세례 요한

광야의 외치는 자의 소리, 세례 요한

'광야에 외치는 자의 소리' 역할을 감당했던 세례 요한은 예수님께 "오실 그이가 당신이오니이까 우리가 다른 이를 기다리오리이까"(마 11:3)라며 흔들리는 모습도 보였지만, 오직 예수 한 분만을 드러내고 사라진 겸손한 인물이다. 또 세례 요한은 "그는 흥하여야 하겠고 나는 쇠하여야 하리라"(요 3:30)는 고백으로, 자신은 오실 메시아를 준비하고, 사라질 인물임을 분명히 한다. 이 말은 예수 그리스도를 드러내는 자로서의 세례 요한을 잘 보여 준다.

엘리사벳에게 잉태된 세례 요한

'하나님은 의로우시다'라는 이름 뜻을 지닌 세례 요한은 제사장 가문에서 태어났다. 아버지인 사가랴는 나이 많은 노인이었고, 엘리사벳 역시 아기를 낳기에는 나이가 너무 많았다. 세례 요한이 태어나기 전 천사가 성전에서 분향 봉사를 하고 있던 사가랴를 찾아왔다. 천사는 깜짝 놀라 무서워하는 사가랴에게 아기가 태어날 것이라고 예언했다. 하지만 사가랴는 그 말씀을 믿지 못했다. 그 후 엘리사벳은 아기를 가졌지만, 사가랴는 믿음이 없었다는 이유로 아기가 태어날 때까지 벙어리로 지내야만 했다. 세례 요한이 엘리사벳의 태중에 있을 때 예수님을 잉태한 마리아가 찾아왔다. 마리아는 엘리사벳보다 6개월 늦게 아기를 가졌다. 마리아가 사가랴의 집에 들어가자, 엘리사벳이 잉태한 요한이 마리아의 뱃속에 있는 예수님을 만나자 기뻐, 태중에서 뛰어노는 것이다.

"회개하라! 하늘나라가 가까이 왔다"

세례 요한 당시 유대인들은 상당한 절망 속에 있었다. 그런데 엘리야를 연상하게 하는 세례 요한이 등장한 것이다. 세례 요한은 낙타 털옷을 입고, 허리에 가죽 띠를 띠었으며, 메뚜기와 야생 꿀을 먹었다. 그는 "회개하라! 하늘나라가 가까이 왔다!"고 외쳤다. 그의 선포를 듣고 많은 유대인들이 나아와 죄를 고백하고, 요단강에서 세례를 받은 후 그의 제자가 됐다. 예수님도 세례 요한에게 세례를 받으셨다. 이런 세례 요한에게 많은 사람들이 메시아인지 물어왔다. 하지만 그는 "나는 물로 세례를 베풀지만 내 뒤에 오실 이는 불과 성령으로 세례를 베푸실 것이다. 나는 그의 신발 끈을 풀기도 감당하지 못한다"라고 말했다. 자신의 뒤에 진짜 메시아가 오실 것을 명확히 알고 있었던 것이다.

율법시대의 종말과 새 시대를 알린 소리

세례 요한 당시, 갈릴리 지역을 다스린 사람은 '헤롯 안티파스'였다. 분봉왕 헤롯은 이복형의 아내 '헤로디아'와 결혼하기 위해 이전 배우자와 이혼을 했다. 이것은 형제의 아내를 취하지 못하도록 한 유대인들의 법을 어긴 것이었다. 세례 요한은 이런 헤롯의 부당함을 자주 지적하다가, 결국 감옥에 갇히게 됐다. 하지만 요한을 선지자로 여기는 사람들에 대한 두려움과 요한이 의인이라는 생각 때문에 그를 선뜻 죽이지는 못했다. 그러던 중 헤롯은 자신의 생일잔치에서 헤로디아의 딸의 춤을 보고, 그녀에게 어떤 소원이든 들어주겠다고 약속을 하게 된다. 그러자 헤로디아는 딸을 시켜 세례 요한의 머리를 요구했고, 세례 요한은 생을 마치게 된다. 세례 요한은 율법 시대의 종말을 알리고, 예수 그리스도를 통한 새 시대를 알리는, 하나님 나라의 강력한 소리로서의 삶이었다.

베드로

좌충우돌 활력맨, 시몬 베드로

베드로의 원래 이름은 '시몬'(듣고 있는 것)이다. 시몬은 갈릴리 해변의 벳새다 지방 출신이다. 벳새다는 '고기 잡는 집'이라는 뜻으로 바닷가 지역에 위치해 있으며, 빌립과 시몬, 시몬의 형제 안드레 등이 이곳 출신이다. 예수님은 시몬을 보자마자 "너는 요한의 아들 시몬이구나. 이제 너는 '게바'라고 불릴 것이다"라고 말씀하셨다. '게바'는 아람어로 '돌'이라는 뜻으로, 그리스어인 '베드로'와 같다.

사건 사고가 많았던 사도 베드로

예수님은 많은 제자들 중에서 '열두 사도'를 세우셨다. 성경에 열두 사도들의 이름이 기록된 곳에는 시몬 베드로의 이름이 늘 제일 앞에 기록돼 있다. 그는 예수님과 3년여의 시간을 보낸 수제자였고, 누구보다 예수님을 사랑하는 마음이 컸다. 하지만 마음과는 다르게 사건 사고도 많았던 인물이다. 하루는 예수님께서 제자들에게 사람들이 자신에 대해 누구라 하는지를 물어보셨다. 당시 사람들은 예수님에 대해 "세례 요한이다", "엘리야다", "예레미야나 선지자다"라고 말했다. "주는 그리스도시요 살아 계신 하나님의 아들이시니이다!" 시몬의 이 고백을 들으신 예수님은 그를 칭찬하시며 "너는 베드로라"라고 축복하셨다. 이 이름은 개인의 이름으로는 잘 사용하지 않았는데, 예수님께서는 베드로가 장차 그리스도의 몸인 교회에 중요한 역할을 할 것이라 기대하며 축복하신 것이다. 또 예수님은 장차 자신에게 닥쳐 올 고난에 대해 말씀하셨다. 베드로는 예수님을 붙잡고, 그래서는 안 된다고 항변했다. 예수님은 지체 없이 베드로에게 호통을 치셨다. "사탄아, 내 뒤로 물러가라. 너는 나를 넘어지게 하는 자다!" 베드로는 대체로 이런 식이었다. 모두 주를 버리고 도망가도 자신은 절대 예수님을 버리지 않겠다고 큰소리로 다짐하고서는 결국 예수님을 세 번이나 부인했던 일이 그렇다.

네 양을 먹이라

예수님께서 십자가에 달려 돌아가시자, 베드로는 예루살렘을 떠나 디베랴 바닷가에 머물렀다. 베드로는 다른 제자들과 물고기를 잡으려 했지만, 밤새 한 마리도 잡지 못했다. 날이 샐 무렵 예수님께서 바닷가에 나타나 그물을 배 오른편에 던지라고 말씀하셨다. 그러자 물고기가 153마리나 잡혔다. 언젠가 겪었던 일! "주님이시다!"라고 외치며 바다로 뛰어든 사람 역시 베드로였다. 식사 후 예수님께서 베드로에게 물으셨다. "요한(요나)의 아들 시몬아 네가 이 사람들보다 나를 더 사랑하느냐?" 베드로는 자신 있게 사랑한다고 대답했다. 그런 베드로에게 예수님께서는 "내 양을 먹이라"고 말씀하신다.

반석이 된 베드로

마가 다락방에서 성령을 받은 후, 달라진 베드로의 모습은 놀라웠다. 베드로의 설교를 듣고, 세례를 받은 사람이 삼천 명이나 됐다. 기도하기 위해 요한과 성전에 갈 때에는 앉은뱅이를 걷게 했고, 중풍병에 걸린 애니아를 고치고, 죽은 다비다를 살렸다. 대제사장들 앞에 섰을 때에도 두려움 없이 예수를 전하고, 군대의 백부장 고넬료에게 세례를 줬으며, 탄압 앞에서 힘겨워하는 교회를 향해 편지로 위로하는 등 담대함과 열정이 넘치는 베드로는 어느새 반석이 돼 있었다.

막달라
마리아

절망의 삶에서 소망의 주께로 나온 막달라 마리아

막달라 마리아는 '막달라' 지방 출신이다. 막달라의 정확한 위치는 알 수 없으나 대략 갈릴리 해변 디베랴의 북쪽 5km 정도에 있던 성읍 정도로 추측하며, '마가단'(Magadan)이란 곳과 동일한 곳으로 추정한다. 당시 이스라엘 전체가 로마의 식민지여서 막달라에도 로마 군대가 주둔해 있었다. 그들은 갈릴리 주변의 여러 마을들을 짓밟았고, 백성들이 대항하면 더욱 억압했다. 마리아는 이곳 출신이다.

성경에 등장하는 마리아들
성경에는 마리아가 여럿 등장해서 헷갈릴 때가 많다. '마리아'의 대표는 예수님의 어머니라고 할 수 있다. 처녀의 몸으로 예수님을 잉태한 여인. 그녀는 남편 요셉의 고향인 베들레헴에 도착해 마구간에서 예수님을 낳았고, 헤롯 왕을 피해 애굽으로 도피했다. 나사로의 동생도 마리아였다. 죽은 나사로를 살리셨으니, 마리아는 그분의 발에 값비싼 향유를 붓고 머리카락으로 닦을 정도로 예수님을 사랑하고 존경했다. 언니인 마르다는 잔치 준비를 하느라 정신이 없었던 반면, 마리아는 예수님의 말씀을 사모하는 마음이 아주 컸다. 마가의 어머니도 마리아였다. 예수님께서 하늘로 올라가신 후 사도들과 많은 사람들이 마리아의 집 다락방에 자주 모여 기도했고, 사람들에게 하나님의 성령이 임했다. 마리아는 사도 바울의 전도여행 파트너이자 탁월한 지도자인 바나바와 남매였다.

부활하신 예수님을 제일 먼저 만난 막달라 마리아

성경 속 귀신 들린 사람들의 모습은 정말 참혹하다. 아무 데서나 엎어져서 거품을 물고 이를 갈며 몸이 뻣뻣하게 굳거나, 무덤 사이를 돌아다니며 괴력을 발휘하거나, 호수에 뛰어들어 스스로 죽거나 하는 등. 막달라 마리아는 일곱 귀신이 들린 여자였다. 당시 '7'은 완전한 숫자로 그녀의 상태가 매우 심각했음을 알수 있다. 오랫동안 어둠 속에서 살아왔던 그녀는 예수님으로 인해 구원을 얻었다. 새 삶을 얻은 막달라 마리아는 예수님을 따랐다. 그녀 외에 예수님으로 인해 새 삶을 얻은 몇 명의 여인들도 함께 했다. 당시 여성의 인권은 바닥이었다. 예수님은 그녀들에게도 하나님 나라를 가르치셨다. 막달라 마리아는 예수님을 끝까지 따랐다. 예수님이 온갖 고초를 당하시고 십자가에 매달려 돌아가시는 순간, 제자들은 멀찍이 떨어져 있었으나 마리아는 십자가 바로 곁에 있었다. 예수님께서 숨을 거두시던 순간까지 곁에 있었던 사람이 막달라 마리아였고, 무덤 속 예수님의 시신에 향품을 바르려고 새벽부터 달려 간 사람도 막달라 마리아였으며, 부활하신 예수님을 제일 먼저 만난 사람도 막달라 마리아였다.

예수로 인해 절망의 삶이 기적으로

역사 속에서 예수님을 향한 막달라 마리아의 순수한 사랑은 왜곡되기도 했다. 그녀의 직업이 창녀라고도 하고, 예수님과 결혼해서 애를 낳고 살았다는 루머도 있다. 그러나 이 모두는 근거 없는 조작일 뿐. 예수님으로 인해 절망적이었던 삶에서 벗어난 막달라 마리아는 누구보다 열정적으로 예수님을 따랐고, 기록되지 않은 많은 사역을 했을 것이다. 많은 이들이 그런 그녀를 기념했다. 천재 화가들이 그녀를 상상하며 그림을 그렸고, 그녀의 삶이 노래와 문학 작품이 됐다.

수로보니게
여인

잊혀진 이름이지만 믿음의 사람, 수로보니게 여인

이름조차 알려지지 않은 수로보니게 여인(막 7:24~30). 수로보니게는 팔레스타인 땅 북쪽 수리아 지역의 베니게를 일컫는 말로서, 수리아와 베니게의 합성어다. 예수님께서 바로 그 지역의 해안 도시 두로 지방에 가셨을 때, '더러운 귀신 들린 어린 딸을 둔 한 여자'가 예수님을 찾아온다. 그녀는 자신의 딸에게서 귀신을 쫓아내 주기를 간구했고, 이 간구대로 예수님은 귀신을 쫓아내 주셨다. 그녀는 귀신 들린 딸의 어머니요, 이름도 알려지지 않을 정도로 미미한 존재였으며, 심지어 이방인이었다. 하지만 그녀는 복음이 무엇인지를 선명하게 드러내는 인물이 됐다.

무명의 여인 등장
우선 그녀의 이름에 대한 이야기를 좀 더 해 보자. 그녀는 무명이다. 성경에 이름이 소개되지 않았다는 것 자체가 그리 놀랄 일은 아니다. 하지만 아무런 내용 없이 단지 이름만 소개된 사람들도 수없이 많았고, 무엇보다 그녀의 이야기가 주는 메시지가 적잖이 충격적이라는 점에서 무명의 여인이라는 사실 자체에 대해 묵상해 볼 만한 가치가 있다.

바리새인과 무명 여인의 믿음

한편 마가복음 6~9장의 문맥을 보면, 수로보니게 여인 이야기는 바리새인의 불신앙과 교만한 태도의 이야기들(막 7:1~23, 8:10~13) 사이에 위치한다. 이와 같은 구조를 통해 마가는 이 여인의 이야기를 훨씬 도드라지도록 만들고 싶었던 게 분명해 보인다. 여기서 우리는 가장 초라하고 불쌍하다 여겨지던 모습 속에서 믿음의 힘을 목도한다. 곧 당시 최고의 사람이라 자타가 인정하던 바리새인과 가장 낮은 사람으로 여겨질 수밖에 없었던 귀신 들린 딸의 어머니인 무명의 여인의 믿음이 역전되는 현장을 만나게 된다. 이것이 바로 하나님 나라의 모습이다. 하나님은 믿음, 오직 믿음으로만 만날 수 있는 분이다. 그러면 이름조차 잊힌 슬픔을 넘어 아픔의 여인이었을 수로보니게 여인으로 하여금 하나님을 만나게 한 믿음은 어떤 것인가? 이는 예수님과 여인 사이의 대화에서 드러난다. 여인이 자신의 딸에게서 귀신 쫓아 주시기를 간구하자 예수님은 "자녀의 떡을 취하여 개들에게 던짐이 마땅치 아니하니라"고 답하셨다. 얼마나 치욕스러운 말인가! 하지만 여인은 오히려 자신이 이방인이요, 개로 비유되는 존재요, 상에서 떡 먹을 자격이 없는 자라는 자기 이해를 충분히 받아들인다. "주여 옳소이다마는 상 아래 개들도 아이들이 먹던 부스러기를 먹나이다."

죄인임을 인정한 수로보니게 여인

자신이 죄인임을 하나님 앞에서 인정하는 것으로부터 시작하는 믿음의 진수가 보인다. 바로 여기에서 우리는 "밖에서 사람에게로 들어가는 것은 능히 사람을 더럽게 하지 못하되 사람 안에서 나오는 것이 사람을 더럽게 하는 것"(막 7:15~16)이라는 위대한 진리를 존재론적으로 받아들이는 여인을 만난다. 안에서 나오는 것이 사람을 더럽게 하는 것이기에, 자신이 죄인임을 인정하는 것이 사는 길이라는 겸손의 여인을 통해 우리는 복음을 만난다. 그리고 개들도 오직 주인으로부터 나오는 것을 먹어야 한다며, 주님에게만 매달리는 여인을 통해 우리의 영혼을 살리는 생명은 오직 하나님으로부터 나온다는 복음을 듣게 된다.

바디매오

맹인 거지 바디매오, 복음의 중심에 서다

바디매오는 두 가지 칭호가 있다. 곧 맹인이요, 길가에 앉아 구걸하는 걸인(참조 눅 18:35)이었다. 이 둘 가운데 하나로만 불려도 당시에는 죄인으로 취급받았기에 바디매오는 '이중 불행'에 빠진 '확실히 불행한 사람'이었다.

불행의 사람, 그러나…

맹인은 죄와 연관돼 있다는 사상(참조 요 9:2~3)과 거지의 삶은 하나님께 저주를 받은 것이라는 생각(참조 시 109:10) 때문에 당시 바디매오는 버텨내기 힘든 삶을 살고 있었다. 이런 바디매오의 삶의 반전은 예수님과의 만남에서 시작된다. 그가 예수님을 만나기 위해서는 세 가지의 난관을 극복해야 했다. 첫 번째는 맹인이요, 거지라는 사실이다. 두 번째 난관은 많은 사람들의 꾸짖음이다(48절). 세 번째는 두려움의 난관이다. 바디매오는 예수님의 "안심하고 일어나라"(49절)는 말을 듣고서 마침내 일어난다. 이 모든 난관은 절벽과도 같았고, 그를 움찔달싹하지 못하게 할 만한 것들이었다. 그런 바디매오는 우리에게 말한다. 예수님을 만나지 못할 그 어떤 어려운 문제도 없다고 말이다.

최고의 불행자에서, 최고로 복음을 드러낸 자로

그는 예수님의 복음을 언어가 아니라, 자신의 존재와 행동으로 외치게 된다. 바디매오 사건을 둘러싸고 있는 마가복음의 문맥은 크게 두 가지로 정리할 수 있다. 하나는 지속되고 있는 예수님의 가르침에 대한 오해이고, 다른 하나는 그 오해의 클라이맥스라고 할 수 있는 예루살렘을 향해 이동하고 있는 예수님의 발걸음이다. 예수님은 적어도 세 번 이상 십자가 죽음에 대해 제자들에게 예고하셨다(8:31, 9:31, 10:33~34). 그럼에도 제자들은 예수님의 좌우편에 앉는 문제로 분노를 터트린다(막 10:35~45). 이미 서로 "누가 크냐"(막 8:34)는 논쟁으로 드러났던 터라, 이 오해는 더욱 심각한 수준이다. 게다가 부자 청년의 사건과 이혼 문제로 하나님을 오해할 뿐 아니라, 자신들의 완악함까지 드러낸 바리새인들과의 논쟁이 있던 터였다. 수난과 죽음이 기다리고 있는 예루살렘을 향해 가시는 예수님을 통해 더욱 분명해져가는 십자가 복음의 맥락과는 정반대로, 예수님을 향한 제자들의 오해와 불신 또한 더욱 분명해져만 갔다. 바로 그 맥락 한가운데 박혀 있는 인물이 바디매오다. 그는 "네 믿음이 너를 구원하였느니라"(52절)는 말씀의 당사자가 되면서 '최고로 불행했던 사람'이 '최고로 복음을 드러내는 사람'이 된다.

바디매오처럼 예수를 따르라

바디매오 이야기는 "그가 곧 보게 되어 예수를 길에서 따르니라"(52절)로 맺는다. 그리고 바로 "그들이 예루살렘에 가까이 와서"(막 11:1)로 이어진다. 마가는 예수님께 잘난 사람들이 많이 다가왔지만 오해에 머물렀을 뿐, 정작 예루살렘으로 가는 예수의 길, 곧 고난의 길을 따르는 자는 맹인 거지 바디매오라고 말하고 있다. 결국 바디매오는 마가복음이 시작하면서부터 말하고 싶었던 예수 그리스도의 복음(막 1:1)을 드러내는 중심인물 가운데 한 명으로 역할을 톡톡히 하고 있다. "나사렛 예수시란 말을 듣고 소리 질러 이르되 다윗의 자손 예수여 나를 불쌍히 여기소서"(막 10:47)라고 전심으로 외치는 사람이 되고 싶다. 예수님을 바디매오처럼 만나야 예수의 길을 따르게 될 것이다.

삭개오

삶의 방향을 바꾼 키 작은 삭개오

삭개오는 여리고에 살았으며, 그의 키는 150cm 이하로 추정된다. 로마의 세금청 부업자 세리장이어서 이스라엘 주민으로부터 죄인 취급을 받았다.

돌무화과나무에 오르다

삭개오가 살았던 여리고는 모든 것이 풍부했다. 특히 여리고는 종려나무의 도시 라고 불렸다. 연중 쾌적한 기후여서 나무들이 잘 자랐다. 헤롯의 왕궁도 그곳에 있었고, 국경 인접 도시였기 때문에 사람들이 많이 드나들어 장사도 활발해 거 래되는 돈도 많았다. 삭개오가 사는 이곳에 예수님께서 오신다는 소문이 돌았 다. 예수님께서 오시는 당일이 되자 일찍부터 많은 사람들이 거리로 나왔다. 키 가 작은 삭개오는 예수님을 좀 더 잘 보기 위해서 무화과나무로 올라갔다.

혐오의 대상이었던 세리 삭개오

삭개오가 나무 위로 올라간 것은 키 때문만은 아니었을 것이다. 삭개오는 여리 고 사람들로부터 혐오의 대상이었다. 로마는 세리에게 봉급을 주지 않았다. 그러니 세리는 세금 걷을 때, 로마에 주고 자기들이 가질 것도 함께 걷어야 했다. 그런데 일반적으로 세리들이 상당히 많이 남겨 먹었다. 로마를 등에 업고 가난한 백성의 고혈을 빨아먹은 것이다. 이스라엘 사람들이 삭개오를 좋아할 리가 없는 것은 당연했다. 삭개오는 사람들의 그런 인식과 시선을 피해서 나무 위로 올라 갔을 수도 있다. 멀찌감치 예수님이 보였다. 그런데 인파의 환영을 받으며 오시던 예수님께서 나무 위에 있는 삭개오를 보셨다.

삭개오의 집에 오신 예수님

삭개오는 일찍부터 예수님에 대한 소문을 들어왔다. 세리 중에 마태라는 사람이 있었다. 들려오는 소문에 마태가 예수의 제자가 됐다는 소식을 들었다. 비록 세리가 손가락질을 받긴 해도 꽤 돈이 되는 직업이어서 상당히 부유하게 살 수 있었다. 그런데 마태가 이 직업을 하루아침에 그만두다니, 그 예수라는 사람이 어떤 분일까 궁금해졌다. 또 들려오는 소문에 예수는 능력이 엄청나고, 죄인이라도 업신여기지 않는다는 말도 있었다. 예수님께서 삭개오를 향해 나무에서 빨리 내려오라고 말씀하셨다. 그리고 오늘 죄인의 집이라 비난받는 삭개오의 집에서 하룻밤 머무시겠다는 것이 아닌가. 삭개오는 기뻐 어쩔 줄 몰랐다.

지난 삶을 회개하다

예수님은 삭개오의 집에서 유쾌한 시간을 가지셨다. 삭개오는 그간 궁금했던 것을 예수님께 여쭤봤을 것이고, 예수님은 삭개오와 그 자리에 있는 사람들에게 하나님의 나라에 대해서 말씀하셨을 것이다. 그날 삭개오는 예수님께 중요한 다짐을 했다. 자신의 소유의 절반을 가난한 자들에게 나눠 주겠으며, 만일 타인을 속이거나 빼앗은 것이 있으면 네 배를 갚겠다고 했다. 그는 세리장이었기 때문에 직접 세금을 강탈하지 않았을 수도 있다. 그런데도 삭개오는 지난 자신의 삶을 회개하고, 예수님의 가르침대로 살겠다고 다짐한 것이다. 진정한 회개는 후회에서 그치는 것이 아니라, 삶의 방향 자체를 하나님의 뜻대로 바꾸는 것이다. 그런 삭개오에게 예수님은 아브라함의 자손이라고 선포하셨다.

무명의
여인

예수님의 죽음을 준비한 이름 없는 여인

예수님의 죽음을 미리 준비한 사람은 극히 적었다. 그들 가운데 마가복음 14
장 3~9절에 등장하는 한 이름 없는 여인의 믿음은 얼마나 빛나는지!(참조 마
26:6~13; 요 12:1~8)

예수님께 향유 옥합을 깨뜨린 여인

예수님께서 제자들과 함께 베다니 나병환자 시몬의 집에서 식사하실 때, 한 여
인이 등장한다. 그녀는 향유 곧 순전한 나드 한 옥합을 가지고 와서 그 옥합을
깨뜨려 예수님의 머리에 붓는다. 나드는 인도 산 식물의 뿌리에서 채취한 고급
향유로, 나드 한 옥합의 값은 보통 300데나리온 이상이었다. 당시 근로자의 하루
품삯이 보통 1데나리온이었으니까, 이 여인이 깨뜨린 향유는 노동자의 1년 치 품
삯에 해당하는 매우 값진 것이었다.

여인의 돌발 행동과 제자들의 분노

이렇게 불쑥 벌어진 사건 앞에서 '어떤 사람들' 즉 제자들은 화를 냈다. 더 나아

가 "이 향유를 삼백 데나리온 이상에 팔아 가난한 자들에게 줄 수 있었겠도다" 하며 그녀를 책망한다. 이는 유대교의 3대 경건 행위의 하나인 구제를 언급하며, 자신들의 분노가 정의로움을 주장한 셈이다. 이처럼 예수님을 죽이려는 권력자들의 음모가 조여드는 상황에서 여인의 돌발 행동과 제자들의 반응은 격렬히 충돌했다.

예수님의 장례를 미리 준비한 믿음

예수님은 말씀하신다. "가만 두어라…가난한 자들은 항상 너희와 함께 있으니 아무 때라도 원하는 대로 도울 수 있거니와…그는 힘을 다하여 내 몸에 향유를 부어 내 장례를 미리 준비하였느니라"(6~8절). 말 그대로 뜻밖의 말씀이다. 예수님은 절묘하게 제자들의 주장처럼 구제의 율법을 지켜야 한다고 하시면서, 여인의 행동도 꼭 필요한 것이라고 말씀하셨다. 한편 이 말씀의 진정한 뜻은 "나는 죽는다"는 것이다. 예수님의 장례를 미리 준비한 것이라고 말씀하심으로써 '기름 부음 받은 자' 곧 메시아인 자신이 죽음을 통해 그 사명을 완수하는 것임을 가르쳐 주신 것이다.

　요한복음 12장을 보면 이 여인이 마리아인 것으로 보이지만, 마가복음 14장에는 이름을 적지 않았다. 어쩌면 이름을 빼도 될 정도로 익히 아는 사람이거나 굳이 언급하지 않아도 될 정도로 하찮은 존재였기 때문인지도 모르겠다. 그러나 중요한 게 있다. 마가는 이 본문의 앞뒤 문맥을 통해 예수님을 '흉계로 잡아 죽일 방도를 구하며'(1절) 달려드는 대제사장들과 서기관들이나, 예수님과 함께 있으면서도 '그 여자를 책망'(5절)하는 제자들에 대비해 그 여인의 행동을 뚜렷이 드러내고 있다는 점이다. 게다가 이 여인의 모습은 이후 곧바로 이어지는 가룟 유다의 배신과 베드로의 부인 등과 대비를 이룬다. 누가 진정 예수 그리스도를 믿는 자인가? 이름도 기록되지 않은 한 여인을 통해 주님은 우리에게 그 대답을 들려주시는 듯하다.

스데반

복음의 진격, 스데반

예수님께서 승천하신 후, 사도들을 중심으로 교회 공동체가 만들어졌다. 예루살렘교회는 가난하지만 서로 물질을 나누는 사랑이 넘치는 공동체였다. 그런데 사도들이 나누고 돕는 사역에 너무 많은 시간을 소요하게 되면서 기도하고 말씀 전할 시간이 부족했다. 게다가 지체들 간에 약간의 갈등도 있었다. 이런 상황에서 사도들을 도울 일곱 집사들이 세워졌고, 스데반은 그중 한 명이었다.

언변이 탁월했던 스데반, 논쟁이 일다
집사들은 성령과 지혜가 충만해 칭찬받는 사람이어야 했다. 즉 일을 잘할 뿐만 아니라, 평소에 신앙이나 생활 면에서 반듯하다는 평판이 있어야 했다. 스데반은 하나님의 능력으로 놀라운 일들을 행했다. 이로 인해 '자유민의 회당'에 소속된 사람들과 논쟁이 일어났다. 그들은 예수를 메시아로 믿지 않는 헬라파 유대인들이었는데, 아시아를 비롯한 각지에서 온 사람들이었다. 스데반의 언변은 탁월했다. 하나님께서 스데반과 함께하셨기에 그 누구도 논리적으로 스데반을 당해낼 수 없었다. 스데반을 대적하는 사람들이 스데반을 모함하기 시작했고 사람들을 매수했다. 그리고 그들에게 스데반에 대한 거짓 변론을 하게 했다. 결국 스데반은 모세와 하나님을 모독했다는 오해를 받아 산헤드린에 붙잡혀 가게 됐다.

산헤드린에서 재판을 받다

산헤드린은 주로 '공회'라고 한다. 약 70여 명으로 구성된 유대인 최고 통치기구인데 주로 제사장, 장로, 서기관들로 구성돼 있었다. 당시 이스라엘은 로마의 식민지였기 때문에 사형을 집행할 수는 없었다. 하지만 유대인들의 종교생활과 일상생활에 관한 영역에서는 막강한 권한을 갖고 있었다. 예수님께서도 산헤드린에서 재판을 받으셨다. 스데반이 산헤드린으로 잡혀갈 때, 그의 얼굴은 마치 천사처럼 빛나고 있었다. 대제사장이 스데반에게 모세와 하나님을 모독한 것이 사실인지 묻자, 스데반은 긴 설명을 시작했다. 먼저 아브라함 때부터 야곱과 요셉의 시대를 지나기까지 하나님께서 이스라엘 백성을 은혜로 인도하셨다는 점을 설명했다. 하지만 모세와 다윗의 때를 지나기까지 유대인은 늘 성령을 거슬렀다고 지적했다. 조상들이 의인을 죽이고 율법도 지키지 않았음을 말했다. 스데반의 말을 듣던 사람들은 마음이 찔렸고, 더욱 분노하게 됐다.

스데반의 순교, 성령이 퍼지다

사람들은 분노했지만 스데반은 동요하지 않았다. 하늘을 바라보며 성부 하나님과 성자 예수님의 모습이 보인다고 말했다. 그 말을 듣자마자 유대인들이 소리를 지르며 스데반에게 달려들었다. 누군가가 돌멩이를 들어 스데반에게 던지자 사람들도 일제히 던지기 시작했다. 스데반은 고통 속에서 하나님께 부르짖었는데, 이는 예수님께서 십자가에서 돌아가실 때의 모습과 닮아있다. "주 예수여, 내 영혼을 받으시옵소서. 주여, 이 죄를 그들에게 돌리지 마옵소서." 스데반의 순교 이후 예루살렘교회에는 피바람이 불기 시작했다. 그러나 이때부터 복음은 온 열방을 향해 진격하기 시작했다.

사도 바울

그리스도에게 미친 열정의 사람, 사도 바울

사울은 지금의 터키 남쪽 해안지역에 해당하는 길리기아 지방의 수도 다소에서 태어났다. 그의 이름은 유대식으로 '사울', 로마식으로는 '바울'이었다. 그는 태어나면서부터 로마 시민이었다. 로마 시민권을 가진 자는 자유롭게 여행할 수 있었고, 관직에 오를 수도 있었다. 다소의 시민권만 획득하려 해도, 당시 성인 노동자의 2년 수입에 해당하는 500드라크마 이상의 돈이 있어야 했다. 게다가 유대인이 로마 시민권을 얻으려면 더 많은 돈이 필요했고, 사회적 신분도 높아야 했다. 따라서 사울의 가정은 상당한 재력과 명성을 가진 유대인 가문이었을 것이다.

예수를 핍박한 사울
사울은 혈통적으로는 유대 베냐민 지파이고, 율법적으로는 바리새파에 속했다. 힐렐 학파의 탁월한 교사 가말리엘 밑에서 특별한 훈련을 받아 젊은 나이에 율법 신생이 됐고, 히브리어와 아람어, 헬라어를 유창하게 사용할 수 있었다. 그는 능력과 배경이 훌륭한 사람이었다. 하지만 그토록 뛰어난 그가 열심을 낸 일은 예수를 따르는 자들을 박해하는 것이었다. 사울은 철저하게 예수를 대적하고,

그리스도인들을 박해했다. 그 이유는 그가 철저한 유대인이었기 때문이다. 바리새인으로서 사울에게 나사렛 예수는 결코 하나님의 아들, 곧 하나님과 같은 존재일 수 없었고, 이런 예수님의 주장은 최고의 신성모독이었다(요 10:36).

다메섹 회심 사건, 빛 안에서의 변화

일행이 다메섹에 다다랐을 즈음, 갑자기 하늘로부터 강렬한 빛이 사울을 뒤덮었다. 순간 사울은 아무 것도 볼 수 없게 됐다. "사울아, 사울아, 네가 왜 나를 핍박하느냐?" 일행에게 소리가 들려왔다. "나는 네가 핍박하는 예수다. 지금 일어나 시내로 들어가거라. 네가 해야 할 일을 일러 줄 사람이 있을 것이다." 그 순간 사울은 하나님의 빛 안에서 시력을 잃었지만, 비로소 인생의 참 빛인 예수 그리스도를 만나게 됐다.

암흑 속에서 사흘을 보낸 후, 하나님께서 예비한 '아나니아'라는 사람이 안수하자 눈에서 비늘이 떨어졌다. 세례를 받고 성령 충만해진 사울은 완전히 변했다. 능력은 변한 것이 없지만 삶의 방향이 바뀐 것이다. 바울은 이제 예수를 박해하던 자리에서 박해받는 자리에 기쁨으로 서는 사람으로 바뀌었다. 사실상 바울은 그리스도에게 미친 사람이었고, 십자가의 복음에 삶을 온전히 드린 사람이 됐다(행 20:24, 21:13, 26:24; 고후 5:13 등).

이방인의 전도자, 사도 바울

예수를 대적하던 '박해여행'은 예수를 위한 '전도여행'으로 바뀌었다. AD 약 47년 경, 우리 민족으로 치면 삼국시대에 바울의 첫 전도여행이 시작됐다. 고구려에 불교가 유입되던 때로부터 330여 년 전의 일이다. 바울과 바나바는 안디옥교회의 파송을 받고, 1차 전도여행을 떠났다. 당시 사도들은 유대인 중심으로만 복음을 전했는데, 바울을 통해 비로소 이방인 선교가 시작된 것이다. 레바논 북부의 비시디아 안디옥에서는 총독이 복음을 받아들였다. 이고니온에서는 돌에 맞을 뻔했고, 루스드라에서는 선천적 앉은뱅이를 고치자 사람들이 제우스, 헤르메스라 해서 진땀을 뺐다.

2년 후, 2차 여행을 떠나려는데 문제가 생겼다. 1차 여행 도중에 합류했다가 포기했던 마가 때문이었다. 마가는 바나바의 조카다. 바나바는 마가를 데리고 가자고 했고, 바울은 싫다고 하면서 다투게 됐다. 결국 바울은 실라와, 바나바는 마가와 함께 따로 전도여행을 떠난다. 바울은 아시아로 가고자 했지만 성령님께서 막으셔서 마게도냐로 발길을 옮겼다. 빌립보에서는 귀신들린 여종을 고치고, 감옥에 갇혔을 때는 간수와 가족들까지 믿는 일이 일어났다. 3차 여행 중 에베소에서는 마술사들도 복음을 받아들였다. 하지만 마게도냐에서는 아르테미스 신을 믿는 사람들이 일자리를 잃을까봐 소동을 일으키기도 했다. 독사에 물리고, 태풍을 만나는 등 죽을 뻔한 일이 많았지만 바울의 전도여행은 그치지 않았다. 유대인뿐만 아니라 이방인, 특히 총독과 왕 앞에서도 그는 당당히 예수 그리스도를 전했다.

전도여행의 작품, 13권의 신약 성경 집필

사도 바울은 전도여행을 하며 교회를 세웠고, 교회들에게 편지를 보냈으며, 그 편지들은 기독교 신학의 기초가 됐다. 갈라디아서를 쓴 후, 데살로니가전후서, 고린도전후서, 로마서를 썼으며, 감옥에서 골로새서, 에베소서, 빌레몬서, 빌립보서를 썼다. 여기에 디모데전후서와 디도서까지 총 13권으로 신약성경 27권 중 절반이 사도 바울의 복음서신이다.

바울의 이름은 '작은 자'라는 뜻이다. 그는 화려한 배경과 능력을 가졌지만, 예수 그리스도 앞에서 가장 낮아지고자 했다. 예수 그리스도를 전하다가 63년경 처형당하기까지, 그는 누구보다도 커다란 삶의 여정을 걸었다. "나는 비천에 처할 줄도 알고 풍부에 처할 줄도 알아 모든 일 곧 배부름과 배고픔과 풍부와 궁핍에도 처할 줄 아는 일체의 비결을 배웠노라 내게 능력 주시는 자 안에서 내가 모든 것을 할 수 있느니라"(빌 4:12~13). 그는 한마디로 예수 그리스도에게 미친, 복음의 삶을 몽땅 드린 열정의 사람이다.

바나바

동역자를 빛나게 한 하나님의 사람, 바나바

사도행전은 12장까지 베드로를 중심으로, 13장 이후는 바울을 중심으로 다룬다고 할 만큼 두 인물이 주축을 이룬다. 이 두 인물이 아니면 예수님 승천 이후 시작된 초대 교회의 역사를 설명할 수 없다. 그러나 아무리 위대한 사도요 신약 교회가 태동되는 데 결정적으로 쓰임 받은 인물이라 할지라도, 교회는 결코 걸출한 인물 한두 사람만 있으면 되는 곳이 아니다. 바나바가 바로 그 증인이다.

바울이 사역하도록 이끌어내다

사도 바울이 사도로서 사역을 시작하는 과정에 바나바의 역할은 결정적이었다. 바울은 다메섹 도상에서 부활의 주님을 만났고, 사도로 소명을 받았다. 하지만 바울이 실제로 복음의 사역자로 나서려면 반드시 해결해야 할 과제가 하나 있었다. 그것은 바로 당시 예루살렘에 있던 예수님의 제자들, 곧 사도들과 관계를 맺는 것이다. 그러나 이 문제는 참으로 어려운 것이었다. 바울은 원래 예수님을 반대하고 예수 믿는 자들을 핍박했던 자였기 때문이다. "사울이 예루살렘에 가서 제자들을 사귀고자 하나 다 두려워하여 그가 제자 됨을 믿지 아니하니"(행 9:26).

이 문제 앞에서 바나바는 위험을 무릅쓰고 살해의 위협까지 받고 있던 바울(참조 행 9:29)을 세워 주는 참된 동역자의 모습을 보여 준다. "바나바가 데리고 사도들에게 가서 그가 길에서 어떻게 주를 보았는지와 주께서 그에게 말씀하신 일과 다메섹에서 그가 어떻게 예수의 이름으로 담대히 말하였는지를 전하니라"(행 9:27). 바나바가 바울의 동역자인 결정적인 증거는 또 있다. "바나바가 사울을 찾으러 다소에 가서 만나매 안디옥에 데리고 와서 둘이 교회에 일 년간 모여 있어 큰 무리를 가르쳤고 제자들이 안디옥에서 비로소 그리스도인이라 일컬음을 받게 되었더라"(행 11:25~26). 바울이 비로소 복음의 사역자로 서는 모습을 보여 주는 장면이다. 이와 같은 시작에 결정적인 동역의 길을 열어간 사람이 바로 바나바다. 사도행전이라는 예수 복음의 역사는 바울로 하여금 사역하도록 이끌어낸 바나바라는 동역자를 통해서 가능했다. 이처럼 하나님의 사역에서 동역이란 바로 은사가 있고 소명을 받은 사람이 사역하도록 길을 열어 주는 것이다.

동역자를 세워 주는 동역자

바나바는 지중해에서 세 번째로 큰 섬인 구브로 태생이며 레위족이었다. 그러니까 흩어진 디아스포라 유대인이다(행 4:36). 그런데 그가 복음을 들었고, 자신에게 있던 밭을 팔아 그 값을 사도들의 발 앞에 두었다(행 4:37). 십자가에서 죽고 부활하신 하나님의 아들 예수님을 만난 것이다. 재물의 주인이 자기 자신이 아니라 하나님이시라는 진리를 깨달았고, 그 깨달음에 합당한 삶의 변화가 행동으로까지 일어난 것이다. 이처럼 십자가의 주님을 바르게 만나야 한다. 사도행전은 또한 그를 이렇게 소개한다. "바나바는 착한 사람이요 성령과 믿음이 충만한 사람이라…"(행 11:24). 바울의 제2차 전도여행을 시작할 때 잠시 갈라서야 했지만, 그는 바울의 제1차 전도여행 전체를 처음부터 끝까지 동행하며 사역했던 동역자 바울을 빛나게 했다. 하나님의 나라는 결코 한 사람이 세워 가는 곳이 아니다. 성령과 믿음이 충만한 데까지 이르러야 한다. 바나바처럼 동역자를 세워 주는 동역의 기쁨을 누리는 자들이 많이 일어나기를 기대해 본다.

브리스길라
아굴라

헌신의 에이스, 브리스길라와 아굴라

브리스길라와 아굴라 부부는 예수 그리스도를 알게 된 후 예수 그리스도를 위해 전적으로 헌신하는 삶을 살았다. 집을 복음 전도자의 숙소와 예배 처소로 제공하고, 선교 사역을 위해 삶의 터전도 옮긴 그들이었다. 사도 바울은 브리스길라와 아굴라 부부에 대해 자신을 위해 목숨까지도 내어놓은 사람들이라고 말했다. 그들은 하나님 나라를 위한 헌신의 에이스였다.

브리스길라와 아굴라 부부, 로마를 떠나다

브리스길라와 아굴라는 부부다. 아굴라는 남편이고, 브리스길라는 아내다. 아굴라는 본도(Pontus 폰투스)에서 태어난 유대인이다. 본도는 이스라엘과는 먼 거리에 있는 곳으로써 흑해 연안에 위치해 있는데, B.C. 66년에 로마에 정복당했다. 아굴라는 본도에서 태어났지만 로마에서 오래 살았다. 한편 브리스길라는 로마 귀족 집안 출신이다. 일반적으로 부부의 이름을 쓸 때 남편 이름이 앞에 오는데, 브리스길라와 아굴라 부부의 경우는 반대일 때가 많다. 사도 바울의 편지들에는 아내 이름이 앞에 오는 경우가 많았다. 남녀를 평등하게 생각해서인지 브리스길라 출신 때문인지는 모르지만, 그 정도로 신앙의 모범이 됐음에는 틀림이 없다. 브리스길라는 자주 '브리스가'로 불리기도 했다.

고린도에서 천막업을 하다

브리스길라와 아굴라 부부가 로마에서 이주한 곳은 고린도였다. 고린도는 매우 발달된 도시였다. 돈도 많고 사람들도 많으니, 자연스레 유흥 문화가 발달했다. '고린도인'이라 불리는 자체가 성적(性的)으로 문란하고 추한 사람으로 생각될 정도로, 음란과 문란이 가득한 곳이 됐다. 이 부부는 고린도에서 천막업을 했다. 천막업은 염소나 동물의 가죽을 재단해서 텐트로 만드는 일인데, 상당히 고소득 직업이었다. 이 부부는 이 직업으로 인해 사도 바울과 운명적으로 만나게 된다. 사도 바울 역시 천막 만드는 일을 한 것이다. 이 부부는 사도 바울을 집으로 초대했고, 바울은 그들의 집에서 1년 6개월을 지내며 복음을 전했다.

에베소에서 아볼로에게 예수를 전하다

사도 바울이 고린도에서의 사역을 마무리하고 에베소로 떠나게 됐다. 그런데 브리스길라와 아굴라 부부도 생업을 정리하고 함께 떠나기로 했다. 단순히 동종 업계에 있는 사람, 함께 예수를 믿는 사람 정도에 머문 것이 아니라, 참된 동역자가 된 것이다. 에베소 역시 고린도 이상으로 큰 도시였다. 로마, 알렉산드리아, 안디옥과 함께 로마 제국의 4대 도시로 꼽힌다. 에베소는 큰 항구도시였고, 아르테미스 신전이 있었다. 이처럼 복음을 심기에 척박한 곳에서 이 부부는 바울을 도와 사역을 했다. 심지어 사도 바울은 에베소를 떠나면서 브리스길라와 아굴라 부부에게 사역을 맡긴다. 이 부부는 회당에서 알렉산드리아 출신 유대인 아볼로를 만난다. 아볼로는 상당히 학식이 있었는데, 그가 전하는 말씀이 구약과 세례 요한에 머물러 있음을 알게 되자, 이 부부는 아볼로를 초청해 예수 그리스도에 대해 설명했다. 브리스길라와 아굴라 부부는 이후 사도 바울이 다시 에베소에 방문한 후, 2년 이상의 시간을 같이 보낸다. 그리고 로마교회의 상황을 함께 나누고 기도하는 등 사도 바울의 사역에 중요한 동역자로 세워져 갔다.

아볼로

배우기를 쉬지 않는 성경의 사람, 아볼로

사도행전 역사에 있어서 아볼로에 대한 기록은 짧은 편이다. 하지만 그는 사도들로부터 시작된 새로운 공동체인 교회를 이해하고, 그들이 목숨 걸고 선포한 십자가 복음의 전승을 이해하는 데 있어 꼭 탐구해야 할 인물이다.

성경에 능통한 자

아볼로의 등장은 고개를 갸우뚱하게 하는 소개로부터 시작된다. "알렉산드리아에서 난 아볼로라 하는 유대인이 에베소에 이르니 이 사람은 언변이 좋고 성경에 능통한 자라 그가 일찍이 주의 도를 배워 열심으로 예수에 관한 것을 자세히 말하며 가르치나 요한의 세례만 알 따름이라"(행 18:24~25). 아볼로는 알렉산드리아 출신이었다. 물론 당대 교육과 철학의 중심 도시 가운데 하나였던 알렉산드리아 출신이라는 사실이 그에 대해 모든 것을 알려 주는 것은 아니다. 알렉산드리아는 당시 로마 제국 내 제2의 도시로 학문의 중심 역할을 하던 곳이었다. 특히 유대교 회당이 있었고 유대인 공동체가 형성된 곳이며, 히브리어로 된 구약을 헬라어로 번역한 70인역본을 낳은 중요 도시다. 그곳 출신 유대인 아볼로는

419

'언변이 좋고 성경에 능통한 자'라는 수식어가 잘 어울리는 인물, 곧 유대 학자였다(딛 3:13). 그는 구약을 잘 알고, 그것을 잘 논증할 수 있는 자였던 것이다.

유대인으로서 유대인에게 예수를 전하다

그런 그가 예수님에 관한 것을 자세히 말하고 가르치는 자가 됐다. 이로써 아볼로는 '믿는 자들에게 많은 유익'(행 18:27)을 줬고, 더 나아가 '성경으로써 예수는 그리스도라고 증언하여 공중 앞에서 힘 있게 유대인의 말'을 이기기까지 했다(행 18:28). 놀라운 일이다. 유대인이었고 율법에 능통하던 그가 '유대인에게는 비위에 거슬리는 것이요(공동번역) 걸려 넘어지게 하는 것(쉬운성경)인 십자가에 못 박힌 예수님'(고전 1:23 참조)을 정확하게 가르치다니! 예수님을 제대로 알게 되자 그는 그냥 유대인으로 있을 수 없었던 것이다. 마침내 아볼로는 사도들과 나란히 언급되는 인물로 등장한다. 교회 내 분파 문제로 갈등을 겪고 있던 고린도교회를 책망하고 가르치는 대목에 아볼로는 바울과 베드로와 함께 등장한다. "내가 이것을 말하거니와 너희가 각각 이르되 나는 바울에게, 나는 아볼로에게, 나는 게바에게, 나는 그리스도에게 속한 자라 한다는 것이니"(고전 1:12). 또한 아볼로는 고린도교회가 세워지는 데 있어 결정적인 역할을 감당한 인물이다(고전 3:6). 뿐만 아니라 그는 갈등으로 어려움과 고통 가운데 있던 고린도교회를 향한 권면과 가르침의 증거요 사례로 제시됐다(고전 4:6).

배우기를 쉬지 않는 자

유대 학자 아볼로가 예수님의 십자가 복음의 선생이 되고 전도자가 돼 사도들과 나란히 초대 교회의 역사에 기록되는 인물이 될 수 있었던 이유는 무엇일까? 본문은 무엇보다 그가 배우기를 쉬지 않았다는 점을 두드러지게 적고 있다. 아볼로는 일찍이 주의 도를 배웠고 열심으로 예수님을 가르쳤지만(행 18:25) 커다란 약점이 있었다. 곧 '요한의 세례만 알 따름'이었던 것이다. 아볼로는 이같이 자신의 약점을 보완해 줄 수 있었던 브리스길라와 아굴라 부부의 가르침을 주저 없이 받아들인다(행 18:26). 그는 배우기를 쉬지 않았던 겸손의 인물이다.

스데바나

가족까지 믿게한 믿음의 표본, 스데바나

지중해와 닿아 있는 남유럽 발칸반도에 '그리스'가 있다. '헬라', '희랍'이라고도 불리는 그리스는 신약시대에 '아가야'로 불렸다. 아가야는 상업적으로 매우 중요한 위치였다. 특히 중심 도시 고린도는 여러 문화가 공존하고 많은 돈이 거래됐다. 당시 '고린도 소녀'라는 용어 자체가 매춘부를 의미했고, '고린도화 된다'는 것은 타락한 삶을 산다는 의미였다. 이곳에서 바울에게 위로와 기쁨이 된 그리스도인이자(16:17~18), 고린도 지역 첫 회심자 스데바나가 있었다.

아가야 1호 그리스도인 스데바나

사도 바울은 2차 전도여행에서 스데바나를 만났다. 아가야의 대표적인 도시는 고린도와 아덴(아테네)이었다. 아덴에는 아르테미스 신전을 포함해 많은 신전들이 있었다. 그들은 심지어 알지 못하는 신까지 섬길 정도로 새로운 신에 대해서도 마음이 열려 있었고, 신선한 내용을 듣는 것을 좋아했다. 하지만 그것이 다였다. 바울이 열변을 토할 때 그들은 귀로 듣기만 할 뿐, 복음을 받아들이는 사람은 극히 소수였다. 이런 상황에서 스데바나는 바울이 전하는 복음을 귀담아 듣고 결단해 세례까지 받았다. 그는 자신뿐만 아니라, 가족과 친척들을 비롯해 노예들까지 믿도록 전도했다. 사도 바울이 자신의 노력에 비해 성과가 없다고 낙심할 때, 하나님께서는 스데바나를 통해 바울에게 큰 위로를 주셨다.

고린도교회에 바울의 편지를 전하다

바울은 아덴을 방문한 이후 고린도로 넘어왔다. AD 50년 경 고린도의 유대인 회당에서 복음을 전했고, 거기서부터 고린도교회가 시작됐다. 고린도교회 공동체는 급속도로 성장했으나, 안팎으로 많은 문제점이 나타났다. 고린도의 가장 높은 곳에는 아프로디테 여신의 신전이 있었다. 이곳에는 제사를 돕는 사제들이 있었는데, 그중 성적인 행위를 하는 여사제만 1천 명이 넘었다고 한다. 이런 문화는 고린도교회 안으로도 고스란히 흘러들어 왔고, 세례를 준 스승이 누구냐에 따른 교인들 간의 파벌도 심각해 서로를 대적했다. 이런 문제들로 인해 마음이 아팠던 스데바나는 바울에게 이 소식을 전했다. 바울은 고린도교회에 몇 통의 편지를 썼고, 그중 한 통이 스데바나를 통해 고린도교회에 전달됐다.

가난한 사람을 섬기고, 바울에게 연보를 전하다

고린도는 풍요로운 도시였지만 빈부의 격차가 심했고, 주인과 노예의 계급도 존재했다. 스데바나의 온 가족은 열정적으로 가난한 사람들을 돕는 사역을 했다. 이런 그들의 섬김은 바울에게까지 미쳤다. 스데바나가 바울에게 세례를 받은 지 5년 후, 바울은 에베소에 있었다. 사역의 열매도 많았으나 사람들의 지탄과 공격 등에 어려움을 겪고 있었다. 이때 스데바나가 고린도에서 터키 에베소까지 꽤 먼 거리를 브드나도, 아가이고와 함께 후원금을 들고 왔다. 이들의 등장으로 인해 바울의 마음이 시원하게 됐다. 스데바나의 이름에는 '면류관'이란 뜻이 담겨 있다. 이방 문화 지역 출신이 하나님을 믿는다는 건 결코 쉬운 결단이 아니다. 하지만 그는 혼자 믿는 데시 그치지 않고, 가족들까지 믿게 해 함께 다른 지역 교회까지 섬기는 삶을 보여 줬다.

디모데

그리스도의 좋은 병사, 디모데

우리는 사도 바울이 없는 신약의 교회를 도저히 생각할 수 없다. 그런데 이 위대한 사도 바울과 함께했던 여러 동역자들을 고려하지 않고는 그의 사역을 이해하기란 사실상 불가능하다. 그 가운데 '하나님을 경외함'이란 이름 뜻을 지닌 디모데는 단연 앞선 동역자다. 사도행전과 서신서들을 볼 때, 바울의 사역에 디모데가 없었다면 신약 교회는 세워질 수 없었다. 바울이라는 스승을 만나 그리스도의 좋은 병사가 된 디모데, 인생에서 만남의 중요성을 일깨워 주는 인물이다.

디모데, 성경을 만나다

바울에게 '아들'로 불리는(딤전 1:2, 18; 딤후 1:2, 2:1; 참조 고전 4:17) 디모데가 성경에 처음 등장하는 곳은 사도행전 16장이다. 바울은 2차 전도여행 중 루스드라에 갔을 때, 거기서 '디모데라 하는 제자'(행 16:1)를 만났다. 이것이 '믿음 안에서 참 아들 된' 디모데의 등장에 대한 첫 기록이다. 첫 기록에서 그를 '제자'라고 호칭한 것은 의아할 정도다. 우리는 사도행전의 이 본문에서 디모데에 관해 주목해야 할 또 하나의 기록을 보는데, 그것은 "디모데는 루스드라와 이고니온에 있는 형제들에게 칭찬받는 자"(행 16:2)라는 것이다. '제자'라는 호칭에 이어 그를 아는 사람들에게 '칭찬받는 자'로 기록됐다는 점도 눈에 띈다. 디모데는 과연 무엇 때문에 그렇게 불릴 수 있었을까?

첫 번째는 그가 성경을 만났기 때문이다. 그 흔적을 디모데후서에서 발견할 수 있는데, 그는 어머니 유니게와 외할머니 로이스에게 영향을 받았다. 바울은 디모데후서의 중심 메시지이자, 모든 사역자에게 매우 중요한 지침인 "복음과 함께 고난을 받으라"(딤후 1:8)는 말씀으로 디모데에게 교훈한다. 영적 부담이 큰 이 도전을 바울은 디모데가 어머니와 외할머니로부터 믿음의 영향을 받았다는 것을 근거로 제시한 것이다. 이는 유년 시절의 환경이 얼마나 중요한지를 알 수 있게 한다.

디모데가 받은 영향을 한마디로 말하면 바로 '구약'이다. 구약성경이 디모데에게는 예수님을 향한 믿음을 갖도록 할 뿐 아니라 제자요, 칭찬받는 자로 변하도록 한 것이 분명하다. 이런 점에서 디모데후서에서 바울이 "모든 성경은 하나님의 감동으로 된 것으로 교훈과 책망과 바르게 함과 의로 교육하기에 유익하니 이는 하나님의 사람으로 온전하게 하며 모든 선한 일을 행할 능력을 갖추게 하려 함이라"(딤후 3:16~17)라고 쓴 것은 매우 적절해 보인다. 하지만 디모데가 '제자'요, '칭찬받는 자'가 될 수 있었던 데는 또 다른 이유가 있다.

디모데, 바울을 만나다

두 번째는 그가 사도 바울을 만났기 때문이다. 바울이 디모데를 동역자로 부른 곳이 바울의 2차 전도여행 때 들린 루스드라였다. 이때 이미 디모데는 '제자'로 불리고 있었다. 그렇다면 디모데는 언제 제자가 됐을까? 바울의 1차 전도여행을 기록한 사도행전 14장을 보면, 바울이 루스드라를 방문해 복음을 전한다. 이때 제자들이 많이 생겨났는데, 디모데도 그 가운데 있었음이 틀림없다.

"복음을 그 성에서 전하여 많은 사람을 제자로 삼고 루스드라와 이고니온과 안디옥으로 돌아가서 제자들의 마음을 굳게 하여 이 믿음에 머물러 있으라 권하고…"(행 14:21~22). 그러므로 디모데가 '제자'요, '칭찬받는 자'가 됐던 것은 바울을 만나, 그를 통해 복음을 들었기 때문이다. 그러기에 바울은 디모데전·후서에서 디모데에게 십자가 복음을 반복해 강조할 수 있었고(딤전 1:3~20, 2:5, 6:3; 딤후 1:10, 2:8~13 등), '내게 들은 바' 혹은 '네게 부탁한 아름다운 것'(딤후 1:13~14), 곧 복음을 전파하기 위해 고난을 받으라고 도전할 수 있었다. 디모데는 이 도전을 받아들여 복음과 함께 고난을 받는 '그리스도 예수의 좋은 병사'(딤후 2:3)로 섰던 것이다. 갈라디아, 드로아, 빌립보, 데살로니가, 베뢰아 등의 지역을 전도하며 교리를 세웠고, 어려운 일을 겪어도 바울의 곁을 지켰다. 바울은 디모데에게 인생을 변화시킨 스승이자 아버지였던 것이다. 바울 역시 디모데를 '귀하고 신실한 아들' '사랑하는 아들'이라고 표현했다.

디모데, 교회를 만나다

바울이 디모데를 교회로 파송했을 때는 떨어져 있어야만 했다. 디모데는 데살로니가교회, 고린도교회, 빌립보교회 등으로 보내졌다. 초대 교회 당시 새로 시작되는 교회들은 여러 가지 어려운 점들이 있었다. 이럴 때 디모데의 역할이 매우 컸다. 사실 디모데는 이런 일을 맡기에 건강이 좋지 않았고, 나이도 어렸으며, 성격도 매우 내성적이고 소극적이었다. 즉 디모데는 이런 상황에 대한 부담감이 컸음에도 언제나 바울의 요청에 순종했고, 최선을 다해 자신의 역할을 감당해냈다. 디모데는 바울이 로마 감옥에 갇혔을 때, 바울의 뒤를 이어 에베소의 감독이 됐다. 바울이 순교한 이후 AD 1세기 경 디모데 역시 순교했다고 전해진다. 인생에 있어 '누구를 만나 어떤 교육을 받고 무엇을 경험했는가?'는 매우 중요하다. 디모데는 믿음이 견고한 어머니를 만나고, 이후 바울을 만남으로 인해 뛰어난 사역자가 될 수 있었다. 우리는 디모데를 통해 말씀의 중요성과 영적 지도자의 필요성을 재확인하게 된다. 복음은 반드시 사람, 그리스도의 제자 된 믿음의 사람을 통해 또 다른 사람들에게 전해진다. 교회는 바울과 디모데처럼 복음을 받고, 전하는 일꾼들을 통해 앞으로도 세워지고 이어질 것이다.

창 세 기 　 전 도 서 　 마 태 복 음
　 　 　 아 모 스 　 바 울 　 잠 언
　 　 　 　 노 아 　 마 리 아 　 　
엘 림 　 여 호 수 아 　 　 　 길 갈
세 례 요 한 　 시 편 　 벳 세 다 　
　 　 학 개 　 루 스 드 라 　 　 　
　 　 빌 립 보 서 　 　 　 　 　 　
　 에 돔 　 　 　 요 엘 　 블 레 셋
욥 　 　 　 다 니 엘 　 　 　 　 　
　 　 솔 로 몬 　 　 시 온 산 　 　
예 루 살 렘 　 디 도 서 　 이 삭 　
홍 해 　 에 네 글 라 임 　 　 요 나

3부
성서지리

성서지리
part 1

약속의 땅을 찾아서

갈릴리호수

이스라엘

지중해

세겜 ● ● 길갈
● 여리고

블레셋

● 라암셋

● 마라

시내반도

나일강

홍해

아름답고 물이 풍부한 세겜

"아브람이 그의 아내 사래와 조카 롯과 하란에서 모은 모든 소유와 얻은 사
람들을 이끌고 가나안 땅으로 가려고 떠나서 마침내 가나안 땅에 들어갔
더라 아브람이 그 땅을 지나 세겜 땅 모레 상수리나무에 이르니 그때에 가
나안 사람이 그 땅에 거주하였더라"(창 12:5~6)

세겜의 뜻은 '(산)등성이, 비탈' 등이다. 4세기 기독교 역사가 유세비우스 이래 이
성읍의 명칭은 하몰의 아들 세겜(창 33:18~19)에서 유래됐다고 생각했다. 그러나
근래에는 지리적인 위치와 지형에서 왔다고 보고 있다. 왜냐하면 이곳은 그리심
산과 에발 산 사이에 있어 하나의 산등성이로 생각할 수 있기 때문이다. 오늘날
에는 로마시대부터 '새로운 도시'라는 뜻의 나블러스(Nablus)라고 불린다.

　세겜은 예루살렘 북쪽 63km 지점의 중앙 산악지대에 있는 대표적인 성읍이
다. 북쪽에는 저주의 산이라 불리는 에발 산(940m)이 있고, 남쪽으로는 축복의
산이라 불리는 그리심 산(881m)이 있다. 옛날부터 이스라엘의 중간 산간 지방에
서 요단 강 쪽과 지중해 쪽을 연결하는 길이 세겜을 통과했다. 왜냐하면 이 근방
에 우물이 많기 때문이다. 세겜은 중앙 팔레스타인에서 아름답기로 유명한 곳이
다. 믿음의 조상 아브라함은 가나안 땅에 처음 들어왔을 때, 이 세겜에 있는 모
레의 상수리나무(NIV에는 큰 나무) 밑에서 하나님의 복을 받았다(창 12:5~9).

　야곱은 밧단 아람에서 돌아올 때 하나님과의 약속을 어기고(창 28:19~22) 벧엘
로 직행하는 대신 세겜에 머물렀다가 딸 디나가 세겜 추장에게 강간을 당했다.
이후 야곱은 세겜 땅을 요셉에게 주었고, 요셉은 애굽에서 죽을 때 자신의 유골
을 고국에 묻어 달라고 유언했다(창 50:25~26). 이에 따라 모세가 출애굽할 때 메
고 나온 요셉의 유골을 여호수아가 이곳에 묻었는데(수 24:32), 이는 야곱의 우물
이 있는 곳에서 북쪽으로 200m 지점에 위치한다. '내가 세겜을 나누며'(시 60:6)
라는 말씀은 하나님께서 물이 많은 세겜을 이스라엘 백성에게 주시겠다는 의미
다. 하나님은 오늘 우리에게도 세겜과 같이 좋은 것을 주시길 원하신다.

고센 지역의 국고성 라암셋

"감독들을 그들 위에 세우고 그들에게 무거운 짐을 지워 괴롭게 하여 그들에게 바로를 위하여 국고성 비돔과 라암셋을 건축하게 하니라"(출 1:11)

라암셋은 애굽의 나일 강 하류 델타 동북부에 있던 삼각주의 중앙 부분 성읍으로 '람세스의 땅'이란 뜻이다. 성경에는 이스라엘 백성의 노역을 통해 세워진 일종의 국고성으로 언급하고 있다(출 1:11). 그 후 소안(Zoan, 민 13:22), 타니스(Tanis)라고 불렸는데, 소안은 '낮은 땅'이란 뜻이다.

일반적으로 산 엘 하가르를 성경의 소안, 곧 라암셋으로 본다. 산 엘 하가르는 아브라함 당시에 존재했던 헤브론보다 7년 뒤에 세워진 고대 도시로(민 13:22), 이곳에서는 이집트 제6대 왕조의 유적들이 발견됐다. 현대 학자들은 이곳을 BC 180~1550년에 시리아 팔레스타인 지역에 살던 사람들인 힉소스 통치자들의 수도로 보고 있는데, 실제로 이곳에서 힉소스 족의 유적들이 발견됐다.

라암셋은 가나안에서 이주해 온 야곱의 가족들이 거주했던 곳인데 요셉 사후 얼마간의 세월이 지난 후, 이스라엘 민족의 고역을 통해 이집트의 국고성이 건설된 곳이다(출 1:11). 그리고 후에 이스라엘 민족이 모세의 인도로 애굽을 탈출할 때 출발 지점이 되기도 했다(출 12:37; 민 33:3~5).

이집트의 자료에 의하면 라암셋은 라암셋 2세가 창건하고, 자신의 이름을 따라 명명했다고 한다. 테베(룩소, 노아몬)가 고대 이집트의 남쪽 수도라면, 라암셋은 2세기 동안 북쪽의 수도로 바로가 주로 거처하던 곳이다. 고대에는 선박들을 위한 항구가 발달하는 등 활기찬 성읍이었다.

현재 이곳은 여러 개의 오벨리스크가 남아 있지만, 지하수의 분출로 인해 본격적인 발굴이 이뤄지지 않고 있다. 특히 이곳에는 라암셋 2세의 오벨리스크를 비롯해 시삭과 오소콘의 무덤이 있으며, 벽돌의 흔적이 남아 있어 이스라엘 백성의 고역을 짐작하게 한다.

모세가 던져지고 건져진 나일 강

"그 여자가 임신하여 아들을 낳으니 그가 잘생긴 것을 보고 석 달 동안 그를
숨겼으나 더 숨길 수 없게 되매 그를 위하여 갈대 상자를 가져다가 역청과
나무 진을 칠하고 아기를 거기 담아 나일 강가 갈대 사이에 두고"(출 2:2~3)

이집트 북부 지역은 연중 강우량이 100ml 정도도 안 되는 곳이지만, 나일 강이
흘러 가장 비옥한 곳이다. 그래서 나일 강은 '신이 이집트에 내린 선물'이라고 한
다. 이집트의 젖줄과 같은 이 강은 상류 지역에서 청나일 강과 백나일 강이 합류
한 후, 다시 다른 몇 개의 지류와 합쳐지면서 지중해로 흘러든다. 중하류 지역은
비가 거의 오지 않지만, 상류 지역은 많은 비가 내려 엄청난 양의 흙탕물이 하류
로 흘러들기 때문에 하류의 삼각주에 충적토가 쌓여 옥토를 형성한다.

그래서 구약시대 때 팔레스타인 지역의 극심한 가뭄에도 불구하고, 이집트는
기근을 모면할 수 있었다. 이는 아브라함이 가뭄을 피해 애굽으로 내려간 것과
애굽이 요셉 때 7년간의 가뭄을 버틸 수 있었던 것에서 잘 알 수 있다. 따라서
이집트 국민들은 나일 강을 신처럼 섬기며, 이 강을 주관하는 신의 이름인 '하
피'라고 불렀다고 한다. 그러나 지금은 아스완 댐 건설로 인해 나일 강이 범람하
지 않고 충적토도 쌓이지 않아, 삼각주의 옥토 면적은 점차 줄어들고 있다.

나일 강이 성경에 처음 언급된 것은 애굽 왕의 꿈 내용에서다(창 41:1~4, 17~21).
또한 애굽의 새 왕이 일어나 이스라엘 민족의 번성을 두려워해 아들을 낳으면
나일 강물에 던져 죽게 했는데(출 1:22), 이때 모세는 어머니에 의해 강물에 떠워
졌으나 바로의 딸에 의해 건져졌고, 애굽의 왕자로 자라게 된다(출 2:1~10).

나일 강의 풍요로움을 보면서 이런 좋은 환경에서 살았던 이스라엘 백성을 출
애굽시켜 가나안 땅으로 인도하신 하나님의 섭리가 무엇인지를 곰곰이 생각해
봤다. 자연적 환경이 좋다고 해서 영적으로도 복된 장소인 것은 분명 아니다. 그
런 의미에서 가나안은 하늘에서 내리는 비를 의지해 살아가야 하는 땅이었지만,
하나님만을 의지할 수 있는 곳이기에 진정 복된 장소였던 것이다.

블레셋 사람의 길과 홍해의 광야 길

"바로가 백성을 보낸 후에 블레셋 사람의 땅의 길은 가까울지라도 하나님
이 그들을 그 길로 인도하지 아니하셨으니 이는 하나님이 말씀하시기를 이
백성이 전쟁을 하게 되면 마음을 돌이켜 애굽으로 돌아갈까 하셨음이라"
(출 13:17)

출애굽한 이스라엘이 약속의 땅 가나안으로 가는 일반적인 방법은 당시 세 가
지가 있었다. 첫 번째는 가장 빠른 길로 지중해 변두리를 따라가는 소위 '블레
셋 사람의 길'(출 13:17)이고, 두 번째는 고센 지방에서 술(수르) 광야 중심부를 통
과해 가나안 남부의 중앙으로 가는 길이며, 세 번째는 온(On)을 떠나 수에즈
만의 북단을 거쳐 시나이 반도의 중앙부를 통과해 아카바 만으로 직행하는 길
이다.

그러나 이스라엘은 위와는 전혀 다른 경로로 출애굽했다. 성경은 그 길을 '홍
해의 광야 길'(출 13:18)이라고 기록했다. 하나님께서는 왜 가장 쉽고 빠른 길로 이
스라엘 백성을 인도하지 않으시고, 멀고 험한 홍해 광야 길로 인도하셨을까? 홍
해 광야 길은 불 기둥과 구름 기둥이 없으면 도저히 이스라엘 백성이 40년을 지
낼 수 없는 광야다. 인간의 그 어떤 노력으로도 살 수 없는 곳이 광야(사막)요, 하
나님만을 전적으로 의지할 수밖에 없는 훈련의 장소가 광야이기에 이곳으로 인
도하신 것이다.

본문 말씀처럼 이스라엘 백성을 블레셋 사람의 땅의 길이 아닌 홍해 광야 길
로 인도하신 하나님께서는 택한 백성이 천국으로 상징되는 약속의 땅, 곧 젖과
꿀이 흐르는 땅으로 들어갈 자격을 충분히 갖춘 백성이 되게 하기 위해 홍해 광
야 길로 인도하셨다.

이스라엘을 홍해 광야 길로 인도하신 하나님께서는 오늘날도 때때로 우리를
광야에서 훈련시키신다. 세상을 넉넉히 이길 수 있는 믿음의 용사로 자라나, 하
나님 나라로 들어가게 하시기 위해서 말이다.

이스라엘이 육지같이 건넜던 홍해

"모세가 바다 위로 손을 내밀매 여호와께서 큰 동풍이 밤새도록 바닷물을
물러가게 하시니 물이 갈라져 바다가 마른 땅이 된지라"(출 14:21)

출애굽한 이스라엘이 가나안으로 가는 여정 중에 첫 번째로 겪게 된 하나님의
시험은 홍해에서였다. 하나님께서는 이스라엘 백성을 홍해와 바로의 군대 사이
에 놓이게 하시고, 그들이 어떤 태도를 보이는지를 주목하셨다.

오늘날 이스라엘이 건넌 홍해는 학자마다 의견이 다르다. 시내 산이 사우디아
라비아에 있다고 주장하는 경우, 이스라엘이 건넌 홍해는 아카바 만에 있는 홍
해를 말한다. 그러나 그곳은 바로가 라암셋에서 병거를 이끌고 추적하기에 버스
로도 8시간 이상 걸리는 너무 먼 거리인데다 사막이다.

이외에도 여러 찬반 논란이 있으나 지금까지 정통적으로 주장하고 있는 견해
는, 지금은 호수가 된 수에즈 만 홍해 북쪽인 오늘날의 빅터 호수로 보고 있다.
고대의 홍해는 인도양과 페르시아 만까지 포함했지만, 지금의 홍해는 아프리카
와 아라비아를 분리시켜 내포(內浦)로만 한정했다. 홍해는 길이가 2,400km가 되
며, 아프리카와 아라비아 반도를 나누고 있다.

이 중에 시나이 반도를 중간에 두고 북쪽으로 뻗은 두 개의 만이 있다. 하나
는 약 208km인 시나이 반도 서쪽의 수에즈 만이고, 다른 하나는 길이 약 144km
인 시나이 반도 동쪽의 아카바 만이다. 시나이 반도 남쪽 끝에서 합쳐진 홍해는
아덴 만과 아라비아 해를 통해 인도양으로 뻗어나간다. 출애굽한 이스라엘 백성
이 기적으로 건넌 홍해는 수에즈 만 쪽의 홍해이며, 솔로몬이 배를 건조하고 스
바 여왕이 올라온 곳은 오늘날 엘랏 항구가 있는 아카바 만의 홍해다.

우리의 삶도 홍해 앞의 이스라엘 백성처럼 사람으로서는 해결할 길이 없는 사
면초가의 상황에 놓일 때가 있다. 그러나 하나님께서 우리에게는 보이지 않는 길
을 예비해 놓고 계시다는 사실을 믿음의 눈으로 바라보자.

쓴물을 단물로 바꾼 마라

"모세가 홍해에서 이스라엘을 인도하매 그들이 나와서 수르 광야로 들어가
서 거기서 사흘 길을 걸었으나 물을 얻지 못하고 마라에 이르렀더니 그곳
물이 써서 마시지 못하겠으므로 그 이름을 마라라 하였더라"(출 15:22~23)

마라는 출애굽한 이스라엘 백성이 홍해를 건넌 후, 수르 광야를 거쳐 3일 만에
도착한 곳이다. 그러나 이곳의 물이 써서 마시지 못하자, 그들은 하나님과 모세
를 원망했다. 그때 모세가 여호와께 기도드리고 계시를 받아 한 나뭇가지를 물
에 던졌더니 물맛이 변해 달게 됐다는 곳이다(출 15:22~25; 민 33:8).

우리가 잘 알듯이 마라의 뜻은 '쓰다, 쓴맛, 슬픔' 등이다. 오늘날 성경학자들
은 옛날의 마라 지역을 오늘의 아윤 무사(Ayun Musa)라고 추측하고 있다. 이곳은
홍해(수에즈 해저 터널)에서 30km 지점에 위치하는데, 이집트 말로 '아윤'은 우물
이란 뜻이다. '무사'는 모세를 말하는 것이므로, 곧 '모세의 우물'이라는 의미를
갖고 있다.

지금 '모세의 우물'로 불리는 이곳에는 베두인들의 우물이 있으며, 오아시스
지역에는 모래벌판에 대추야자나무들이 많이 자라고 있다. 그러나 이보다 남쪽
인 수에즈 남동쪽 75km, 홍해에서 동쪽으로 11km 떨어진 아인 하와라(Ain Ha-
wara, Ein Hawara)로 보기도 한다.

마라는 대개의 성지순례 코스에 빠지지 않는 장소다. 이곳에 오면 쓴물을 단
물로 바꾼 후 이스라엘 백성에게 마시게 하신 하나님께서 "나는 너희를 치료하
는 여호와"라고 자신을 소개하신 말씀(출 15:26)이 떠오른다.

여호와 하나님께서는 쓴물을 단물로 바꾸듯이, 우리가 인생의 쓴 자리에 있
을 때 그것을 달콤한 인생으로 바꾸시는, 인생을 치료하는 하나님이시다. 그러므
로 우리가 인생의 쓴 자리에 있을지라도 하나님께서는 육신의 질병뿐 아니라 영
혼의 질병도 치료하시며, 더 나아가 인생 자체를 치료하시는 하나님이심을 믿어
야 한다.

물 샘과 종려나무가 있는 엘림

"그들이 엘림에 이르니 거기에 물 샘 열둘과 종려나무 일흔 그루가 있는지
라 거기서 그들이 그 물 곁에 장막을 치니라"(출 15:27)

엘림은 출애굽한 이스라엘 백성이 홍해를 건넌 후 진을 친 곳(출 15:27; 민 33:9~10)
이다. 샘물 열두 곳과 종려나무 일흔 그루가 있었다고 기록돼 있다. 엘림으로 추
정되는 곳은 오늘날 와디 가란달(Wd. Gharandal)로, 마라와는 비교적 가까운 곳
이다.

수에즈에서 남쪽으로 90km 떨어진 이곳에는 오늘날에도 와디를 따라 많은 종
려나무가 자라고 있으며, 몇몇 가구가 우물을 파서 식수로 사용하며 살고 있다.
특히 만나가 처음 내린 엘림으로 주장되는 이곳 와디 가란달에는 오늘날 현지인
들에 의해 '마나(만나)'라고 부르는 나무가 자라고 있다. 이 나무 열매는 깟씨(출
16:31)와 비슷해 만나가 내렸다는 성경의 사건을 연상케 한다.

엘림(와디 가란달)에서부터 신 광야가 시작되는데, 하나님께서는 신 광야에서
만나를 내려 주셨다. 엘림의 뜻은 '큰 나무'로, 이곳에 종려나무 일흔 그루가 있
었다는 성경 기록과도 일치되는 말이다. 실제로 이곳 와디(우기 때만 흐르는 계곡)
에는 수 킬로미터에 걸쳐 종려나무가 자라고 있다.

엘림은 마라에서와 같이 광야에서 인도하시는 하나님을 만날 수 있는 곳이다.
그리고 하나님은 하나님 나라로 상징되는 가나안을 향해 광야와 같은 여정을
가는 천국 백성들에게 때때로 엘림과 같은 사막의 오아시스를 준비해 주시는 분
이다. 또 엘림은 광야의 여정을 가는 이스라엘 백성에게 사람이 경작하지 않은
하늘의 떡을 내린 곳이기도 하다.

동시에 광야는 천국 백성의 훈련의 장이다. 광야는 모든 것을 하나님께서 주
셔야 생존할 수 있는 곳이기에 광야의 훈련은 하나님을 전적으로 의지하게 하
시는 훈련이다. 이 훈련을 마친 자만이 천국으로 상징되는 가나안에 들어갈 수
있다.

이스라엘의 가나안 전초기지 길갈

"첫째 달 십일에 백성이 요단에서 올라와 여리고 동쪽 경계 길갈에 진 치매"
(수 4:19)

길갈은 여리고와 요단 강 사이에 위치한다고 밝혀져 있지만, 정확한 위치는 여리고 남동쪽과 여리고 동북쪽으로 주장된다. 유세비우스는 길갈이 여리고에서 북동쪽으로 3km에 있다고 보고 있다.

고대 순례자들 중에는 이곳에서 12개의 돌 기념비를 봤다고 언급하는 사람들도 있다. 요르단의 메드바 지도에는 12개의 기념비를 여리고 북쪽에 나타내고 있으며, 이곳은 오늘날 키르벳 엘 메프질(Kh. el-Mefjir, el-Mafjar)로 알려져 있다.

여호수아 4장 19절에 보면 길갈은 여리고 동편 지경에 있다고 했다. 요단 강에서 길갈까지는 10km 정도, 길갈에서 여리고까지 약 3.5km 정도 지점으로 볼 때 현재 이곳은 텔 엔 니틀라로 추정된다. 또 역사가 요세푸스는 이스라엘인들이 요단을 건너던 곳으로부터 길갈까지는 10km 정도이고, 여리고에서부터는 2km에 있는 알 마그타스로 봤다.

길갈은 이스라엘 백성이 가나안 땅에 들어가 처음 진을 친 곳인데, 요단 강에서 취한 12개의 돌로 무더기를 쌓아 기념비를 세웠다(수 3~4장; 미 6:5). 가나안 정복을 위한 전초기지인 이곳 길갈에서 이스라엘 백성은 할례를 행하고 유월절을 지켰다(수 5:2~12). 가나안 정복 후에는 베냐민 지파의 성읍이 됐고, 가나안 정복 및 초기 시대에 정치, 군사, 종교의 중심지였다.

길갈은 또 선지자 사무엘이 매년 순회하던 성읍 중의 하나였다(삼상 7:16). 사울은 이곳에서 왕이 됐고(삼상 11:14~15), 또 배척도 받았다(삼상 13:8~15). 아모스 선지자는 "길갈에 가서 죄를 더하며…"(암 4:4)라고 했고, 호세아 선지자는 "그들의 모든 악이 길갈에 있으므로"(호 9:15)라며 길갈의 죄악을 지적했다. 세월이 지나면 하나님의 역사와 은혜를 잊기 쉽다. 특별히 형통할 때 고난 중에 베푸신 하나님의 은혜를 잊지 않기 위해 기념비를 세운 길갈의 사건을 늘 기억해야 하겠다.

이스라엘이 첫 번째로 점령한 여리고

"여호와께서 여호수아에게 이르시되 보라 내가 여리고와 그 왕과 용사들을
네 손에 넘겨 주었으니"(수 6:2)

여리고는 '종려나무의 성읍'으로도 불린다(신 34:3; 삿 3:13). 현재의 명칭도 여리고
이며, 여전히 종려나무가 많다. 그러나 거의 1만 년 가까운 역사를 지닌 곳이기
때문에 도시의 위치도 각각 세대를 따라 다른 장소가 세 곳이나 있다.

구약시대 여리고의 폐허인 텔 에스 술탄(T. es-Sultan)은 팔레스타인 최대의 샘
이 있는 에인 에 술탄(Ein e-Sultan)의 수원 가까이 있다. 이는 엘리사의 샘이라고
도 한다(왕하 2:21).

또 하나의 여리고는 와디 켈트로 신약시대의 여리고 또는 헤롯의 여리고인데,
현재의 여리고 시로부터 남쪽으로 1.6km 지점에 있는 툴룰 아브 엘 아라이크다.
이곳에는 헤롯의 고고학적인 흔적이 남아 예수님 당시에는 장대한 도시였음을
보여 주고 있다. 마지막으로 현대의 여리고는 작은 언덕들로 둘러싸인 소도시이
다. 큰 건물은 별로 없고, 종려나무숲 사이에 흙벽돌로 지은 집들이 있다.

여리고는 BC 8000년경 사람이 살았던 흔적이 남아 있으며, BC 7000년경에
는 4ha의 면적에 2,500~3,000명 정도의 도시 생활이 시작됐다(일반 고고학 견해).
이후 여리고는 이스라엘 민족이 광야생활 40년을 지내고 가나안에 입성하려 할
때, 여호수아에 의해 처음 공격을 당해 하나님의 역사로 함락됐다.

여호수아는 "여리고 성을 건축하는 자는 여호와 앞에서 저주를 받을 것이라"
(수 6:26)고 예언했는데, 아합 왕 때 이 성을 건축한 벧엘 사람 히엘은 예언대로 장
자와 차자를 잃었다(왕상 16:34).

여리고 성을 방문할 때마다 빠짐없이 보는 것이 BC 7000년경의 돌로 된 망대
다. 이것을 볼 때마다 여리고 성의 견고함에 놀라며, 사람은 할 수 없지만 하나님
께서는 하실 수 있음을 다시 한 번 확인하게 된다.

성서지리
part 2

왕이신 하나님을 바라보며

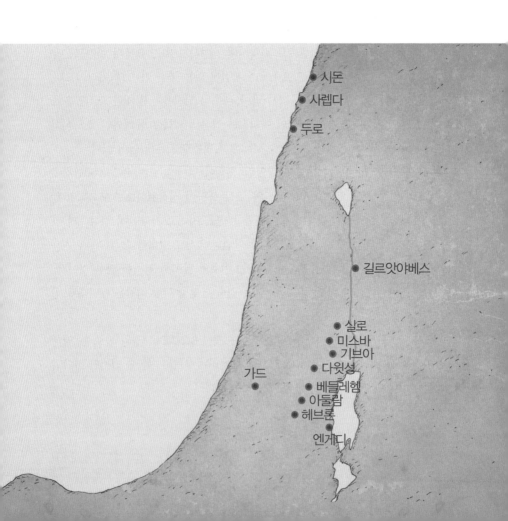

나오미의 고향 베들레헴

"나오미가 모압 지방에서 그의 며느리 모압 여인 룻과 함께 돌아왔는데 그
들이 보리 추수 시작할 때에 베들레헴에 이르렀더라"(룻 1:22)

룻기는 사사시대에 살았던 룻이라는 한 여인의 이야기다. 사사시대에 가나안 땅
에 큰 흉년이 들자, 베들레헴에 사는 엘리멜렉과 그 아내 나오미는 두 아들과 함
께 고향인 베들레헴을 떠나 요단 강 동쪽에 있는 이국땅인 모압 땅으로 이주해
갔다.

그들은 그곳에 사는 동안 이방여인들을 두 아들의 며느리로 삼았는데, 불행하
게도 두 아들인 말론과 기룐 모두 죽고 말았다. 그리고 남편 엘리멜렉도 죽고, 결
국 나오미는 졸지에 홀로 살아야 하는 비참한 처지가 됐다.

나오미가 살던 곳은 오늘날 요르단의 아르논 강 남쪽 근교에 있다. 성경에 나
오는 왕의 대로를 따라 남쪽 아카바에서 북상하다 보면, 아르논 골짜기를 만나
게 된다. 그 근처에 나오미가 살았다는 들판이 왼쪽으로 펼쳐져 있다. 이곳을 지
나갈 때면 나오미라는 한 여인의 기구한 운명을 생각하며, 결국 그를 통해 이루
신 하나님의 구속의 섭리를 묵상하곤 한다.

그녀는 며느리 룻과 함께 고향인 베들레헴으로 다시 돌아와 살게 된다. 그러
면서 룻으로 하여금 보아스와 재혼하도록 하는 데 큰 역할을 한다. 룻은 보아스
를 통해 오벳을 낳았고, 오벳은 이새를 낳았으며, 이새는 다윗을 낳았으니, 이방
여인인 그녀가 다윗의 후손으로 오신 예수 그리스도의 조상이 된 것이다. 이런
구속의 역사가 담겨 있는 베들레헴에는 예수께서 탄생한 교회가 있고, 목자들의
들판교회와 룻이 보리 이삭을 주웠던 보아스의 들판 지역이 있다.

오늘날 베들레헴은 팔레스타인 자치지구로, 이스라엘 국내 정세에 따라 방문
하는 데 제약을 받기도 한다. 그러나 베들레헴을 방문할 때마다 이방 여인을 통
해 이루신 하나님의 구속 역사와, 예수님을 통해 인류 구원을 이루신 하나님의
놀라운 구원을 바라보게 된다.

한나가 서원기도한 곳, 실로

"그들이 실로에서 먹고 마신 후에 한나가 일어나니 그때에 제사장 엘리는
여호와의 전 문설주 곁 의자에 앉아 있었더라 한나가 마음이 괴로워서 여
호와께 기도하고 통곡하며 서원하여 이르되…"(삼상 1:9~11)

실로는 오늘날 벧엘 북동쪽 16km 지점, 예루살렘 북쪽으로 약 30km 지점에 위
치한 키르벳 세일룬(Kh. Seilun)으로 가나안 중심부에 있다. 이곳은 1978년에 건
설된 유대인 정착촌으로, 고대 실로(세일룬) 동쪽 험준한 언덕 위에 실로라는 이
름으로 자리 잡고 있다. 곧 옛 아랍 마을인 세일룬은 고대 실로의 자리와 신도시
맞은편 골짜기 남부에 위치하는데, 아랍인들은 그 골짜기를 '축제의 골짜기'라
는 뜻의 마르즈 엘 이디(marj el-Id)라고 부른다.

이스라엘 백성은 출애굽 후, 가나안에 들어와 최초로 이곳에 성막을 세웠다. 실
로는 여호수아 때부터 사무엘 때까지 3세기 동안 소위 '영웅 속출 시대'라고 할
만큼 기드온, 삼갈, 입다 등이 나와 이스라엘을 다스린 곳이다. 게다가 법궤와 성
막이 이곳에 있었기에 여호와께 경배를 드리는 매우 중요한 장소가 됐다(삼상 1:3).

한나는 엘가나와 결혼했으나 자식이 없어 또 다른 아내인 브닌나로부터 크게
괴롭힘을 당했다. 그때 한나는 실로에 올라가 서원기도를 올렸다.

"…만군의 여호와여 만일 주의 여종의 고통을 돌보시고 나를 기억하사 주의
여종을 잊지 아니하시고 주의 여종에게 아들을 주시면 내가 그의 평생에 그를
여호와께 드리고 삭도를 그의 머리에 대지 아니하겠나이다"(삼상 1:11).

하나님은 그런 한나의 기도를 들으시고 사무엘을 주셨다. 사무엘은 젖을 뗀
후부터 실로에 있던 엘리 제사장 밑에서 자랐다(삼상 1:20~28). 사무엘은 이스라엘
이 신정에서 왕정으로 가는 과도기에 핵심 역할을 한 영적 지도자로서, 지도자
의 영향력이 얼마나 중요한지를 알려 준다. 오늘날 예수를 믿는 한 사람 한 사람
이 믿지 않는 자들에게 영적 생명을 주는 영향력 있는 자가 되기를 소망하며 그
곳에서 내려왔다.

빼앗긴 법궤가 잠시 머물렀던 곳, 가드

"이에 사람을 보내어 블레셋 사람들의 모든 방백을 모으고 이르되 우리가
이스라엘 신의 궤를 어찌하랴 하니 그들이 대답하되 이스라엘 신의 궤를
가드로 옮겨 가라 하므로 이스라엘 신의 궤를 옮겨 갔더니"(삼상 5:8)

이스라엘 남쪽 해안 평야지대 언저리에 있는 가드는 아스돗 동쪽 20km 지점
에 있는 텔 에스 사피(T. es-Saphi)와 텔 사피로부터 남쪽으로 약 11km, 아스글론
동남쪽 약 24km 지점에 있는 텔 세이크 아메드 엘 아레이니(T. Sheikh Ahmed el
Areini) 두 곳으로 주장되고 있다.

　가드는 에그론, 가사, 아스돗, 아스글론과 함께 블레셋 펜타폴리스의 하나(수
13:3)로, 거인족인 아낙 사람들이 살고 있었다(수 11:22). 빼앗긴 법궤가 아스돗에
서 이곳 가드로 옮겨진 후 법궤로 인해 독한 종기가 사람들에게 임하자 법궤는
에그론으로 보내졌다(삼상 5:6~10).

　다윗의 물맷돌에 맞아 죽은 거인 골리앗도 이 성 사람이며(삼상 17:4), 기타 용
사들도 거인족의 후예로 가드 사람이라고 불려졌다(삼하 21:15~22). 다윗은 사울
을 피해 가드로 도망했으나(삼상 21:10~15), 이곳 사람들이 받아주지 않자 아기
스를 심히 두려워해 일부러 미친 체하고 위기를 벗어난 후 이곳을 떠났다(삼상
21:10~22:1). 후에 다윗은 이스라엘의 두 번째 왕이 된 후 가드를 점령해 그의 지배
권 아래 두었다. 솔로몬 때에는 예루살렘과 소통이 활발했으나, 이스라엘이 남북
으로 분열된 후 남쪽의 르호보암에 의해 요새화됐다(대하 11:8~11).

　이곳 정상에는 골리앗의 무덤이 있고, 사방으로 블레셋 평원이 보인다. 이스라
엘이 법궤를 가지고 나가 싸웠음에도 불구하고 패한 일이나, 블레셋이 법궤를 빼
앗아 이 지역으로 가져왔을 때 다곤 신이 부서지고 독종의 재앙이 일어난 사건
에서 우리의 신앙이 단순히 법궤를 믿는 것과 같은 미신적인 신앙에 빠져서는
안 된다는 교훈을 얻는다.

사울이 왕으로 선택된 곳, 미스바

"사무엘이 백성을 미스바로 불러 여호와 앞에 모으고…사무엘이 모든 백성
에게 이르되 너희는 여호와께서 택하신 자를 보느냐 모든 백성 중에 짝할
이가 없느니라 하니 모든 백성이 왕의 만세를 외쳐 부르니라"(삼상 10:17, 24)

성경에서 미스바라는 지명이 사무엘서를 포함해 다섯 군데에서 각기 다른 곳으
로 언급된다(창 31:49; 수 11:3; 삿 10:17). 그중에서도 가장 유명한 곳이 바로 사무엘
이 사울을 왕으로 뽑은 베냐민 지파에 속한 미스바다(삼상 7:5).

베냐민 지파의 미스바 위치는 여러 곳이 주장되는데, 그중에 예루살렘에서 북
쪽으로 7.5km 지점에 소재한 오늘의 네비 삼윌(Nebi Samwil)과 예루살렘에서 멀
지 않은 곳에 있는 텔 엔 나스베(T. en-Nasbeh)의 둔덕이다. 텔 엔 나스베는 소위
족장길을 따라 생긴 예루살렘 북쪽 12.8km 지점, 오늘날 라말라 남쪽 외곽지에
있는데, 이곳은 구약에서 대로가 지나는 간선도로에 있다. 이곳을 중심으로 남
서쪽으로는 기브온이, 북동쪽으로는 벧엘이 있다.

사면이 가파른 내리막길로 된 이곳은 발굴을 통해 성경의 미스바 역사와 잘
부합되는 곳으로 밝혀졌다. 이곳에서 여로보암 1세와 르호보암 사이에, 그리고
아사(남 왕국 BC 912~871년)와 바아사(북 왕국) 사이에 오랜 반목이 계속되는 동안
유대인들이 방어를 위해 구축했던 두 개의 성벽이 발견됐다.

미스바는 사무엘이 백성을 다스린 곳이며(삼상 7:5~17:10, 17~24), 사울은 이곳에
서 왕위에 올라 백성을 다스렸다(삼상 10:17~24). 미스바는 기도와 예배의 장소였
으므로 신령한 성소다(삿 20:21; 삼상 7, 10장). 군사적으로나 정치적으로 매우 중요
한 요지였다(왕상 15:22). 이곳은 예루살렘 함락 후에도 그달리야가 방백이 돼 주
둔했으며(왕하 25:22~24), 바벨론 귀국 후에도 중요 도시가 됐다. 사울은 백성의
환호를 받으며 왕위에 올랐지만, 안타깝게도 하나님에 의해 선택된 자의 삶을 살
지 못해 비극적인 종말을 맞고 말았다.

사울의 고향 기브아

"사울도 기브아 자기 집으로 갈 때에 마음이 하나님께 감동된 유력한 자들
과 함께 갔느니라"(삼상 10:26)

기브아의 뜻은 '언덕', '작은 산'이다. 여호수아 18장 28절에 나오는 기부앗과 동
일 지명이다. 기브아는 사울의 기브아 외에 유다 산지에 있는 오늘날 베이트 임
마르 서북쪽 약 16km 지점에 있는 엘 자바가 있고(수 15:57), 에브라임 산지에 있
는, 엘르아살이 묻힌(수 24:33) 고프나 북쪽 9km 지점의 게바로 알려진 기브아가
있다(유세비우스).

이중 사울의 고향 기브아는 예루살렘 북쪽 약 6km 지점의 오늘날 텔 엘 풀(T.
el Full)이라고 불리는 폐허의 구릉이다. 기브아는 사울의 고향(삼상 10:26)이어서
'사울의 기브아'라고도 부른다. 베냐민 지파 영지였던 이곳은 전망이 매우 좋은
언덕 위에 있다. 이곳은 유다와 에브라임 산지를 통과하는 대로변 옆의 높은 곳
에 있는데(삼상 19:11), 750m의 고지에 있는 이곳은 전략상으로도 매우 중요한 곳
에 위치한 탓에 예루살렘 성이 북쪽에서 공격을 받기 전에 기브아가 먼저 위협
을 받곤 했다(사 10:29, 32).

사울은 이스라엘의 초대 왕으로 세움을 입고 블레셋을 무찌른 후, 미스바가
아닌 이곳에서 나라를 다스렸다(삼상 15:34). 사울의 아들 요나단이 1,000명의 군
사를 거느리고 블레셋과 대결했던 곳 역시 이곳이다(삼상 13:2). 이곳에 사람이 살
기 시작한 것은 BC 12세기경인 것으로 밝혀졌다. 오늘날 이곳 정상에는 요르단
국왕의 별장이 공사가 중단된 채 남아 있으며, 주위에는 발굴 작업 뒤에 방치된
쓰레기들이 쌓여 있다.

"나는 그(다윗)에게 아버지가 되고 그는 내게 아들이 되리니 그(다윗)가 만일
죄를 범하면 내가 사람의 매와 인생의 채찍으로 징계하려니와 내가 네 앞에서
물러나게 한 사울에게서 내 은총을 빼앗은 것처럼 그(다윗)에게서 빼앗지는 아니
하리라"(삼하 7:14~15).

다윗이 골리앗을 죽인 엘라 골짜기

"사울과 이스라엘 사람들이 모여서 엘라 골짜기에 진 치고 블레셋 사람들을
대하여 전열을 벌였으니 블레셋 사람들은 이쪽 산에 섰고 이스라엘은 저쪽
산에 섰고 그 사이에는 골짜기가 있었더라"(삼상 17:2~3)

엘라 골짜기(Va. Elah)는 '상수리나무 골짜기'라는 뜻으로 베들레헴 서남쪽 24km
지점에 있다. 현재는 아랍어로 와디 에스 산트(Wadi es Sant)라 불리는데, 이는 '아
카시아 골짜기'란 뜻이다. 이렇게 불리는 까닭은 단순하다. 예전에는 상수리나무
가 많았고, 현재는 아카시아나무가 많기 때문이다.

상수리나무는 고대 사람들이 신성하게 여기던 나무인데, 바로 그런 장소에서
다윗이 여호와의 이름을 모독하는 블레셋의 골리앗 앞에 당당히 나아가 영광과
존귀를 받아야 할 분은 오직 하나님 한 분이심을 분명히 한 것이다(삼상 17:45).
이처럼 하나님의 존귀하신 이름과 능력을 분명히 드러낸 곳이 바로 이곳 엘라
골짜기다.

이 골짜기는 주위의 다른 세 골짜기가 합쳐져서 만들어졌으며, 골짜기의 너비
는 400m 가량으로 꽤 넓다. 우기에는 물이 제법 흐르지만, 건기에는 물이 전혀
흐르지 않는 이곳에는 작고 둥근 돌들이 많다. 그 옛날 다윗이 이 매끄러운 돌
들 가운데 다섯 개를 주워 그중 하나로 블레셋 가드 사람 골리앗을 쳐서 죽이는
승리를 거둔 것이다(삼상 17:1~54).

두려움에 떨고 있는 이스라엘 백성과 대조적으로 다윗이 골리앗에게 대항할
수 있었던 것은 그가 육신의 눈으로 골리앗을 바라보지 않고, 자신과 함께하시
는 여호와 하나님을 분명히 의지했기 때문이다. 바로 이곳에서 여호와 하나님의
이름이 모욕받는 것을 견디지 못하고 담대히 나아갔던 작은 소년 다윗의 커다란
용기를 되새길 수 있다.

사울을 피해 숨었던 아둘람 굴

"그러므로 다윗이 그곳을 떠나 아둘람 굴로 도망하매 그의 형제와 아버지의 온 집이 듣고 그리로 내려가서 그에게 이르렀고"(삼상 22:1)

아둘람의 뜻은 '격리된 장소', '피난처', '은신처' 등이다. 아둘람의 고대 명칭은 키르벳 이드 엘 마(Kh. Id el-Ma[Miyeh])로서 지금도 이 지명으로 불리고 있다. 아둘람은 예루살렘 남서쪽, 헤브론 북서쪽 16km 지점인 텔 에스 세이커 마드쿠르(T. esh Sbeikh Madhkur)라고 전해진다. 오늘날 현대 이스라엘 지도에는 성경의 기록대로 아둘람 굴로 표기돼 있다.

규모는 그리 크지 않지만 견고한 성읍이었던 아둘람은 야곱 시대에는 가나안인이 살았으며(창 38:1~2), 야곱의 아들 중 유다가 아둘람 여인과 결혼한 후 이곳에서 활동했다. 후에 여호수아에 의해 점령된 뒤에는(수 12:15), 주위에 있는 야르뭇과 소고와 아세가 등과 함께 유다 지파의 분깃이 됐다(수 15:35).

다윗이 도피생활을 할 당시에 이곳은 유다의 영향력 밖에 있었고, 다윗은 종종 이 굴에 몸을 숨겼다(삼상 22:1; 삼하 23:13). 다윗이 아둘람에 있을 때 환난당한 모든 자와 빚진 모든 자와 마음이 원통한 자가 다 그에게로 모였고, 그는 그들의 우두머리가 됐는데 그와 함께한 자가 사백 명가량이나 됐다(삼상 22:2). 다윗은 그들의 용병대장이 됐고, 그들은 후에 직업 군인으로서 다윗의 핵심세력이 된다.

BC 918년 애굽의 파라오 시삭이 유다를 침공하기 전에, 르호보암이 남쪽과 서쪽으로부터 오는 적의 공격을 막기 위해 이 성읍을 더욱 견고히 해 방어선을 구축하기도 했다(대하 11:7). BC 701년에는 산헤립이 점령한 46개의 성채 가운데 하나였으며(왕하 18:13 이하), 바벨론 귀환 이후에 사람들이 이곳에 다시 거주하기 시작했다. 바위로 된 이곳은 성경의 사건을 연상시키는 굴이 지금도 남아 있으며, 수풀로만 덮여 있다. 주위에는 꽤 큰 나무들이 숲을 이루고 있고, 이곳에서 북쪽을 향해 보면 유대인 정착촌인 아데렛이 가까이 보인다.

다윗이 사울을 살려 준 엔게디

"사울이 블레셋 사람을 쫓다가 돌아오매 어떤 사람이 그에게 말하여 이르되
보소서 다윗이 엔게디 광야에 있더이다 하니"(삼상 24:1)

엔게디는 쿰란 남쪽으로 35km 지점에 있는 샘과 이에 딸린 개울의 이름으로,
사해 서쪽에 있는 석회석 벼랑 아래서 약 30톤의 물이 솟아나와 이뤄진 곳이
다. 유대 광야 중에 가장 이상적인 오아시스인 엔게디 근처에는 굴이 많다. 또 약
200m 높이의 엔게디 폭포는 남부 지방의 유일한 폭포이며, 그 부근은 자연보호
지역으로서 뛰어 노는 들짐승들을 쉽게 볼 수 있다.

엔게디는 소금 성읍과 함께 여호수아 15장 62절에 나오며, 역대하 20장 2절,
아가 1장 14절, 에스겔 47장 10절 등에 소개돼 있다. 특히 아가 1장 14절에 "나의
사랑하는 자는 내게 엔게디 포도원의 고벨화 송이로구나"라고 기록돼 있는 것
을 보면 포도가 유명했던 것을 알 수 있다.

다윗은 사울 왕을 피해 도망하던 중 엔게디에 숨었고(삼상 23:29, 24:22), 그 사실
을 안 사람이 사울에게 고자질을 해서 사울이 무려 3천 명이나 이끌고 이곳까지
추격했다. 그러나 사울은 다윗이 숨어 있는 엔게디의 한 굴에서 볼일을 보던 중 오
히려 다윗에게 죽임 당할 위험에 처한다. 하지만 다윗은 사울의 옷자락만을 베었
고, 이에 사울은 양심의 가책을 받아 다윗 쫓기를 그치고 자기 집으로 돌아간다.

엔게디는 BC 3000년 전부터 사람이 살았던 유적이 남아 있는데, 실제로는 그
보다 이전인 청동기시대(BC 5000년)까지 거슬러 올라간다. 당시의 신전과 제단의
유적이 엔게디 샘 위에 세워졌으며, 물과 관련된 의식이 이 신전에서 행해진 증
거를 볼 수 있다.

계곡을 따라 걸으며 북쪽 절벽 사이의 굴을 바라볼 때, 그 옛날 자신을 죽이
려고 끈질기게 추격하는 사울을 죽일 수 있는 기회가 있었음에도 "여호와의 기
름 부음을 받은 자를 죽이는 것은 여호와께서 금하신 것"(삼상 24:6)이라며 죽이
지 않았던 다윗의 됨됨이와 믿음에 다시 한 번 깊은 감동을 받게 된다.

사울을 장사지낸 길르앗 야베스

"길르앗 야베스 주민들이 블레셋 사람들이 사울에게 행한 일을 듣고 모든
장사들이 일어나 밤새도록 달려가서 사울의 시체와 그의 아들들의 시체를
벧산 성벽에서 내려 가지고 야베스에 돌아가서 거기서 불사르고 그의 뼈
를 가져다가 야베스 에셀 나무 아래에 장사하고 칠 일 동안 금식하였더라"
(삼상 31:11~13)

길르앗 야베스는 오늘날 요르단 북부에 있다. 이 길르앗 야베스는 벧산 남동쪽
15km 지점으로 요르단 지역의 와디 엘 야비스, 북쪽에 있는 텔 아부 카라즈와
동일시한다. 이곳은 요단 강 유역 동북쪽 지방에 있어서 가장 비옥한 지역이다.
이곳에서는 이스라엘 시대인 BC 13세기에서 6세기까지의 도기 조각들이 가장
많이 나타났으며, 도기 조각 외에 무덤과 사원, 철기시대의 요새와 저수조도 발
견됐다.

성경에는 길르앗 야베스에서의 사건이 많이 기록돼 있다. 사사시대에 길르앗
야베스에 있는 처녀 400명은 베냐민 지파의 용사 600명 중에 400명의 아내로
사로잡혀 왔고, 나머지 사람들은 죽임을 당했다(삿 21장). 후에 사울이 왕이 된 후
얼마 안 돼 암몬인의 왕 나하스가 이 성을 포위하고 항복 조건으로 모든 사람
의 오른쪽 눈을 뽑을 것을 요구하는 상황에서 사울 왕의 도움으로 구조됐던 적
도 있다(삼상 11:1~11). 사무엘상 31장은 이곳 길르앗 야베스 사람들이 그런 사울
의 은혜를 기억하고 있었음을 보여 준다. 이들은 사울 왕 부자가 블레셋과의 길
보아 산 전투에서 전사한 뒤 목이 잘린 채 벧산 성벽에 못 박혀진 사실을 듣고,
그들의 시신을 거둬 자신들이 사는 곳에 매장했다(삼상 31:11~13).

은혜를 갚기 위해 목숨을 걸고 약 18km나 떨어진 벧산으로 밤새 달려가 사울
과 그 아들들의 시체를 가져다 장사지낸 야베스 사람들. 그들의 아름다운 모습
을 생각하며, 나를 위해 친히 십자가에 못 박혀 죽으신 주님을 위해 평생 못 갚
을 은혜를 되새기게 된다.

다윗이 왕으로 등극한 헤브론

"또 자기와 함께한 추종자들과 그들의 가족들을 다윗이 다 데리고 올라가서 헤브론 각 성읍에 살게 하니라 유다 사람들이 와서 거기서 다윗에게 기름을 부어 유다 족속의 왕으로 삼았더라"(삼하 2:3~4a)

헤브론은 예루살렘 남서쪽 30km, 베들레헴 남서쪽 22km 지점, 해발 927m의 높은 산악 지대에 있는 오래된 도시로써 성경 속에서도 많은 사건이 일어난 곳이다. 헤브론은 적어도 BC 1720년 이전에 세워진 옛 도읍으로, 성경에는 이집트의 소안(현재 타니스)보다 7년 전에 세워졌다고 한다(민 13:22).

아브라함이 갈대아 우르를 떠나 가나안에 도착해 이곳 헤브론을 중심으로 살았다. 그의 아내 사라를 비롯해 그 자신과 아들 내외인 이삭과 리브가, 그리고 애굽에서 죽은 야곱까지 이스라엘의 족장들이 죽어 이곳 막벨라 굴에 장사됐다.

출애굽 당시 이 지역에는 아낙 자손이 살고 있었다(민 13:22). 여호수아는 막게다 전투에 참여한 헤브론 왕 호함을 죽였으며(수 10:1~27), 헤브론 성 역시 파괴됐다. 갈렙은 헤브론을 점령했으며, 후에 레위 자손에게 주어져 도피성이 된다(수 20:7, 대상 6:57). 다윗은 왕이 되기 전에 시글락을 침략한 아말렉에게 빼앗은 전리품을 이곳에도 나눠 줬으며(삼상 30:30), 이곳에서 이스라엘(유다)의 두 번째 왕이 된 후에 첫 번째 수도로 삼았다(삼하 2:1~3). 반면 이곳은 그의 아들 압살롬이 반역을 일으킨 곳이기도 하며(삼하 15:7~10), 남북으로 분열된 후에 르호보암이 요새로 삼기도 했다(대하 11:5).

요르단 서안 지역에 속한 헤브론은 1948년 요르단의 영토였다가 1967년 6일 전쟁으로 이스라엘이 점령했으며, 지금까지 아랍인 저항 세력의 중심지가 되고 있다. 현재 이곳은 가자 지구, 여리고, 베들레헴, 제닌(예닌), 라말라 등과 함께 팔레스타인의 자치지구 중 대도시로 주민의 대부분은 이슬람교도들이다. 다시 한 번 다윗의 자손으로 이 땅에 오신 예수 그리스도의 평화가 이곳에 넘치기를 기원했다.

이스라엘의 요새, 시온

"환난 날에 여호와께서 네게 응답하시고 야곱의 하나님의 이름이 너를 높
이 드시며 성소에서 너를 도와주시고 시온에서 너를 붙드시며"(시 20:1~2)

시편 20편 1~2절에 언급하는 '너'는 6절의 '기름 부음 받은 자'로서 신정 왕국
인 이스라엘의 왕을 가리킨다. 따라서 이 구절은 이스라엘 백성이 출전을 앞둔
다윗 왕을 위해 하나님께 도움을 구하는 기도다. 한편 '성소'는 다윗 때 언약궤
가 안치된 시온 산의 장막으로, 뒤이어 나오는 '시온'과 동일한 의미이다.

본문에 기록된 '시온'은 오늘날 예루살렘의 시온 산 지역을 가리킨다. 이 시온
산은 현재의 시온 문 밖, 예루살렘 서쪽에 있는 해발 765m 정도 되는 산등성이
다. 이 산은 예루살렘 도성의 남쪽 끝부분으로 오른쪽에는 힌놈 골짜기가 있고,
왼쪽으로는 기드론 골짜기가 이어져 시온 산 아래서 만나 앞으로 빠진다.

시온이란 단어에는 '반석, 강, 요새, 건조 지역, 흐르는 물' 등 다양한 뜻이 있
다. 성경에서 요새로 등장하는 시온 성은 현재 예루살렘 동남쪽 옛 성터 아래
있으며, 다윗이 점령한 후부터 다윗 성이라 불렸다(삼하 5:7). 그러다가 세월이 흐
르면서 시온 산성(시온 성)은 예루살렘 전체를 가리키는 시적(詩的) 이름으로 사
용됐다.

오늘날 전 세계에 흩어져 살고 있는 유대인들에게 시온 산은 정신적인 고향이
요 종교적인 중심지다. 1267년 람반이 시온 산에 회당을 세움으로써 예루살렘의
유대인 공동체가 활성화됐고, "시온으로 돌아가자"라는 시온주의의 표어는 이들
을 강력하게 결속시키는 역할을 했다.

현재 이곳에는 다윗의 무덤(가묘)이 있고, 15세기 기독교인들은 다윗 무덤 위
층에 마가의 다락방이 있는 건물의 소유권을 주장했으나 결국 회교도들에게 넘
어갔다. 이 지역에는 마리아무덤(영면)교회, 대제사장 가야바의 집, 베드로통곡교
회 등이 있다.

법궤가 머문 오벧에돔의 집

"어떤 사람이 다윗 왕에게 아뢰어 이르되 여호와께서 하나님의 궤로 말미암
아 오벧에돔의 집과 그의 모든 소유에 복을 주셨다 한지라 다윗이 가서 하
나님의 궤를 기쁨으로 메고 오벧에돔의 집에서 다윗 성으로 올라갈새"

(삼하 6:12)

오벧에돔의 집이 있던 기럇여아림의 뜻은 '수풀의 도시'이다. 기럇여아림의 원위
치에 대한 확인 작업은 여러 차례 시도됐는데, 로빈슨이라는 학자는 '포도의 도
시'란 뜻을 가진 쿠리엣 엘 에납(Kuriet el-Enab)으로 보았다.

이곳은 예루살렘 서쪽 약 15km 지점의 작은 성읍이었던 곳이다. 주변에는 많
은 숲이 우거져 있다. 특히 이곳은 이 지역에서 도둑으로 이름을 떨친 두목의 이
름을 따서 명명된 아부고쉬로 알려져 있다.

이곳에는 비잔틴 시대부터 수도원이 세워졌는데, 지금은 프랑스 수녀회에서
관장하는 노트르담교회가 있다. 또 엠마오로도 주장되는 이곳은 아랍 사람들에
의해 18~19세기의 유명한 족장의 이름을 따라 칼예로 불렸으며, 십자군 시대의
유적이 발견되기도 했다. 그러나 실제 성경 시대의 위치는 언약궤의 교회가 서
있었던 데이르 엘 아살(Deir el-Azhar) 언덕으로 알려진다. 기럇여아림은 여호수아
에게 나아와 화친한 네 성읍 중에 하나다(수 9:3~18). 유다와 베냐민의 경계 지점
에 있는(수 15:9, 18:14~15; 대상 13:6) 기럇여아림은 법궤가 벧세메스에서 옮겨와, 미
스바 전투에서 승리하기까지 법궤를 보관하던 아비나답의 집이 있던 곳이다(삼
상 7장). 그리고 다윗이 법궤를 예루살렘으로 옮길 때까지(BC 977년) 126년간 이
곳에서 머문 것으로 보인다(삼상 7:2; 삼하 6:10~12; 행 13:21).

다윗은 예루살렘으로 천도한 후 오벧에돔의 집에 있는 법궤를 예루살렘으로
옮겨왔다. 법궤 덕분에 오벧에돔의 집과 그 소유가 복을 받게 되고, 그런 사실을
안 다윗이 기쁜 마음으로 법궤를 예루살렘으로 옮기게 된 역사적 현장을 방문하
면서 우리의 삶의 터전에도 하나님의 복이 이슬비처럼 내리기를 기도했다.

압살롬이 반역 후 입성한 다윗 성과 압살롬 기념비

"압살롬과 모든 이스라엘 백성들이 예루살렘에 이르고 아히도벨도 그와 함께 이른지라"(삼하 16:15)

예루살렘은 오늘날 이스라엘의 수도로, 이스라엘의 중앙 부분인 중앙 산악지대의 약 800m 고지 위에 세워진 성읍이다. 예루살렘에 대한 성경의 최초 언급은 여호수아 10장 1절에 나오며, 창세기와 시편에서는 '살렘의 성'으로 나온다. 성경에 나타난 예루살렘에 대한 명칭은 '시온'(애 2:13; 슥 9:9; 마 21:5), '다윗 성'(삼하 5:4~10; 왕상 8:1; 눅 2:11), '거룩한 성'(느 11:1; 마 4:5), '하나님의 성'(시 46:4~5; 사 60:14) 등이 있다. 오늘날은 오스만 제국 때 세워진 성벽을 기준으로, 현대의 예루살렘 도시와 구별하기 위해 성벽 안쪽 지역을 '옛 성'이라고 부른다.

예루살렘은 아브라함 당시 이미 한 개의 성읍으로 존재했다(창 14:18). BC 13세기경 이스라엘의 가나안 정복 당시에는 여부스 족의 저항으로 정복하지 못하다가(수 15:63) BC 1000년경 다윗에 의해 시온 산성인 예루살렘을 정복하고 다윗 성이라고 불렀다(삼하 5:7). 그 후 다윗 왕이 수도를 헤브론에서 예루살렘으로 옮긴 후부터 크게 번성하기 시작했다.

예루살렘은 성지 중의 성지다. 고대 이스라엘의 수도요, 예수께서 마지막 십자가를 지신 구원의 현장이기 때문이다. 이곳에는 수많은 성지와 그와 관련된 기념 교회들이 남아 있다.

압살롬의 반역과 관련된 예루살렘 지역은 통곡의 벽에서 나와 분문을 지나 기드론 골짜기로 내려가는 길 경사지 부분에 위치해 있다. 이곳에서는 기드론 골짜기 아래까지 펼쳐진 다윗 당시의 예루살렘 성 부분을 한눈에 내려다 볼 수 있다. 이곳에 서면 그 옛날 부왕인 다윗을 몰아내고 반역한 압살롬을 떠올리지 않을 수 없다. 기드론 골짜기에는 '압살롬의 기념비'(삼하 18:18)가 있는데, 유대인들은 아버지를 반역한 압살롬의 불효를 떠올리며 이곳을 지날 때마다 돌멩이를 집어던지곤 한다.

다윗의 인구 조사와 타작마당

"이날에 갓이 다윗에게 이르러 그에게 아뢰되 올라가서 여부스 사람 아라우
나의 타작 마당에서 여호와를 위하여 제단을 쌓으소서 하매"(삼하 24:18)

다윗은 이스라엘 역사에 있어 가장 훌륭한 왕이다. 오늘날에도 유대인은 자신들
의 조상 중 가장 위대한 왕으로 다윗을 꼽고 있다. 그래서인지 이스라엘 국기 가
운데에는 다윗의 별이 그려져 있다.

그러나 그런 훌륭한 다윗도 두 가지의 큰 죄를 저질렀다. 하나는 자신의 충신
인 우리아의 아내 밧세바를 범하고 그 남편을 죽게 한 일이고, 다른 하나는 본
문에 나오는 내용과 같이 자신의 힘을 알기 위해 인구 조사를 한 것이다. 인구
조사는 하나님께서 명령하셔서 한 적도 있으나, 다윗의 경우에는 자신의 군사력
이 얼마인지 스스로 과시하기 위한 목적으로 한 것이었다. 즉, 다윗이 이제까지
하나님의 함께하심으로 싸울 때마다 승리한 것을 잊은 것을 의미한다. 결국 그
일로 하나님으로부터 징계를 받아 백성 7만 명이 전염병으로 죽게 된다.

하나님은 회개하는 다윗에게 갓 선지자를 통해 아라우나 타작마당에 제단을
쌓도록 하셨다. 타작마당은 곡식을 타작하기 위해 만든 뜰로 보통 직경이 7~12m
정도이며, 곡식밭 중 바람을 잘 이용할 수 있도록 가장 높은 곳에 원형으로 만
들었다. 밖으로 곡식이 나가지 못하도록 테두리에 돌로 경계를 쌓았으며, 안쪽은
돌멩이들을 치워 평평하게 한 다음 물을 뿌려 땅을 단단하게 했다.

성경에는 타작마당이 종종 등장한다. 요셉이 타작마당에 장막을 쳤고(창 50:10),
솔로몬은 성전을 건축했다(대하 3:1). 룻은 보아스의 타작마당을 찾아갔으며(룻
3:3), 예언자들은 타작마당의 용어를 '심판'에 대한 비유적인 의미로 사용했다(미
4:12). 본문에서는 다윗이 아라우나 타작마당에 제단을 쌓고 기도하자, 하나님께
서 그의 기도를 들어주시고, 이스라엘에 내린 재앙을 그치게 하셨다. 이처럼 성
경에서 타작마당은 심판의 상징으로 사용되기도 하고, 회복의 장소로 상징되기
도 한다.

성전 건축에 사용된 레바논의 백향목

"우리가 레바논에서 당신이 쓰실 만큼 벌목하여 떼를 엮어 바다에 띄
워 욥바로 보내리니 당신은 재목들을 예루살렘으로 올리소서 하였더라"
(대하 2:16)

백향목(柏香木, Cedar)은 히브리어 에레즈로, 소나무과의 관목이다. 한글 개역성경
의 백향목은 식물학계의 공식명칭이 아니라 일종의 조어(造語)로서, 높이가 30m
까지 자라고 몸통은 2~3m에 이른다.

물이 없는 곳에서 자라며, 해발 1400~1700m 정도에서 잘 자란다. 팔레스타인
에서는 자라지 않으며, 과거에는 레바논 남부 지역에서 자라기도 했으나 지금은
레바논 중북부 고원 지역에서만 자라고 있다. 옛부터 유명했던 레바논 백향목은
고대에 이집트와 앗수르와 팔레스타인으로 수출되기도 했다.

다윗과 솔로몬은 성전과 왕궁 건축을 위해 레바논의 백향목을 바다를 통해
수입했으며, 선박 건조용으로도 이용했다. 두로 왕 히람은 솔로몬에게 보내기 위
해 레바논에서 벌목한 백향목을 바다(지중해)에 뗏목을 띄워 욥바까지 보냈고,
솔로몬은 욥바에서 육지를 통해 예루살렘으로 운반했다(대하 2:16).

성경에 70여 회 언급되고 있는 백향목은 '장엄과 권세'(시 92:12), '영광'(시 80:10;
슥 11:1), '자부와 위엄'(왕하 14:9) 등의 상징이었다. 더 나아가 신화적인 중요성까지
지니고 있었다(겔 31장). 또한 백향목은 우슬초, 홍색실과 함께 문둥병의 정결의식
에 사용됐으며(레 14:4~6, 49~52), 붉은 암송아지를 불살라 드리는 속죄제(민 19:6)
와도 관련이 있었다.

오늘날 레바논의 백향목 산지는 세 곳 정도가 있다. 그중 한 곳이 레바논의
수도 베이루트 북쪽에 위치한 비블로스(성경의 그발)에서 동쪽으로 23km 지점에
있는 마카드르(Mkhadr) 지역의 백향목 산지다. 이곳에서 5,000년 된 백향목과 군
락을 이룬 수많은 백향목들의 웅장한 모습을 바라보며, 다윗과 솔로몬의 성전
건축에 대한 열정을 느껴본다.

아람의 벤하닷이 침공한 북 이스라엘의 성읍들

"벤하닷이 아사 왕의 말을 듣고 그의 군대 지휘관들을 보내어 이스라엘 성
읍들을 치되 이욘과 단과 아벨마임과 납달리의 모든 국고성을 쳤더니"
(대하 16:4)

남 유다 아사 왕의 뇌물을 받은 다메섹의 아람 왕 벤하닷이 게바와 미스바와 이
욘과 단을 공격하자, 북 이스라엘의 바아사 왕은 라마를 건축하던 일을 중단할
수밖에 없었다. 외세의 도움을 빌려 문제를 해결한 남 유다의 정책은 결코 하나
님께서 기뻐하시는 것이 아니었다. 더구나 도움을 얻기 위해 성전 곳간에 있는
은금을 뇌물로 사용하면서 외세를 끌어들인 것은 더욱 하나님께서 기뻐하시지
않는 방법이었다.

이욘은 요단 계곡의 아벨 벧마아가 북쪽 14.4km 지점으로, 오늘날 레바논 메
리 아윤(Merj ayun) 근처의 텔 디빈(Tell Dibbin)과 동일시된다. 훌레 골짜기에 있
는 이곳은 납달리 지파에게 할당된 성읍으로, 다메섹의 벤하닷(왕상 15:20)과 앗
수르의 디글랏빌레셀 3세가 이 성읍을 취했다(왕하 15:29).

단은 티베리아 북쪽 65km 지점으로, 두로에서 다메섹까지 동서의 간선도로와
남북도로가 교차되는 지점에 있는 이스라엘의 북쪽 국경도시였다. 지명의 뜻은
'재판장'이다. 원래의 이름은 라이스였으나(삿 18:29), 단 족속이 점령한 후 그 조
상의 이름을 따라 단이라 개명했다.

훗날 여로보암은 이곳에 금송아지를 만들어 놓고 숭배하게 함으로써 남 유다
의 르호보암에게 향하는 백성들의 인심을 돌리고자 했으나, 여로보암의 이 조치
는 결국 이스라엘을 멸망으로 이끈 원인이 됐다(왕상 12:25~30).

이스라엘은 자기들의 북쪽 지역 국경을 단이라 했는데(삼상 3:20), 현재도 이곳
은 이스라엘과 레바논의 국경지대에 있다. 이욘과 단에서 하나님이 아닌 세상의
힘을 빌려 문제를 해결하려 했던 남 유다의 아사 왕을 생각한다. 그리고 오직 근
본적인 문제 해결은 하나님께만 있음을 다시 한 번 깨닫는다.

풍요의 상징인 포도주와 포도즙 틀

"네 재물과 네 소산물의 처음 익은 열매로 여호와를 공경하라 그리하면 네
창고가 가득히 차고 네 포도즙 틀에 새 포도즙이 넘치리라"(잠 3:9~10)

물이 귀하고 석회석이 많은 팔레스타인 지역에서 포도주는 필수적인 음료다. 또
풍요의 상징이기도 했다. 그래서 본문에서는 처음 익은 열매로 여호와를 공경하
는 사람의 창고에는 포도즙 틀에 새 포도즙이 넘칠 것이라고 축복하고 있다.

알다시피 포도즙은 포도를 으깬 후 발효시켜 만든 것이다. 팔레스타인 지역에
서는 보통 8~9월에 포도를 수확해 얼마 동안 건조시킨 뒤, 포도즙 틀에 포도를
넣어 주로 발로 밟아서 포도를 압착하고, 6시간 정도 지난 후 낮은 포도즙 틀에
서 초기 발효를 시킨다.

포도즙 틀은 바위를 파서 만들었다. 한 곳에 바위를 파서 포도주를 짜내는
틀을 만들고, 조금 떨어진 낮은 곳에 다른 구멍을 낸 후 그 사이에 홈을 파서 으
깨진 포도즙이 홈이 파인 길을 통해 다른 쪽 구멍에 고이도록 만들었다. 이렇게
해서 짠 포도즙을 좀 더 발효시키고 저장하기 위해 병이나 가죽부대에 담았다.
가죽부대는 꿰맨 곳 없이 전체를 하나로 만든 것으로, 입구는 발효 때 나오는
가스를 배출시키기 위해 열려 있었다.

팔레스타인은 물이 귀해 포도주를 식음료로 광범위하게 사용했다. 특히 잔치
나 축제에 있어서는 반드시 필요했다. 때로는 약으로도 사용했으며(삼하 16:2; 딤전
5:23), 포도주가 생산되는 곳에서는 제물로도 바쳤다.

그러나 포도주는 구약과 신약에 있어 찬양의 대상이 되기도 하고, 비난의 대
상이 되기도 했다. 아비가일과 시바는 포도주를 다윗에게 바쳤으며(삼상 25:18; 삼
하 16:1), 솔로몬은 성전 건축에 재료를 공급해 준 두로 왕 히람에게 2만 말의 포
도주를 보답으로 보냈다(대하 2:8~10). 구약에서 포도주는 하나님의 심판으로 표
현되기도 했으나, 예수께서는 포도주를 비유로 사용하셨고, 가나의 혼인 잔치에
서는 물을 포도주로 만드는 첫 번째 기적을 행하셨다(요 2:1~11).

팔레스타인 지역의 물 대기

"나를 위하여 수목을 기르는 삼림에 물을 주기 위하여 못들을 팠으며"
(전 2:6)

전도서 2장 5~6절에서 전도자는 여러 동산과 과수원을 만들고 각종 과목을 심었으며, 수목을 기르는 삼림에 물을 주기 위해 못을 팠다고 했다.

팔레스타인을 비롯해 물이 귀한 근동 지역에서는 관개농업을 통해 농사를 짓는 것이 대부분이었다. 그래서 물을 밭에 대는 일은 농사에서 가장 중요한 일이었다. 그리고 과수원이나 삼림에 물을 대는 것 역시 생업을 위해 아주 중요한 일이었다.

성서시대에 물을 대는 것은 보통 물레방아와 같은 기구를 이용, 발이나 손을 사용해 강이나 하수에 있는 물을 퍼 올렸고, 퍼 올린 물은 수로를 통해 밭으로 옮겨졌다.

또한 물을 긷는 것이 일상생활에서 가장 중요한 일 중 하나였다. 물은 주로 가죽부대를 이용하거나 두레박과 같은 기능을 하는 것으로 길었다. 물 긷는 일은 주로 여인이 하는 집안일 중 하나였고(창 24:11), 소년들도 다른 일들과 관련해 물을 길었다(룻 2:9). 사막 지역에서의 우물은 공동으로 사용했으며, 그곳에는 일정한 법칙이 있었다.

물이 넉넉하지 않은 도시에서 물 긷는 자는 나무를 패는 자들처럼 천한 계층의 사람이 하는 일이었다(신 29:11). 그래서 여호수아는 이스라엘을 속인 기브온 거민들을 죽이는 대신 그들을 물 긷는 자로 삼았다(수 9:21).

성경에서 물을 긷는 것은 상대방의 생각을 알아보는 것(잠 20:5), 그리고 구원의 감격과 기쁨을 누리는 것으로 비유 또는 은유적으로 표현됐다(사 12:3). 특히 예수님은 세겜에 있는 야곱의 우물에서 물을 길러 온 사마리아 여인과의 대화를 통해 우물을 인간의 욕망과 만족, 영생에 대한 은유적 표현으로 말씀하셨다(요 4:13~15).

도피성, 살인자를 위한 피난처

"이스라엘 자손에게 말하여 이르기를 내가 모세를 통하여 너희에게 말한 도
피성들을 너희를 위해 정하여 부지중에 실수로 사람을 죽인 자를 그리로
도망하게 하라 이는 너희를 위해 피의 보복자를 피할 곳이니라"(수 20:2~3)

도피성(민 35:6; 수 21:13; 대상 6:67)은 고의가 아닌 우발적으로 살인한 자를 피해자
의 복수로부터 보호하기 위한 곳이다. 이는 하나님께서 이미 모세를 통해 주신
일종의 인권보호제도다(출 21:12~14).

위치는 요단 강 동쪽에 골란, 길르앗 라못(중간 지점), 베셀(남쪽) 등 세 곳, 서쪽
에 게데스(북쪽), 세겜(중간 지점), 헤브론(남쪽) 등 세 곳으로 모두 여섯 곳을 도피
하기 쉽게 길을 잘 닦도록 했다(신 19:2~6).

살인자는 반드시 죽이라고 명령하신 하나님께서 이처럼 도피성을 만드신 이
유는 '공의의 하나님'인 동시에 '인애의 하나님'이신 하나님의 속성 때문이다. 도
피성으로 몸을 숨겨 생명을 보존할 수 있는 율법은 이스라엘 백성뿐만 아니라
외국인에게도 적용됐다(민 35:15). 또한 도피성으로 피한 자는 그 지역의 제사장
이 죽을 때까지 그 성에 머물러 있어야 했다(민 35:28).

6개의 도피성 중 5곳을 방문했는데, 각 도피성을 답사하면서 동일하게 느낀 것
은 세상에는 영원한 도피처가 없으며, 오직 예수 그리스도만이 우리의 영원한 피
난처요 도피처가 되신다는 사실이다. 이를 잊지 않기 위해 지금은 파괴돼 옛 흔
적만 남은 유적을 바라보며 기도했다.

"세상에 사는 동안 피할 곳이 없는 상황에 있을 때, 오직 안전한 피난처인 예
수께 피하는 자가 되게 하소서."

성서지리
part 3

선지자들의 외침

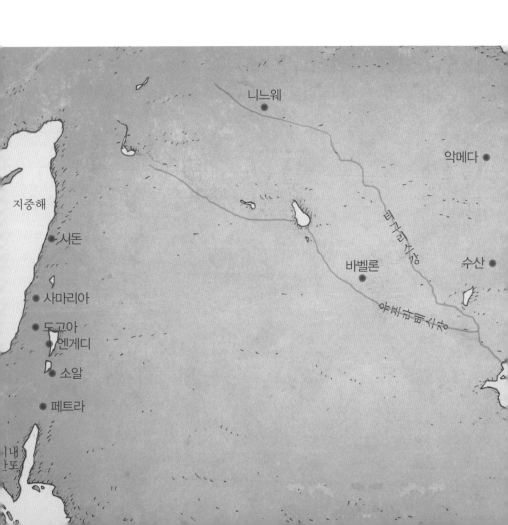

아우로 비유된 소돔의 폐허

"네 형은 그 딸들과 함께 네 왼쪽에 거주하는 사마리아요 네 아우는 그 딸
들과 함께 네 오른쪽에 거주하는 소돔이라"(겔 16:46)

바벨론 포로시대에 활동한 에스겔 선지자는 유다(이스라엘)의 간음과 임할 형벌
을 예언하는 가운데 그들을 향해 "너는 그 남편과 자녀를 싫어하는 어머니의 딸
이요, 그 남편과 자녀를 싫어한 형의 동생이다. 또한 네 어머니는 헷 사람이요 네
아버지는 아모리 사람이며 네 형은 사마리아요, 네 아우는 소돔이라"고 외쳤다.
즉, 소돔의 폐허를 아우로 비유했다.

원래 소돔의 지명은 그 어원이 '들판', '불탐', '둘러싼 공간' 등을 의미한다. 소
돔의 위치에 대해서는 몇 곳이 주장되고 있으며, 그중 한 곳은 사해 동쪽 리산
반도 바로 남쪽으로 오늘날 요르단의 밥 에드 드라(Bab edh Drhra)라고 불리는
곳이다.

1987년에 이 지역을 조사한 라스트(Rast)는 이곳이 BC 2500~2350년 청동기
시대의 거주지였으며, BC 2350년에 두 마을이 폐허가 됐다는 결론을 내렸다.
이는 소돔과 고모라의 멸망(창 19:24~28)에 대한 성경 기록과도 시대적으로 부합
한다.

소돔은 의인 열 명이 없어서(창 18:32) 결국 하나님의 진노를 피하지 못하고 유
황불로 멸망당했다. 이 일로 성경은 여러 번 교훈을 들어 소돔에 대해 이야기하
고 있다(신 29:23, 사 13:19, 렘 23:14).

예수님도 심판 날에 대해 말씀하실 때 이 성을 언급하셨다(마 10:15). 오늘날 불
에 타고 남은 이곳의 흔적은 그 옛날 에스겔 선지자가 타락한 소돔보다 더 부패
한 이스라엘의 죄와 심판에 대해 외친 말씀(겔 16:47~50)을 떠오르게 한다.

오홀라로 비유된 사마리아의 로마 때 광장

"그 이름이 형은 오홀라요 아우는 오홀리바라 그들이 내게 속하여 자녀를 낳았나니 그 이름으로 말하면 오홀라는 사마리아요 오홀리바는 예루살렘 이니라"(겔 23:4)

에스겔 선지자는 음란한 두 자매의 비유에서 사마리아를 형인 오홀라로, 예루살렘을 아우인 오홀리바로 비유하며 사마리아의 음란에 대한 심판을 외쳤다. 형으로 비유된 사마리아는 본래 북 이스라엘의 오므리 왕이 세멜에게 은 두 달란트를 주고 매입한 산 위에 건축한 성으로, '사마리아'라는 이름은 그 산 주인이었던 세멜의 이름을 따서 지은 것이다(왕상 16:24).

사마리아는 예루살렘 북쪽 74km 지점, 세겜 북쪽 13km 지점, 지중해로부터는 동쪽으로 약 40km 지점에 있는, 오늘날 세바스티아(Sebastia)라고 부르는 팔레스타인의 중앙 산악지대에 위치한다.

여로보암 2세 때(BC 786~746) 최고의 번성기를 누린 사마리아는 여로보암 2세의 죽음과 동시에 그 번영의 막을 내렸다. 이후 북 이스라엘의 마지막 왕 호세아 때 살만에셀의 뒤를 이어 앗수르의 왕이 된 사르곤 2세에게 BC 721(722)년 함락됐다. 멸망 후 이곳에 있던 주민들은 추방당했으며, 사마리아는 다른 정복지에서 이주해 온 사람들의 거처가 됐다. 이로 인해 다시 건설된 사마리아는 앗수르의 중요 행정구역 역할을 하게 됐다.

사마리아 성을 포함한 중부 산간 지방 전체를 사마리아 지방이라 부르고, 이곳에 살던 사람들을 사마리아인이라고 칭한다. 이들은 앗수르의 포로 생활 때 대부분 앗수르의 혼혈족이 됐기 때문에, 유대인들이 이들을 멸시하는 말로 '사마리아인'이라 불렀다. 그래서 사마리아인들도 유대인들에 대한 감정이 나빴다.

오늘날 사마리아의 폐허 속에서 "너희가 모든 우상을 위하던 죄를 담당할지라"(겔 23:49)라는 에스겔 선지자의 경고 메시지를 듣게 된다.

십자군 성채에서 본 시돈 항구

"인자야 너는 얼굴을 시돈으로 향하고 그에게 예언하라"(겔 28:21)

시돈은 성경에서 언제나 두로와 함께 소개되기 때문에 베니게의 쌍둥이 항구라고 부른다. 그러나 그 이전부터 시돈 사람들은 시돈을 '두로의 어미 시돈'이라고 해 왔다. 시돈은 두로의 북쪽으로 약 40km 지점, 오늘날 레바논의 수도인 베이루트 남방 약 48km 지점에 있는 지중해안의 항구 도시다. 지금은 '사이다'(Saida)라고 불리는 이 성읍은, 북쪽으로는 갑(岬)과 내륙으로 이어지는 낮은 암석 지대로 싸였으며 남쪽으로는 큰 만(灣)이 있다.

역사가 요세푸스는, 이 시돈이 노아의 증손 시돈에 의해 건설됐다는 설로 이 도시의 태고성을 주장한다. 창세기에는 가나안의 경계를 시돈에서 가사까지로 언급하고 있다(창 10:15~19). 다윗과 솔로몬 때에는 성전 건축을 위한 일꾼과 자재를 이스라엘에 공급했으며(대하 2장), 홍해 지역의 교역을 함께 했다(대하 8:17). BC 605년경, 예레미야는 시돈을 향해 바벨론 느부갓네살의 멍에를 받아들이라고 경고했다(렘 25:22).

예수님은 공생애 기간 동안 꼭 한 번 두로와 시돈을 방문하셨는데(마 15:21; 막 7:31~37), 이때 딸이 흉악한 마귀가 들려 고생하는 것을 고쳐달라고 애원하는 가나안 여인을 만나, 그 여자의 신앙을 시험한 후 마귀를 내쫓아 주셨다. 또 고라신과 벳새다를 두로와 시돈에 비교하시며, 두로와 시돈이 더욱 빨리 회개했을 것이라고 단정해 말씀하기도 하셨다(마 11:21~22; 눅 10:13~14). 그리고 가이사랴를 출발해 로마로 호송되던 바울이 이곳에서 잠시 머무는 동안 백부장 율리오가 바울을 선대해 친구들에게 대접받는 것을 허용한 곳이기도 하다(행 27:1~3).

하나님께서는 에스겔 선지자를 통해 시돈의 멸망에 대해 예언하셨다. "시돈아 내가 너를 대적하나니…내가 그 가운데에서 심판을 행하여 내 거룩함을 나타낼 때에 무리가 나를 여호와인 줄을 알지라"(겔 28:22). 시돈은 에스겔의 예언대로 무역으로 인해 크게 번성했으나, 그 교만으로 인해 결국 멸망당했다.

엔게디에서 에네글라임까지

"또 이 강 가에 어부가 설 것이니 엔디게에서부터 에네글라임까지 그물 치는 곳이 될 것이라 그 고기가 각기 종류를 따라 큰 바다의 고기 같이 심히 많으려니와"(겔 47:10)

하나님은 에스겔 선지자를 성전 문으로 데리고 가셨다. 그리고 에스겔에게 성전 문지방으로부터 물이 흘러나오는 환상을 보여 주셨다. 그 물은 일천 척을 측량할 때마다 불었고, 마침내 사람이 능히 건너지 못할 정도의 강이 됐다. 그리고 그 물이 성전 동쪽으로 흘러서 아라바로 내려가 바다, 곧 오늘날의 사해로 들어가 그 바닷물이 살아나는 환상이었다.

그때 에스겔은 "이 강물이 이르는 곳마다 모든 생물이 살고 고기가 심히 많아질 것이며, 그래서 이 강가에 어부가 살게 될 것인데, 바로 그 엔게디에서 에네글라임까지 그물 치는 곳이 되리라"는 말씀을 듣게 된다. 이는 장차 이스라엘의 황금기에 죽은 바다인 사해가 고기가 사는 바다로 살아나는 역사를 말한 것이다.

엔게디는 아랍어로 '새끼 염소의 샘'이라는 뜻이 있다. 엔게디는 쿰란 남쪽으로 35km 지점, 마사다 북쪽 10km 지점에 있다. 이곳은 헤브론에서 거의 정동 쪽에 있는 샘과 이에 딸린 내(개울)의 이름으로, 사해 서쪽에 있는 석회석 벼랑 아래서 약 30톤의 물이 솟아나와 이뤄진 곳이다. 유대 광야 중에 가장 이상적인 오아시스이고, 이 부근은 자연보호지역으로 들짐승들이 뛰어노는 것을 볼 수 있다.

에네글라임의 뜻은 '두 송아지의 샘', '어린 암소의 샘'이다. 대부분의 학자들은 이곳을 에스겔 환상에 나타난 성전 문에서 흐른 물이 바다(사해)로 흘러 들어와 만나는 곳으로 보고 있다. 엔게디에서 에네글라임까지는 30킬로미터로, 오늘날 이 지역은 하나님께서 에스겔에게 이스라엘의 황금기에 대해 들려주신 말씀이 성취되어가듯, 사해 옆에 있는 에네글라임에 푸른 숲이 우거지고 새들이 지저귀며 민물에는 물고기들이 살고 있다.

느부갓네살이 통치했던 바벨론

"유다 왕 여호야김이 다스린 지 삼 년이 되는 해에 바벨론 왕 느부갓네살이
예루살렘에 이르러 성을 에워쌌더니"(단 1:1)

'바벨론'은 도시 이름도 되고, 나라 이름도 된다. 히브리어 '바벨'은 창세기 10장
10절과 11장 9절 외에 헬라어에 근거해 모두 '바벨론'으로 번역됐다. 창세기 11
장 9절에 나타난 바벨은 '혼동(혼란)시키다'라는 뜻의 '발랄'에서 왔다. 도시 바
벨론은 메소포타미아 유프라테스 강 유역의 시날(창 10:10) 땅에 위치한 성읍이다.
오늘날 이라크 남부의 북쪽 지역으로 바그다드에서 남쪽으로 80km, 힐라 북쪽
8km 지점에 있다. 성경에서 바벨론은 하나님께 대한 적대적인 집단을 뜻하는 데
사용됐으며, 주로 바벨론 제국에 대해 언급하고 있다.

바벨론의 최초 건설은 니므롯이 에렉과 악갓을 건설하기 전으로 창세기에 기
록돼 있다. 바벨론은 마르둑에 의해 건설됐다가 BC 2350년 사르곤 1세에게 파괴
됐다. 이후 수많은 역사의 흐름 속에 갈대아의 통치 때에는 갈대아의 나보폴라
살(BC 626~605년)에 의해 재건되기 시작했다.

그 아들 느부갓네살 2세는 바벨론의 정치적인 위신을 회복하고, 수도를 재건
해 예루살렘과 유다에 있던 보물을 빼앗아 가져왔으며(왕하 25:13~17), 이후 나보
니두스(BC 555~539년) 왕은 자신이 아라비아에서 머문 10년 동안 그의 아들이자
공동 섭정자인 벨사살에게 바벨론을 맡겼다. 그러나 바사에 의해 BC 539년 점
령당했고, 벨사살 역시 그 해에 살해됐다(단 5:30).

고대 바벨론의 유적지(바빌)에 대해서는 1616년 이곳을 여행한 발레가 처음으
로 정확하게 주장했다. 이후 계속된 발굴을 통해 도로, 닌마 신전, 왕궁들, 닌우
르타 신전, 이쉬타르 성문, 페르시아 때의 건물들, 메르케스, 카츠르(성채)의 나머
지 부분 등이 드러났다. 바벨론은 2중으로 된 성벽으로 둘러싸여 있었으며, 성벽
위로는 전차가 다닐 만큼 폭이 넓었다. 복원 작업이 마무리 됐지만 이라크 전
쟁으로 인해 다시 많이 파괴됐다고 전해져 매우 안타깝다.

다니엘이 활동했던 수산

"바사 왕 고레스 제삼 년에 한 일이 벨드사살이라 이름한 다니엘에게 나타 났는데 그 일이 참되니 곧 큰 전쟁에 관한 것이라 다니엘이 그 일을 분명히 알았고 그 환상을 깨달으니라"(단 10:1)

수사(수산)는 오늘날 이란 남쪽 울라이 강 상류 바벨론 동쪽 320km 지점에 위치한 옛 엘람의 수도로서, 현재 지명은 슈스다. BC 4000년경부터 엘람 민족이 거주해 신석기 문화를 이룩한 이곳은 로트터스가 발견한 아닥사스다 2세(BC 405~358)의 비문을 통해 그 위치가 확인됐다.

지리적으로 메소포타미아에 연이어 있어 문화가 크게 발달해 설형 문자와 12 진법이 채용됐다. 정치적으로도 메소포타미아와 깊은 관련을 맺으며 여러 왕조 가 변천했고, 군사적으로는 일진일퇴의 역사를 되풀이했다.

다니엘 선지자의 무덤은 사두르 강둑 동쪽에 위치해 있다. 바로 그 동쪽에 수 사의 큰 둔덕이 솟아있다. 다니엘이 두 개의 뿔을 가진 숫양에 대한 꿈을 꾸었 던 곳이 바로 수산 궁이었다. 이슬람 자료에 의하면, 아랍 모슬렘들이 AD 7세기 에 그 도시를 점령했을 때, 수산 성에서 선지자의 유물이 들어있는 관을 발견했 다. 이것을 발견한 것을 알고 나서, 칼리프 오마르는 사두르 강이 일시적으로 강 의 흐름이 바뀌었고, 관이 강 속에 매장됐다고 했다.

그러나 이에 대한 확실한 증거는 없다. 더욱이 선지자의 유물들이(만약 그것들 이 정말 선지자 다니엘의 것이라면) 현재의 묘로 옮겨졌을 때에 관한 어떤 기록도 없 는 것으로 보인다. 하지만 수사의 거민들과 그 주변 지역들은 그 유물들의 진정 성을 결코 의심하지 않는다. 그들은 또한 그것이 가뭄 때에 비를 내리는 힘을 갖 고 있을 뿐 아니라 놀랄만한 치유력을 갖고 있다고 여기고 있다.

수사에 있는 이 다니엘 묘가 비록 가묘이기는 하지만, 다니엘의 석관 앞에서 여러 명의 왕들을 거치며 여러 번 죽을 위기를 겪으면서도 변함없는 신앙을 가 졌던 그의 절개 있는 신앙을 되새겨 본다.

아모스의 고향 드고아

"유다 왕 웃시야의 시대 곧 이스라엘 왕 요아스의 아들 여로보암 시대 지진
전 이 년에 드고아의 목자 중 아모스가 이스라엘에 대하여 이상으로 받은
말씀이라"(암 1:1)

드고아는 베들레헴 남쪽 약 9.6km, 예루살렘 남쪽 16km 지점에 소재한 유다 산
지의 성읍이다(대상 2:24, 4:5). 오늘날 지명은 키르벳 타푸아(Kh. Tafua) 또는 키르
벳 투쿠(Kh. Tuqu)로 중앙 산악 지대에서 요단 계곡의 사해로 가는 길 중, 북쪽의
여리고로 가는 길과 사해 남쪽으로 가는 주요 도로의 중간에서 사해로 가는 출
발점에 있다.

성경에는 드고아에 대한 기록이 상당히 많이 있다. 본문에 나오는 것처럼 드
고아는 아모스 선지자의 고향이다. 넓은 들판이 있어 양을 치기에 적합한 이곳
에서 아모스는 뽕나무를 재배하다가 선지자로 부름을 받았다(암 1:1).

또한 여호사밧은 드고아 뜰에서 백성과 함께 여호와를 찬송했다. 그때 여호와
께서는 모든 적병을 진멸해 주셨다(대하 20:20~23). 요압은 지혜로운 드고아 여인
을 통해 다윗 왕에게 간청해 압살롬을 돌아오게 했으며(삼하 14:2, 13, 21), 르호보
암은 이곳을 요새화했고(대하 11:6), 예루살렘에서 엔게디로 가는 도로를 만들어
이 도시를 보호했다. 이는 후에 여호사밧이 모압과 암몬 사람들의 침입을 막아
내는 데 효과적이었음이 확증됐다(대하 20:20). 예레미야는 밀려오는 적들을 대면
해 드고아에서 나팔을 불라고 외쳤다(렘 6:1). 귀환 시대에 이곳에도 사람들이 거
주했는데, 거주민들 중에는 예루살렘의 옛 성문 근처와 망대와 오펠 지역을 중
수한 자들이 있었다(느 3:5, 27).

오늘날 현대 아랍 마을 드고아는 고대 드고아에서 북동쪽으로 4km 지점에
있고, 현대 투쿠는 북동쪽으로 1.5km 지점에 있다. 이 지역은 반(反)이스라엘 성
향이 강해 외국인의 접근도 어렵다. 당시 사회의 부조리와 부패에 대해 말씀을
선포했던 아모스의 고향 앞에서 그의 외침을 상기하게 된다.

교만의 상징인 에돔의 수도 페트라

"너의 마음의 교만이 너를 속였도다 바위틈에 거주하며 높은 곳에 사는
자여 네가 마음에 이르기를 누가 능히 나를 땅에 끌어내리겠느냐 하니"
(옵 1:3)

에돔 지역은 트랜스 요르단(요르단 고원지대)의 최남단 지역으로, 사해 남쪽 끝에
있는 세렛 시내에서부터 남쪽으로는 아카바 만 홍해 북단에 위치한 현 이스라엘
의 엘랏까지 무려 112km정도의 광범위한 지역이다. 높은 산악지대로 이뤄진 이
지역을 성경에서는 세일 산이라고 기록하고 있다. 성읍으로는 북부의 보스라(부
세이레)와 남부의 데만이 있고, 중부에는 '왕의 대로'가 놓여 있다.

성경에 기록된 에돔인은 BC 13세기경부터 이 지방에 거주한 것 같다. 에돔 족
은 한때 오늘날 셀라를 수도로 했는데, 오늘날 요르단의 페트라 또는 에스실로
추정한다. 그중에 페트라는 전 세계인이 찾는 관광명소로 세계 7대 불가사의로
선정된 곳으로, 오바댜 선지자가 에돔 족에 대한 심판 예언에서 그들의 교만을
상징하는 오바댜 1장 3절의 내용을 잘 보여 준다.

페트라는 사방 높은 바위로 된 바위 요새로서, 외적의 침입이 쉽지 않은 천혜
의 지형을 갖추고 있다. 더구나 근교에서 솟아나는 많은 양의 샘물을 수로를 통
해 끌어들일 수 있는 지형적 장점이 있어서 이후 나바테아인들도 이곳을 자신들
의 수도로 삼았다. 로마 때에는 야외극장이 건설되기도 했다.

이런 바위로 된 천연요새를 가진 에돔 족은 누구도 자신들을 함락시킬 수 없
다는 교만에 빠져 있었다. 그러나 오바댜 선지자는 그런 에돔 족을 향해 "바위
틈에 거주하며 높은 곳에 사는 자여…네가 독수리처럼 높이 오르며 별 사이에
깃들일지라도 내가 거기에서 너를 끌어내리리라"라고 심판을 예언했다.

페트라의 바위 요새를 방문해 하늘만 보이는 2km의 바위 샛길을 걸으며, 에
돔의 교만을 책망하는 오바댜 선지자의 말씀을 묵상하고, 높은 곳에 오를수록
더욱 겸손해야 한다는 말을 되새겨 본다.

요나가 회개를 외친 니느웨

"요나가 여호와의 말씀대로 일어나서 니느웨로 가니라 니느웨는 사흘 동안
걸을 만큼 하나님 앞에 큰 성읍이더라"(욘 3:3)

니느웨는 오늘날 이라크 영내의 북부 지역에 속해 있으며, 이라크 제2의 도시인
모술에서 강 건너편인 티그리스 강 동쪽에 위치하고 있다. 니느웨는 인류 역사와
함께 세워진 고도로서 이곳의 유적지는 두 개의 커다란 큐윤지크(많은 양 무리)
언덕과 네비 유누스(선지자 요나) 언덕이 구획을 짓고 있다.

성 주위는 약 13km에 이르는 정방형의 성벽으로 에워싸여 있으며, 그 면적은
요나 3장 3절에 기록된 것처럼 '사흘 동안 걸을 만큼' 매우 커서 220만 평에 달
한다.

요나 선지자 당시 니느웨 성은 상업이 번창해 생활이 윤택해지자, 범죄가 극심
해 하나님의 심판 대상이 됐다. 하지만 하나님께서 요나 선지자를 보내 멸망을
경고하자, 임금을 비롯해 온 국민이 회개함으로써 멸망은 보류된다(욘 3:4~10).

그러나 BC 606년에 바벨론에 의해 패망했는데, 이것은 선지자 나훔과 스바냐
의 예언이 응한 것이다(나 3:7; 습 2:13). 예수님께서는 이런 니느웨를 들어 표적을
원하는 당시의 종교 지도자들에게 "심판 때에 니느웨 사람들이 일어나 이 세대
사람을 정죄하리니"(마 12:41)라고 책망하셨다.

지금도 원형 그대로 남아 있는 성문은 당시 니느웨가 얼마나 번성했는지를, 또
남아 있는 일부 성벽은 성을 도는 데 3일 길이라는 성경 기록(욘 3:3)을 확인시켜
주기에 충분했다.

3일 길의 니느웨 성을 하루 동안 돌며 요나가 외쳤을 때, 온 성읍 사람이 하나
님을 믿고 금식하며 베옷을 입고 회개했다는 사실을 상기했다. 하나님은 뜻을
돌이켜 니느웨 성을 멸망시키지 않으셨다. 우리에게 필요한 것은 하나님의 진노
를 돌이킬 만한 자기 성찰적인 회개뿐이다.

해방령을 내린 바사 왕 고레스의 왕궁 터

"바사 왕 고레스는 말하노니 하늘의 하나님 여호와께서 세상 모든 나라를
내게 주셨고 나에게 명령하사 유다 예루살렘에 성전을 건축하라 하셨나
니"(스 1:2)

유다가 바벨론에게 멸망한 지 70년 만에 하나님은 당시 세계를 지배하고 있던
바사(페르시아) 왕 고레스의 마음을 감동시켜 유다 민족으로 하여금 고국으로 돌
아가도록 해방령을 내리셨다.

그것은 예레미야 선지자를 통해 이미 약속된 말씀이 이뤄진 것이었다. 이처럼
하나님은 약속한 것을 반드시 이루시는 분이다. 이런 역사의 숨결이 있는 악메
다에는 고레스 왕의 왕궁 터가 남아 있다.

악메다는 메대 제국 수도로, 헬라어 명칭은 엑바타나이다. 후에 바사(페르시아)
제국과 파르티아 왕국의 수도이기도 했던 이곳은 현재 이란의 하마단(hamadan)
으로, 테헤란 남서쪽 약 280km 지점인 알반드 산의 북동쪽 기슭 근처에 있는 평
야에 위치해 있다.

악메다는 BC 550년 페르시아의 고레스에게 점령당했다. BC 330년에는 헬라
의 알렉산더 대왕이 아케메네스 왕조의 마지막 왕인 다리오(다리우스) 3세로부터
다리오가 예루살렘 재건을 허용한다는 고레스의 칙령을 빼앗았다.

에스라 6장 1~2절에 의하면 다리오 왕 때, 이 악메다에서 고레스의 칙령이 기
록된 두루마리가 발견됐다. 이후 악메다는 파르티아 왕들의 여름 휴양지가 됐으
나 페르시아 사산 왕조에 의해 쇠망했고, 이슬람교도들에게 정복된 후 하마단이
란 도시가 들어섰다.

위험하지만 빠른 길을 선택한 에스라의 귀환로

"그때에 내가 아하와 강가에서 금식을 선포하고 우리 하나님 앞에서 스스
로 겸비하여 우리와 우리 어린아이와 모든 소유를 위하여 평탄한 길을 그
에게 간구하였으니"(스 8:21)

기원전 587년 유다가 멸망한 후 바벨론에 포로로 잡혀간 지 70년 만에 바벨론
을 멸망시킨 바사(페르시아) 왕 고레스는 그의 즉위년에 포로로 잡혀온 자들에게
고국으로 돌아가도록 하는 해방령을 내렸다. 이는 예레미야에게 하신 하나님의
말씀이 이뤄진 것이다. 이에 유다인들은 세 차례에 걸쳐 본국으로 귀환한다.

1차 귀환(스 1:1~6:22)은 고레스 원년(BC 538)에 해방령이 내려지고, 그 일 년 뒤
인 기원전 537년에 스룹바벨과 대제사장 예수아의 주도로 이뤄진다. 이때 유다
인 42,360명을 비롯해 5만여 명이 귀환했다.

귀환로는 당시 통상로인 유프라테스 강을 따라 북서쪽으로 올라가 알렙포, 하
맛을 거쳐 남쪽으로 내려왔을 가능성이 크며 4개월 정도 소요됐다. 이때 유다에
도착한 유다인들은 학개와 스가랴의 외침과 더불어 성전 재건에 힘썼다.

2차 귀환(스 7:1~8:36)은 바사 왕 아닥사스다 1세 때 진행된다. 기원전 457년경
에 학사 겸 제사장인 에스라의 인도로 모압 자손과 요압 자손 등 1,400명이 귀
환한 것이다. 이들은 아하와 강가에 모여 그곳에서 3일간 장막에 있다가 평탄한
귀국을 위해 금식을 선포하고 기도한 후, 그해 12일 귀국길에 올랐다.

이때 에스라 8장 22, 23, 31절에 의하면 1차 귀환 때 이용한 경로를 따라간 것
이 아니라, 위험하지만 빠른 길을 택한 것으로 추측된다. 에스라가 위험을 무릅
쓰고 빠른 길을 택한 것은 그만큼 하나님의 도성인 예루살렘을 사모했음을 짐
작하게 한다. 마치 포로로 잡혀갔던 다니엘도 늘 예루살렘을 향해 문을 열어놓
고 기도했던 것처럼. 에스라가 선택했던 시리아의 사막길을 달리면서 다시 한 번
교회의 주인이신 예수님을 향한 뜨거운 사랑이 가슴속에 타오르기를 기도했다.

성서지리
part 4

주님 가신 길

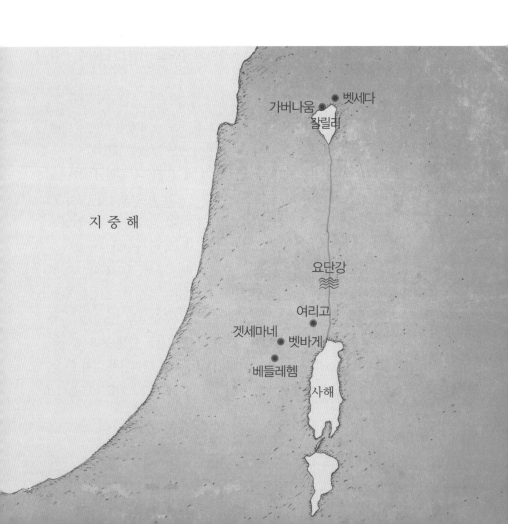

벳세다

가버나움

갈릴리

지 중 해

요단강

여리고

겟세마네   벳바게

베들레헴

사해

예수 탄생지로 예언된 베들레헴

"베들레헴 에브라다야 너는 유다 족속 중에 작을지라도 이스라엘을 다스
릴 자가 네게서 내게로 나올 것이라 그의 근본은 상고에, 영원에 있느니라"
(미 5:2)

'베들레헴'의 뜻은 '떡집'이다. 이곳에서 '생명의 떡'(요 6:35)이 되시는 예수께서
탄생하신 사실은 뜻 깊은 일이다. 베들레헴은 에브라다(미 5:2)와 에브랏(창 35:19)
이라는 또 다른 이름이 있다. 에브라다는 '다산', '풍작'이란 뜻이 있다. 갈릴리
지역에 있는 또 다른 베들레헴과 구별하기 위해 유다 베들레헴(수 19:15)이라고 부
르기도 했다. 유다 베들레헴은 예루살렘 성 욥바 문에서 남쪽으로 약 10km 지
점에 소재하며, 해발 777m의 유대 산악 지대에 속한다. 고대 베들레헴은 오늘
날 예루살렘에서 헤브론으로 내려가는 도로 동쪽 5km 지점에 있는 현재의
도시가 있는 곳이다.

성경에는 베들레헴에서 수많은 사건이 일어난 것을 기록하고 있다. 베들레헴
은 라헬이 죽은 사건에서 처음으로 언급된다(창 35:19). 이곳은 효부 룻의 시어머
니인 나오미의 고향이었으며(룻 2~4장), 다윗 왕과 그 혈손이 태어난 곳이기도 하
다. 또한 다윗은 이곳에서 사무엘에 의해 이스라엘의 두 번째 왕으로 기름 부음
을 받았다(삼상 16:1~13). 이후에도 다윗과 관련된 많은 사건들이 베들레헴에서 일
어났다. BC 10세기 말에 르호보암은 베들레헴을 요새화했으며(대하 11:6), 이후
바벨론에서 귀환한 사람들 중에 베들레헴 출신이었던 188명은 그들의 성으로
돌아갔다(스 2:21; 느 7:26).

특히 구약에서 메시아 탄생에 대한 예언 가운데 베들레헴에서 나실 것을 예언
한 구절들이 몇 곳이 있다(미 5:2; 사 11:10). 이런 일이 있은 지 약 700년 후에 실제
로 베들레헴에서 예수님이 탄생하셨다. 오늘날 이곳에 예수 탄생 교회가 세워졌
는데, 성지에 있는 교회 중 아주 오래된 것이다. 이곳을 방문할 때면 떡집이란 뜻
의 베들레헴에 '생명의 떡'으로 오신 예수님의 탄생 의미를 되새기곤 한다.

예수께서 세례 받으신 요단 강

"그때에 예수께서 갈릴리 나사렛으로부터 요단 강에서 요한에게 세례를 받
으시고 곧 물에서 올라오실새 하늘이 갈라짐과 성령이 비둘기 같이 자기에
게 내려오심을 보시더니"(막 1:9~10)

요단이란 이름의 뜻은 '급한 여울'이다. 이 이름은 히브리어로 '단에서 흐른다'
라는 뜻인 '요레드 단'에서 유래됐다고 한다. 성경에서 요단 강이 처음 등장하
는 것은 아브라함이 롯과 헤어질 때, 롯이 요단을 택한 사건에서 비롯된다(창
13:6~11).

야곱은 아람에서 돌아올 때 지팡이로 요단의 여울목을 더듬으며 건넜다(창
32:10). 또 여호수아는 여호와의 명령에 따라 출애굽한 이스라엘 백성을 이끌고
이 강물이 멈추는 기적을 통해 건넜다(수 3:1~17).

또한 다윗은 압살롬의 반란을 피해 망명할 때 이 강을 건넜으며(삼하 17:22), 엘
리사는 엘리야에게 임하신 성령을 계승받을 때 이 강을 건넜고(왕하 2:7~8, 13~14),
나아만은 엘리사의 말에 따라 이 강물에 일곱 번 몸을 씻음으로써 문둥병이 나
았다(왕하 5:14). 신약에서는 예수께서 요단 강에서 세례를 받으셨고(마 3:5~6; 막
1:4~9), 또한 세례를 베푸셨다.

오늘날 예수께서 세례를 받은 곳에는 물줄기가 바뀌어 강물이 흐르지 않는다.
그러나 비잔틴 시대에 이를 기념해 세운 교회 터가 남아 있어 이곳을 방문할 때
마다, 세례를 받을 필요가 없음에도 인류 구원의 시작을 위해 세례를 받으신 예
수님을 느낄 수 있다.

이스라엘과 요르단의 국경을 이룬 요단 강이 이곳에서부터 200여 미터 정도
서쪽에서 흐르는데, 강폭은 불과 20미터 정도밖에 되지 않는다. 순례객들은 이
스라엘 쪽에서나 요르단 쪽에서 물병에 강물을 담아가기도 하고, 때로는 강물에
서 세례식을 거행하기도 한다. 바로 옆에는 예수의 세례를 기념하는 세례요한교
회가 있다.

가장 많은 기적을 행한 곳, 가버나움

"수일 후에 예수께서 다시 가버나움에 들어가시니 집에 계시다는 소문이
들린지라 많은 사람이 모여서 문 앞까지도 들어설 자리가 없게 되었는데
예수께서 그들에게 도를 말씀하시더니 사람들이 한 중풍병자를 네 사람에
게 메워 가지고 예수께로 올새"(막 2:1~3)

가버나움은 갈릴리 바다 서쪽 중앙에 있는 티베리아로부터 해안을 따라 북동쪽
으로 16km 떨어진 지점, 옛 타브가에서는 3km 떨어진 곳이다. 이곳은 4복음서
에만 등장하는 고고학적 가치를 지닌 마을이다.

오늘날에는 키르벳 민예 북동쪽 4km 지점에 있는 아랍어로 텔 훔(T, Hum)과
일치하고 있는데, 현재 텔 훔 지역은 1.6km 지역에 걸쳐 폐허로 남아 있다.

가버나움에는 BC 1세기경부터 사람이 살기 시작했던 것으로 추정된다. 구약
에서는 한 번도 언급되지 않았지만, 신약시대에는 국경 지역으로서 이곳에 세관
이 있었고 군대가 주둔하고 있었다. 예수께로부터 믿음을 칭찬받은 백부장도 이
곳 국경을 수비하는 군대에 소속돼 있었다.

가버나움은 성경에 나타난 대로 갈릴리 지방 선교본부라고 할 만큼, 예수께서
가장 많은 기적을 베풀고 말씀을 전하신 곳이다. 예수님은 이곳에서 더러운 귀
신들린 자를 고치셨고(막 1:21~28), 백부장 하인의 병(마 8:5~13)과 베드로 장모의
열병(마 8:14~17)과 본문에서처럼 네 명의 친구에 의해 지붕을 뜯고 내려진 중풍
병자를 고치셨다(눅 2:1~12).

가버나움에서는 1905년에 독일인 쿨과 바징거에 의해 4세기 것으로 추정되는
유대인 회당이 발굴됐고, 회당의 서쪽과 남쪽에 위치한 고대 마을의 일부도 발
굴됐다. 성지순례 시 빠짐없이 들리는 가버나움에는 예수님 당시의 회당 터 위에
세워진 4세기경의 회당 유적이 상당 부분 남아 있다. 이 회당을 바라보며 중풍병
자를 고쳐 주신 예수님께서 "네 죄사함을 받았느니라"(막 2:5)라고 말씀하신 점
을 되새겨 본다.

오병이어의 기적이 일어난 벳새다 들판

"예수께서 떡 다섯 개와 물고기 두 마리를 가지사 하늘을 우러러 축사하시
고 떡을 떼어 제자들에게 주어 사람들에게 나누어 주게 하시고 또 물고기
두 마리도 모든 사람에게 나누시매 다 배불리 먹고 남은 떡 조각과 물고
기를 열두 바구니에 차게 거두었으며 떡을 먹은 남자는 오천 명이었더라"
(막 6:41~44)

예수께서 물고기 두 마리와 떡 다섯 개로 오천 명 이상을 먹이신 오병이어의 사
건은 마태, 마가, 누가, 요한 4 복음서에 모두 기록돼 있다. 그러나 그 장소에 있어
서는 약간씩 다르게 나타난다. 마태복음(14:15), 마가복음(6:35), 누가복음(9:12)에는
'빈 들'로 나오고, 요한복음(6:10)에는 '잔디가 많은 곳'으로 나온다.

제자들이 무리들에게 먹을 것을 구하도록 한 곳도 마태복음은 마을로 가서,
마가복음은 두루 촌과 마을로 가서, 누가복음은 두루 마을과 촌으로 가서 먹을
것을 구하라고 말하고 있다. 그러니까 예수께서 오병이어의 기적을 베푸신 곳은
잔디가 있는 들판이고, 마을(촌)과는 떨어진 곳에 있는 것을 알 수 있다.

오늘날 성지순례를 가면 오병이어기적교회를 순례하게 되는데, 이곳은 오병이
어 기적이 일어났던 곳에서 꽤 먼 곳에 위치해 있다. 예수께서 오병이어 기적을
베푼 곳은 벳새다 들판이고, 벳새다 마을은 벳새다 들판에서 북쪽으로 2km 정
도 떨어져 있다. 그런데 이 교회는 벳새다 들판에서부터 서쪽으로 11km나 떨어
져 있다. 그 이유는 이 교회가 도로 공사를 하던 중 발견된 오병이어 모자이크를
중앙 앞으로 오도록 설계해서 세웠기 때문이다.

오병이어의 기적을 베푼 들판을 걸으면서 "너희가 먹을 것을 주라" 하시는 주님
의 말씀에 과연 물고기 두 마리와 보리떡 다섯 개를 손에 들고, 오천 명 넘는 사람
들을 향해 나아갈 수 있었을까? 아니다. 나 역시 제자들처럼 대답했을 것이다. 그
러나 그것이 주님의 손에 들려졌을 때, 오천 명 이상을 먹일 수 있는 기적이 일어
났음을 잊지 말자. 이것이 기적의 현장에서 내게 주시는 주님의 말씀이다.

예수께서 변모하신 변화산

"엿새 후에 예수께서 베드로와 야고보와 요한을 데리시고 따로 높은 산에
올라가셨더니 그들 앞에서 변형되사"(막 9:2)

예수께서 변형된 모습을 보이신 높은 산이 정확히 어떤 산인지 성경에 언급되지
않았지만, 대체로 헬몬 산이나 다볼 산일 것으로 추측하고 있다. 헬몬 산은 오늘
날 이스라엘의 최북단에 있는 가장 높은 2815m 정도 되는 곳이며, 다볼 산은 이
스르엘 평야를 남쪽에 둔 588m의 중절모자 모양을 한 약간 가파른 산이다.

다볼 산 정상에는 십자군 시대의 교회를 헐고 요새를 건축할 때 만든 바람문
(The Gate of the Wind)이라는 돌문이 있는데, 현재의 것은 1897년에 보수한 것이
다. 이 문을 지나면 두 개의 교회가 세워져 있다. 그중의 한 교회는 십자군 시대
의 교회 터 위에 1911년에 세운 그리스 정교회 소속의 엘리야교회다. 다른 한 교
회는 비잔틴 시대와 십자군 시대의 교회 터 위에 1924년 가톨릭에서 세운 교회다.
이 교회의 입구에 들어서면 양 옆에 모세와 엘리야를 위한 기도소가 따로 있다.

이 산 중턱에 있는 다브리야(Dabburiya)라는 아랍인 동네는 여호수아 19장 12
절에 나오는 다브랏(Daberath) 동네로 알려지며, 예수께서 변화산에서 내려오신
후 귀신 들린 소년을 고쳐 주신 곳으로 해석한다(눅 9:37~43).

다볼 산 정상에 올라 이스르엘 평야를 바라보며, 세상의 그 어떤 것으로도 희
게 할 수 없는 희고 밝은 영광의 모습으로 변화하신 예수님의 모습을 상상해 봤
다. 구름 속에서 "이는 내 사랑하는 아들이니 너희는 그의 말을 들으라"(막 9:7)
하는 음성이 들리는 것 같았다.

아버지를 영화롭게 하는 아들 예수님과 그 아들을 사랑하는 아버지 하나님의
모습이 얼마나 아름다운지…. 그 모습을 직접 지켜 본 베드로와 야고보와 요한
이 한없이 부러웠다. 베드로가 주님께 말한 "여기가 좋사오니"라는 말도 충분히
이해가 됐다. 하지만, 그보다 산 아래에서 신음하고 있는 고통의 현장을 먼저 생
각하고 기도해야겠다는 마음으로 산을 내려왔다.

맹인을 고치신 곳, 여리고

"그들이 여리고에 이르렀더니 예수께서 제자들과 허다한 무리와 함께 여리
고에서 나가실 때에 디매오의 아들인 맹인 거지 바디매오가 길가에 앉았
다가"(막 10:46)

예수께서 소경을 고치신 사건에 대해서 마가복음은 "여리고에서 나가실 때 소
경 바디매오를 고치셨다"(막 10:46)고 기록하고 있다. 반면 마태복음에서는 "여리
고에서 떠나갈 때 맹인 두 명을 고치셨다"(마 20:29)고 기록하고 있으며, 누가복음
에서는 "여리고에 가까이 가실 때에 한 맹인을 고치셨다"(눅 18:35)고 조금씩 다르
게 기록하고 있다.

이것은 복음서의 기록이 잘못된 것이 아니라, 여리고가 두 곳이기 때문이다.
곧 여리고는 여호수아에 의해 무너진 구약의 여리고와, 예수님 당시에 있었던 신
약의 여리고, 즉 현대 여리고가 있다. 즉, 마태복음과 마가복음은 구약의 여리고
입장에서 기록한 것이고, 누가복음은 신약의 여리고 입장에서 기록한 것이다.

구약의 여리고와 신약의 여리고는 약 2km 정도 떨어져 있다. 구약의 여리고는
텔(인공 언덕) 형태로 BC 7000년경에 건축됐다. 이 여리고는 여호수아에 의해 멸
망당했는데, 성지순례 시 구약의 여리고에서 망대의 규모를 보면 하나님에 의해
무너졌음을 실감하게 된다. 한편 신약시대의 여리고는 구약시대의 여리고보다
남쪽에 위치해 있다. 예수께서는 신약의 여리고에 여러 번 오셔서 소경 두 사람
의 눈을 뜨게 하셨고(마 20:29~34), 세리장 삭개오를 회개시키셨다(눅 19:1~10).

구약과 신약의 여리고 사이에는 삭개오 나무라고 불리는 늙고 큰 돌무화과나
무가 있다. 그리고 예수님의 비유 중에 선한 사마리아인의 비유는 신약의 여리고
로 내려가는 길가를 배경으로 하고 있다(눅 10:30~37).

여리고는 지중해 해면보다 250m나 낮아 세계에서 가장 낮은 곳이다. 따라서
여름에는 매우 덥고 겨울에는 춥지 않아, 부호들과 권력가들은 겨울 별장을 짓
고 때를 따라 여리고에 와서 즐겼다.

예수께서 나귀를 끌어오라고 하신 벳바게

"그들이 예루살렘 가까이 와서 감람 산 벳바게와 베다니에 이르렀을 때에 예
수께서 제자 중 둘을 보내시며 이르시되 너희는 맞은편 마을로 가라 그리로
들어가면 곧 아직 아무도 타보지 않은 나귀 새끼가 매여 있는 것을 보리니
풀어 끌고 오라"(막 11:1~2)

벳바게의 뜻은 '무화과들의 집'이란 뜻이다. 3세기의 신학자 오리게네스는 예수
님의 예루살렘 입성을 기념해 벳바게를 '승리의 집', '만남의 집', '나귀 타기의
집'이라고 불렀고, '산골짜기의 집'으로도 묘사했다.

벳바게는 예루살렘의 감람 산 동쪽 부분 산등성이에 있는 한 변두리 마을로,
여리고에서 예루살렘으로 들어올 때 거치게 되는 마을이다. 오늘날 아랍 마을인
베다니로 넘어가는 감람 산 동쪽의 아부 디스를 벳바게로 본다. 이곳은 베다니
남서쪽, 감람 산 동남쪽 경사지에 위치하고 있다. 예수님은 이곳에서 나귀 새끼
를 타시고, 군중들의 '호산나' 환영 속에서 예루살렘 성에 입성하셨다(마 21:1~11,
막 11:1~11, 눅 19:28~40).

벳바게에는 4세기와 십자군시대에 기념 교회가 있었다고 한다. 그러나 현재 있
는 교회는 1883년 프란체스코 교회가 지어 1954년에 보수된 건물이다. 그 안에
는 1m 정도 크기의 네모난 돌이 있는데, 이 큰 돌의 네 면에는 라틴어가 쓰여 있
고 그림이 그려져 있다. 북쪽에는 나귀 새끼를 탄 그림, 동쪽에는 군중들이 종려
나무 가지를 흔들며 환영하는 그림, 남쪽에는 나사로가 부활하는 그림이 있고,
서쪽에는 라틴어로 '벳바게'라고 쓰여 있으며, 이 돌은 예수께서 나귀를 타실 때
디뎠던 것이라고 전해진다.

오늘날에도 고난주간이 되면 이 동네에서는 제사장을 나귀에 태우고 종려나
무 가지를 흔들며, 예루살렘으로 향하시던 예수님의 모습을 재현한다. 성지순례
시 잘 들르지 않는 곳이지만 20분 정도 여유만 있다면, 이곳에 가서 예수께서
나귀 새끼를 타고 예루살렘에 입성하시던 모습의 의미를 그려보면 좋겠다.

예수님이 고뇌의 기도를 올린 겟세마네 동산

"예수께서 이 말씀을 하시고 제자들과 함께 기드론 시내 건너편으로 나가시
니 그 곳에 동산이 있는데 제자들과 함께 들어가시니라 그 곳은 가끔 예
수께서 제자들과 모이시는 곳이므로 예수를 파는 유다도 그 곳을 알더라"
(요 18:1~2)

예수님은 자신의 죽음이 가까이 옴을 느끼시고 제자들에게 "너희가 환난을 당
하나 담대하라 내가 세상을 이기었노라"(요 16:33) 말씀하셨다. 그리고 제자들과
함께 기드론 골짜기 건너편에 있는 동산으로 가셔서 마지막 고뇌의 기도를 올리
셨다.

마태복음과 마가복음에 겟세마네 동산으로 나오는 이곳은 누가복음에는 '감
람산'의 한 곳으로 나오며, 요한복음에는 '동산'이라는 말만 나온다. 예수님은 평
상시 습관을 좇아 감람산으로 가서 기도하셨는데, 그곳이 바로 겟세마네 동산으
로 여겨진다.

겟세마네 동산은 곧 감람산 중 기드론 골짜기와 가까이 있는 한 장소를 가리
킨다. 요한복음 18장 1절의 언급처럼 이곳은 기드론 시내(골짜기) 건너편에 위치한
다. 그러니까 옛 예루살렘 성과 성의 동쪽에 있는 감람산 사이에 기드론 골짜기
가 있다.

오늘날 이곳에는 예수님께서 십자가에서의 죽음을 앞두고, 땀방울이 핏방울
같이 될 정도로 기도를 올리신 곳의 바위를 교회 강단 중앙에 오도록 설계해 세
운 겟세마네교회, 일명 '고통의 교회'가 있다.

교회 밖에는 1,000년 이상 된 감람나무가 여덟 그루 있는데, 그중에서 예수님
당시부터 존재한 것으로 알려진 감람나무도 아직까지 자라고 있다. 교회 벽 옆
에 예수님이 기도하시는 모습의 부조 앞에서는 순례객들이 예수님과 같은 모습
으로 기념 촬영을 하기도 한다. 성지순례 장소로 빠지지 않는 이곳에 오면, 십자
가를 앞두고 고뇌에 찬 예수님의 처절한 기도가 생생하게 들려오는 듯하다.

주님 가신 길을 따라, 겟세마네에서 가야바의 집터까지

"그들이 예수를 끌고 대제사장에게로 가니 대제사장들과 장로들과 서기관
들이 다 모이더라"(막 14:53)

예수님께서는 십자가에서의 죽음을 앞두고, 겟세마네 동산에서 땀방울이 핏방
울이 되듯 고뇌의 기도를 올리셨다. 가룟 유다는 예수님께서 늘 기도하시던 이
겟세마네 동산의 자리를 알고 있었기에 대제사장들과 서기관들과 장로들이 보
낸 자들과 함께 예수님을 체포하기 위해 이곳으로 왔다.

그는 입맞춤으로 예수님이 누구인지를 알려 주었고, 예수님은 그렇게 체포되
셨다. 그리고 당시 대제사장인 가야바의 집까지 끌려가셨다. 감람산 아래에 있
는 겟세마네 동산에서 시온 산에 있는 대제사장 가야바의 집 사이에는 돌로 된
로마 때의 길이 오늘날까지 일부 남아 있다.

베드로가 예수님을 부인하고 통곡한 곳에 세워진 베드로통곡교회 바로 옆에
30미터 정도의 돌계단 길이 남아 있다. 계단 맨 위에는 예수께서 포박당해 끌려
가는 모습의 부조도 있다. 지금은 훼손 방지를 위해 들어갈 수 없지만 이전에는
성지순례 시 예수님이 포박당해 끌려가신 이 길을 찬송을 부르며 걸어가곤 했다.

예루살렘에 있는 예수님과 관련된 유적들은 대부분 땅속에 묻혀 있고 십자가
의 길 역시 지하에 묻혀 있지만, 이곳 겟세마네에서 가야바의 집터까지의 길은
직접 걸어갈 수 있어 말로 다할 수 없는 큰 감동을 준다. 주님께서 육신의 발로
걸어가신 그 길을 나도 걸어간다고 생각해 보라!

예수님은 잡히신 후, 가야바에게 심문을 받으셨고 다시 당시 유대의 총독인
빌라도에게 넘겨졌다. 결국 유대인들의 압력에 밀린 빌라도에 의해 십자가형을
선고받고, 골고다 언덕에서 돌아가셨다. 그러나 3일 만에 부활하신 후 40일 동안
제자들과 많은 사람들 앞에 나타나시고 감람산에서 승천하셨다. 주님께서 가신
길은 고통과 조롱이 따르는 길이었지만, 그 길은 유일한 생명의 길이기에 오늘
우리도 그 길을 가는 것이다.

말씀에 빠지다

성서지리
part 5

초대 교회의 발자취를 따라서

마게도냐

빌립보

데살로니가

니고볼리

빌라델비아교회

에베소

겐그레아

밀레도

고린도

밧모-계시동굴

루스드라

수리
안디

지 중 해

다메섹
갈릴리

므깃도

베드로수위권교

사해

바울이 로마서를 기록한 고린도

"예수 그리스도의 종 바울은 사도로 부르심을 받아 하나님의 복음을 위하
여 택정함을 입었으니 이 복음은 하나님이 선지자들을 통하여 그의 아들
에 관하여 성경에 미리 약속하신 것이라"(롬 1:1~2)

사도 바울은 AD 53년 무렵 수리아의 안디옥에서 제3차 전도여행을 시작해 에
베소에서 3년간 목회한 후, 마게도냐를 거쳐 고린도에 이르러 약 3개월 간 머무
르게 된다. 바울은 이때(57년경) 곧 있게 될 로마 방문을 염두에 두고 로마서를
기록했다.

로마 본토에는 BC 2세기부터 유대인 거류민들이 있었지만, 유대가 로마에 합
병된(BC 63년) 후 급속히 늘어났다. 사도행전에서는 예루살렘에 교회가 태동할
당시(AD 33년경) 로마에 거류하던 유대인들이 예루살렘에 와 있었음을 보고하고
있다(행 2:10). 그들은 분명 베드로의 설교와 오순절 성령 대강림의 역사를 로마
에 전했을 것이다. 그 결과 일찍부터 그리스도인들의 작은 핵이 로마에 형성됐을
것이다. 그래서 바울은 자신의 로마 방문길을 순조롭게 하고, 로마교회 성도들에
게 하나님의 구원 계획을 바르게 가르쳐 온전한 믿음을 유지하도록 하며, 더 나
아가 서바나(스페인) 선교의 발판을 마련하기 위해 로마서를 기록한 것이다.

바울이 로마서를 기록한 고린도에는 제2차 전도여행 중에 교회가 설립됐다.
그러다가 제3차 전도여행 중 3년간 에베소교회를 사역하고 있는 가운데 고린도
교회의 문제점들을 듣게 됐고, 그 문제에 대한 신앙적 진단과 교훈을 하게 된 것
이다. 당시 고린도는 세계적인 무역항을 가진 헬라 제1의 상업 도시로서 아가야
지역의 수도였다. 따라서 엄청난 부를 축적하고, 향락과 퇴폐가 도시를 가득 메
우게 됐으며 우상과 이방 종교의 집산지가 됐다.

고린도에는 바울이 끌려갔던 재판석 비마(bema)가 아고라(시장 터)에 남아 있
고, 아폴로신전을 비롯해 옛 모습이 남아 있다. 특히 항구로 가는 로마 때의 돌
포장길은 바울이 고린도 선교를 위해 걸어왔던 심정을 느낄 수 있게 한다.

폐허로 남아 있는 고모라

"또한 이사야가 미리 말한 바 만일 만군의 주께서 우리에게 씨를 남겨 두지
아니하셨더라면 우리가 소돔과 같이 되고 고모라와 같았으리로다"(롬 9:29)

고모라는 창세기 19장 25절에서 '성들'로 표현되는 성읍 중 하나로 이곳의 위치
에 대해서는 여러 학설이 있어 그 위치를 정하기가 다른 어떤 성읍보다 난해하
다. 사해 북쪽에 있다는 학설에 의하면 이곳을 텔 레일랏 엘 갓술로 보고, 남쪽
으로 보는 학설에 의하면 사해 남동쪽에 있는 세일 엘 누메이라와 바로 근접해
있는 움 엘 아카립으로 보고 있다.

오늘날 와디 누메이라의 언덕 위에 자리 잡고 있는 세일 엔 누메이라(텔 엔 누
메이라)는 소돔과 같은 시기에 폐허가 된 흔적과 당시와 근접한 시기의 유적이 있
어 상당한 설득력을 갖는다. 또한 이곳은 검은 재의 단층이 형성돼 있으며, 초기
청동기시대에 폐허가 된 이후부터 철기시대까지 사람이 살았다는 증거가 없어
성경의 사건과 부합된다.

소돔과 고모라는 멸망당한 대표적인 도시로 언급되고 있다(사 1:9~10; 암 4:11; 습
2:9; 벧후 2:6). 바울은 로마서를 쓰면서 이사야 선지자의 글을 인용해 이렇게 말
하고 있다. "만일 만군의 주께서 우리에게 씨를 남겨 두지 아니하셨더라면 우리
가 소돔과 같이 되고 고모라와 같았으리로다"(롬 9:29). 그러나 예수께서는 당시
갈릴리에 있는 가버나움이 오히려 더 큰 죄악 가운데 있었음을 말씀하셨다(마
11:23~24).

오늘날 고모라로 주장되는 곳은 요르단의 군사지역이기 때문에 방문할 수가
없다. 그러나 사해 길 바로 옆에 있기 때문에 길에서 철조망 너머에 있는 고모라
의 모습을 볼 수 있다.

반면, 주님께서 수많은 능력을 행한 곳임에도 불구하고 회개하지 않은 가버나
움은 예수님 당시 2만 명 정도나 살고 있었던 큰 마을이었으나, 결국 예수님 말
씀대로 멸망당하고 지금은 성지순례자들만 찾는 곳이 돼버렸다.

서바나 지역에 속한 땅끝 마을, 로카곶

"그러므로 내가 이 일을 마치고 이 열매를 그들에게 확증한 후에 너희에게
들렀다가 서바나로 가리라"(롬 15:28)

성경에서 언급하고 있는 서바나는 오늘날 포르투갈과 스페인 지역을 가리킨다.
이 스페인 반도에 사람의 흔적이 발견된 것은 알타미라 동굴 벽화에 등장하는
크로마뇽인이 살았던 구석기시대부터다. 이후 이곳에 북아프리카로부터 사람들
이 이주해 왔으며, 역사가 헤로도토스는 이 지역을 항해한 포케아 사람들에 대
해 기록하고 있다.

BC 3세기경에는 카르타고인들에 의해 이 지역 대부분이 점령당했다. BC 209
년에는 로마의 스키피오 장군이 한니발과의 싸움에서 승리하는 개가를 올렸으
며, BC 133년에는 로마에 완전히 넘어갔다. 이후 이 지역에는 아우구스투스 황
제의 통치 때에 제국주의의 숭배의식이 크게 확산됐다. 한편 당시 로마인들에
의해 건설된 도로와 수로의 일부가 아직까지 남아 있다.

서바나는 바울이 그토록 가고 싶어 했으나, 가지 못한 곳이다(롬 15:22~24). 그
러나 클레멘트는 AD 95년경 바울이 로마에서 고린도에 보내는 편지에 "서쪽 끝
에 와 있다"라고 썼다고 말하고 있다. 또 1세기 이후의 무라토리 정경에도 "사도
바울이 그 도시로부터 떠나 스페인으로 여행했다"라고 기록돼 있어 그 사실 여
부가 무척 궁금하다. 스페인의 전승에 의하면, 사도 야고보가 스페인에서 가장
먼저 전도했다고 전해진다. 이곳은 요나가 욥바에서 배를 타고 도망가려고 했던
다시스로 주장되는 지역 중에 한 곳이기도 하다.

오늘날 포르투갈의 서쪽 끝 해안가 로카곶에는 십자가 탑이 세워져 있고, 그
탑 아래에는 반도의 최서쪽임을 알려 주는 위도와 경도가 표시돼 있다. 땅 끝 마
을로 주장되는 이곳은 복음을 위해 생을 바친 바울이 그토록 가고 싶어 했던 곳
이다.

바울과 바나바가 사역한 수리아 안디옥

"어찌 나와 바나바만 일하지 아니할 권리가 없겠느냐"(고전 9:6)

안디옥이란 이름은 '병거'(兵車), '전사'(戰士)라는 뜻으로 성경에는 수리아(시리아) 지역의 안디옥(행 13:1)과 비시디아 지역의 안디옥(행 13:14)이 있다.

수리아 지역의 안디옥은 세계를 제패했던 헬라 제국의 알렉산더 대왕이 죽은 후(BC 323년), 수리아 일대를 장악한 셀루커스 1세(BC 304~280년 재위)가 그의 아버지 안티오쿠스를 기념하기 위해 세운 도시다. 이 왕조 대부분의 왕들은 안티오쿠스라는 이름으로 통칭됐기 때문에 안디옥이란 도시가 무려 16곳이나 생겼다.

수리아의 안디옥은 지중해 동북쪽 끝 지점으로, 오늘날 안타키아(Antakya)다. 특히 알렉산더 대왕이 정복한 후에는 이곳을 통해 헬레니즘이 근동지역으로 확산됐고, 그의 사후 셀레우코스 1세가 BC 300년에 안디옥을 건설했다.

당시 셀레우코스 왕조의 수도였던 이곳은 상업을 통해 번영했고, 헬라 문명과 종교적 의식이 활발한 부유하고 복잡한 대도시가 돼 동방 지역과 더욱 밀접하게 연결됐다. 그 결과, 이곳에 대한 로마의 관심이 커져 BC 64년에 로마에 의해 점령당한 후 시리아 점령지를 다스리는 수도가 됐다. 당시 이 도시는 로마의 지배하에 평화를 누리게 됐으며, 복음 전파에 따르는 위협도 보호받게 돼 비유대교적 대도시로서의 공공질서를 어느 정도 누릴 수 있었다.

신약시대에는 스데반의 순교로 흩어진 신자들이 와서 유대인들과 헬라인들에게 복음을 전했고, 교회를 설립했다(행 11:19~21). 이곳에서 바나바와 바울은 1년간 목회했으며, 교회가 성장한 후에는 이방 선교사로 파송됐다(행 13:1~3). 그리스도를 따르는 자들이 안디옥에서 '그리스도인'으로 불리게 됐지만(행 11:26), 이후 언제인지 안디옥에서의 유대인 기독교 공동체는 사라져 버렸다.

현재 안타키아(안디옥)는 고대 안디옥보다도 그 규모가 작고, 지상에 보존된 고대 유물도 많지 않다. 게다가 산 중턱에 있는 베드로동굴교회에서 시내를 보면 온통 회교 사원의 탑이 여기저기 세워져 있어 마음을 무겁게 한다.

반석에서 물을 낸 곳 므리바

"다 같은 신령한 음료를 마셨으니 이는 그들을 따르는 신령한 반석으로부터
마셨으매 그 반석은 곧 그리스도시라"(고전 10:4)

출애굽한 이스라엘 백성이 르비딤 골짜기에 이르렀을 때, 두 가지 기적을 경험한
다. 하나는 이 골짜기에 있는 므리바에서 목말라 죽게 됐을 때 반석을 쳐서 물을
내 마신 일이고(출 17:1~7), 다른 하나는 아말렉 군대와의 싸움에서 승리한 일이
다(출 17:8~16).

므리바와 관련된 사건은 성경에 두 번 나온다. 르비딤에서의 사건(출 17:1~7)과
가데스 근교에서의 사건(민 20:1~11)이다. 훗날 바울은 고린도교회에 보내는 편지
에서 "이 물은 신령한 반석에서 나온 신령한 음료"라고 말하며, 그 반석이 바로
그리스도임을 밝힌다.

시내 산을 정통적으로 주장하는 시나이 반도 남쪽의 제벨 무사(Jebel Musa)로
보는 경우, 대부분의 학자들은 르비딤을 와디 파이란(Wadi Feiran)으로 본다. 와
디 파이란은 비잔틴시대부터 지지를 받는 곳으로 시내 산 북서쪽 20km 지점인
제벨 세르발(Jebel Serbal) 북쪽에 전개되는 비옥한 골짜기 평원으로 알려져 있다.
이 골짜기의 이름이 파이란 오아시스인데, 홍해를 건너 시내 산으로 가는 노정에
있는 가장 큰 오아시스 마을로 도로변을 따라 4km 정도에 걸쳐 대추야자나무
와 잡목들이 우거져 있는 꽤 큰 마을이다.

이곳에는 모세 수도원이 있었으며, 파이란 수녀원과 모세가 손을 들고 기도했
다는 제벨 엣 타후네란이 있다. 특히 모세가 바위를 쳐서 물을 냈다는 므리바의
물가가 이 와디 파이란에 있다는 것이 정통적인 견해다.

홍해의 기적을 겪고도 목말라 죽겠다고 원망하는 이스라엘 백성들, 그런 그들
을 위해 반석에서 물을 내시고 아말렉과의 싸움에서 승리하게 하신 하나님의
능력을 묵상할 때 묘한 감정을 느낀다. 그리고 그 능력을 믿고 나아갈 때, 죽을
지경에 이를 정도의 목마름도 능히 극복할 수 있음을 확신하게 된다.

부활하신 예수님이 나타난 베드로수위권교회

"장사 지낸 바 되셨다가 성경대로 사흘 만에 다시 살아나사 게바에게 보이
시고 후에 열두 제자에게와 그 후에 오백여 형제에게 일시에 보이셨나니"
(고전 15:4~6a)

죽은 지 사흘 만에 부활하신 예수님께서는 마리아에게 처음 나타나신 후, 40일
동안 제자들과 많은 사람들에게 나타나셨다. 특히 베드로(게바)에게는 여러 차례
나타나셨는데, 한 번은 베드로가 실의에 빠져 갈릴리 바다에서 힘없이 고기를
잡고 있을 때 그곳에 나타나신 일이 있었다.

예수님께서는 한 바위에서 생선과 떡을 굽고 계셨다. 그리고 베드로에게 "네
가 나를 사랑하느냐?"라고 물으신 후 "내 양을 먹이라"고 다시 사명을 주셨다(요
21:1~18).

이처럼 예수님께서 제자들을 위해 상을 차린 곳으로 알려진 바위 위에 베드
로수위권교회가 세워져 있다. 이 교회는 1938년 프란시스코수도회에서 베드로가
미래 교회의 수장으로 선택된 것을 기념해 바위 위에 세운 교회다. 교회 내부는
검정색 현무암으로 인해 베드로수위권교회의 단순성이 더욱 강조돼 보인다.

교회 밖에는 예수님께서는 갈릴리 바다를 바라보시고, 베드로는 한 손을 예
수님께 내밀며 예수님을 주시하고 있는 모습의 동상이 세워져 있다. 그리고 바
닷가로 내려가는 계단 바로 밑에는 하트 모양의 돌로 된 징검다리가 있다. 성지
순례객들은 이곳을 방문하면 '예수님의 식탁'이라 부르는 바위에 손을 얹고 기
도하기도 하고, 밖에 세워진 동상 앞에서 '요한의 아들 시몬아'라는 복음성가를
부르기도 한다.

이곳은 갈릴리의 어느 장소보다 가장 은혜롭다. 이곳에서 절망 중에 그물을
던지고 있는 베드로와 제자들을 위해 친히 식탁을 준비하신 예수님의 사랑이
느껴지기 때문이다. 제자들이 절망에 빠졌을 때, 친히 식탁을 준비하신 예수님
의 사랑 앞에 세상이 가져다주는 절망은 우리를 결코 넘어뜨리지 못한다.

바울이 여러 차례 지나간 마게도냐 지역

"내가 마게도냐를 지날 터이니 마게도냐를 지난 후에 너희에게 가서 혹 너희
  와 함께 머물며 겨울을 지낼 듯도 하니 이는 너희가 나를 내가 갈 곳으로
  보내어 주게 하려 함이라"(고전 16:5~6)

마게도냐는 그리스 본토 북쪽 지역을 가리킨다. 바울은 2차 전도여행 때 네압볼
리에 도착한 후, 빌립보를 지나 마게도냐 지역을 지나면서 복음을 전했다. 이때
아가야 지역에 있는 고린도에 교회를 세웠다. 그리고 3차 전도여행 중 에베소에
서 3년간 머물며 사역하던 중에 고린도교회의 문제점들을 듣게 됐고, 그 문제들
에 대한 신앙적 진단과 교훈을 하기 위해 쓴 편지가 바로 고린도 서신이다.

　이제 바울은 고린도교회에 편지하면서 마게도냐를 지나 고린도로 갈 것을 말
하고 있다. 마게도냐(행 16:10; 롬 15:26; 고전 16:5)는 오늘날 그리스 북부 지역의 아
드리아 해와 에게 해 사이에 펼쳐져 있다.

　마게도냐 왕국은 페르디카스 1세에 의해 BC 7세기경 설립됐으며, 그 후 6명의
자손들에 의해 계승됐다. 그중에는 필립 1세와 알렉산더 1세가 있으며, BC 359
년 필립 2세가 왕위에 오르면서 마게도냐를 크고 강한 왕국으로 만들었다. 뒤를
이은 그의 아들 알렉산더 3세는 그의 고향으로부터 나일 강과 인더스 강에 이르
기까지 대제국을 이뤘다.

　마게도냐는 아시아와 서양 사이의 주요 통로 역할을 했다. 로마의 속주가 된
후에는 로마인들에 의해 이 지역에 비아 에그나티아(Via Egnatia)라는 유명한 길
이 닦였다. 아드리아 해안의 두라키움이나 아볼로니아에서 출발하는 이 길은 여
러 산을 가로질러 마게도냐 경내의 데살로니가에 도달한 후, 다른 아볼로니아에
서 암비볼리, 빌립보, 네압볼리를 지났다.

　바울은 복음을 전하기 위해 작고 낡은 나룻배를 타고 이곳을 건넜을 것이다.
그의 여정이 얼마나 힘들고 위험한 일이었는지를 생각하면 죽음까지도 두려워하
지 않았던 그의 복음에 대한 열정에 저절로 숙연해진다.

바울이 고린도후서를 쓴 마게도냐 지역의 빌립보

"너희를 지나 마게도냐로 갔다가 다시 마게도냐에서 너희에게 가서 너희의
도움으로 유대로 가기를 계획하였으니"(고후 1:16)

빌립보는 에게 해에서 16km 내륙으로 들어가 산으로 둘러싸인 평지에 있다. 이
곳의 이름은 본래 크레니데스이던 것을 마게도냐 왕 필립 2세(재위 BC 359~336)가
지역을 크게 확장하고, 자기 이름을 따서 빌립보라고 변경한 것이다.

이곳은 바울과 실라가 전도여행 중 들렀으며, 기도하러 가다가 귀신 들려 점
치는 여종을 고쳐 준 것 때문에 그 주인들에게 고발당해 감옥에 갇혔던 곳이다.
그러나 감옥에서 기도하며 찬송하는 가운데 갑자기 지진이 나서 옥문이 열리게
됐다. 죄수들이 도망간 줄 알고 자결하려는 간수에게 복음을 전해 간수와 그 가
족이 믿게 되는 역사가 일어났다(행 16:12~34).

이곳에서 발굴된 라틴어 비문을 보면, 빌립보에서 자색 옷감 무역이 있었다는
사실을 알 수 있다. 이는 자색 옷감 장사 루디아가 바울의 전도를 받고, 제일 먼
저 믿어 빌립보교회의 초석이 됐음을 간접적으로 증명해 준다(행 16:11~15).

빌립보 교인들은 바울에게 받은 신앙 유산을 잘 간직해 바울이 마게도냐를
떠날 때와 데살로니가에 있을 때에 여러 번 도왔고(빌 4:15~16), 로마 옥중에 있을
때에도 에바브로디도 편에 위문품을 보내기도 했다(빌 4:18). 이에 바울은 빌립보
서를 써서 그들을 위로했다.

빌립보 지역은 대규모 유적지로 특히 바울이 갇혔던 곳으로 여겨지는 감옥 터
가 보존돼 있다. 또 빌립보에는 회당식 교회인 바실리카 A와 B가 있다. 남아 있
는 바실리카 B의 웅장한 기둥과 벽체 일부만 봐도, 이곳에 기독교가 얼마나 부
흥했었는지를 짐작하게 한다. 이외에도 도시 서쪽으로 1.6km 지점 강기테스(Gan-
gites) 강 부근에 로마 시대의 아치 폐허지가 있는데, 오늘날 이 강기테스 강가에
는 루디아기념교회가 세워져 있다.

바울이 2, 3차 전도여행 때 들른 에베소

"하나님의 뜻으로 말미암아 그리스도 예수의 사도 된 바울은 에베소에 있
는 성도들과 그리스도 예수 안에 있는 신실한 자들에게 편지하노니"(엡 1:1)

에베소는 오늘날 터키 서부의 에게 해 해안 가까이에 있는, 터키에서 가장 많은
유적이 남아 있는 곳이다. 고대 에베소 지형은 지금과 달리, 바다가 육지 속으로
깊이 들어와 있었던 것이 분명하다. 곧 고대의 에베소는 만을 낀 항구였다.

그러나 이 천연 항구는 카이스터 강의 진흙으로 서서히 메워져 지금의 에베소
는 에게 해안에서 5km 들어간 카이스터 강구에 위치해 있다. 그 사이에 로마의
아르카디우스 황제(395~408년)에 의해 복구 작업이 이뤄진 후 황제의 이름을 따
라 명명된 아르카디아(아카디안) 도로가 나 있다.

에베소는 로마 제국이 소아시아를 지배할 때의 수도로서 당시 정치적으로 로
마, 알렉산드리아, 안디옥과 더불어 로마 제국의 4대 도시 중 하나였다. 이곳은
각지의 물산이 모이고 흩어지는 항구였으며, 교통상으로도 동서양을 연결시키
는 요지였다.

바울은 2차 전도여행을 가는 길에 에베소를 방문했고, 3차 전도여행 때에는
돌아오는 길에 들렀다. 처음 방문했던 2차 전도여행 때에는 단순히 변론만 했으
나 3차 전도여행 때는 마술사가 무려 은 5만이나 되는 분량의 자신의 책을 불태
우고 회심할 정도로 전도의 큰 성과가 있었다.

훗날 이 에베소에는 교회가 크게 성장해 오늘날까지 사도 요한의 무덤 교회와
마리아의 집터, 마리아 기념 교회의 터가 남아 있다. 그러나 지금은 회교 국가가
된 터키에 속해 이슬람 성전들이 가득하게 됐다. 그 옛날 바울의 전도로 융성했
던 기독교의 영광이 한낱 유적으로만 남아 있어 이곳을 찾는 이들에게 안타까
움을 전해 주고 있다.

믿음의 본이 된 데살로니가교회

"그러므로 너희가 마게도냐와 아가야에 있는 모든 믿는 자의 본이 되었느니
라"(살전 1:7)

알렉산더 대왕의 고향인 데살로니가는 알렉산더 사후 치열한 권력 쟁탈전에서
카산더 장군이 승리한 후, 민심을 수습하기 위해 세운 도시다(BC 316~315년경). 그
리고 자기 아내의 이름을 따서 데살로니가라고 지었다.

바울은 디모데와 실라와 함께한 2차 전도여행 때 빌립보에서 암비볼리와 아
볼로니아를 거쳐 이곳 데살로니가에 왔다. 아볼로니아에서 데살로니가 항구까
지는 60km 정도 되며, 당시 로마길인 에그나티아 길을 따라 오면, 빌립보에서는
160km 정도의 거리가 된다.

이곳에서는 사회적으로 저명한 추종자들이 많이 늘어난 반면, 핍박도 일어났
다. 바울 일행에게 숙소를 제공했던 야손 일가가 유대인들에게 큰 변을 당했고,
교인들은 바울과 실라의 신변을 걱정해 밤중에 베뢰아로 피신시킨다(행 17:1~10).

한편 바울은 데살로니가에서의 성공적인 복음 전도 과정에서 그의 추종자들
에게 신세를 지지 않았으며(살전 2:7, 9), 그가 고린도에 머무는 동안 이곳에 두 차
례에 걸쳐 편지를 보내 사랑과 관심을 나타냈다(살전 2:1~12).

오늘날 데살로니가는 그리스 수도인 아테네(아덴) 다음 가는 제2의 도시로 현
재 80만 명이 넘는 인구가 살고 있고, 테르마익 만을 이용한 상공업의 중심지로
번영을 누리고 있다. 특히 이곳에는 비잔틴 시대에 세워진 1천 년 이상 되는 교
회가 20곳이 넘어 현대적인 건물과 비잔틴 시대의 건물이 어우러져 있다. 터키
지역과 달리 기독교 국가인 이곳 그리스의 데살로니가에 있는 많은 교회를 바라
보면서 바울이 고린도에서 이곳 교회들에게 보낸 말씀을 상기해 본다.

"또 너희는 많은 환난 가운데서 성령의 기쁨으로 말씀을 받아 우리와 주를 본
받은 자가 되었으니 그러므로 너희가 마게도냐와 아가야에 있는 모든 믿는 자의
본이 되었느니라"(살전 1:6~7).

디모데의 고향 루스드라

"믿음 안에서 참 아들 된 디모데에게 편지하노니 하나님 아버지와 그리스도
　예수 우리 주께로부터 은혜와 긍휼과 평강이 네게 있을지어다"(딤전 1:2)

디모데의 고향 루스드라는 터키 중앙 이고니온 북동쪽 32km 지점, 아나톨리아
의 소금 호수 남서쪽의 루가오니아 지방에 있는 고대의 유적지다. 이곳 주변의
평원은 두 개의 시내가 흐르는 매우 비옥한 지역으로서 고대인들은 이 지역에
정착해 농경으로 생을 영위했다.

　바울은 1차 전도여행 중에 루스드라에 와서 앉은뱅이를 고치는 기적을 행했
다(행 14:8~11). 그러나 안디옥과 이고니온에서 온 유대인들의 선동에 의해 돌을
맞아 죽을 지경에 이른 후, 구사일생으로 살아 더베로 가서 복음을 전하게 된다
(행 14:19~21). 바울은 더베와 루스드라를 두 번째 방문하면서 길리기아 관문을 거
쳐 이번에는 반대 방향으로 여행했을 것이다(행 16:1).

　현재 루스드라로 주장되는 두 곳 가운데 한 곳인 하툰사라이에서 약간 북쪽
으로 떨어진 구릉지는 BC 3000년까지 그 연대가 소급되는 지층들을 지닌 곳으
로, 오래 전부터 사람들이 거주하고 있었다. 또 헬라와 로마시대에도 전원적인
거주지로 남아 있었다. BC 1세기에 잠시 동안 더베 지방의 통치자였던 안티파테
르의 치리 하에 있다가 BC 25년에 갈라디아의 아민타스에게 넘어 갔다.

　로마의 아우구스투스 황제는 이곳을 군대 주둔지로 정했으며, AD 38~72년에
는 안티오쿠스 4세에게 통치됐고, 72년에는 로마의 지방관리에게 다시 이양됐다.
루스드라에 있는 구릉지의 동쪽 기슭에는 작은 비잔틴 양식의 교회 초석들이
남아 있다.

　성지순례 인도 차 이고니온(현재 꼬냐)에서 숙박을 할 때면 아침에 조금 서둘러
이곳에서부터 32km 떨어진 루스드라를 방문해 교회 초석들을 잡고 기도하도록
인도한다. "바울의 전도의 열정을 우리도 갖게 하소서."

바울이 겨울을 보낸 니고볼리

"내가 아데마나 두기고를 네게 보내리니 그때에 네가 급히 니고볼리로 내게
오라 내가 거기서 겨울을 지내기로 작정하였노라"(딛 3:12).

바울은 전도여행 중에 혹은 로마의 감옥에서 풀려난 후, 아데마 혹은 두기고를
그레데에 있는 디도에게 보냈다. 그때 바울은 디도로 하여금 겨울을 보내기로 작
정한 니고볼리로 오도록 했다(딛 3:12).

이 니고볼리는 그리스 서쪽 해안인 오늘날 니코폴리스이며, 지금은 니오호리
라는 작은 마을이 자리 잡고 있다. BC 31년에 있었던 악티움 전쟁의 야영지이기
도 한 이곳은 로마의 아우구스투스 황제가 마크 안토니에게 승리한 것을 기념하
기 위해 에삐루스의 수도로 건설했다.

이곳은 아우구스투스 황제가 창설한 악티움 경기가 열리는 곳으로도 유명했
다. 89년 도미티안 황제에 의해 로마에서 추방당한 에피테투스 철학자가 거주한
곳이기도 하다. 지금은 1819년에 그리스 영토로 회복됐다.

요세푸스에 의하면, 헤롯은 이곳에 대한 관심이 많아 대부분의 공공 기관을
이곳에 두었다고 전한다. 발굴 결과, 로마시대에 세워진 것으로 알려진 기둥과
주거지들이 많이 발굴됐다. 특히 초기 교회 형태인 바실리카가 두 곳 있는데, 그
유적이 아직도 남아 있다.

로마를 떠난 바울은 이곳에서 겨울을 보내기로 작정하고, 지중해 한가운데 섬
인 그레데 섬의 고르티스에서 목회를 하고 있는 디도에게 겨울 전에 외투를 가
지고 오도록 두기고를 보냈다.

그리스 수도 아테네에서 자동차로 7시간이 걸려 도착한 이곳, 어렵게 찾은 니
고볼리의 교회터인 바실리카의 허물어진 강단에서 당시 바울이 디도를 얼마나
아꼈는지를 생각하게 된다.

사도 요한이 계시를 받은 밧모 섬

"나 요한은 너희 형제요 예수의 환난과 나라와 참음에 동참하는 자라 하나
님의 말씀과 예수를 증언하였음으로 말미암아 밧모라 하는 섬에 있었더
니"(계 1:9)

사도 요한이 계시를 받은 밧모 섬은 에게 해에 산재해 있는 3,000여 섬 가운데
하나다. 지리적인 위치로는 터키에 훨씬 가깝지만, 에게 해의 다른 섬들과 마찬
가지로 현재 그리스에 속해 있다.

밧모 섬으로 가는 방법은 터키 쿠사다시 항구에서 전세선을 타고 가거나, 크
루즈급 정기 여객선을 타고 가는 것이있다. 전세선은 일정을 쉽게 맞추기 위해
이용할 수 있지만, 여름철을 제외하고는 풍랑으로 인해 취소되는 경우가 많다.
반면 정기선은 단체 터키 순례 시에 일정을 맞추기가 어려운 단점이 있다.

밧모 섬의 크기는 남북 약 16km, 동서로 가장 넓은 곳이 약 10km이고, 중간
부분은 잘록해 불과 1km 정도밖에 되지 않는다. 해안 굴곡이 심하고, 그 둘레
는 약 60km이며 면적은 34km²로 우리나라 영종도의 크기와 같다. 그래서 많은
사람들이 승용차보다는 오토바이를 이용한다. 로마제국 시대에 밧모 섬은 정치·
종교 중범자들의 유배처로, 한 번 들어가면 살아나오기 힘든 생지옥의 대명사였
다. 하지만 사도 요한은 도미시안 황제 때 이 섬으로 유배 와서(95년경, 계 1:9), 18
개월간 유배 생활을 하다가 96년에 에베소로 귀향했다.

요한이 유배 생활을 하는 동안에 계시를 받았다는 산 중턱의 요한계시동굴
입구에는 요한계시록 1장 9절 말씀이 그리스어로 동판에 새겨져 있었다. 동굴 입
구 위에는 눈이 어두운 요한을 대신해 계시의 내용을 대서하는 브로고로 집사
의 모습이 모자이크로 그려져 있었다. 계단을 따라 내려가 동굴 안으로 들어가
자 요한이 계시를 받을 때 갈라졌다는 바위가 있고, 바위 벽면에는 사도 요한이
기도한 후 일어날 때마다 손으로 짚었다는 곳에 홈이 파여 있었다. 바로 이곳에
서 사도 요한은 장차 일어날 일에 대한 환상을 보았던 것이다.

칭찬만 받은 빌라델비아교회

"빌라델비아교회의 사자에게 편지하라 거룩하고 진실하사 다윗의 열쇠를 가
지신 이 곧 열면 닫을 사람이 없고 닫으면 열 사람이 없는 그가 이르시되"
(계 3:7)

빌라델비아는 오늘날 터키의 알라세힐이다. 이곳에 도착해 가장 먼저 찾은 곳은
교회의 유적지였다. 터키의 모든 교회 터들이 그렇듯, 빌라델비아교회 역시 두 개
의 벽돌로 쌓은 웅장한 기둥만이 남아 있다.

'형제 사랑'이란 뜻을 가진 도시 이름답게 빌라델비아교회는 예수님께로부터
적은 능력을 가지고도 말씀을 지키고, 그분의 이름을 배반하지 않았다고 칭찬을
받았다(계 3:8).

이같이 일곱 교회 중에서는 예수님으로부터 칭찬과 책망을 받은 교회가 있는
가 하면, 책망만 받은 교회도 있었다. 반면 빌라델비아교회는 서머나교회와 함께
칭찬만 받은 교회였다.

나는 적은 능력을 가지고도 하나님의 말씀을 지키고 하나님의 이름을 배반하
지 않았던 빌라델비아 교인들을 생각해 보았다. 우리는 생활 속에서 얼마나 자
주 예수님의 이름을 배반하고 있는가? 말씀과 동떨어진 이중적인 생활로 인해
세상 사람들로부터 얼마나 많은 비난을 받고 있는가?

말씀대로 살지 않는 생활에는 영적 영향력이 없다. 세상을 향한 기독교의 힘
은 주님의 말씀을 실천하는 데서 나온다. 빌라델비아 교인들처럼 비록 적은 힘이
지만 서로 섬기고, 적은 것이지만 베풀며 욕심을 버리는 삶 속에서 말씀의 능력
이 나타나는 것이다.

최후의 전쟁터로 언급된 므깃도

"세 영이 히브리어로 아마겟돈이라 하는 곳으로 왕들을 모으더라"(계 16:16)

므깃도(아마겟돈)는 갈멜 산 동남쪽, 예루살렘으로부터 북으로 120km 지점에 있는 이스르엘 골짜기의 남부에 해당한다. 일반 평지보다는 50m가량 높은 곳에 위치한 평원에 있는 므깃도는 이스르엘 계곡과 서남쪽으로 내려가는 이른 계곡의 연결점으로, 옛날부터 북쪽의 시리아 지방과 남쪽의 애굽을 왕래하는 통로였다.

특히 팔레스타인 지형상 동서를 통과하는 도로는 매우 험해 특별히 길이 나있지 않은 상황인데, 이스르엘 평야 근처의 므깃도는 평탄한 동서 도로변에 위치하고 있다.

이런 지리적 위치 때문에 이곳은 북쪽에 있었던 앗수르, 바벨론, 페르시아 등의 나라가 남쪽의 애굽을 치러 갈 때나, 남쪽의 애굽이 북쪽으로 올라갈 때에 꼭 거쳐야 하는 격전의 전쟁터였다.

이렇듯 므깃도는 전략적 요충지로서 수많은 싸움을 치른 곳이다. 므깃도는 바락의 격전지이며(삿 5:19), 솔로몬 왕실의 전차 성읍이었고(왕상 9:15, 19), 요시아 왕이 전사한 곳이기도 하다(왕하 23:29~36). 요한계시록에서는 마지막 악한 사탄의 세력과의 전쟁이 아마겟돈이라 불리는 이 므깃도에서 일어날 것이라고 상징적으로 예언하고 있다.

므깃도는 성지순례 때마다 빠짐없이 들리는 곳이다. 므깃도에 올라 동서로 길게 뻗은 이스르엘 평원을 바라볼 때는 자연스럽게 장차 있게 될 사탄과의 마지막 전투를 생각하게 된다. 그리고 최후의 승리는 믿는 자의 것이라고 약속하신 하나님의 말씀을 되새기며, 일상생활에서의 승리를 결연히 다짐한다.

국제제자훈련원은 건강한 교회를 꿈꾸는 목회의 동반자로서 제자 삼는 사역을 중심으로
성경적 목회 모델을 제시함으로 세계 교회를 섬기는 전문 사역 기관입니다.

말씀에 빠지다

초판 1쇄 발행 2015년 3월 11일
초판 5쇄 발행 2021년 7월 1일

지은이 김철우, 박희원, 박삼열, 이원희, 주영관

펴낸이 오정현
펴낸곳 국제제자훈련원
등록번호 제2013-000170호(2013년 9월 25일)
주소 서울시 서초구 효령로 68길 98(서초동)
전화 02)3489-4300 **팩스** 02)3489-4329
이메일 dmipress@sarang.org

ISBN 978-89-5731-689-4 03230

※ 책값은 뒤표지에 있습니다. 잘못된 책은 구입하신 곳에서 교환해드립니다.